顧頡剛舊藏簽名本圖録

俞國林 編

中華書局

圖書在版編目（CIP）數據

顧頡剛舊藏簽名本圖録/俞國林編.—北京：中華書局，2013.5

ISBN 978-7-101-09335-3

Ⅰ.顧… Ⅱ.俞… Ⅲ.私人藏書－圖書目録－中國－現代 Ⅳ.Z842.7

中國版本圖書館CIP數據核字(2013)第085306號

責任編輯：劉　麗

顧頡剛舊藏簽名本圖録

俞國林 編

中 華 書 局 出 版 發 行

（北京市豐臺區太平橋西里38號　100073）

*

http://www.zhbc.com.cn

E-mail:zhbc@zhbc.com.cn

北京瑞古冠中印刷廠印刷

*

787×1092毫米　1/16　35½印張

2013年5月第1版　2013年5月北京第1次印刷

印數：1-1200册　定價：280.00元

ISBN 978-7-101-09335-3

顧頡剛先生1937年3月於禹貢學會辦公室

顧頡剛文庫

顧廷龍題

中國社會科學院顧頡剛文庫

編纂説明

俞國林

夫欲覘一人學識之精博，可觀其讀書之多寡；其所讀書之多寡，可問其插架之豐約。大凡專意爲學者，莫不擁書萬卷，甚或汗牛充棟也。反之，察乎所藏圖書之内容與性質，亦可藉以窺學者治學之範圍與特點。此二者，蓋自有其相通之處焉。

予觀乎吴縣顧頡剛先生所藏圖書（歸中國社會科學院「顧頡剛文庫」），内存綫裝書約六千部三萬六千餘册，洋裝書約二千六百種萬餘册，都凡四萬六千餘册。先生一九五四年七月二十日日記曰：「如在抗戰時不損失，勝利後不捐贈，則十二萬册矣。」於此可知先生之藏書失者已泰半，甚是可惜。顧洪女史曾據文庫藏書，及顧先生日記、書信、筆記等相關資料，撰《顧頡剛藏書記》一文，將先生一生藏書分爲初始期（幼年—一九一六年）、成長期（一九一七—一九二六年）、鼎盛期（一九二七—一九三七年）、離散期（一九三七—一九四五年）、重建期（一九四六年—逝世）五個階段，詳爲介紹先生藏書之經歷與特點（參見本書附録），並將綫裝書部分按經、史、子、集、叢書、新學六部，分類著録，整理編輯爲《顧頡剛文庫古籍書目》（《顧頡剛全集》第六十一、六十二册），而洋裝書部分未遑論及，兹不揣固陋，稍作介紹。

一　顧頡剛舊藏洋裝書情况

予數年前爲編輯顧先生《全集》，曾將文庫中所藏洋裝書（含期刊）翻覽一過，甚感其與綫裝書相得益彰，互爲補充。其存書内容，與先生之經歷、治學蓋亦相仿佛。顧先生曾於一九一五年四月十六日筆記曰：「寧其不精，不可不博。精，他日學成之事也；博，今日始學之事也。」（《乙舍讀書記》）後於一九四五年十二月《致教育部清理戰時文物損失委員會》信中，將自藏圖書分爲經學子學書、文字學書、史學書、文集及筆記、叢書及工具書、報紙雜誌及近代史料、社會史料及家庭史料、信札、古物書畫、稿本等十類，並曰：「凡研究先秦及兩漢經子及漢以前之中國史者，頡剛所藏縱不能謂毫無缺遺，實已大體完備，等於一個專科圖書館。」藏書之富，於斯可見。

顧先生舊藏洋裝書内容包羅萬象，約而言之，殆有以下數類，頗具特色。兹稍作羅列，介紹如左。

一曰早年之教材、課外書。如《支那文明史》、《西洋文明史要》、《堯舜時代之制度》、《教育新理問答下編》、《政治學教科書》、《政治講義》、《倫理學原理》、《倫理學》、《心理學概論》、《心理易解》、《名學淺説》、《穆勒名學》、《國民淺訓》、《社會學》、《訂正群學肄言》、《近世中國秘史》、《十五小豪傑》、《當代名人小傳》等，將其與古籍著録之「新學部」並早年讀書筆記所載相比勘，可見當時顧先生所讀之書、興趣之所在及爲學之道。

二曰國學（尤其是史學）研究著作。如國學基本叢書、國學小叢書、學生國學叢書、中國歷史叢書、中國史學叢書、史地小叢書、中國文化史叢書、禹貢學會叢書、尚志學會叢書、大學叢書、學生叢書等學術叢書，他如《中國通史》、《國史大綱》、《中國史綱》、《本國史》、《中國近代史》、《太平天國全史》、《中國政治制度史》、《中國當代政治學》、《中國文化史略》、《中國禮制學綱要》、《清儒學術討論集》等，單本之關乎《詩經》、《尚書》、《左傳》者，亦復不少，可見顧先生治學之重點。

三曰民俗學資料與研究著作（包括歌謡、戲曲、民間故事等）。如《戲考》、《説劇》、《越歌百曲》、《吴聲彙編》、《新年風俗志》、《狼獞情歌》、《紹興歌謡》、《補庵談戲》、《宋元戲文輯佚》、《川劇選粹》、《桂劇叢刊》、《京劇彙編》、《評劇唱腔選集》、《雷峰塔傳奇叙録》、《僮族民間故事資料》、《民衆劇的研究》等，顧先生「愛聽戲，又曾搜集過歌謡，又曾從戲劇和歌謡中得到研究古史的方法」（古史辨第一册自序），如以孟姜女故事論證古史之演變，以考察東嶽廟諸神及妙峰山香會探討古代神道與社祀，以歌謡論證《詩經》爲古代詩歌總集等，即以民俗學材料印證古史，由此拓展民俗學研究之領域，並奠定中國民俗學研究之基礎。

四曰關於邊疆研究之著作。如《中國的邊疆》、《抗戰以來之邊疆》、《邊疆述聞》、《邊疆人物誌》、《邊疆屯墾員手册》、《外蒙與西藏概況》、《西藏備乘》、《西康地址調查旅行記》、《西康沿革志》、《西康社會之鳥瞰》、《西藏奇異志》、《康情雜感》、《察綏蒙民經濟的解剖》、《甘肅夏河藏民調查記》、《西昌之行》、《新疆視察記》、《延綏攬勝》、《伊盟左翼三旗調查報告書》、《青海調查事略》、《祁連山北麓調查報告》、《河北移民報告書》、《河套調查記》、《拉卜楞視察記》、《川西北步行記》、《滇聲》、《今日的新西南》、《西京平報社論選輯》等，顧先生自九一八後，逐漸關注邊疆和民族問題，七七事變後隻身駉駣北平，轉徙西北西南，先後創建學會，印行刊物，舉辦講座，組織考察，以調查研究邊疆史、民族史和普及邊疆知識爲要務，並撰寫有《中華民族是一個》、《中華民族的團結》、《中國邊疆問題及其對策》、《邊疆教育和邊疆文化》、《甘青史蹟叢談》、《邊疆服務團團歌》、《西北考察日記》等重要文章，是現代中國邊疆史地研究的倡導者和實踐者。

餘如歷史地圖、古典文學、語言學、美術史、書目、通俗讀物、農學、唯物主義、批判胡適、批判《紅樓夢》、十七年史學著作、新印古籍、醫學之關乎神經衰弱者並朝鮮、日本、歐洲漢學家之著作等，亦各具特色。另有雜誌若干，中抽印本七百餘份。

二　校讀題跋之意義

顧先生舊藏洋裝書中，保留有若干校讀、題跋文字，雖則短短數句甚或單辭隻義，然與考察顧先生之治學思路、歷程及學術胸懷，具有參考價值。兹摘録數條如左。

《近世中國秘史》，顧先生題曰：「此書予幼時熟讀，因以養成反抗清室統治的觀念。」《十五小豪傑》，顧先生題曰：「予十一二歲時，讀書北街姚氏，見此書至愛讀之。予之好游覽，自此始也。」《嘯亭雜録》，顧先生題曰：「此書予幼時曾覽數回，故於清代掌故略有所知。」由此可知顧先生日後所爲諸事，蓋有自也。

《名學淺説》，顧先生於嚴復《譯者自序》「蓋吾之爲書，取足喻人而已」句眉批曰：「學術爲公，自當如此，吾竊志之矣。」後曰：「民國四年四月，誦坤始讀。」其時，顧先生欲爲《正學論》，因自設問曰：「何者謂之學？何以當有學？何以有今日之學？今日之學當如何？」（《師餘録》一）與顧元函曰：「學術者，非研鑽故紙、墨守陳言之謂，要在觀往知來、聞一知十，察天人而處順變。故聖人常在憂患者，爲其學術深至也。」又曰：「學術是非，不在乎異同而在真僞。」「學必以實爲體，以虚爲用。實者科學也，虚者哲學也。既不能虚，復不能實，是謂非學。」（同上）顧先生爲學之旨趣也如是。

《小説閒談》，顧先生題曰：「錢君杏邨，筆名阿英，畢生搜羅近代小説，各爲提要，以彰社會之變化，實與史學有裨。近世搜羅小説者有馬隅卿、鄭西諦諸人，然皆偏重版本，不如此書之有歷史價值也。」於顧先生而言，一切資料皆可作史料觀，其早年《乙舍讀書記》曰：「小説應入史部。」亦是如此。

《管子今詮》，石一參著，顧先生題曰：「此書於抗日戰爭中出版，其時予在隴滇，不但未見，亦未知也。今日閲書於中國書店，得之。知其用力甚深，而仍不詳石君爲何如人也。世之學者湮没不彰者何限，而我輩以居都市之故，遂易欺世盗名，書此志愧。」按，石一參，名廣權，一八七二年生，號蘊三，湖南邵陽人。清末留學日本弘文學院及政法大學，歸國後曾任上海群治大學文學院院長兼代校長、湖南大學教授兼湖南國學館主講。著有《燕塵録》、《後燕塵録》、《老學今銓》、《論語今讀類編》、《張子正蒙注詮言》、《説文匡鄦》、《老學源流記》、《説詩解頤》、《學易齋易象哲理觀》、《蒼石山房文字談》等。曾集日本侵華資料成《明耻篇》，毛澤東曾讀而題曰：「五月七日，民國奇耻。何以報仇？在我學子！」又，《章句論》，吕思勉著，顧先生題曰：「吕氏一生寫作甚多，而身後竟無人提議爲編一全集者，並其著述目録亦不可見，悲已。」表彰他人學術，發潛德之幽光。顧先生三致意焉。

《故都勝蹟輯略》，侯仁之著，侯氏跋曰：「這裏所收各篇是將近二十年前在頡剛師指示下寫成的，現在看來仍然是很不成熟的，但我對北京城研究的興趣卻從這裏開始了。檢出舊存一册，寄呈頡剛師以爲紀念。生仁之，一九五七年四月。」餘如顧先生學生贈送之圖書及論文抽印本之簽名本，亦甚夥。提攜後進，因材設教，顧先生終生以之。

另外，顧先生對日本學者之著作，偶有批判，如《支那文明史》，日人白河次郎、國府種德著，清光緒二十九年競化書局出版，顧先生題曰：「此書極有名，論亦瑣屑無足記者，要爲新學書籍中佳構耳。」又如《堯舜時代之制度》，日人户水寬人著，吴人達譯，清光緒三十一年清國留學生會館發行，顧先生題曰：「此書淺薄無謂，而留學界已驚異若重寶，又連類及於物競天擇之説，其志可稱，其鑒殊弗足道。」同是此書，顧先生於《京舍書目》著録曰：「著者本非經學家，故不能責其詳備，而留學界已驚若重寶，急爲譯出，而於數百年中完備之經學反若無睹。徒持物競天擇之説，騰而狂趡，其志雖可稱，其學則弗足道矣。」可見顧先生爲學之取向。

又，胡適曾將李泰棻《中國史綱》送與顧先生，封面題曰：「此書多誤，如信《禮記》而不信《儀禮》之類，然此書亦有可供參考之處，故以奉寄。」時間爲一九二二年五月十五日，是月二十日顧先生日記：「看《中國史綱》。」二十二日，顧先生與胡適函曰：「承寄《努力週報》、《史勢鳥瞰》、《中國史綱》，均收到，謝謝。……《中國史綱》聚的材料頗多，可惜仍是一部材料書。我想，我這回編書，總要力避清單式的文字，寧可材料不完備，不可一處没有精神。不知做得到否？」這些資料，若得互觀，頗有意思。

三　與中華書局之關係

顧先生與中華書局之關係，予曾據中華書局檔案及顧先生著作梳理而成《顧頡剛與中華書局之交往》一文，刊《中華讀書報》（參見本書附録）。此處僅就顧先生藏書與中華書局有關者，簡述如左。

顧先生一九六二年十月廿九日日記：「静秋以房屋不適居住，必欲予售書，姚紹華亦以爲然，囑向中華進行。乘予未耄老，將三代藏書付託得所，予之願也。」三十日：「草《賣書與中華之願望》八百字。」十一月一日：「到中華，將賀次君、姜又安等所編我家書目統看一過，寫姚紹華信。」因將賣書，遂起編目、鈐印諸事，先是一九六一年九月二十五日日記：「默聞能治印，因檢出壽山石三方，請刻先祖、先父及予藏書圖記，以資區别，亦爲百年收藏之紀念。縱不能終保，亦以告之後人，知我三代積累之辛苦也。」一九六三年四月三日日記：「日來雁秋、劍華兩人合列印，一日可千餘册。不知四月底能否編出一善本書目，以應姚君之求也。」

一九六五年十月二十六日，顧先生將做結腸息肉手術，預立遺囑曰：「我家三代藏書，經歷抗日戰争的損失和解放後的捐獻，尚存五萬餘册。……我的意思，這批書由中華書局購下最爲合用。如中華不能全購，也希望由他們先行挑選，再求他主，最好不要分得太零碎，泯滅我家祖孫三代積存的苦心。」之後未見相關記載，賣書事或「被歷史所領導制止」（《顧頡剛藏書記》）。

四　本書編選之體例

一、本書收入作者（譯者）簽名本圖書一百九十六種，釐爲三卷。按作者姓氏筆畫編排，外國學者簽名本置後；末附作者未簽名者十種，亦按作者姓氏筆畫編排。

一、本書收入論文抽印本一百四十五篇，釐爲三卷。按作者姓氏筆畫編排。

一、師友贈送之圖書，凡能考訂該書原所有人者，即定該書爲原所有人贈與顧先生者，計三十三種，釐爲一卷。以所定贈者之姓氏筆畫編排。

一、顧先生所校讀、題跋諸書，選取四十二種，釐爲一卷。大致按時間先後編排。

一、本書主要收入簽名本書影（包括相關校讀、題跋文字），凡簽名署於封二、内封、環襯諸處，因排版所需，將簽名文字析出移至封面者，皆於圖注文字之書名後標注一「△」，以示説明。

一、本書所收圖書，除《白石老人自傳》、《閒人雜記》、《流浪》、《火災》、《籬下集》、《紅樓夢研究》、《西行日記》、《國風選譯》、《蔡孑民先生傳略》、《民間文學專號》、《邊疆人物誌》、《學術論文集》、《一位歷史學家的成長與經歷——古史辨自序》、《世界史綱》、《萬里長城的傳説與中國民間文學的體裁問題》、《顧頡剛和中國新史學》、《花籃猺社會組織》、《木蘭從軍》、《新年風俗志》、《故都勝蹟輯略》、《王静安先生專號》、《西洋文明史要》、《堯舜時代之制度》、《支那疆域史》、《小説閒談》、《目録學發微》、《漢書補注補正》、《新疆游記》、《欣然齋史論集》等二十九種由顧潮老師提供，其餘皆藏顧頡剛文庫。

一、顧先生平生所用藏書印若干，兹選取三十二枚置諸卷首，凡可考知治印者，旁爲著録。印章由顧潮老師提供。

一、顧先生藏書豐富，聚散離合非人力所能左右，顧洪《顧頡剛藏書記》載之甚詳；又顧先生後二十年學術與中華書局相始終，个厂《顧頡剛與中華書局之交往》覼縷述之；兹將此二文收作附録，裨讀者之參考。

《顧頡剛舊藏簽名本圖録》之編纂，得顧頡剛文庫、顧潮老師提供資料，蓋立雙女史助爲拍攝，郭惠靈女史校正文字，劉麗女史修圖製版，並任編輯排版之勞。特致謝忱。

謹以此書之出版，紀念顧頡剛先生誕辰一百二十周年，暨「層累地造成的中國古史」説提出九十周年。

癸巳穀雨日艸，廿三日畢

目録

卷二　作者簽名本　圖書

卷三　作者簽名本　圖書

（附）作者未簽名者

卷四　作者簽名本　論文

卷五　作者簽名本　論文

卷六　作者簽名本　論文

卷七　師友贈送本

卷八　校讀題跋本

附　録

徐雲叔

張祥凝

石　公

魏建功

高友三

鄧尔疋

駿

容　庚

容肇祖

葉　舟

葉　舟

陳晉湜

宜　安

顧頡剛藏書之記

黄永年

黄永年

黄永年

徐雲叔

錢君匋

羅福頤

羅福頤

羅福頤

水的故事

方白著

文聿出版社，1945年

從原始公社到奴隸社會 △

方詩銘著

人世間出版社，1953年

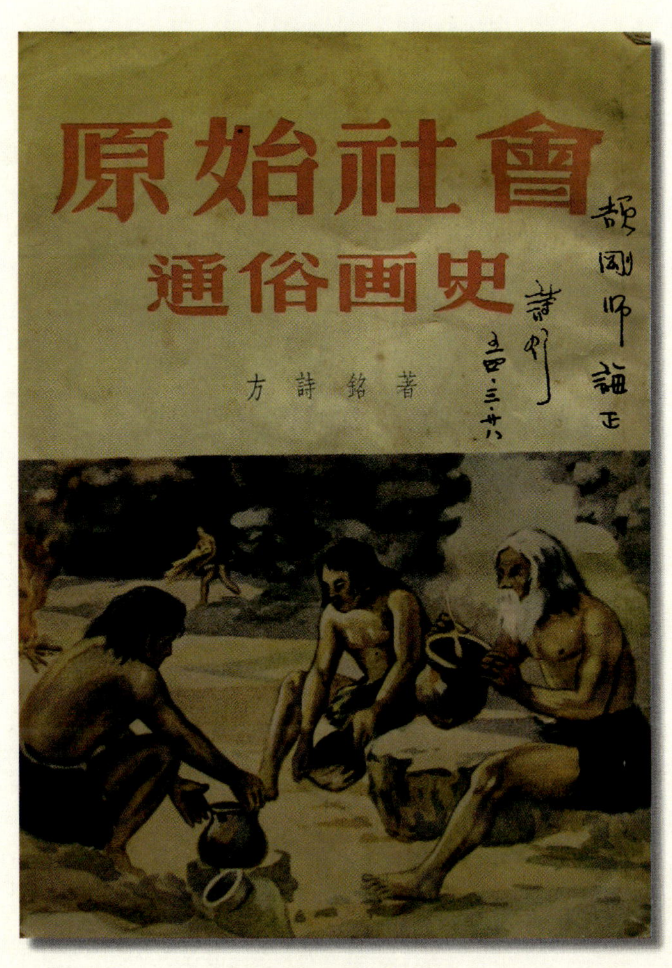

原始社會通俗畫史 △

方詩銘著

四聯出版社，1954年

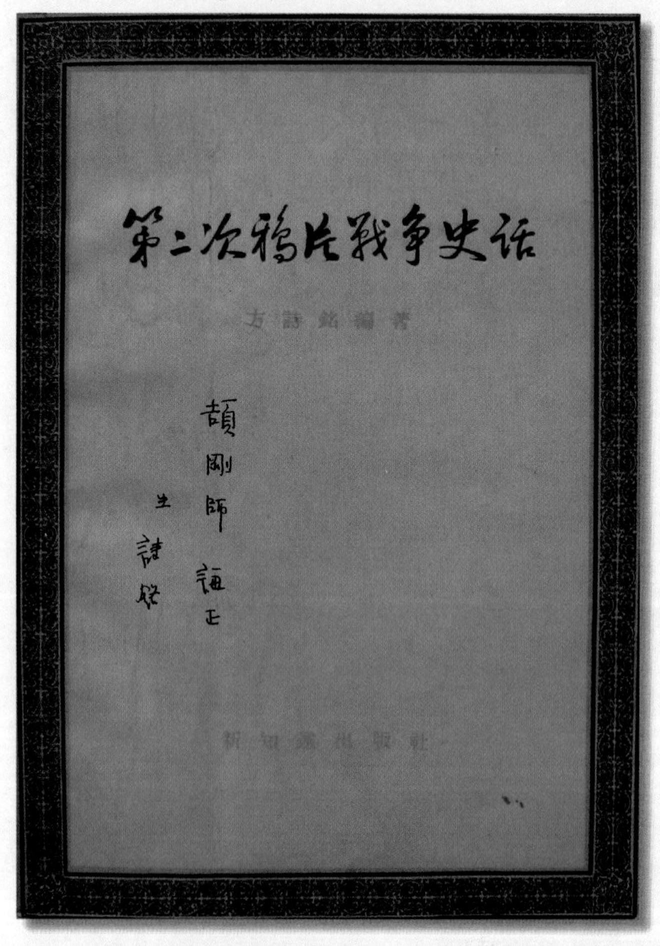

第二次鴉片戰爭史話 △

方詩銘編著

新知識出版社，1956年

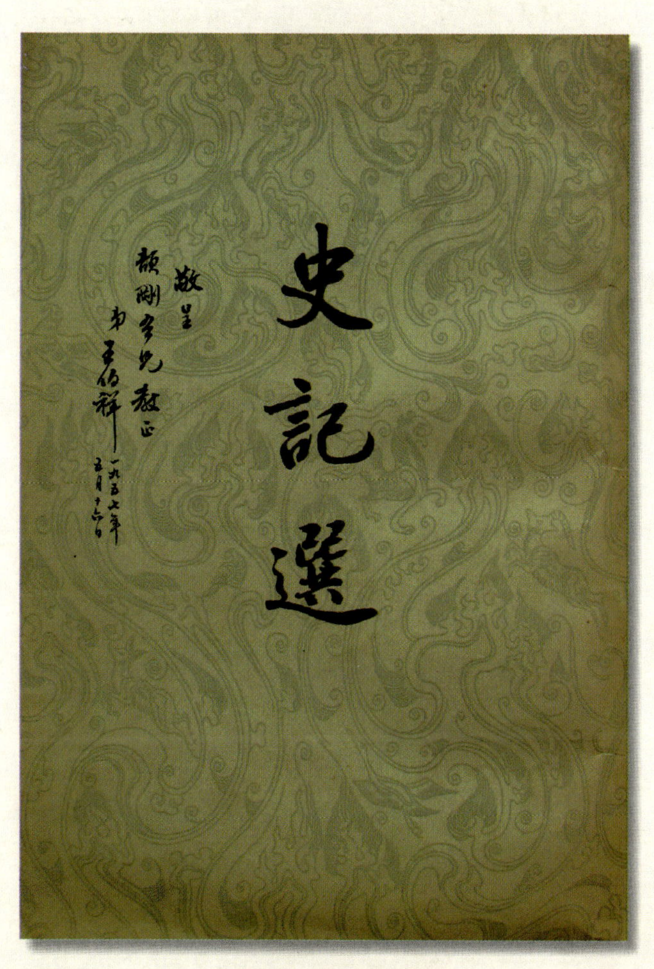

史記選 △

王伯祥選注

人民文學出版社，1957年

岳飛

王泊生著

山東省立劇院，1935年

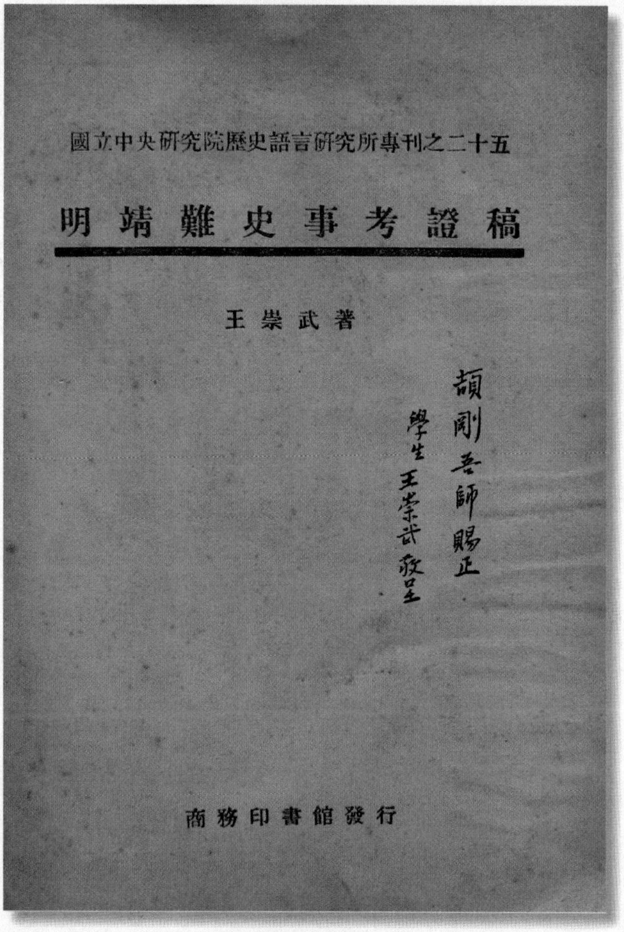

國立中央研究院歷史語言研究所專刊之二十五

明靖難史事考證稿

王崇武著

頡剛吾師賜正

學生王崇武敬呈

商務印書館發行

明靖難史事考證稿 △

王崇武著

商務印書館，1948年

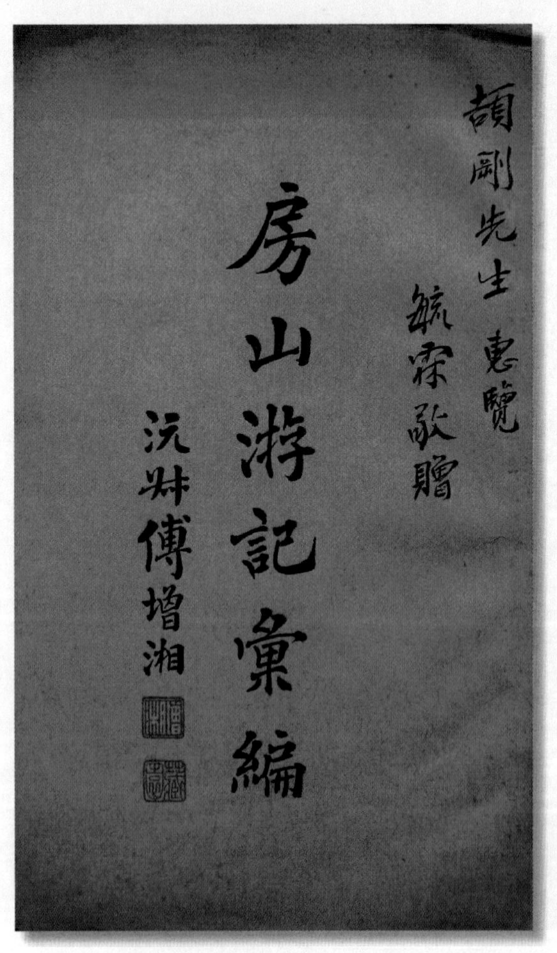

房山游記彙編

王毓霖編纂

自印本，1937年

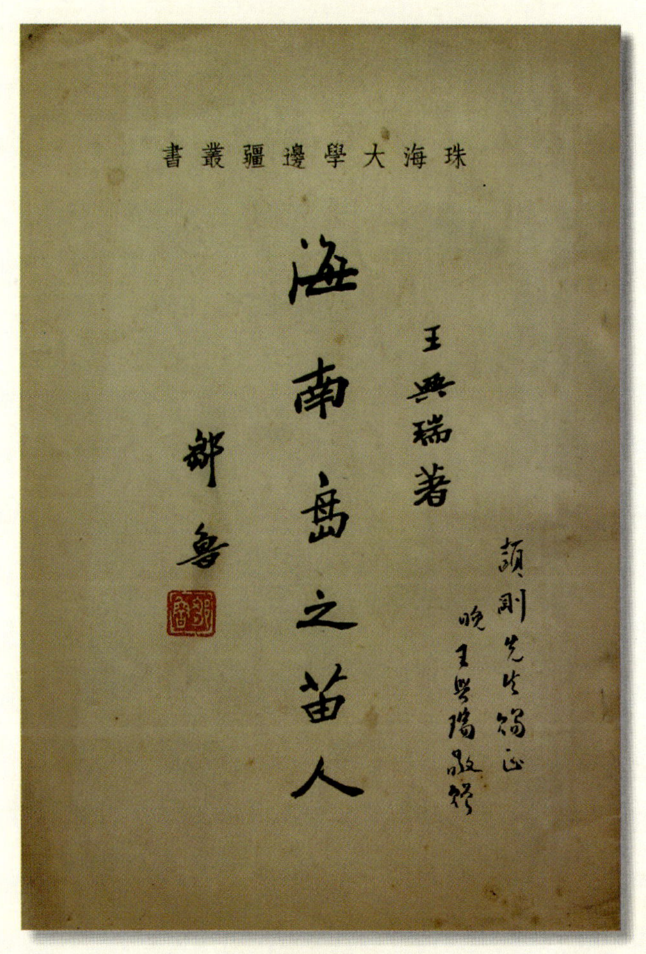

海南島之苗人 △

王興瑞著

珠海大學編輯委員會，1948年

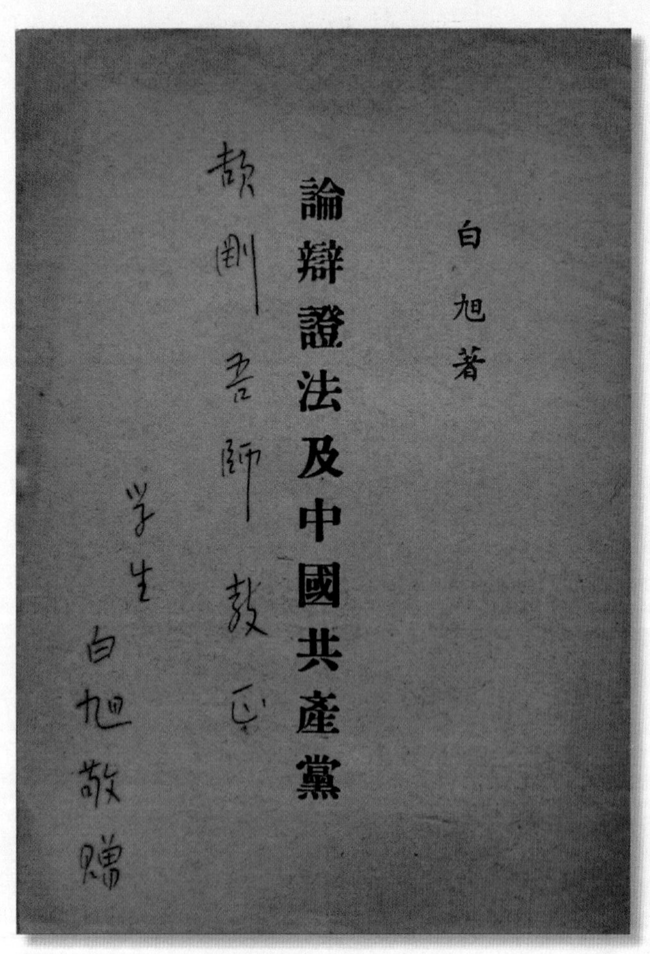

論辯證法及中國共產黨

白旭著

再生社，1947年3月25日

中國交通史 △

白壽彝著

商務印書館，1937年

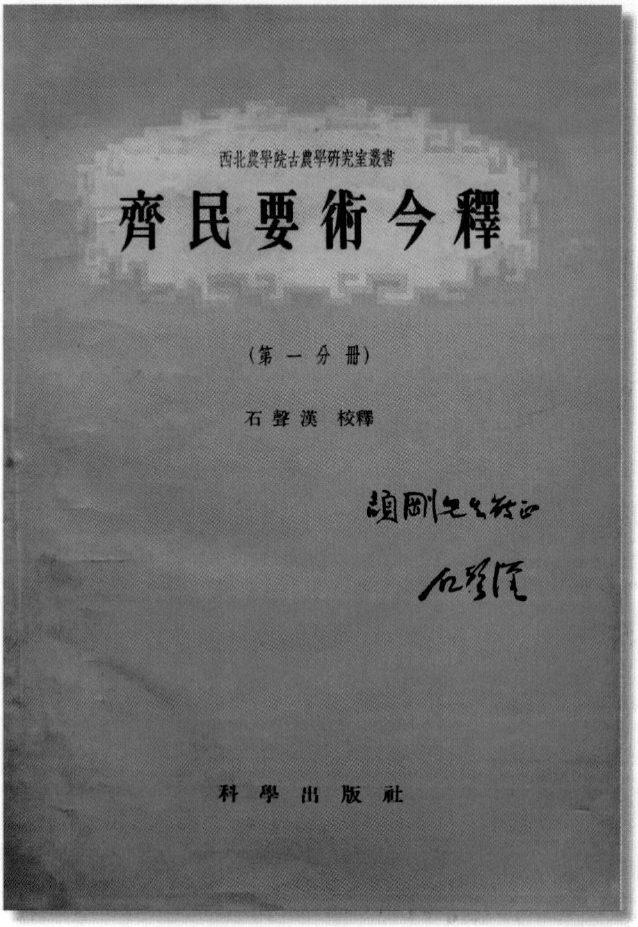

西北農學院古農學研究室叢書

齊民要術今釋

（第一分册）

石聲漢 校釋

頡剛先生教正

石聲漢

科學出版社

齊民要術今釋 △

石聲漢校釋

科學出版社，1957年

鄭和航海圖 △

向達整理

中華書局，1961年

西洋番國志 △

〔明〕鞏珍著，向達校注

中華書局，1961年

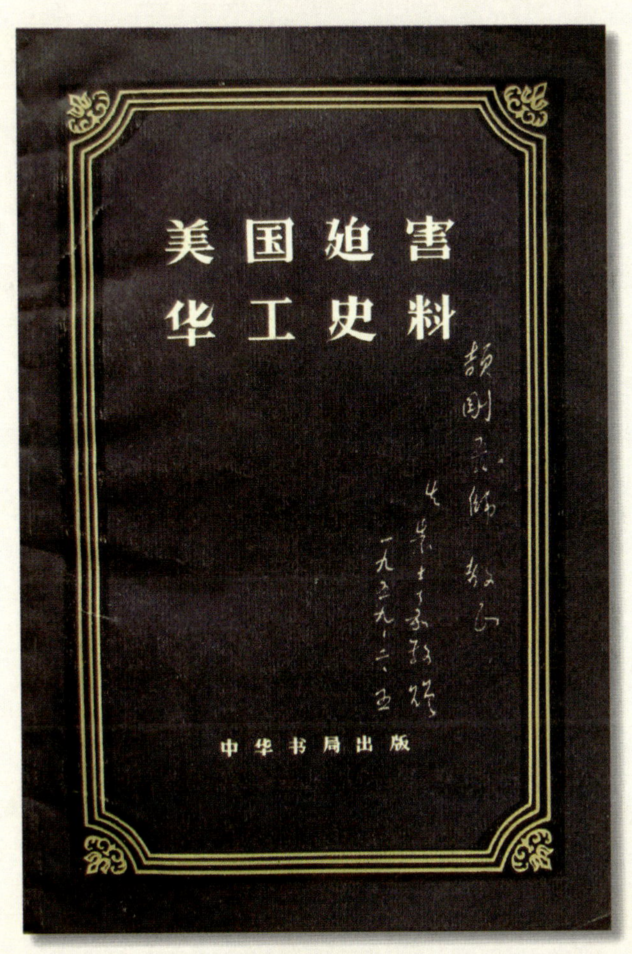

美國迫害華工史料 △

朱士嘉編

中華書局，1958年

十九世紀美國侵華檔案史料選輯 △

朱士嘉編

中華書局，1959年

經濟學與其他社會科學 △

朱亦松譯述

商務印書館，1947年

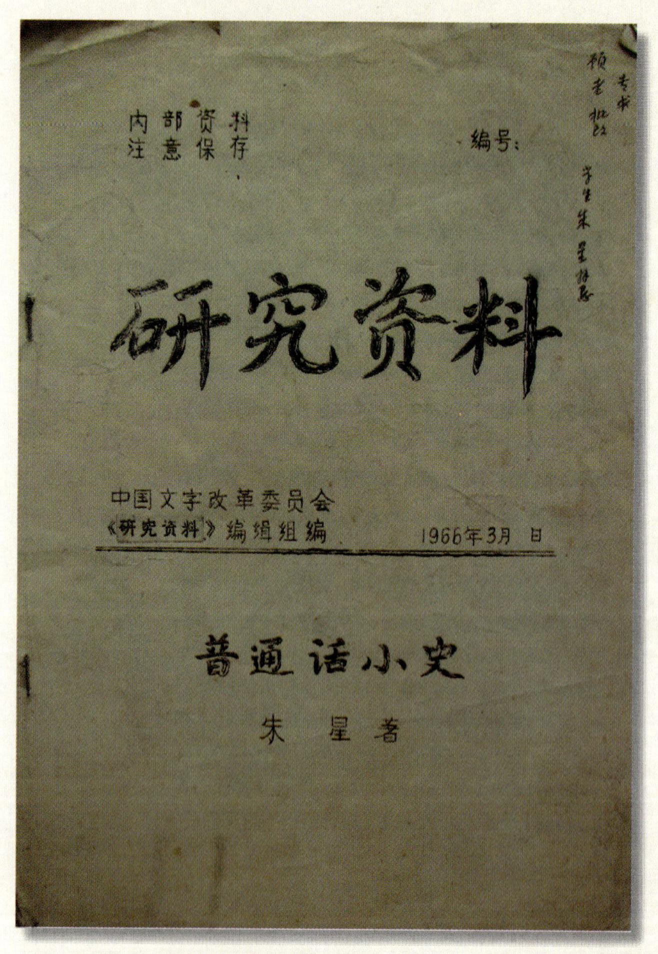

普通話小史

朱星著

中國文字改革委員會《研究資料》編輯組編，1966年3月

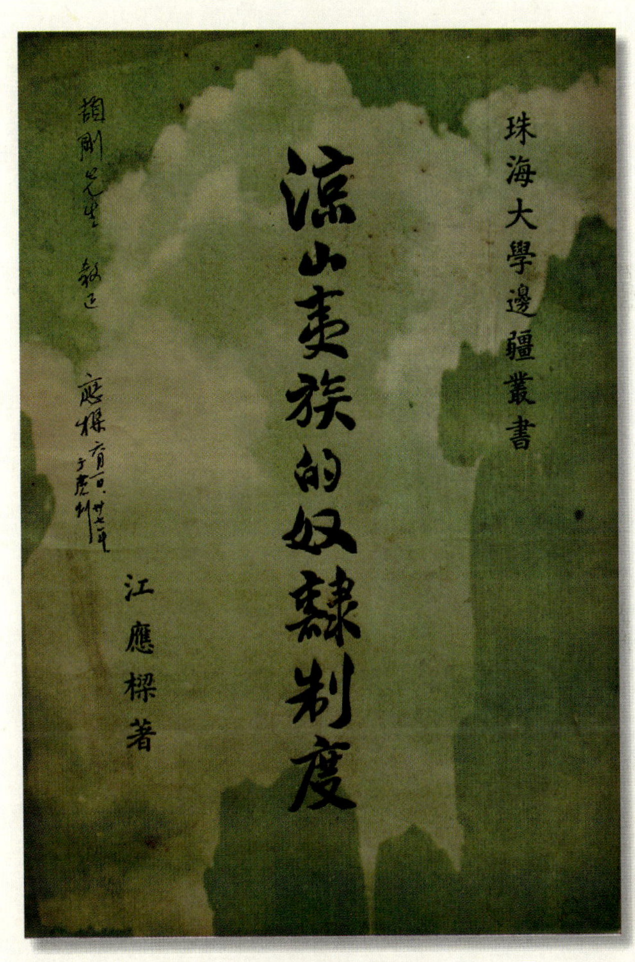

梁山夷族的奴隸制度 △

江應樑著

珠海大學出版，1948年

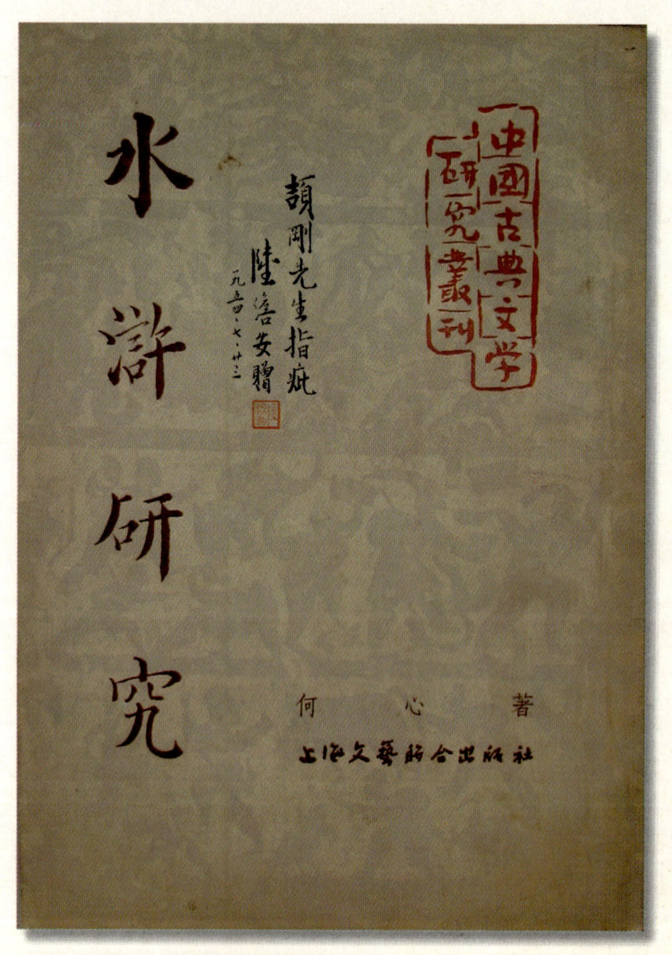

水滸研究 △

何心著

上海文藝聯合出版社，1954年

蘇維埃社會主義文化的發展

（蘇）日爾諾夫著，何思源譯

中華書局，1953年

奧地利

（蘇）魯賓斯坦等著，何思源譯

人民出版社，1953年

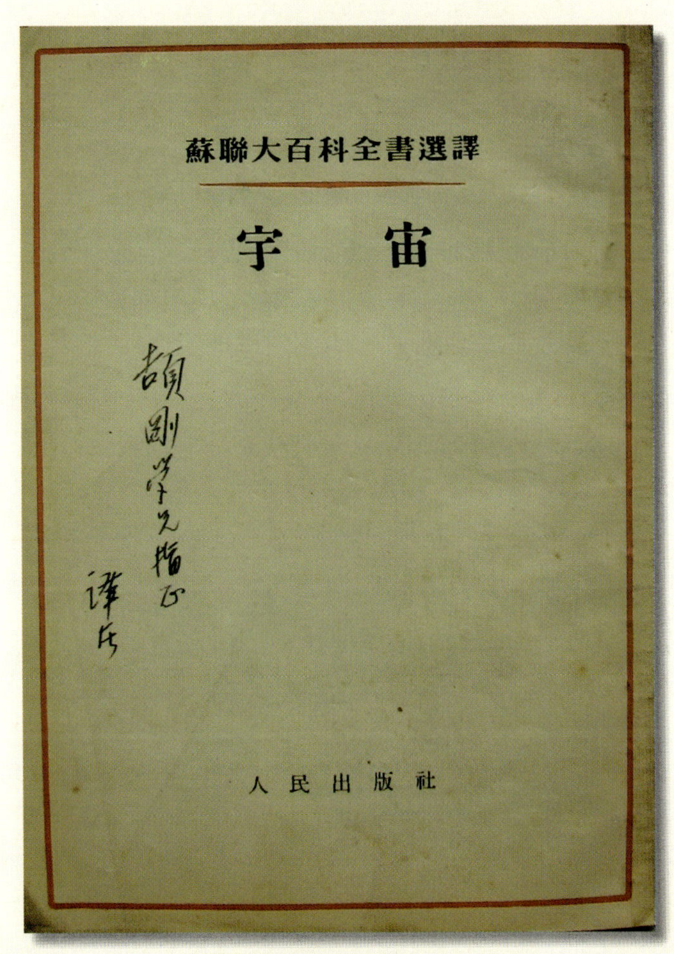

宇宙

（蘇）阿姆巴楚米揚著，何仙槎譯

人民出版社，1954年

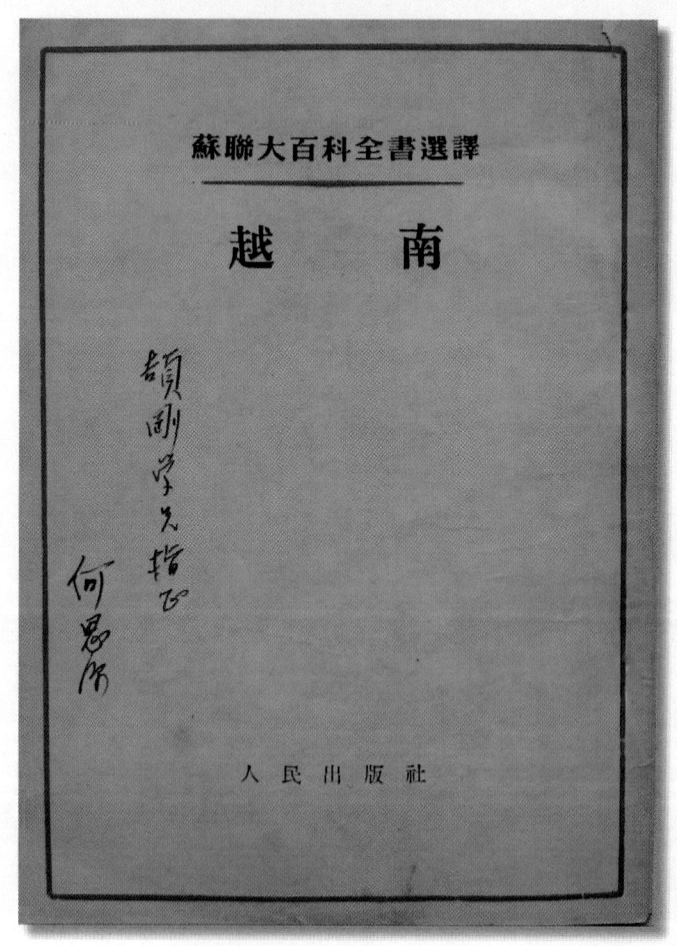

越南

（蘇）華西里耶娃等著，何思源譯

人民出版社，1954年

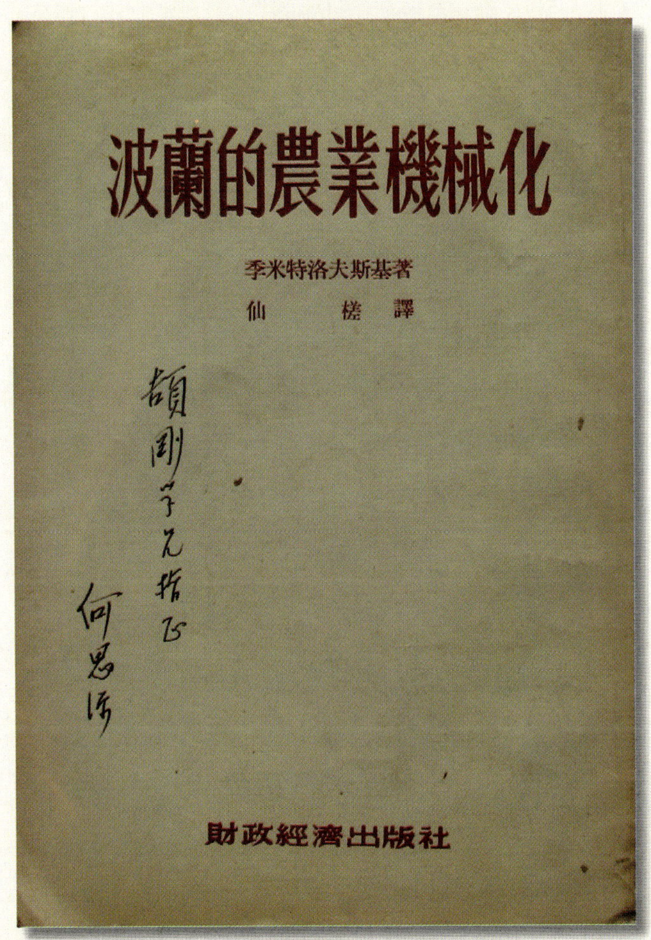

波蘭的農業機械化

（蘇）季米特洛夫斯基著，何仙槎譯

財政經濟出版社，1954年

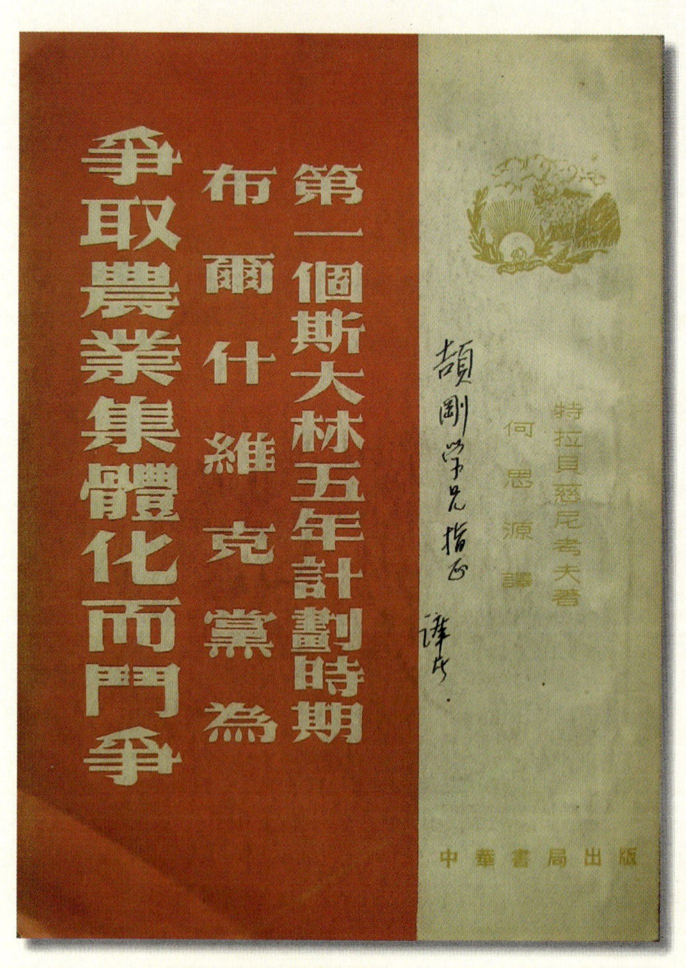

第一個斯大林五年計劃時期布爾什維克黨爲爭取農業集體化而鬥爭

（蘇）特拉貝慈尼考夫著，何思源譯

中華書局，1955年

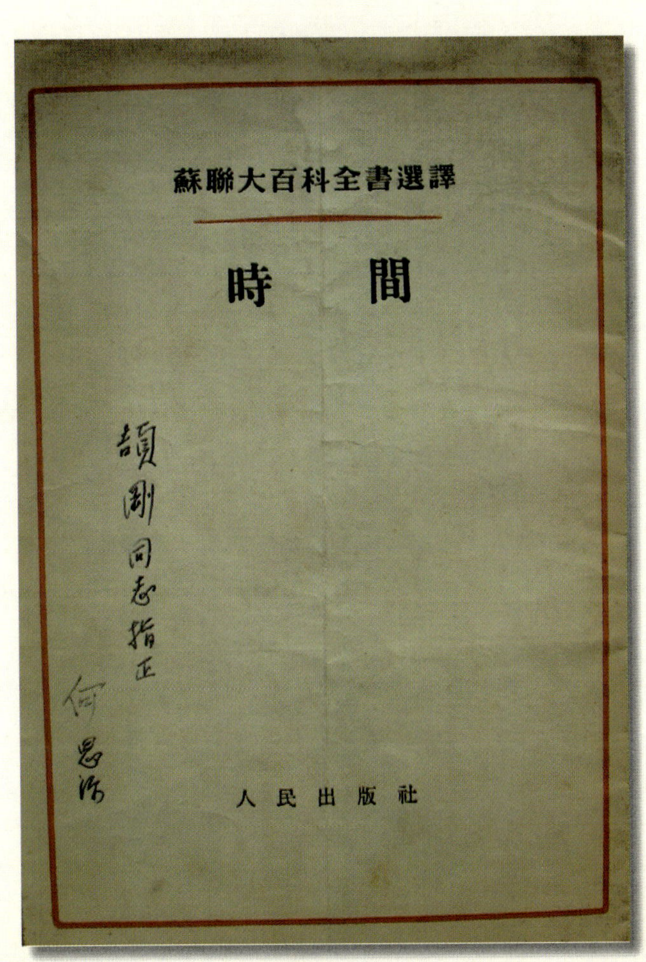

時間

（蘇）米哈伊洛夫著，何仙槎譯

人民出版社，1955年

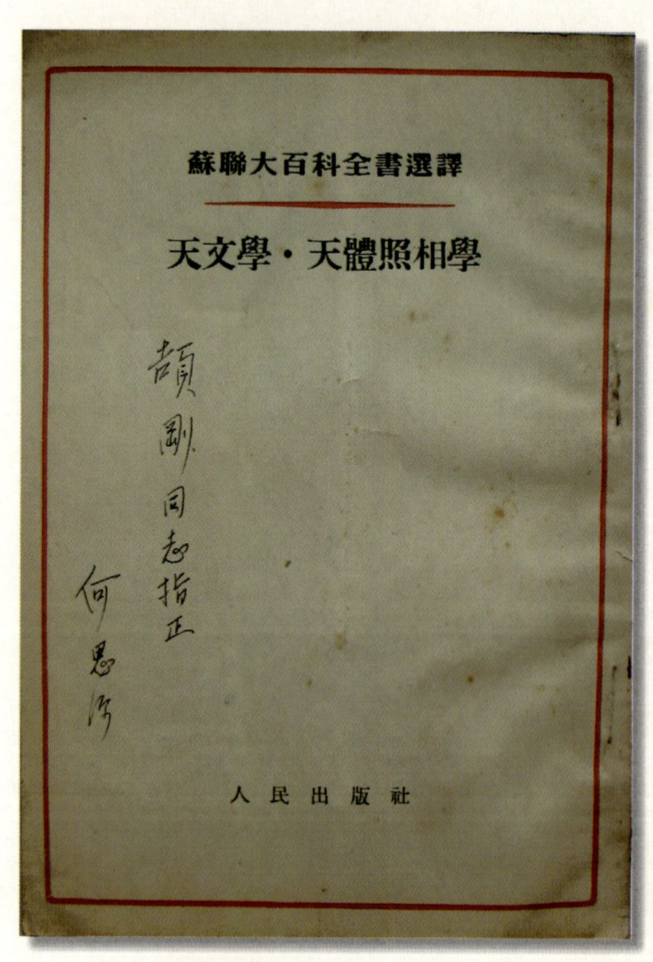

天文學·天體照相學

（蘇）阿葛羅德尼科夫著；天體照相學，（蘇）捷伊奇著，何仙槎譯

人民出版社，1955年

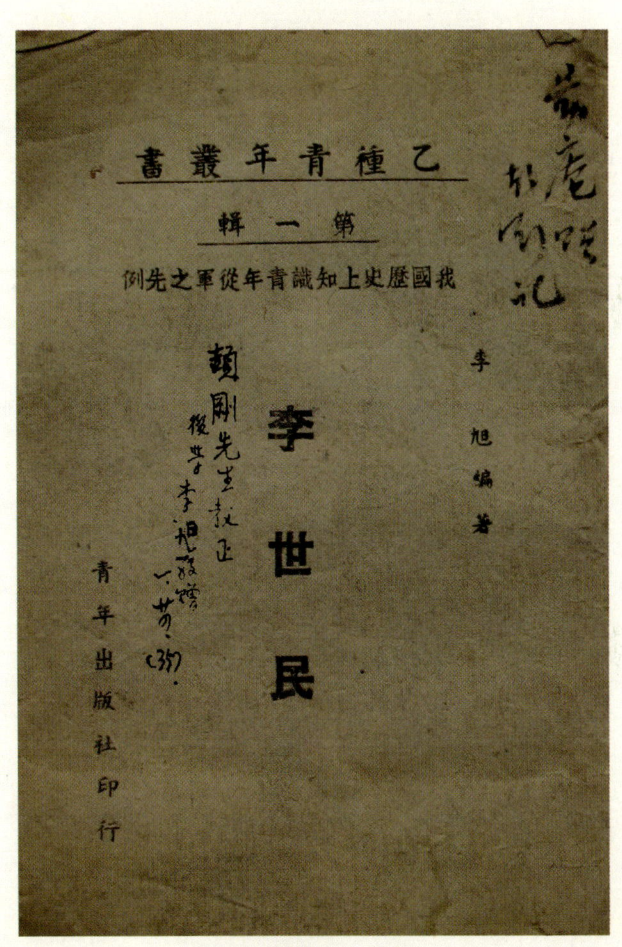

李世民 △

李旭編著

青年出版社，1945年

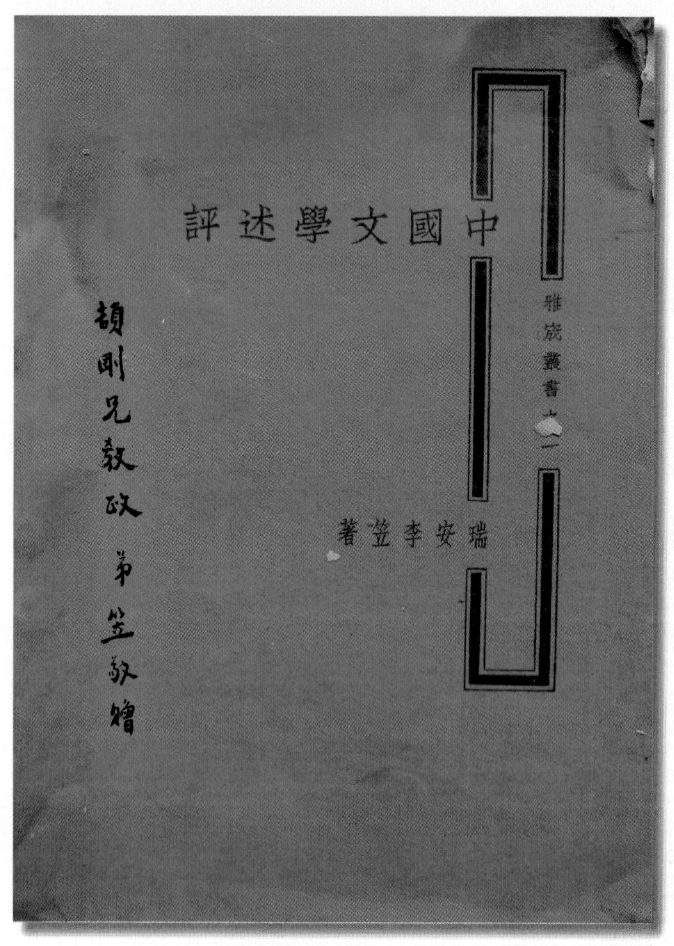

中國文學述評 △

李笠著

上海雅宬學社，1928年

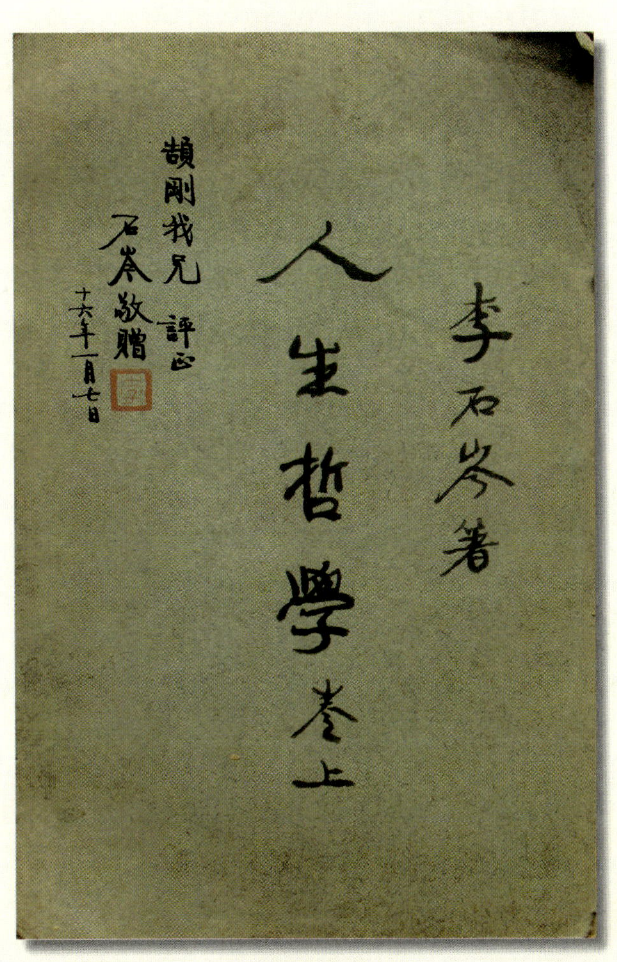

人生哲學（卷上） △

李石岑著

商務印書館，1926年

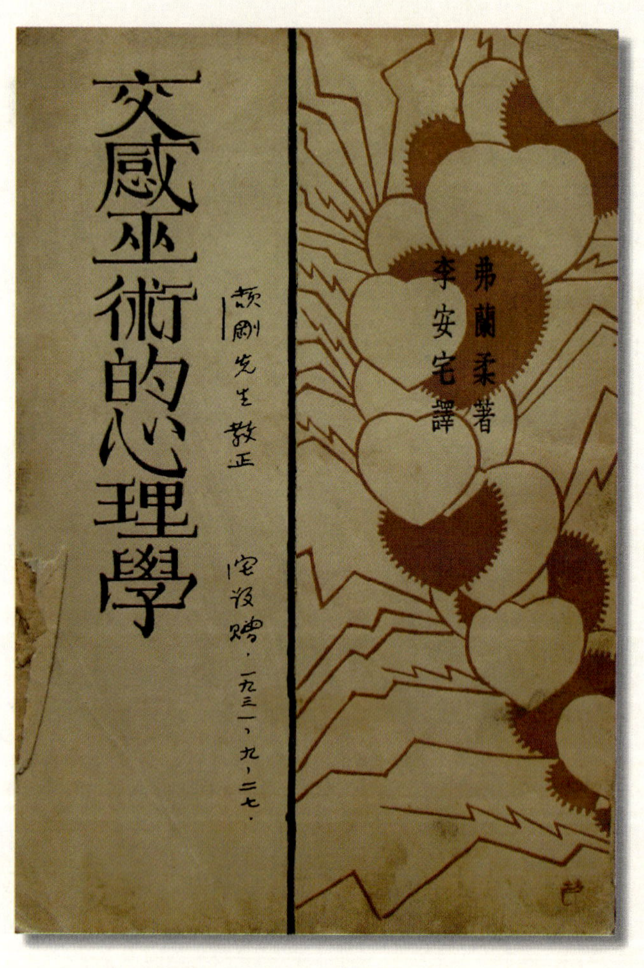

交感巫術的心理學 △

（英）弗蘭柔著，李安宅譯

商務印書館，1931年

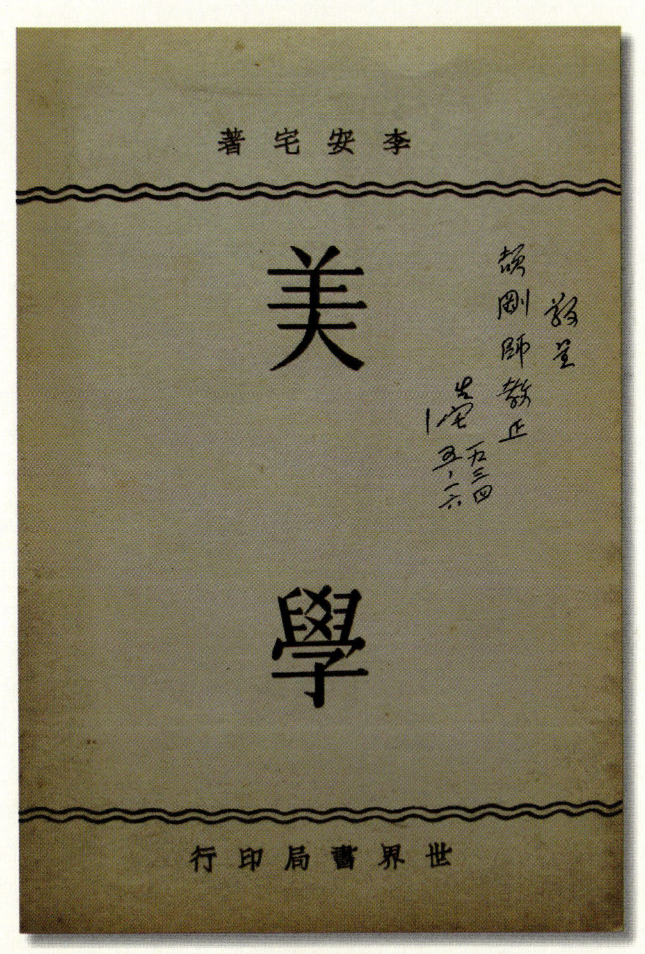

美學 △

李安宅著

世界書局，1934年

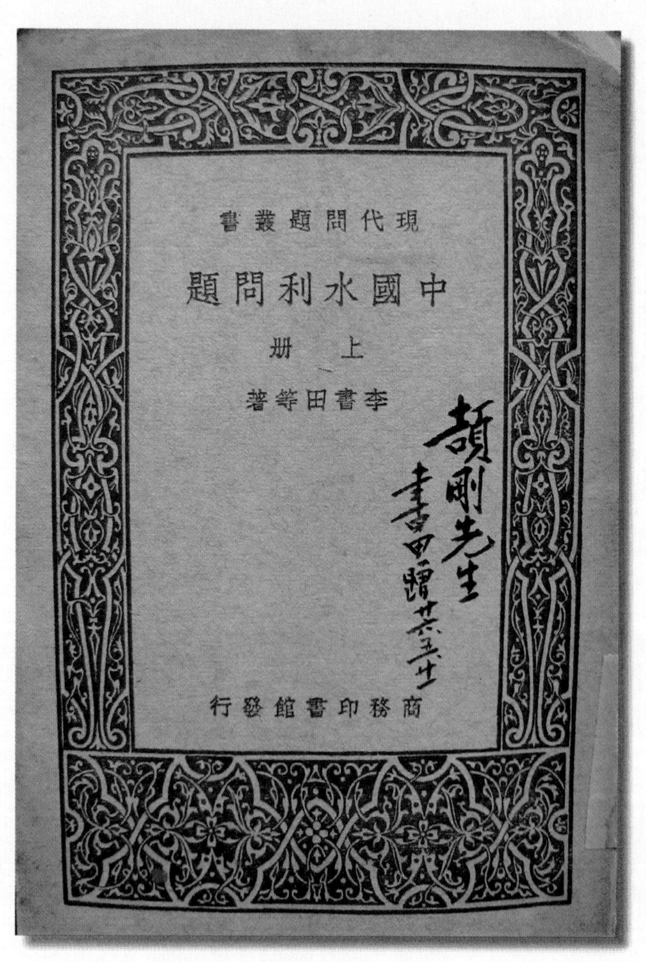

中國水利問題

李書田著

商務印書館，1935年

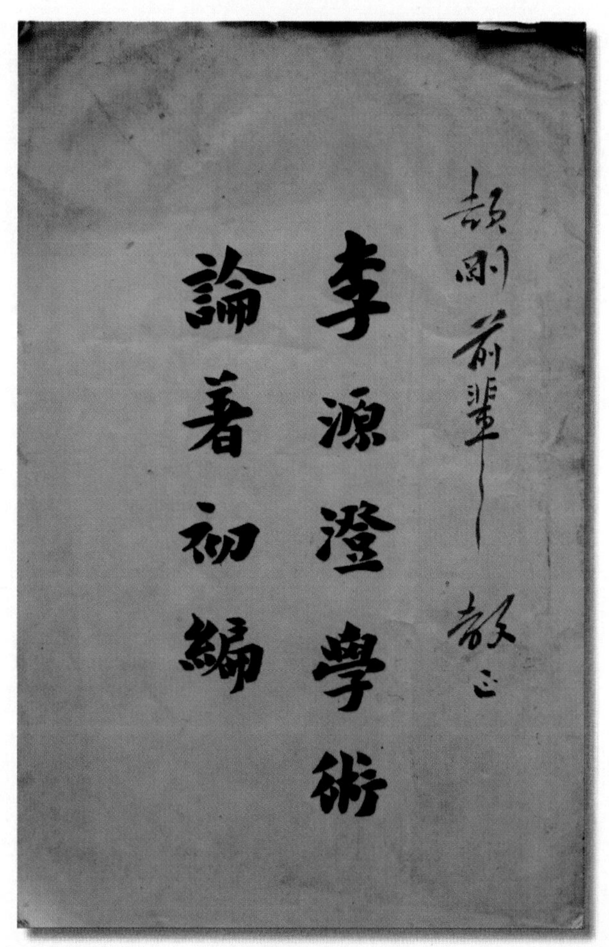

李源澄學術論著初編

李源澄著

路明書店，1944年

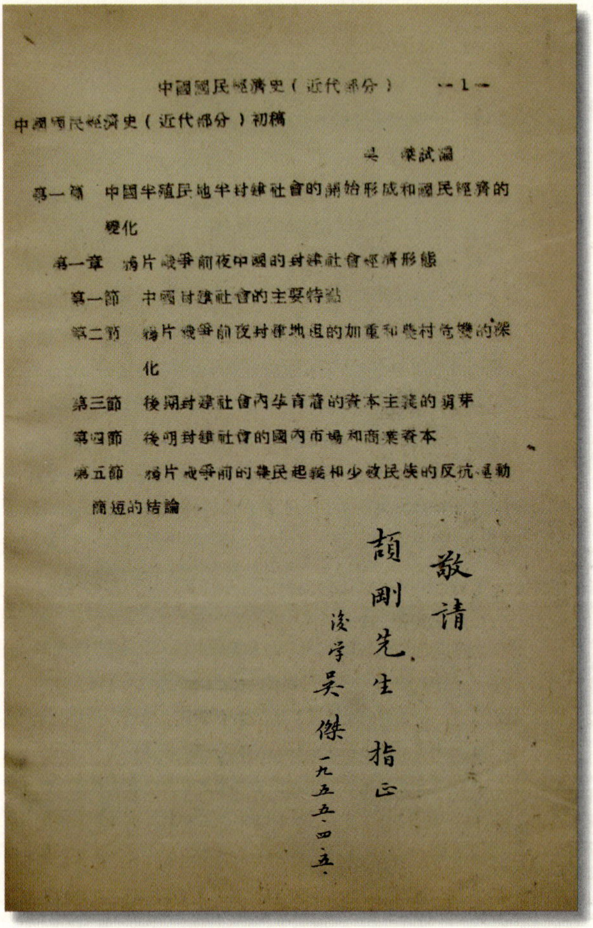

中國國民經濟史（近代部分） —1—

中國國民經濟史（近代部分）初稿

吳 傑試編

第一篇 中國半殖民地半封建社會的開始形成和國民經濟的變化

第一章 鴉片戰爭前夜中國的封建社會經濟形態

第一節 中國封建社會的主要特點

第二節 鴉片戰爭前夜封建地租的加重和農村危機的深化

第三節 後期封建社會內部孕育着的資本主義的萌芽

第四節 後明封建社會的國內市場和商業資本

第五節 鴉片戰爭前的農民起義和少數民族的反抗運動

簡短的結論

敬請
頡剛先生 指正
後学吳傑 一九五五、四、五、

中國國民經濟史（近代部分） △

吴傑編

油印本，1955年

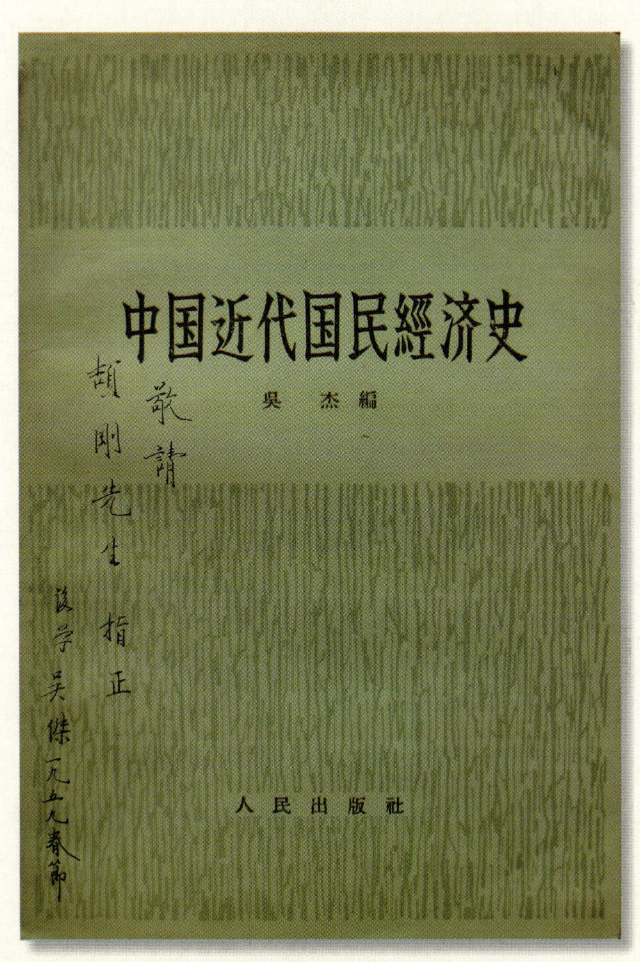

中國近代國民經濟史 △

吴傑編

人民出版社，1958年

清開國前紀

吴宗慈編著

出版社不詳，1947年

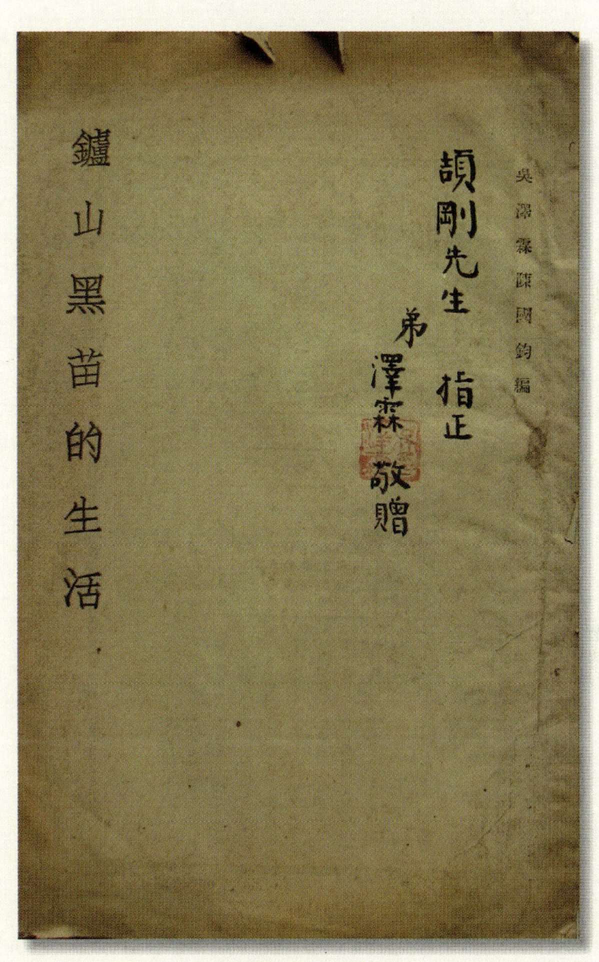

鑪山黑苗的生活

吴澤霖、陳國鈞編

貴陽大夏大學社會研究部，1940年

李杜研究

汪靜之著

商務印書館，1931年再版

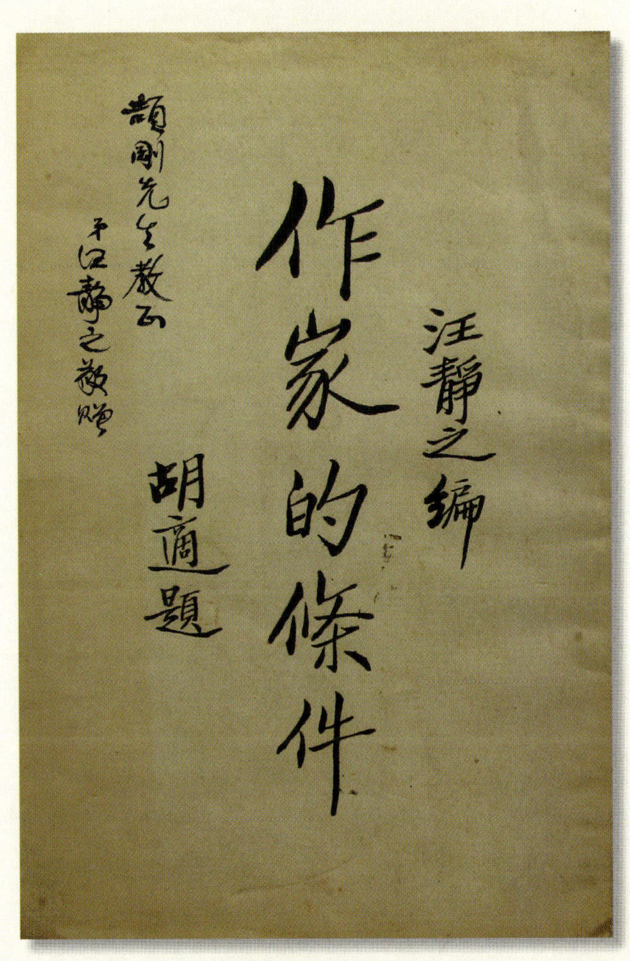

作家的條件 △

汪靜之編

商務印書館，1937年

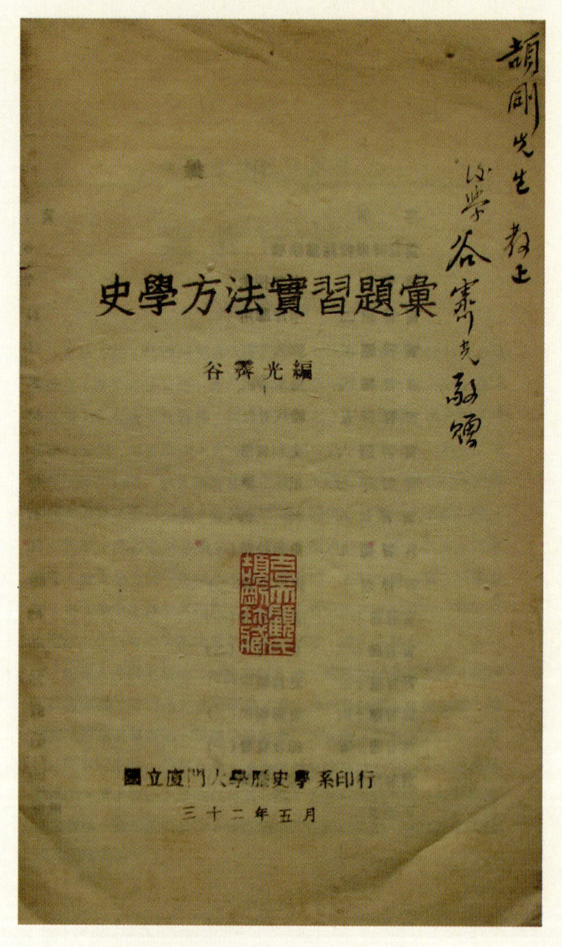

史學方法實習題彙

谷霽光編

國立厦門大學歷史學系印行，1943年

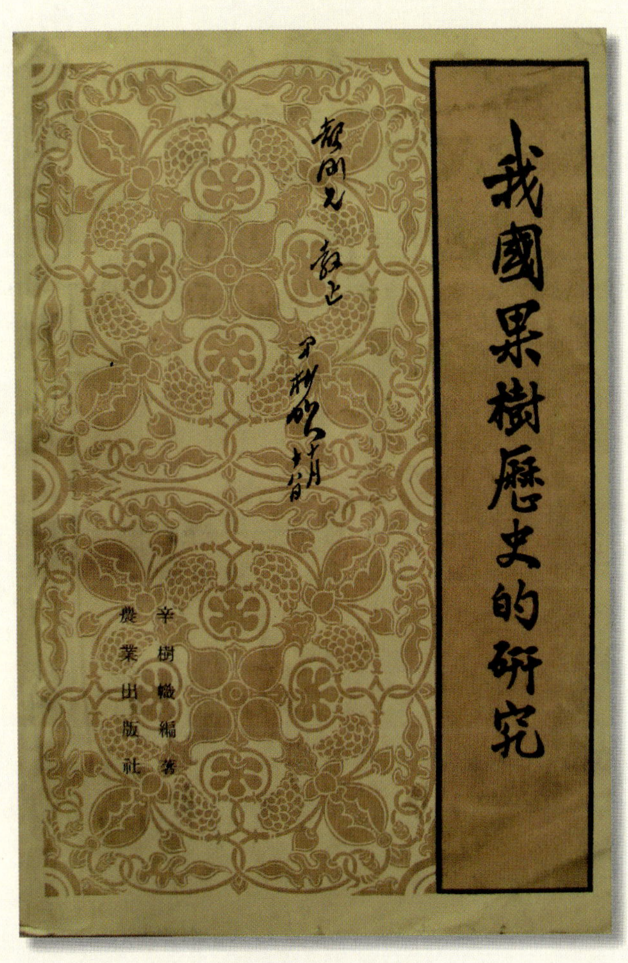

我國果樹歷史的研究 △

辛樹幟編著

農業出版社，1962年

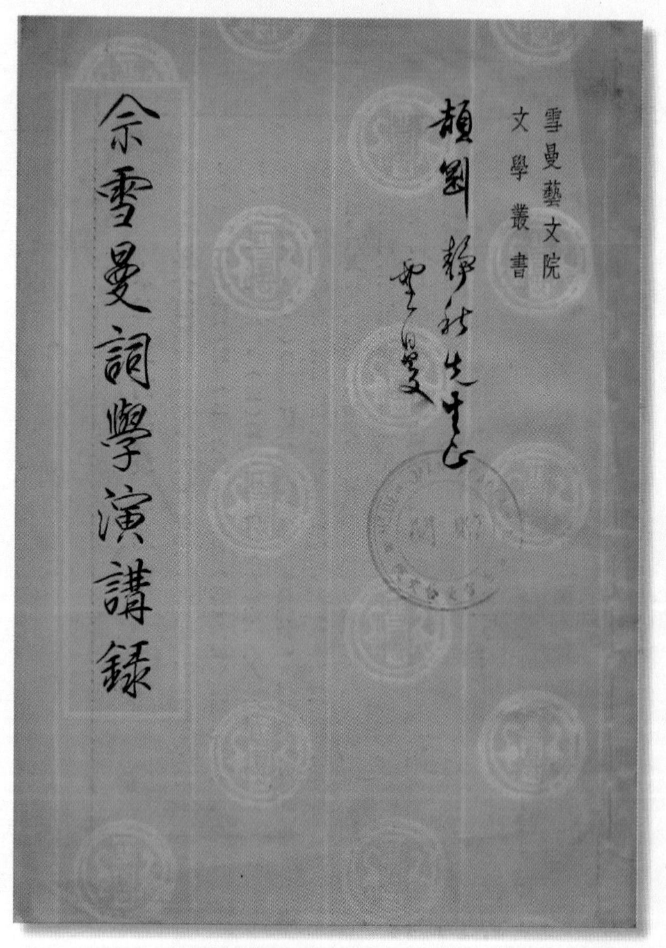

佘雪曼詞學演講録

佘雪曼著

香港嘉華印刷公司，1955年

離騷正義 △

佘雪曼著

香港雪曼藝文院，1955年

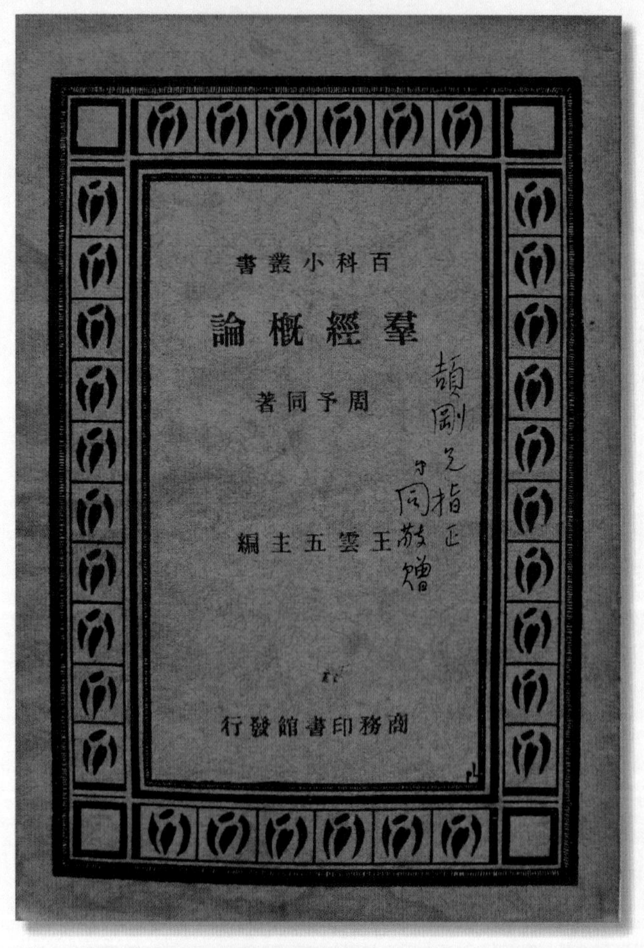

群經概論 △

周予同著

商務印書館，1933年

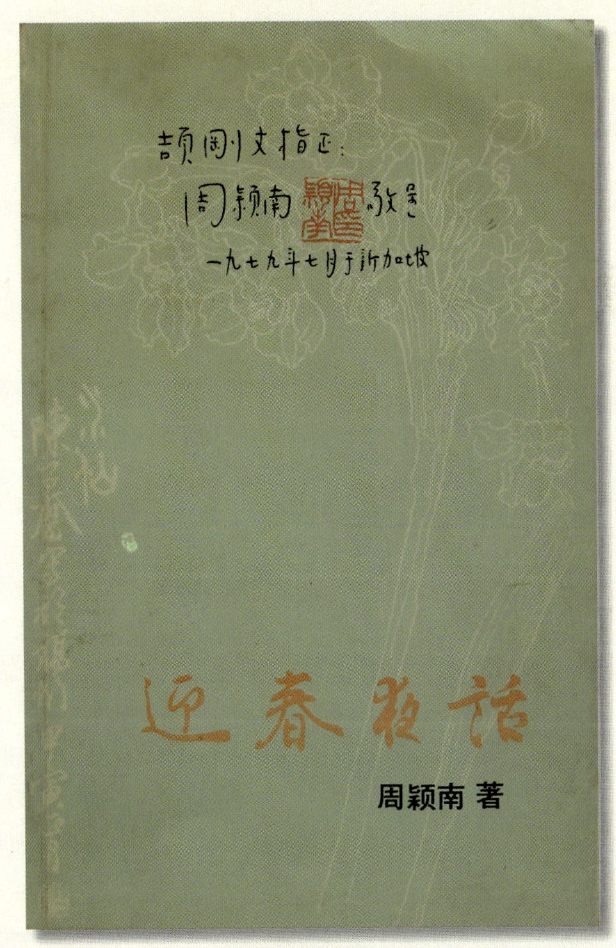

迎春夜話　△

周穎南著

新加坡聯合文學出版社，1977年

史學家與科學家 △

（意）沙耳非米妮著，周謙冲譯

商務印書館，1945年

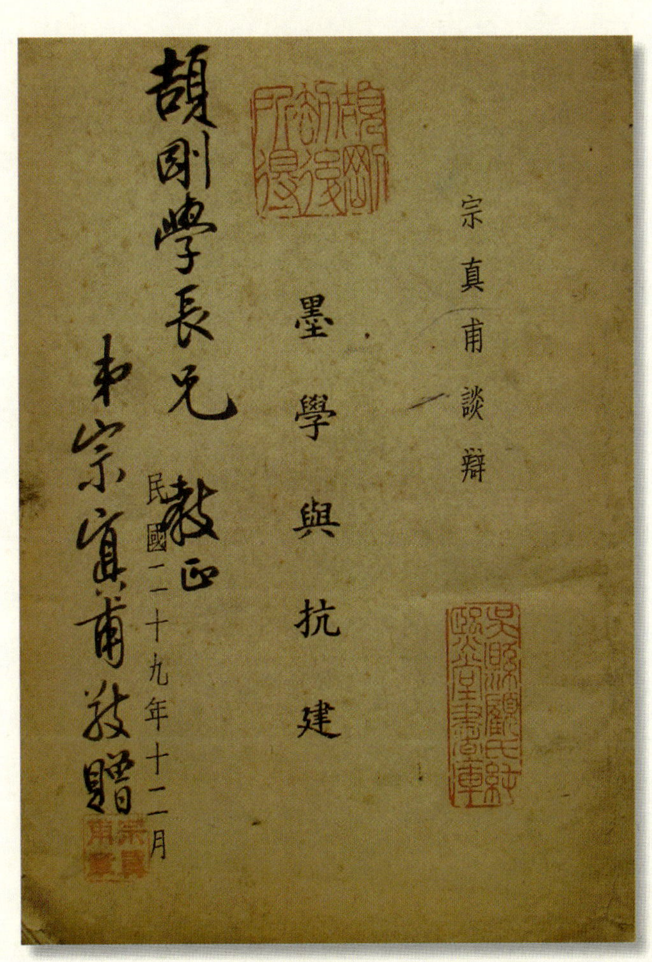

墨學與抗建

宗真甫著

自印本，1940年

中國古代大科學家 △

承新著

少年兒童出版社，1954年

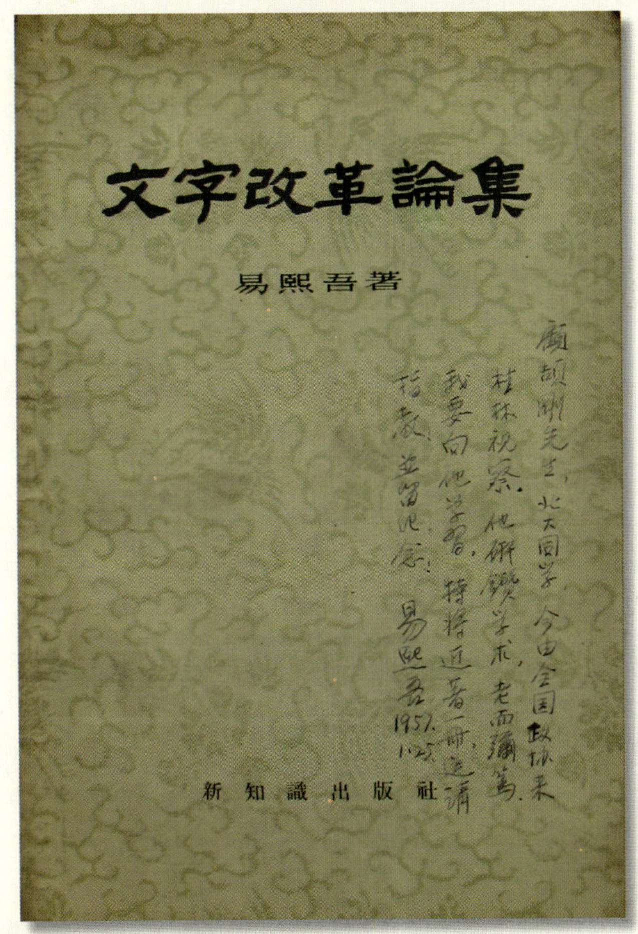

文字改革論集

易熙吾著

新知識出版社，1956年

古代中國文化 △

（日）西村真次著，東白譯

中華飛鴻學社，1935年

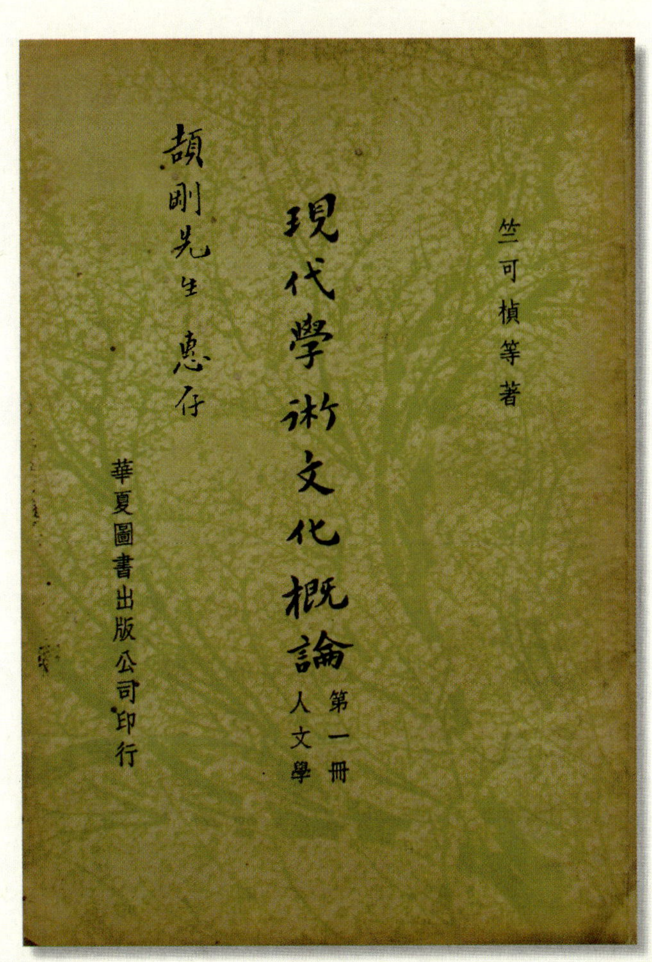

現代學術文化概論 △

竺可楨著

華夏圖書出版公司，1948年

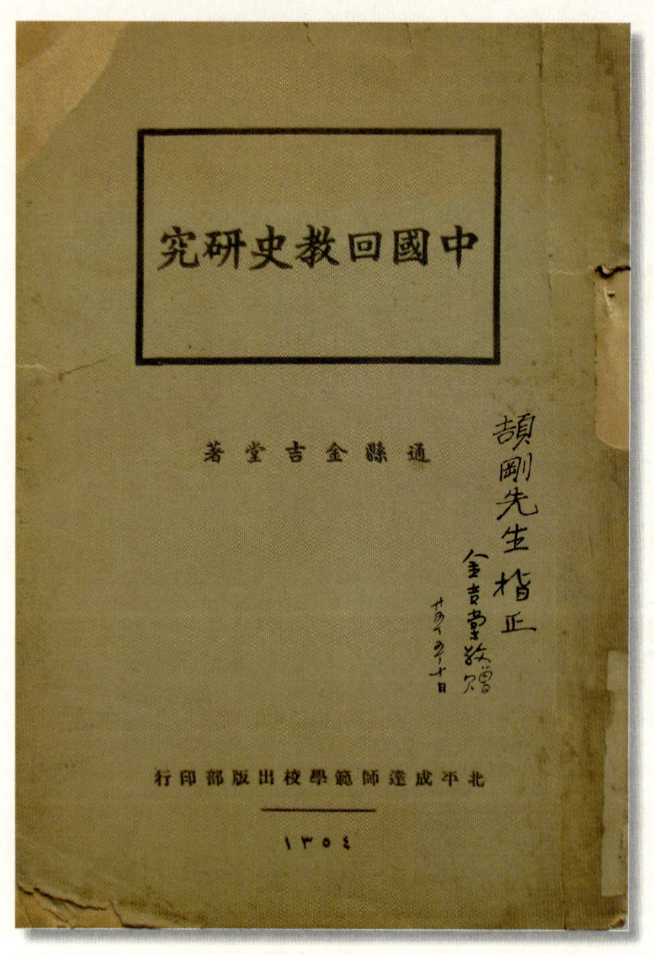

中國回教史研究 △

金吉堂著

北平成達師範學校出版部，1935年

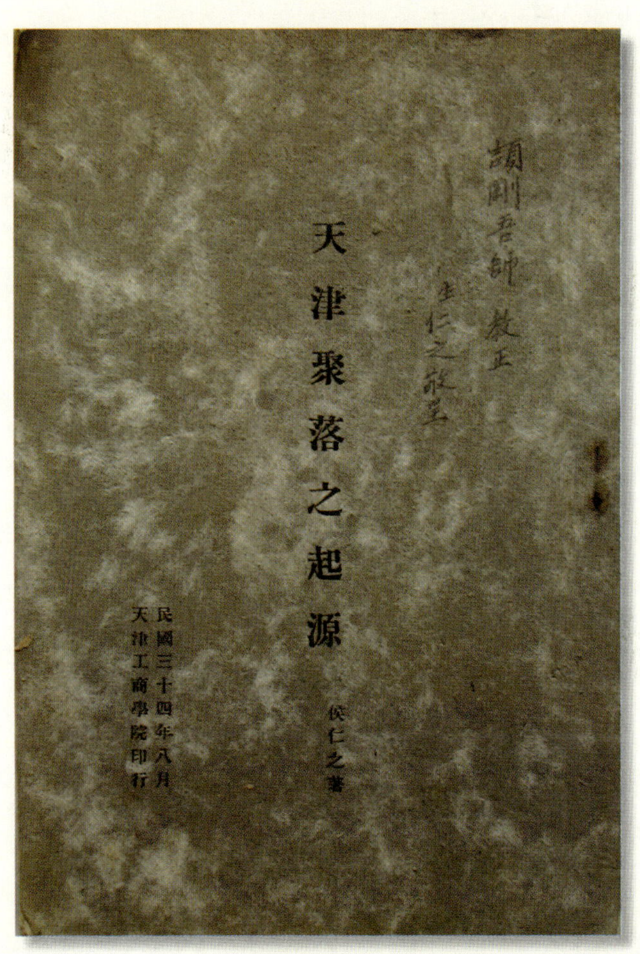

天津聚落之起源

侯仁之著

天津工商學院印行，1945年

这里所收文章是将近二十年前在
颉刚师指示下写成的，现在看来自然是
很不成熟的，但我对此方域研究的兴趣
却从这里开始了。检出旧存一册，寄呈
颉刚师 以为纪念。

生 仁之

一九五七年四月

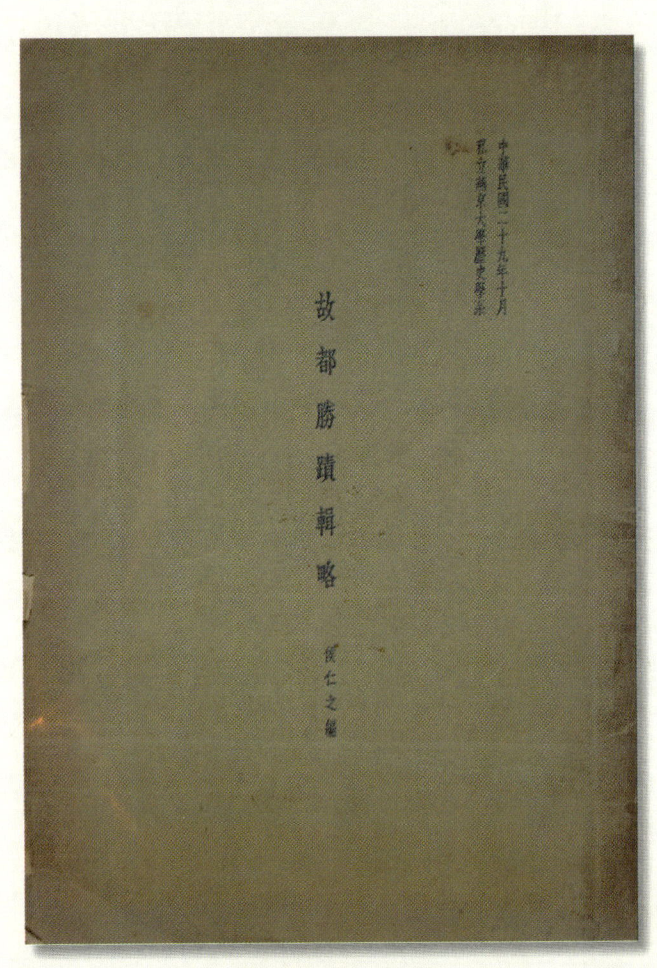

故都勝蹟輯略

侯仁之著

燕京大學歷史學系印刷，1940年

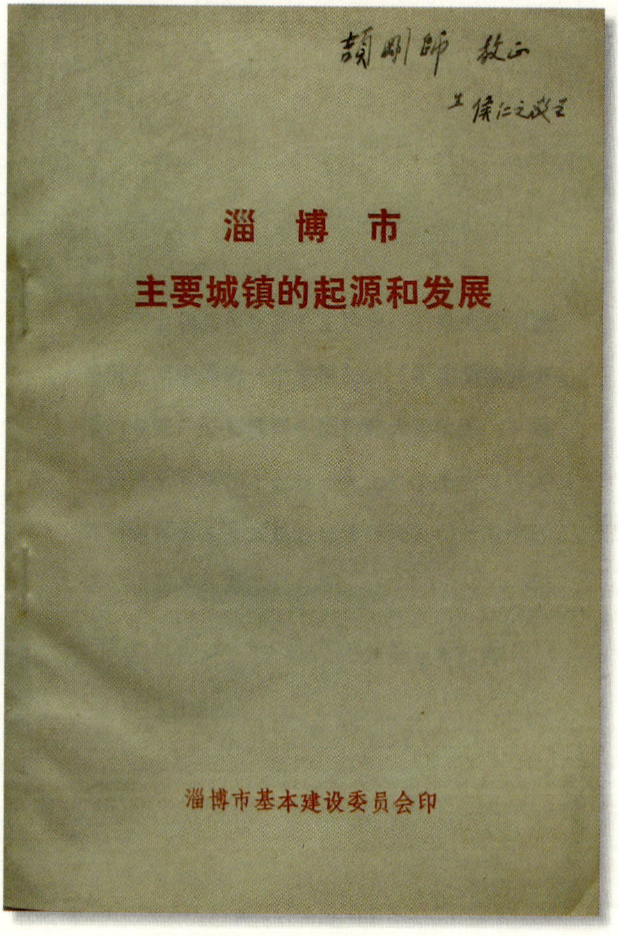

淄博市主要城鎮的起源和發展

侯仁之著

淄博市基本建設委員會印，1979年

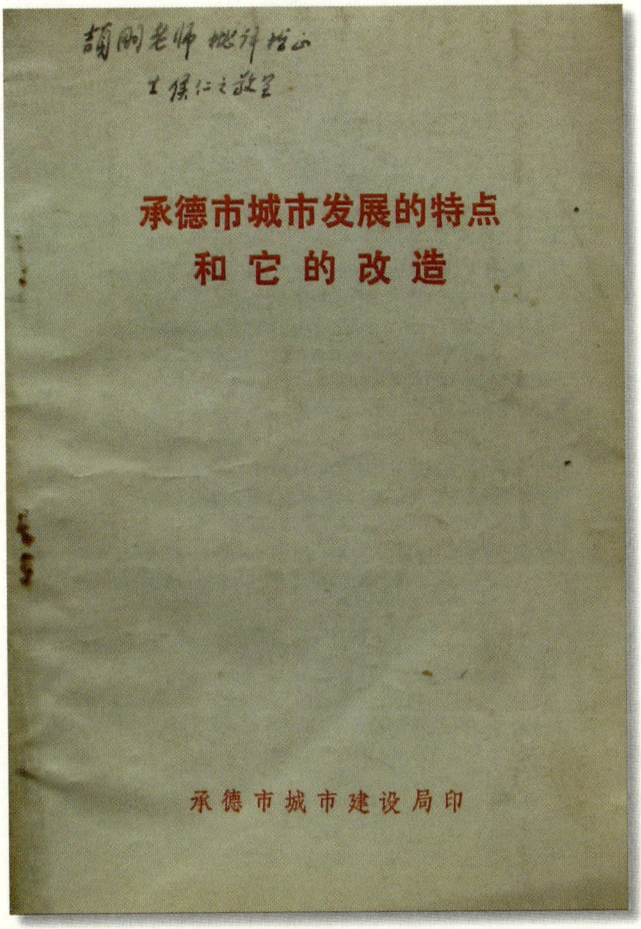

承德市城市发展的特点
和它的改造

承德市城市建设局印

承德市城市發展的特點和它的改造

侯仁之著

承德市城市建設局印，1979年

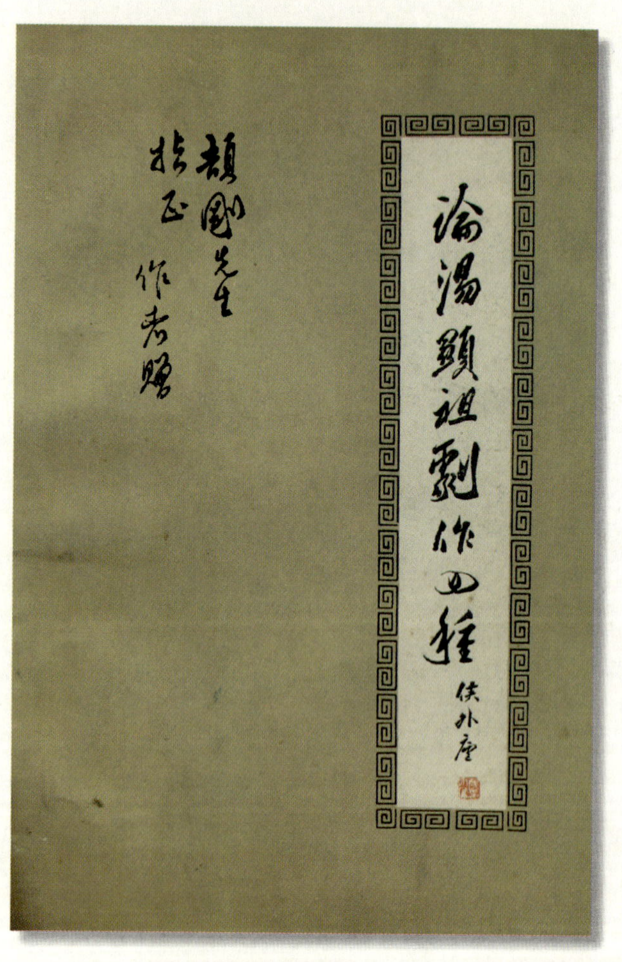

論湯顯祖劇作四種 △

侯外廬著

中國戲劇出版社，1962年

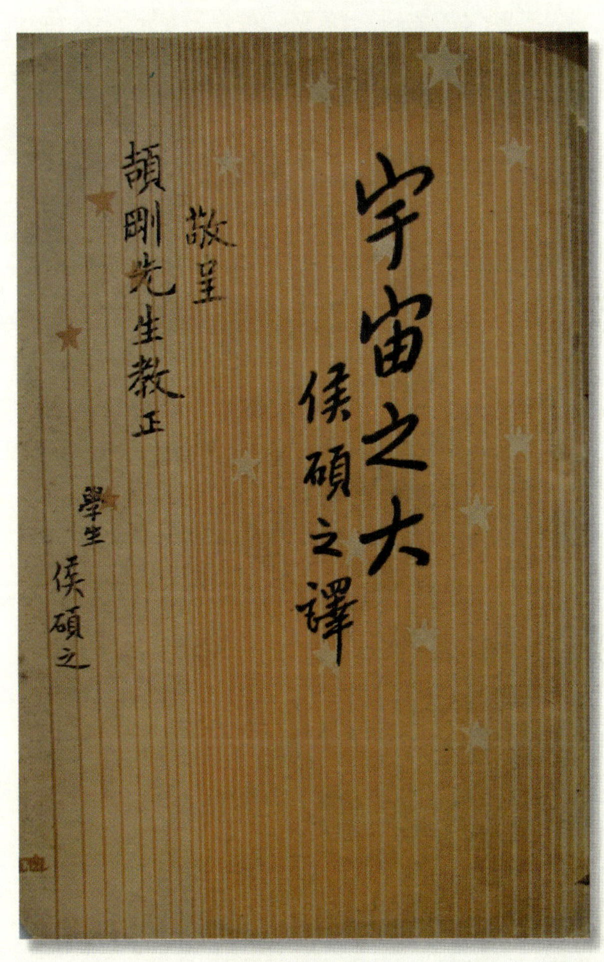

宇宙之大

（英）琴斯著，侯碩之譯

開明書店，1935年

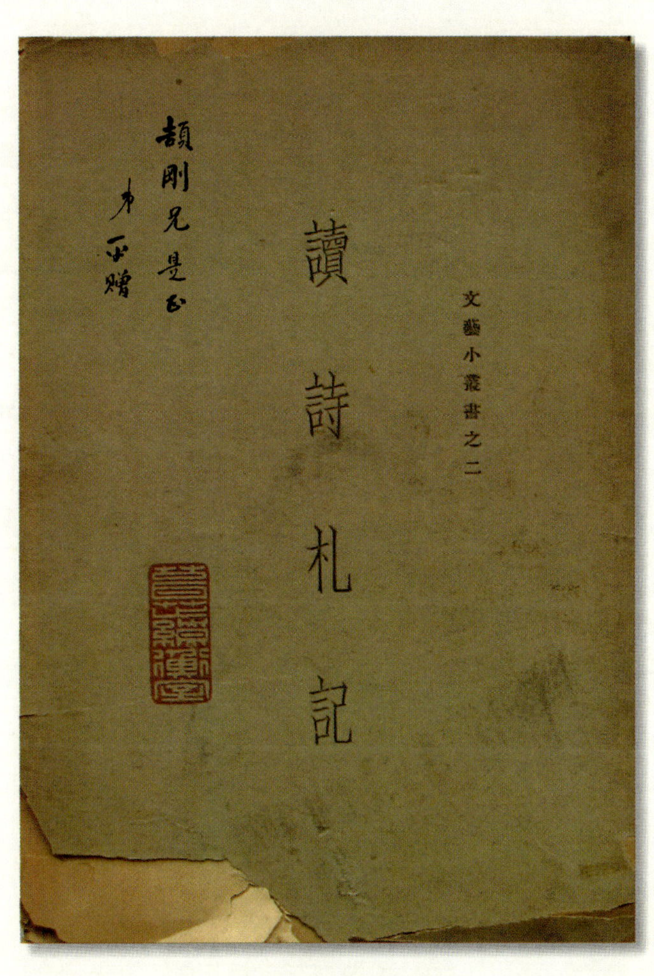

讀詩札記 △

俞平伯著

人文書店，1934年

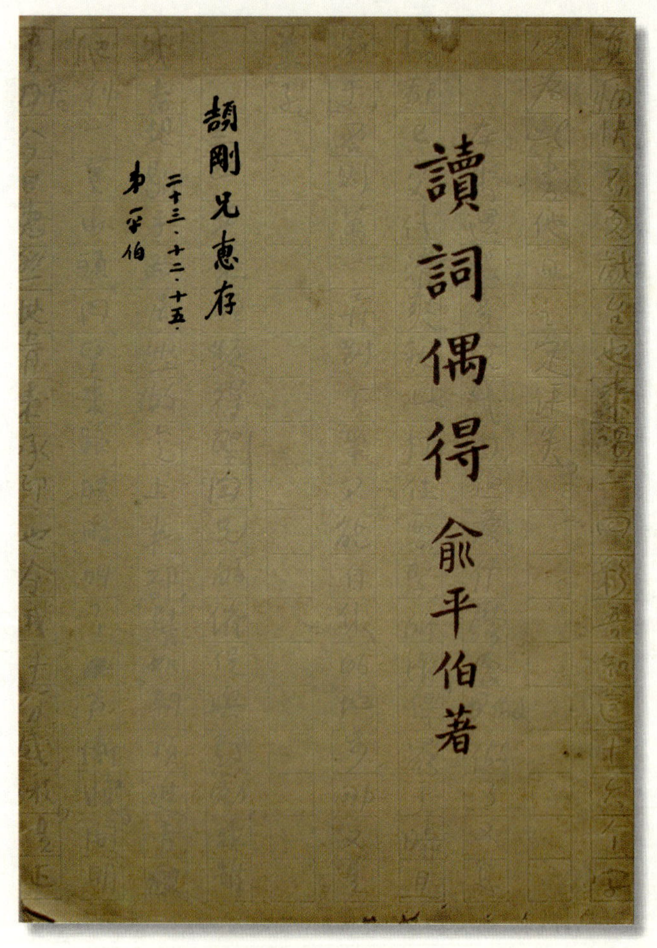

讀詞偶得 △

俞平伯著

開明書店，1934年

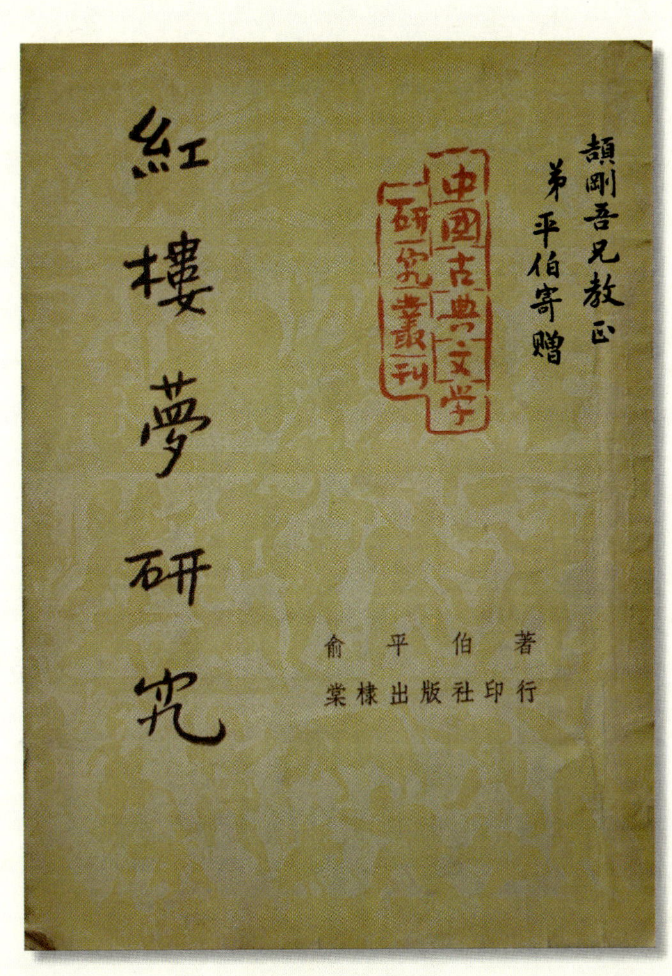

紅樓夢研究 △

俞平伯著

棠棣出版社，1952年

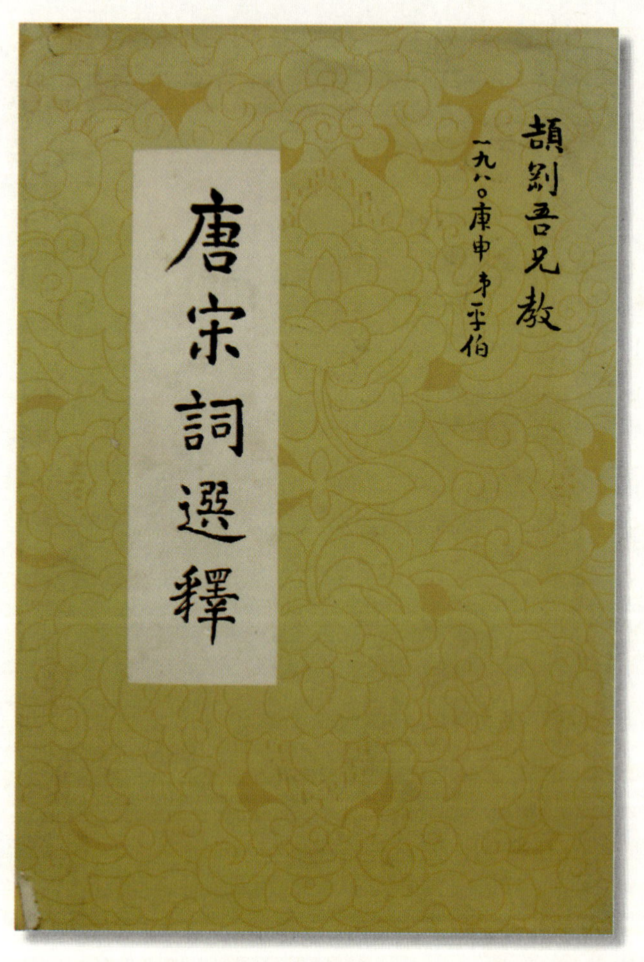

唐宋詞選釋 △

俞平伯著

人民文學出版社，1979年

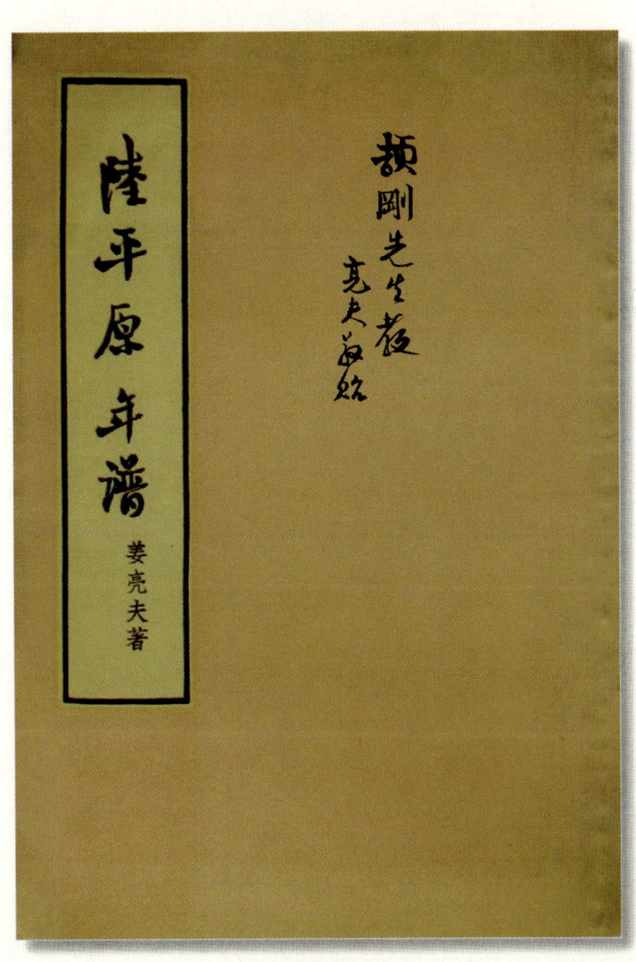

陸平原年譜 △

姜亮夫著

古典文學出版社，1957年

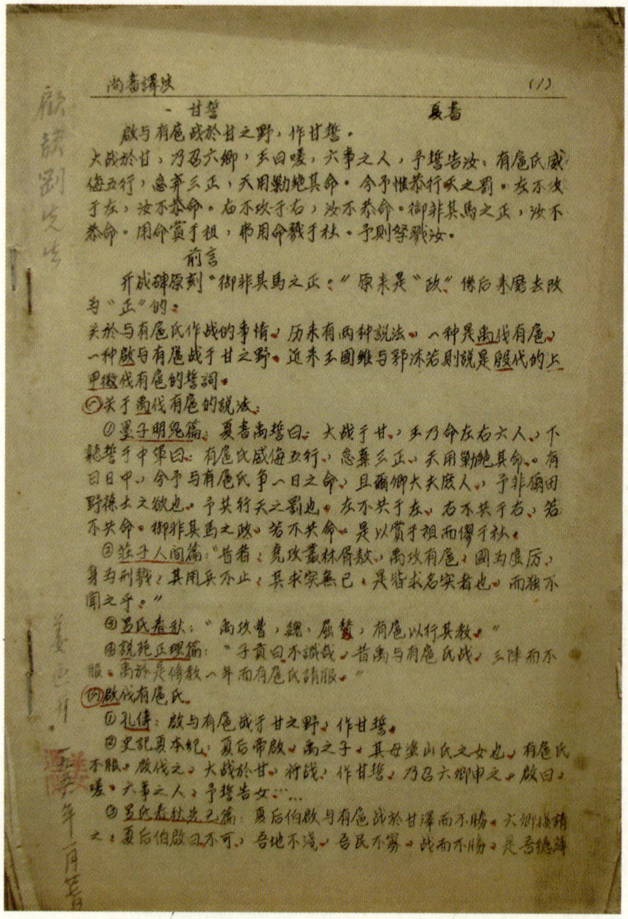

尚書譯注

姜運開譯注

油印本，1958年1月

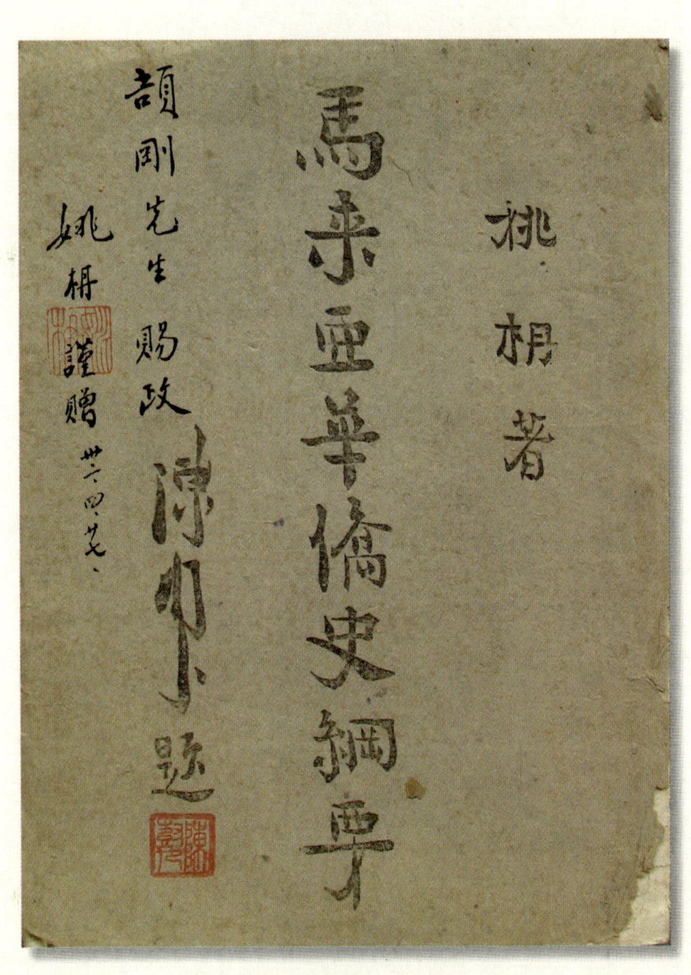

馬來亞華僑史綱要 △

姚枬著

商務印書館，1943年

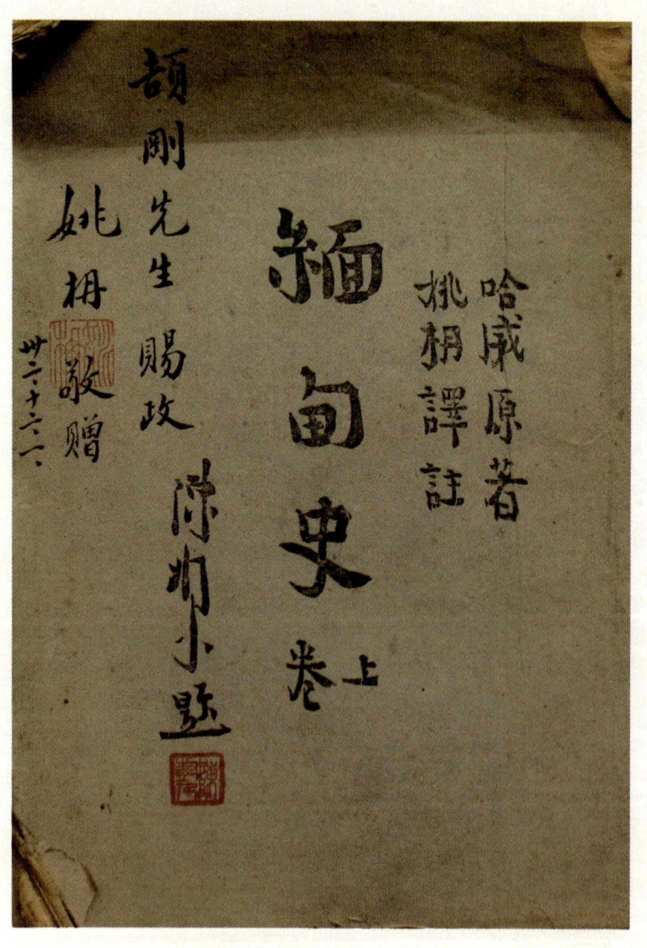

緬甸史

（英）哈威著，姚枬譯注

商務印書館，1946年

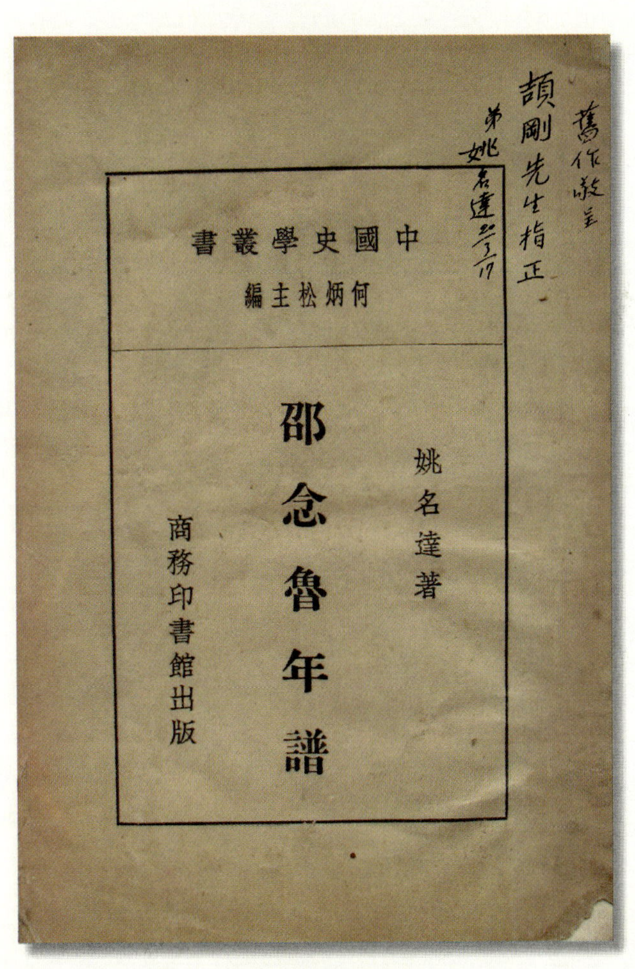

邵念魯年譜 △

姚名達著

商務印書館，1930年

中國目録學史 △

姚名達著

商務印書館，1938年

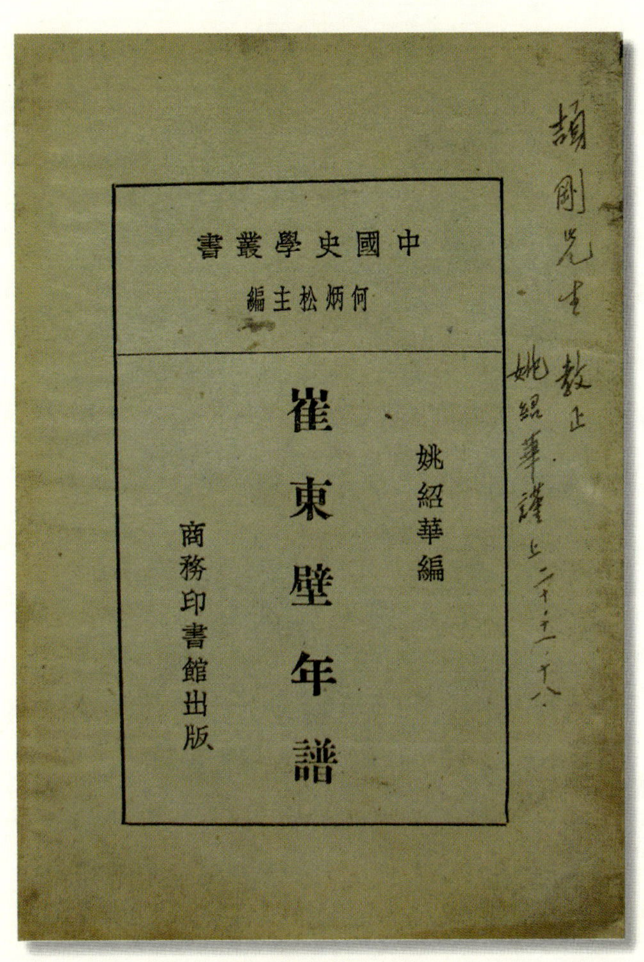

頡剛先生教正
姚紹華謹上 二十.十一.十八

中國史學叢書
何炳松主編

崔東壁年譜
姚紹華編
商務印書館出版

崔東壁年譜

姚紹華編

商務印書館，1931年

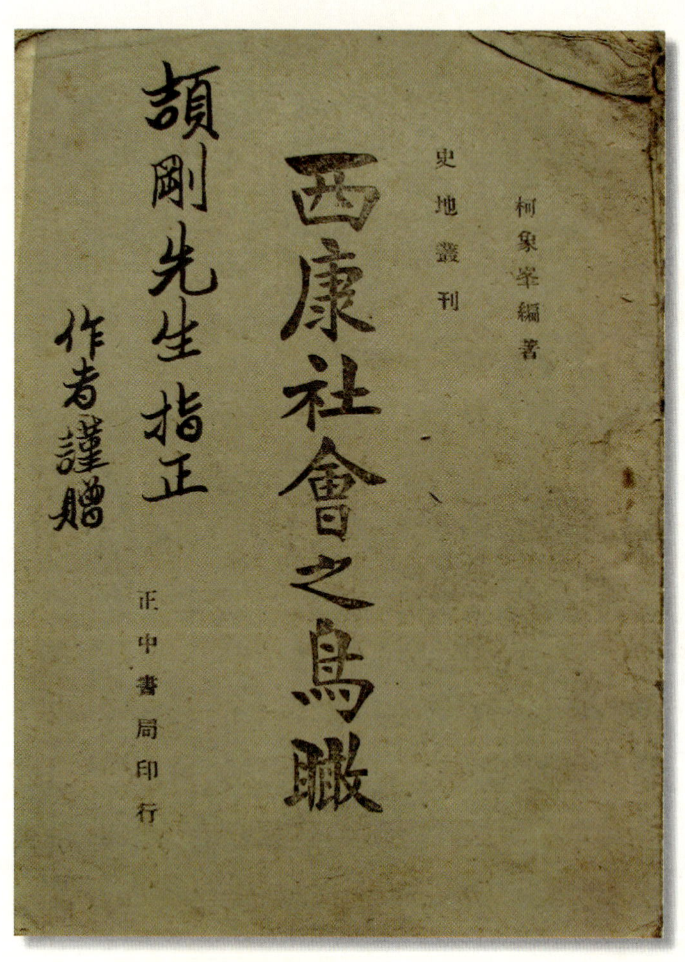

西康社會之鳥瞰

柯象峰編著

正中書局，1940年

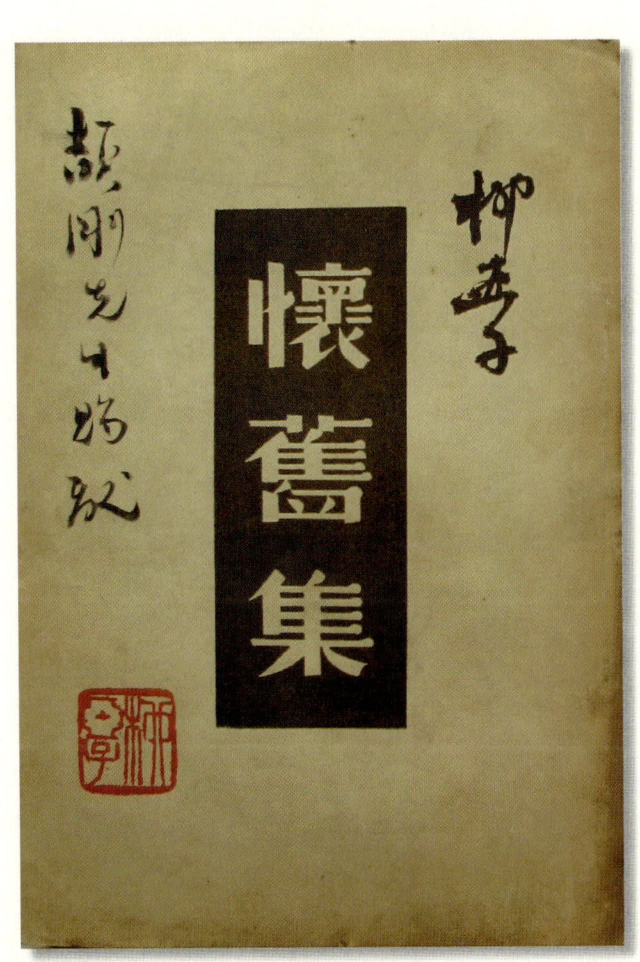

懷舊集

柳亞子著

耕耘出版社，1947年

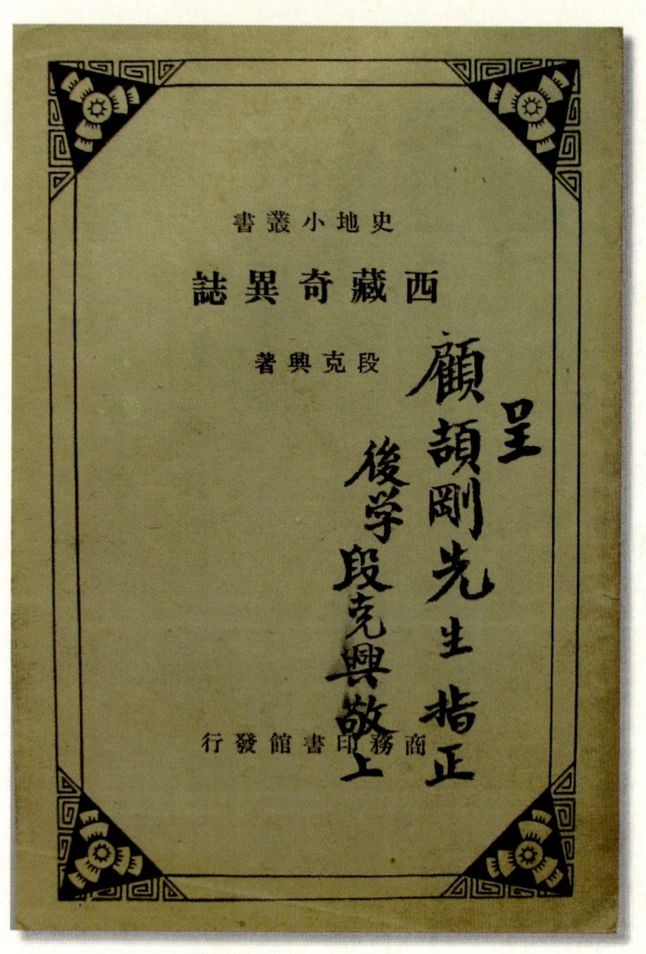

西藏奇異誌

段克興著

商務印書館，1934年

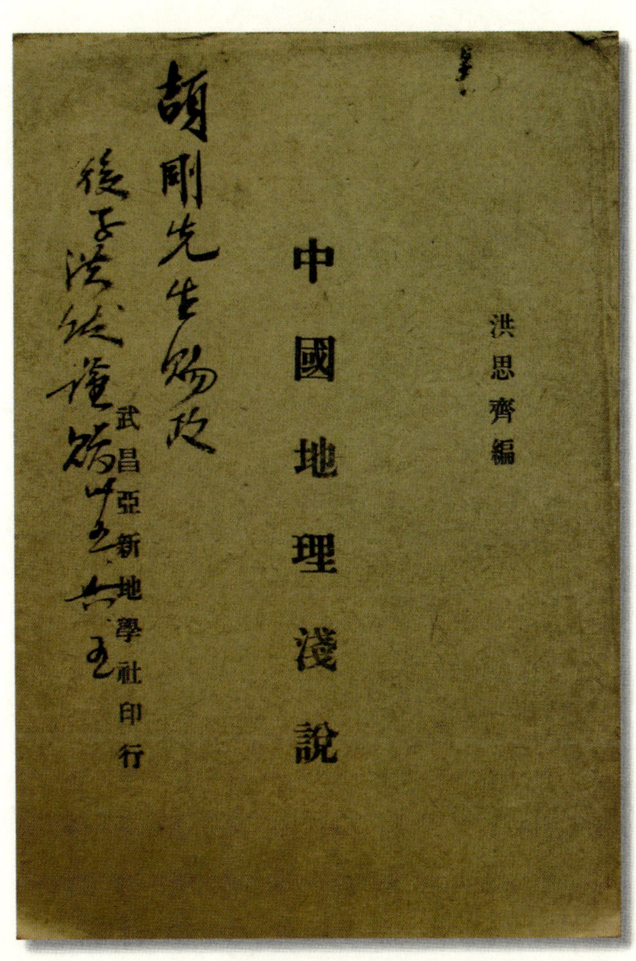

中國地理淺說

洪思齊編

亞新地學社，1946年

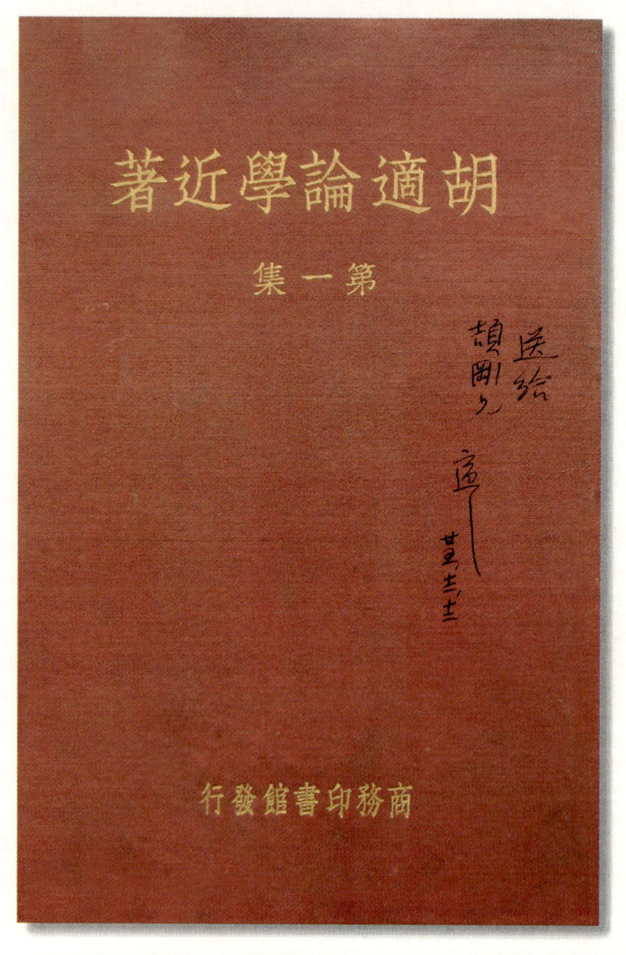

胡適論學近著（第一集）△

胡適著

商務印書館，1935年

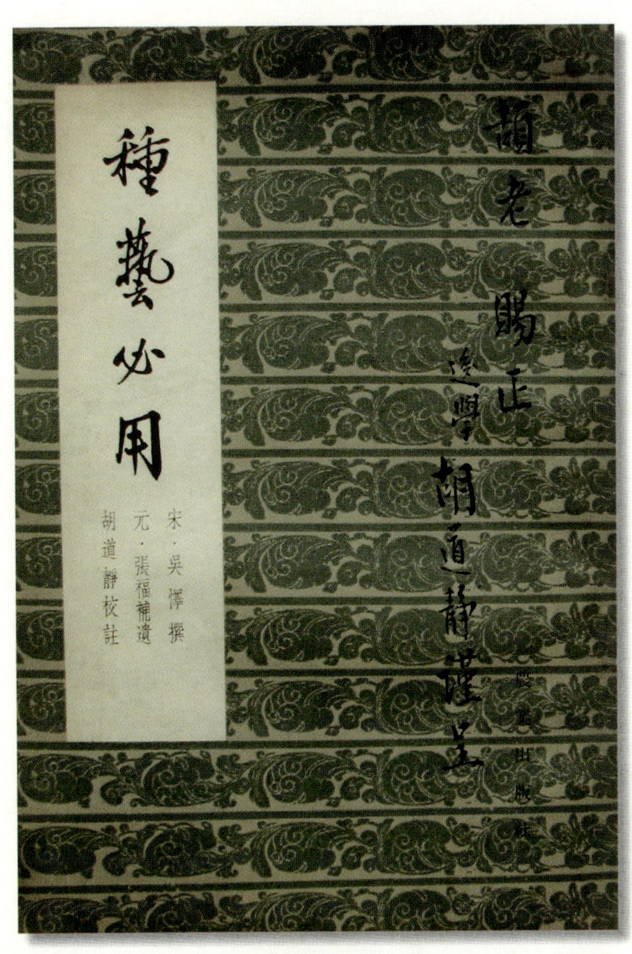

種藝必用 △

〔宋〕吴懌撰，〔元〕張福補遺，胡道静校注

農業出版社，1962年

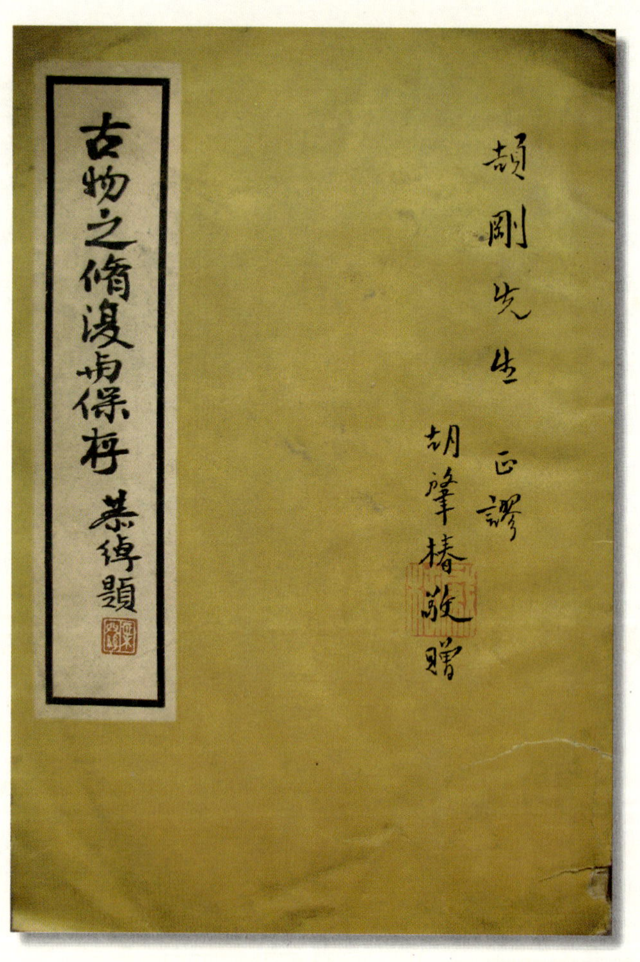

古物之修復與保存 △

胡肇椿、曹春霆著

上海市博物館發行，1936年

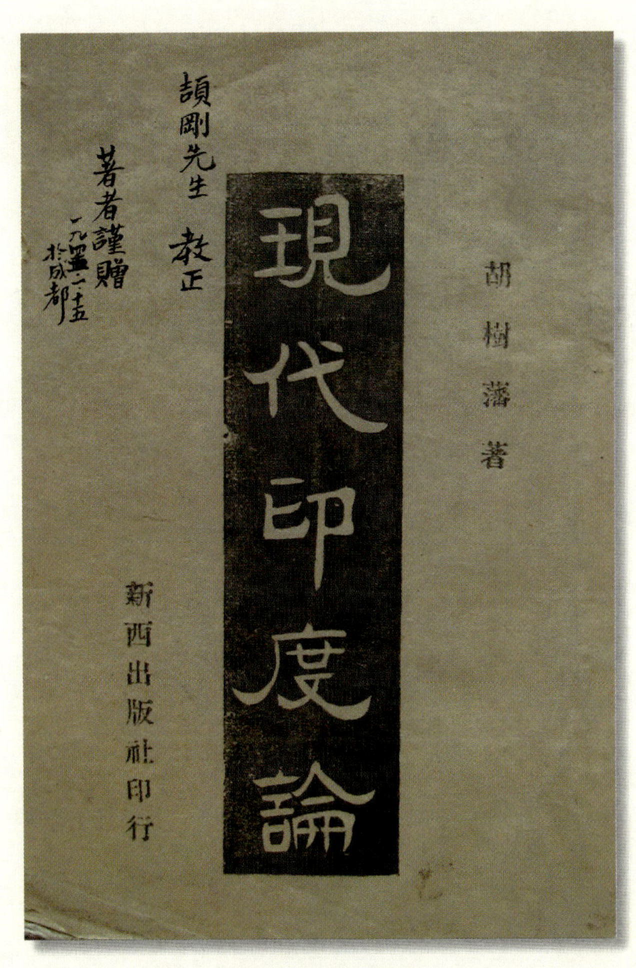

現代印度論 △

胡樹藩著

新西出版社，1944年

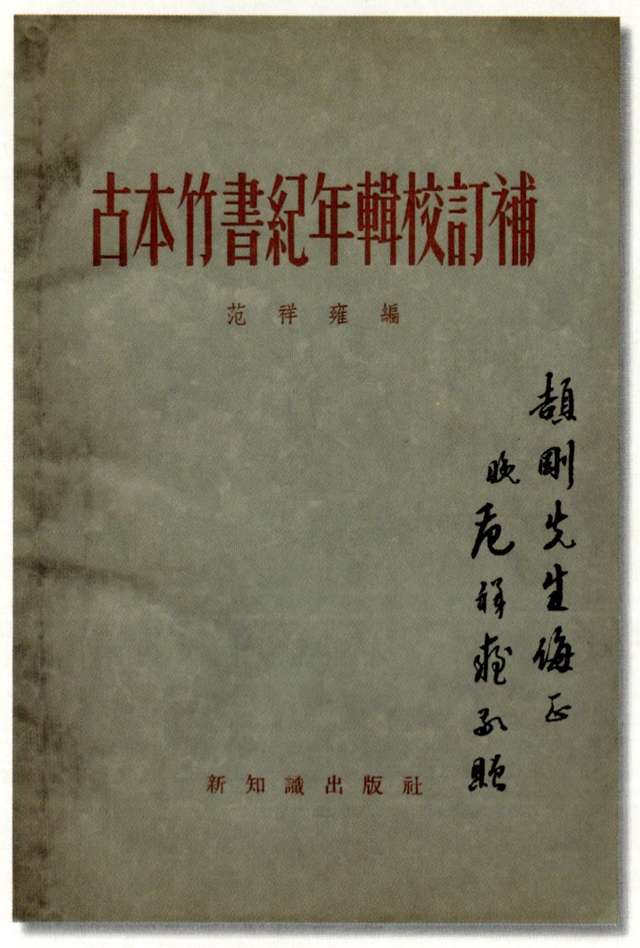

古本竹書紀年輯校訂補 △

范祥雍編

新知識出版社，1956年

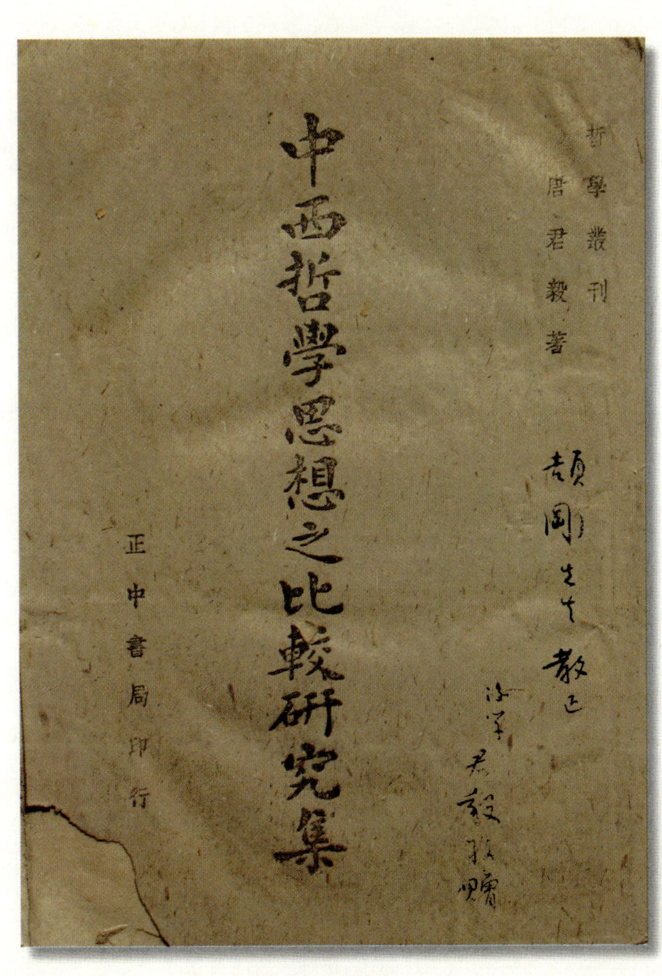

中西哲學思想之比較研究集 △

唐君毅著

正中書局，1947年

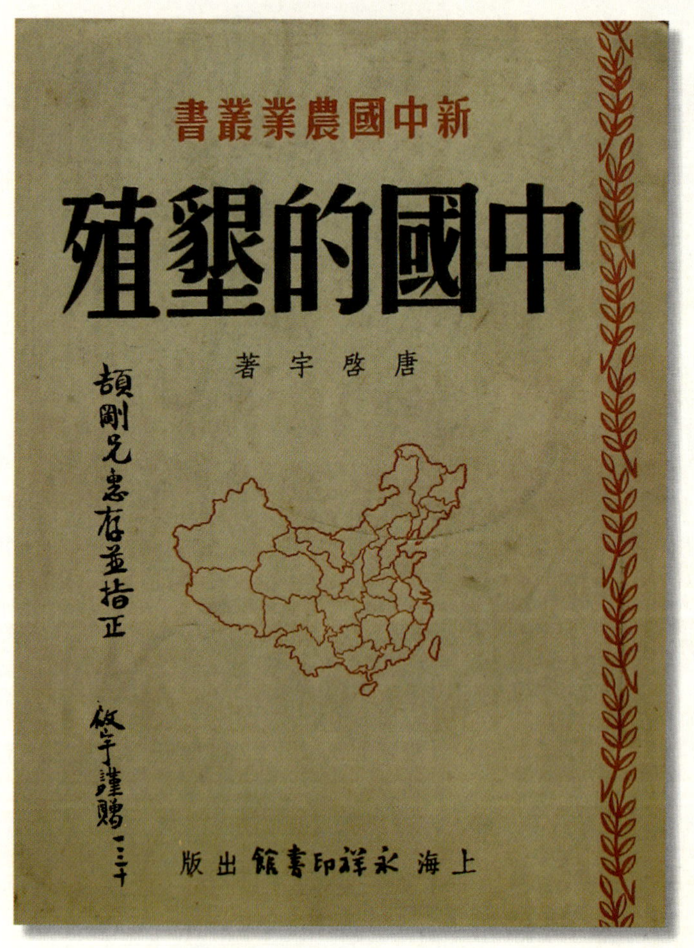

中國的墾殖 △

唐啟宇著

永祥印書館，1951年

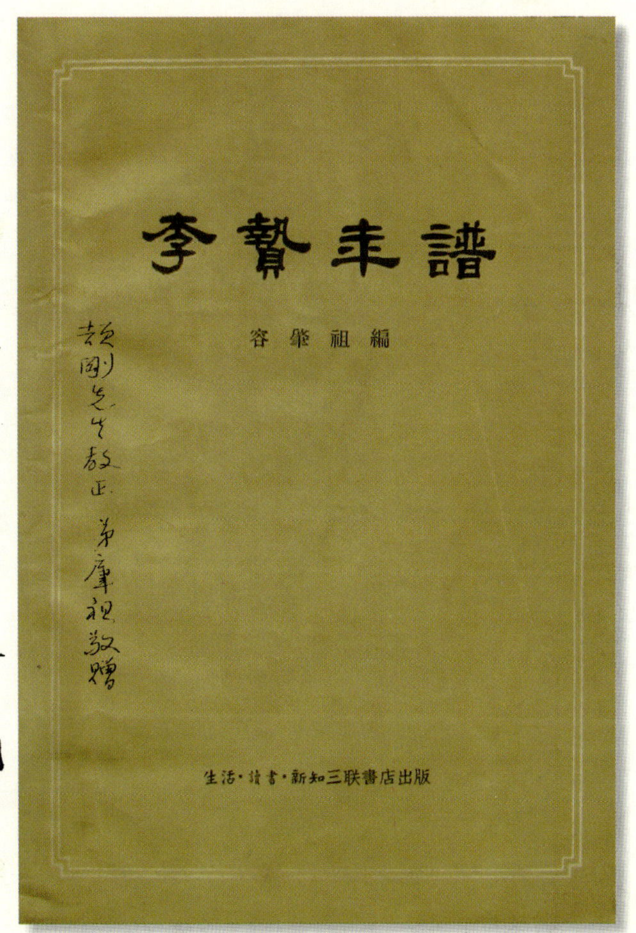

李贄年譜 △

容肇祖編

三聯書店，1957年

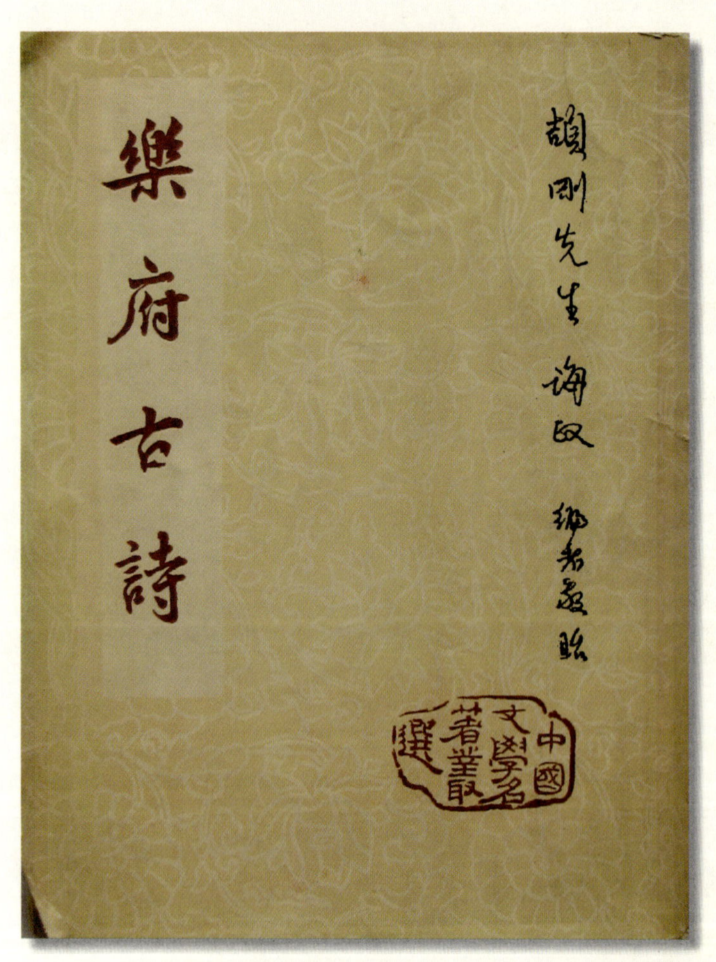

樂府古詩 △

徐澄宇選注

春明出版社，1955年

上海棉布 △

徐蔚南著

中華書局，1936年

顧繡考 △

徐蔚南著

中華書局，1936年

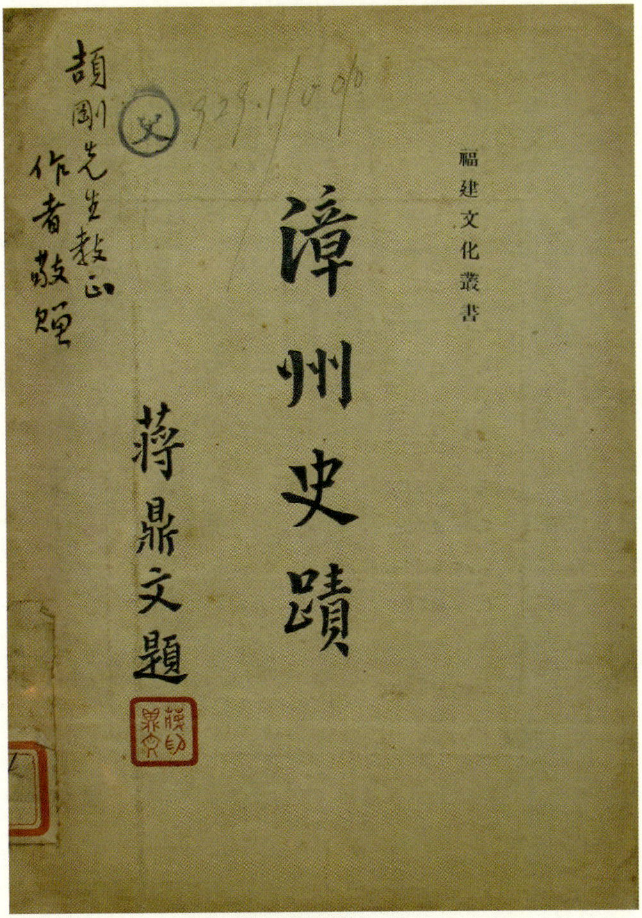

漳州史蹟

翁國樑著

福建協和大學福建文化研究會編印，1935年

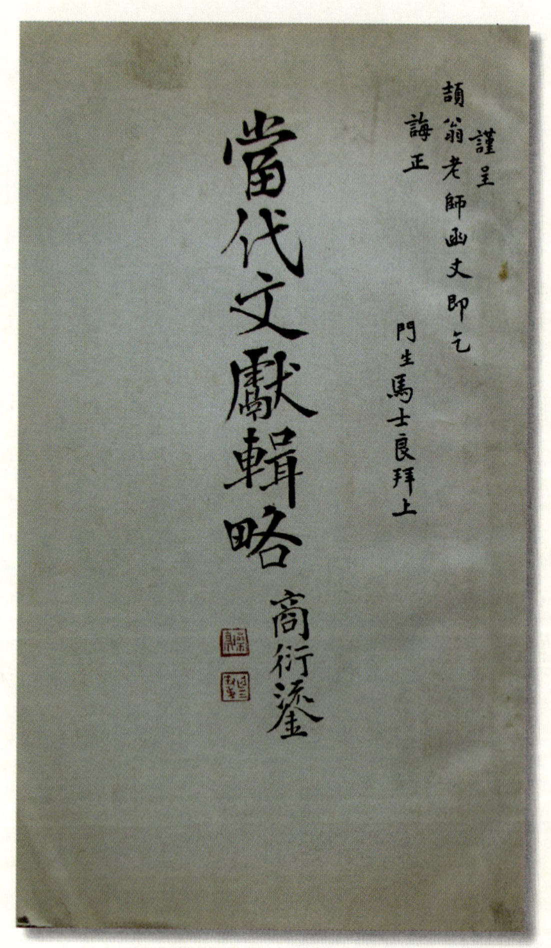

當代文獻輯略 △

馬士良著

油印本，1955年

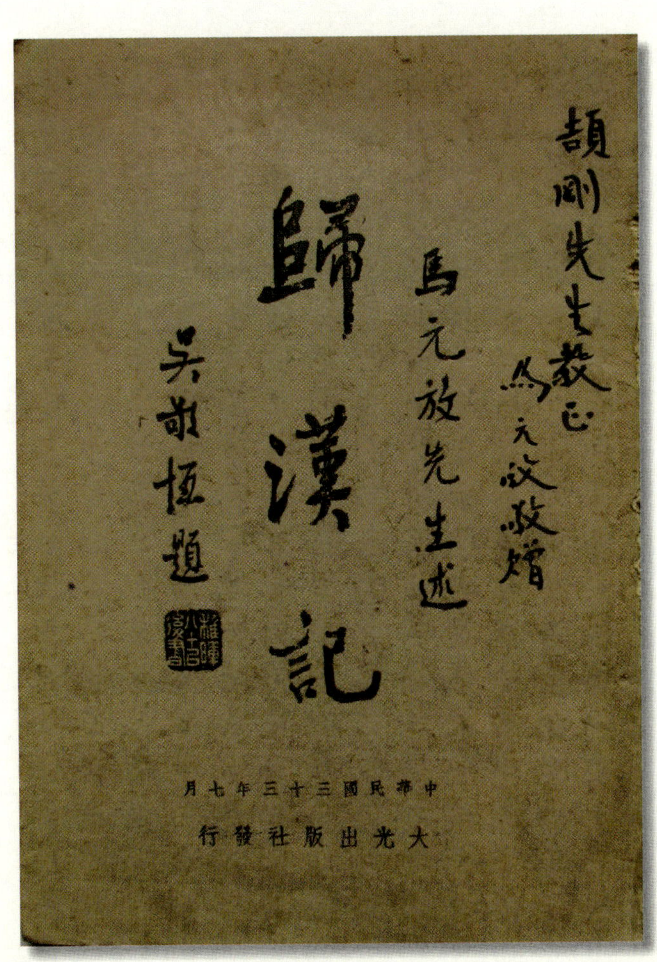

歸漢記

馬元放著

大光出版社，1944年

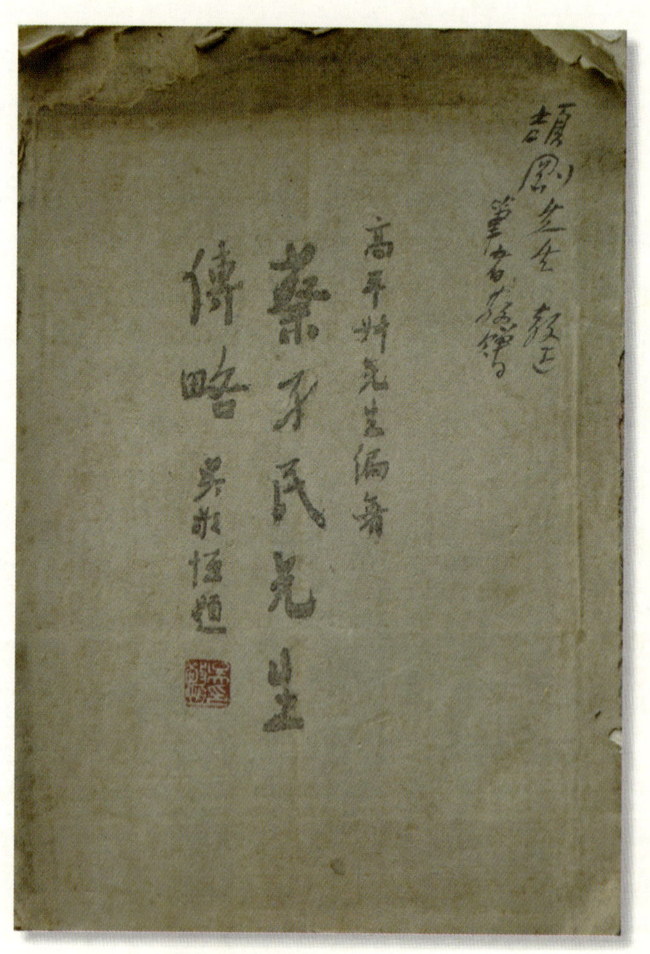

蔡孑民先生傳略

高平叔編著

商務印書館，1943年

太平天國科舉考試紀略 △

商衍鎏著

中華書局，1961年

越歌百曲

婁子匡編述

兒童書局，1931年

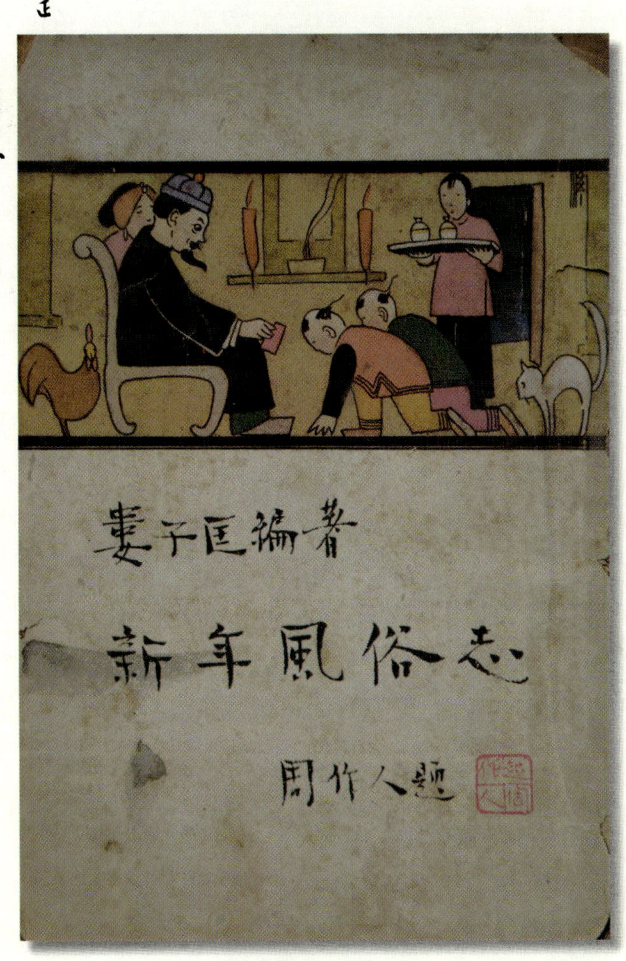

新年風俗志

婁子匡編著

商務印書館，1935年

名號的安慰

常工著

景山書社，1930年

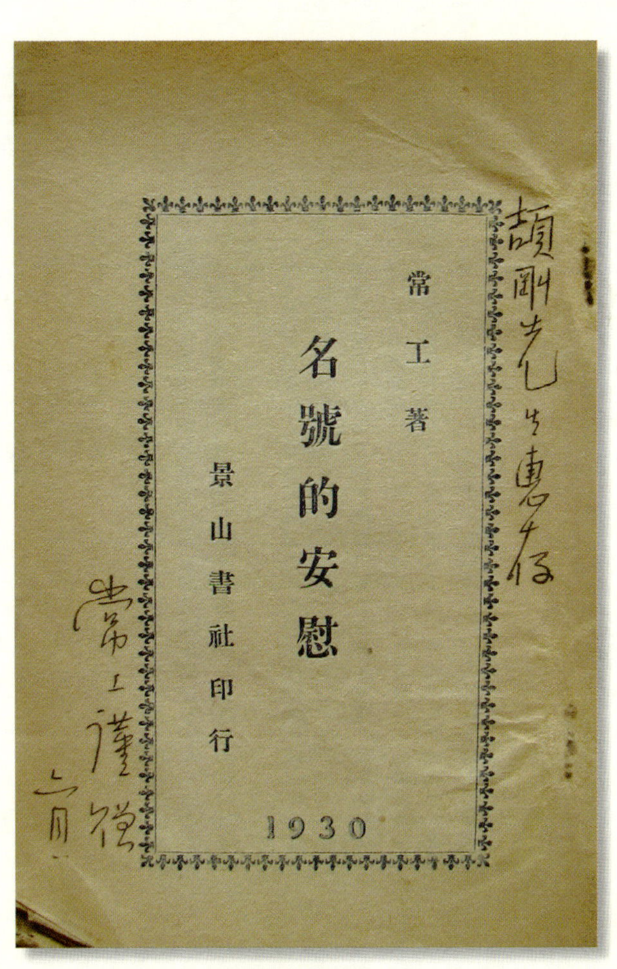
頡剛先生惠存
常工著
名號的安慰
景山書社印行
1930
常工謹贈

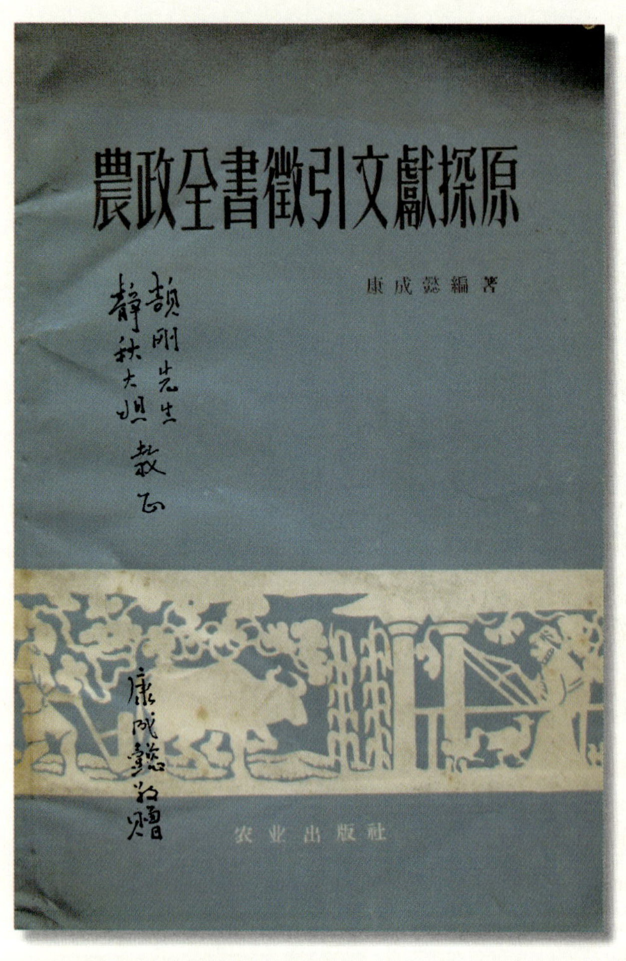

農政全書徵引文獻探原 △

康成懿編著

農業出版社，1960年

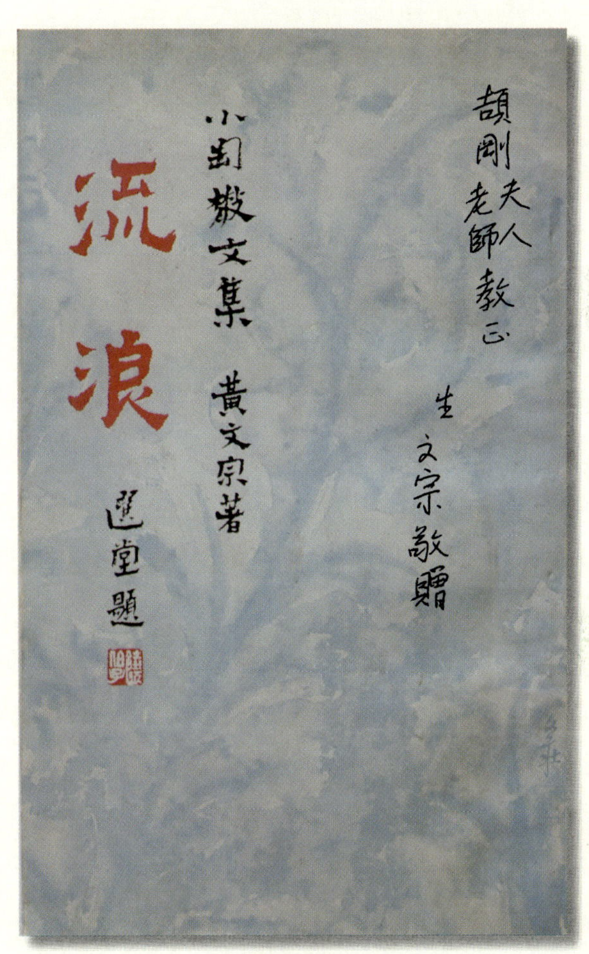

流浪 △

黃文宗著

香港天地圖書有限公司，1979年

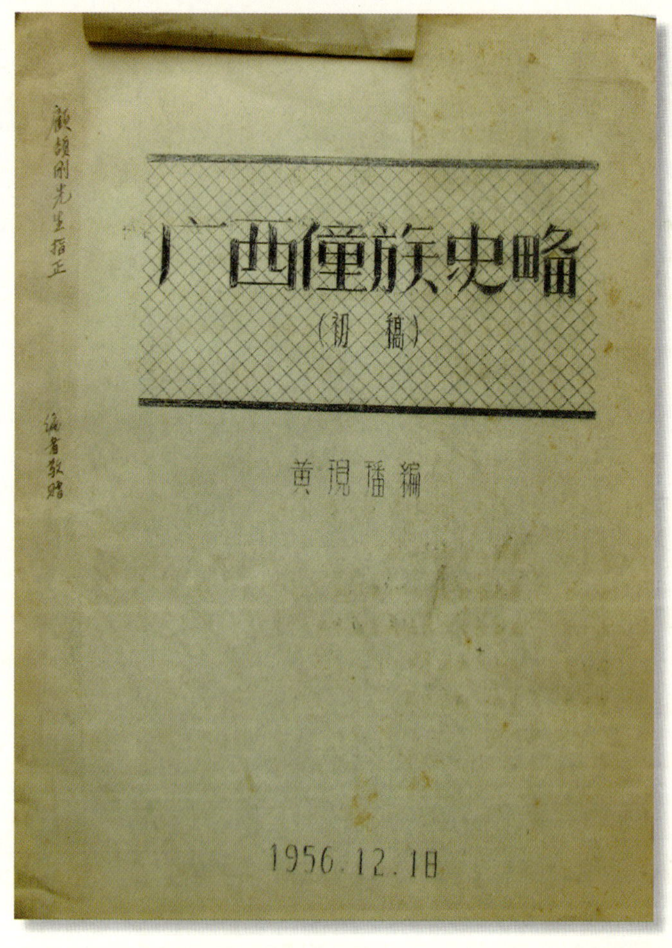

廣西僮族史略（初稿）

黄現璠編

油印本，1956年

顧先生：

我是僮族的高級知識份子。昨晚我們州長覃應機，他到廣西祝榮快使了解僮族一些歷史材料，今已到寧，明去不日回來。你們不遠千里而來，關心了解我們民族，是值得感謝的。我今領導廣西少數民族社會歷史調查工作，今日就到大新縣，特留交拙著「廣西僮族史略」和「廣西僮族史料」各一本送給你，請為兩本指正。你們回北京後，希望能把僮族一些情況介紹給大家知道，這是我們一千多萬僮族人民共同熱望的。謹此敬祝

旅安！

黃現璠留言　六日

顧頡剛先生指正

編者敬贈

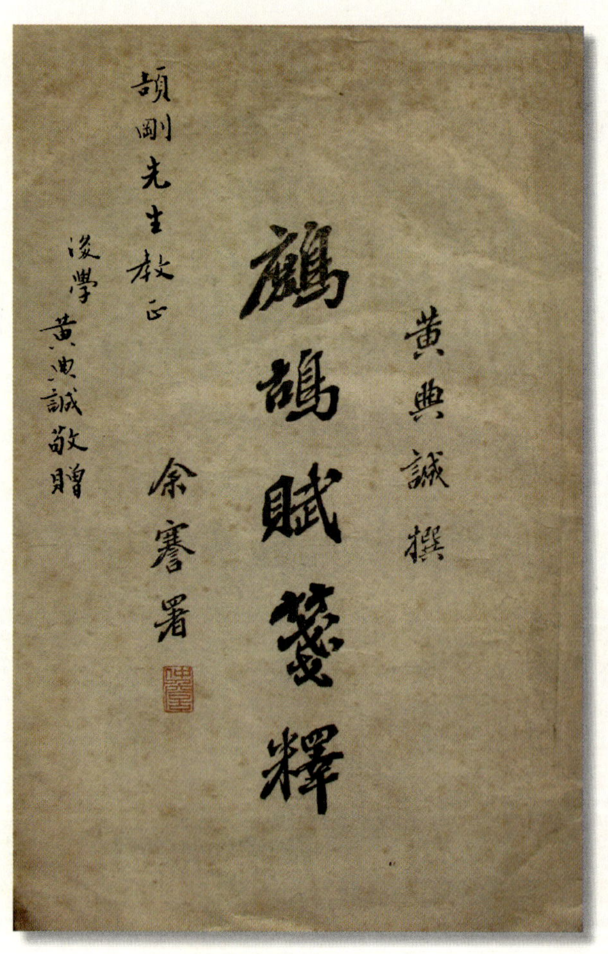

鷓鴣賦箋釋 △

黃典誠撰

厦門大學中國文學系刊行，1944年

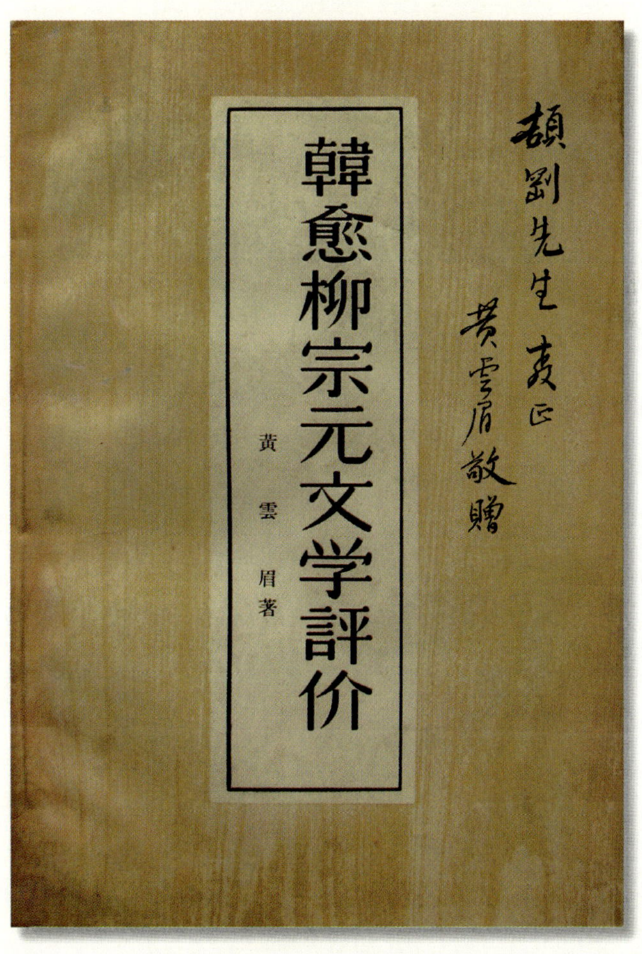

韓愈柳宗元文學評價 △

黄雲眉著

山東人民出版社，1957年

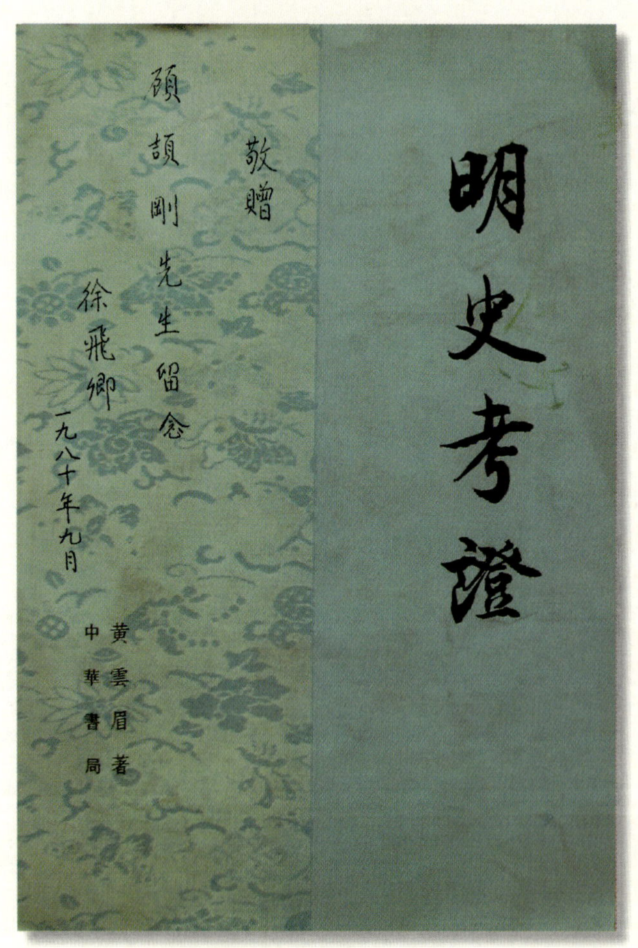

明史考證 △

黄雲眉著　按：徐飛卿，黄雲眉夫人。

中華書局，1979年

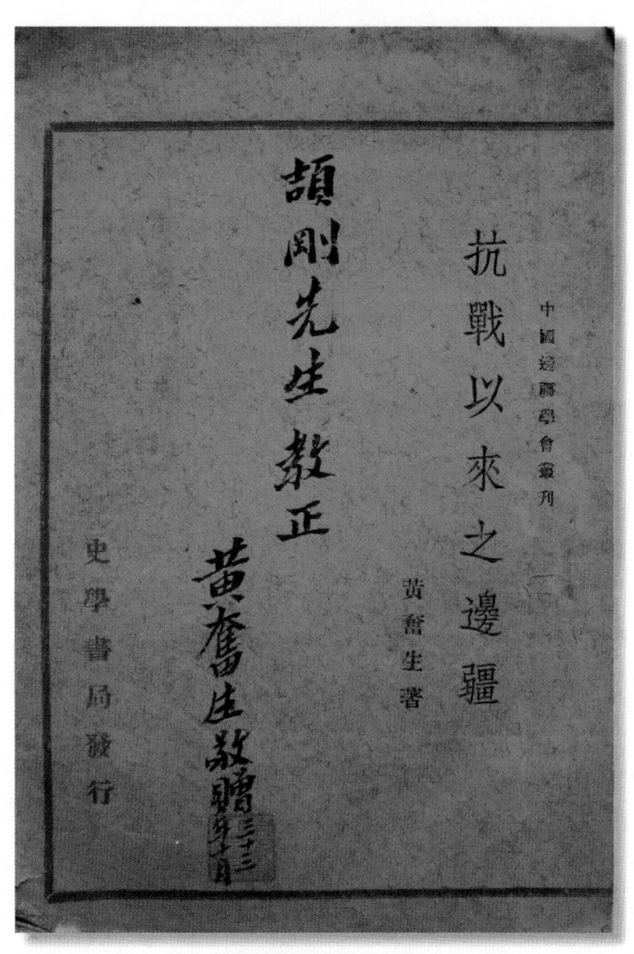

抗戰以來之邊疆

黃奮生著

史學書局，1944年

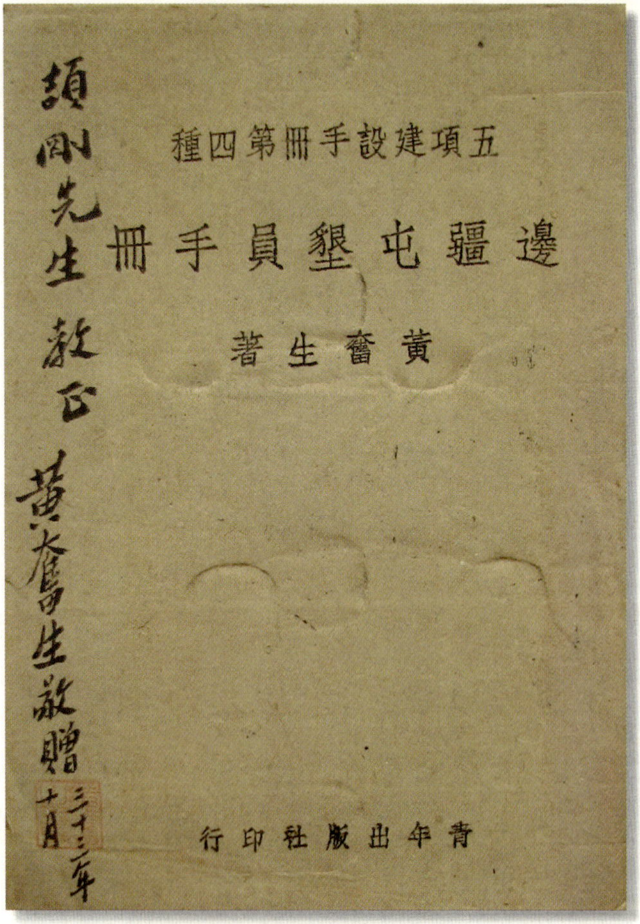

五項建設手冊第四種

邊疆屯墾員手冊

黃奮生著

青年出版社印行

頡剛先生教正

黃奮生敬贈

三十三年十月

邊疆屯墾員手冊

黃奮生著

青年出版社，1944年

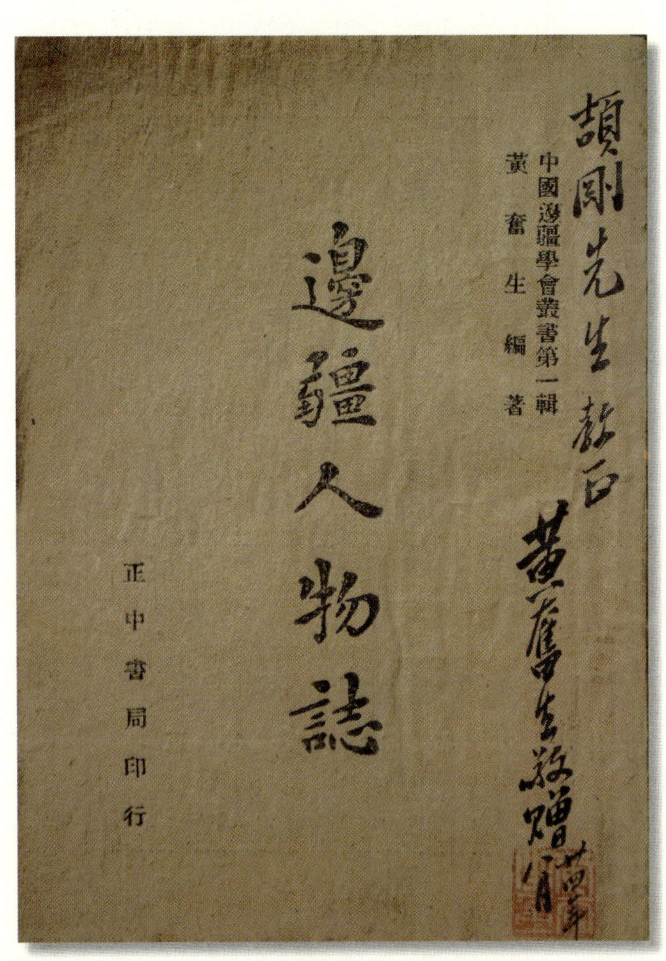

邊疆人物誌

黃奮生編著

正中書局，1945年

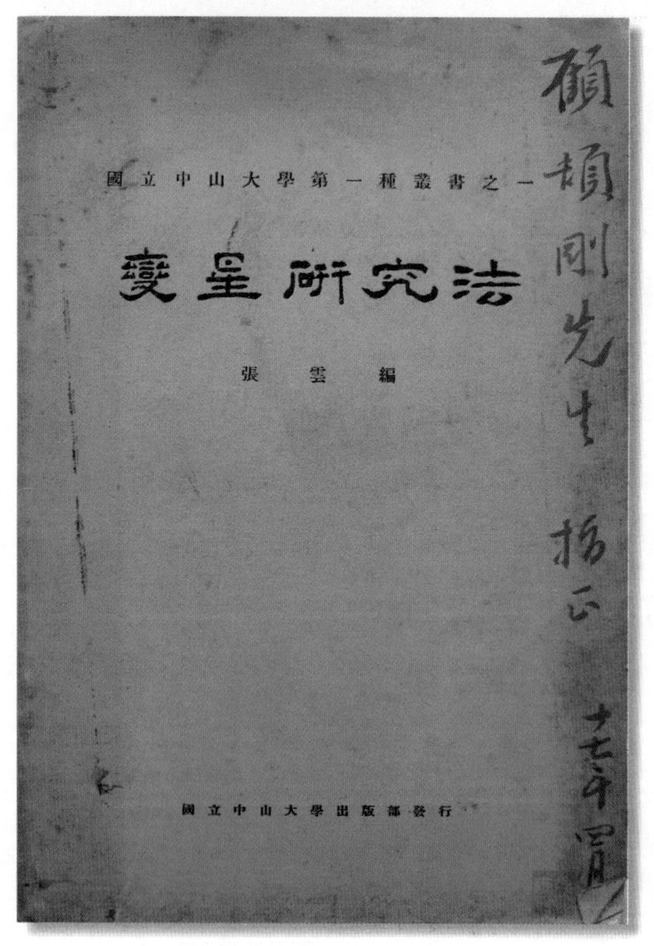

變星研究法

張雲編

中山大學出版部，1928年

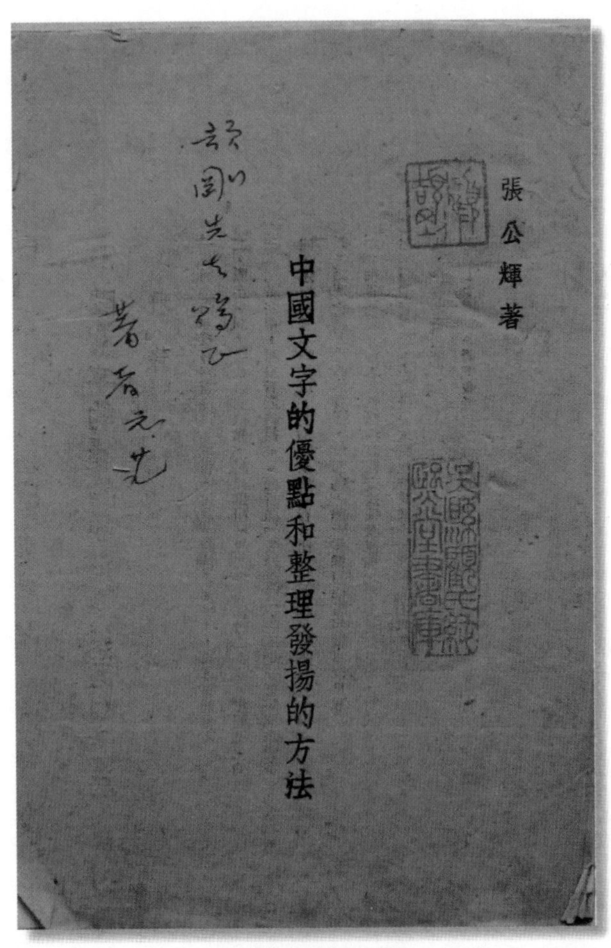

中國文字的優點和整理發揚的方法

張公輝著

自印本，1945年

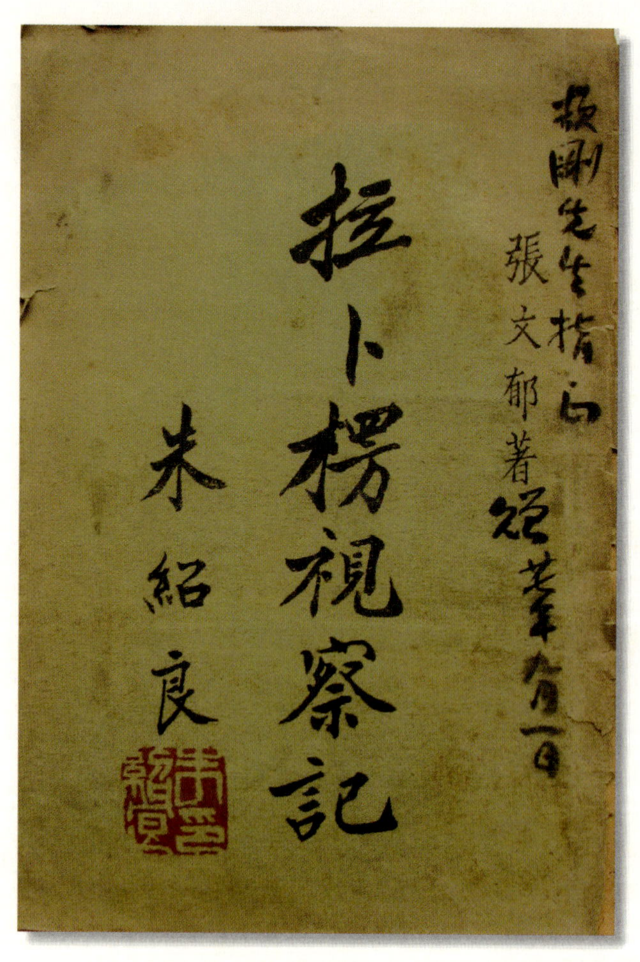

拉卜楞視察記

張文郁著

新隴日報社發行，1935年

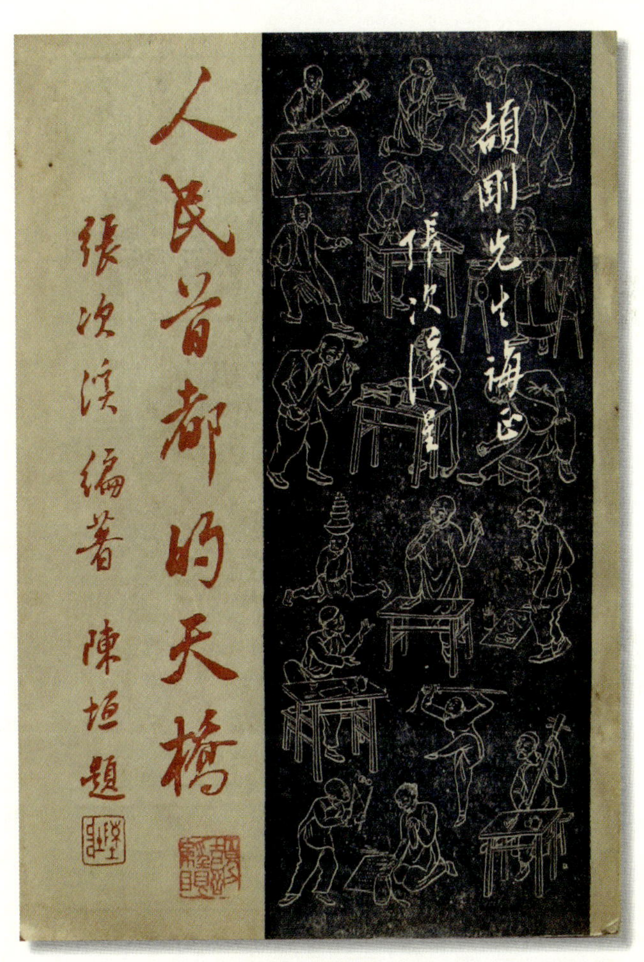

人民首都的天橋 △

張次溪編著

修綆堂書店，1951年

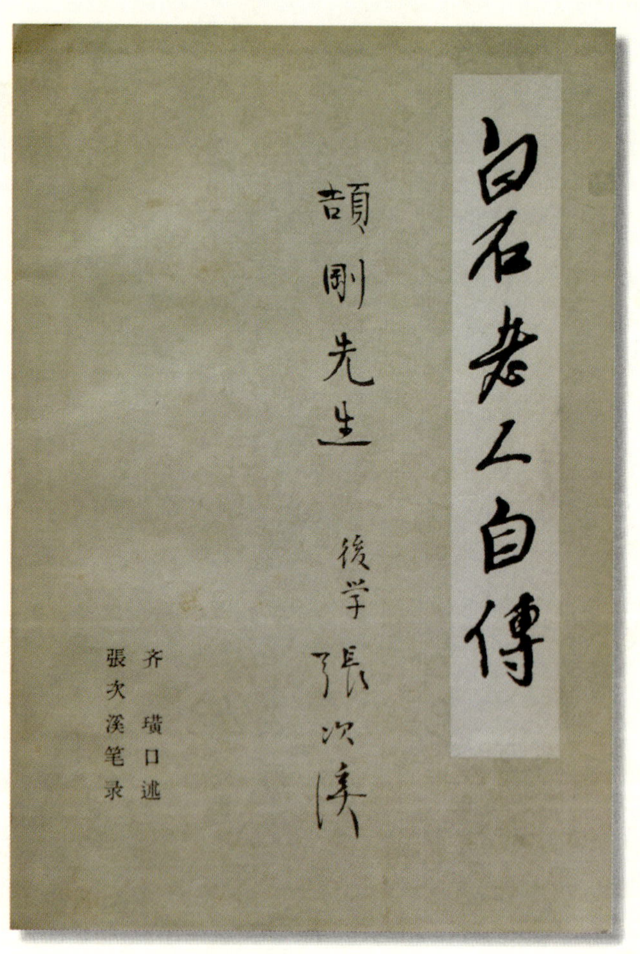

白石老人自傳

齊璜口述，張次溪筆録

人民美術出版社，1962年

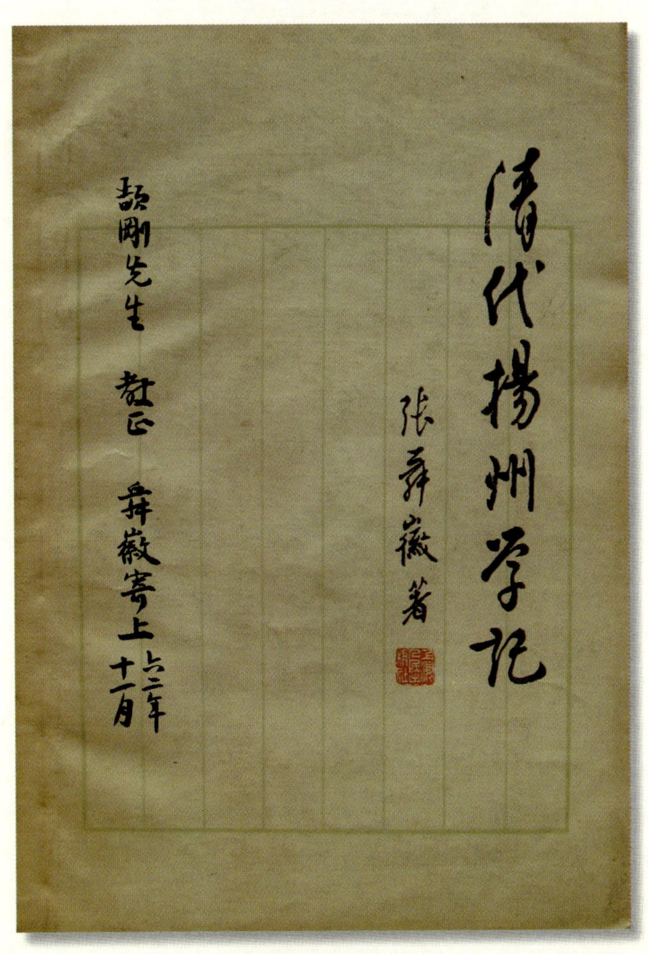

清代揚州學記 △

張舜徽著

上海人民出版社，1962年

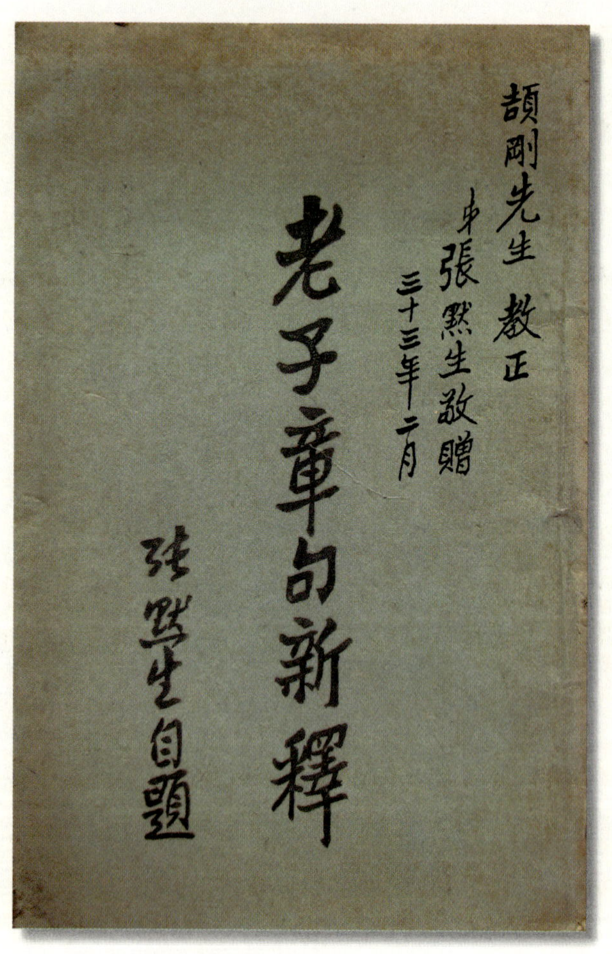

老子章句新釋 △

張默生著

東方書社，1943年

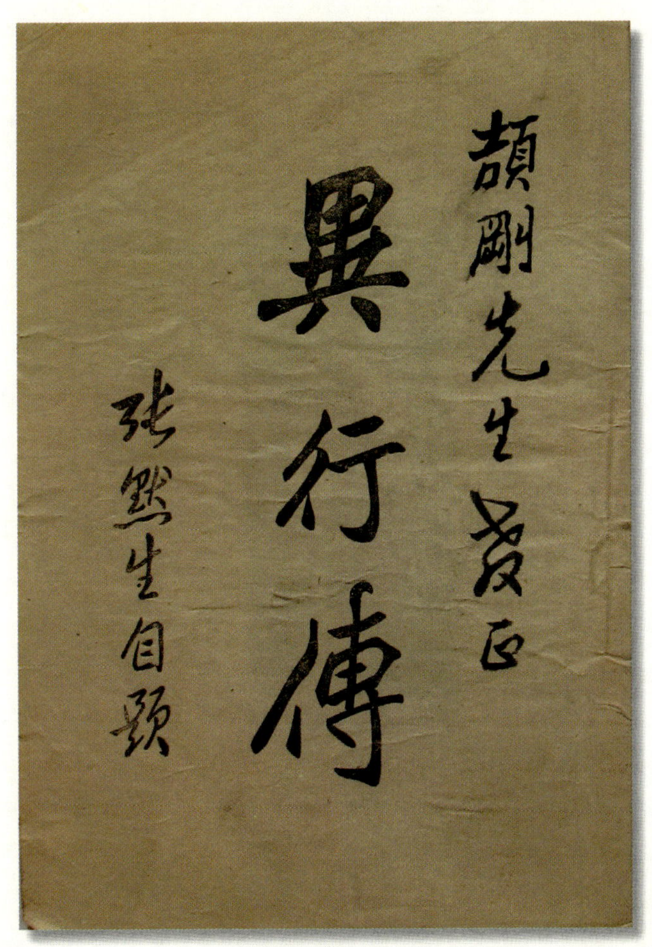

異行傳

張默生著

東方書社，1944年

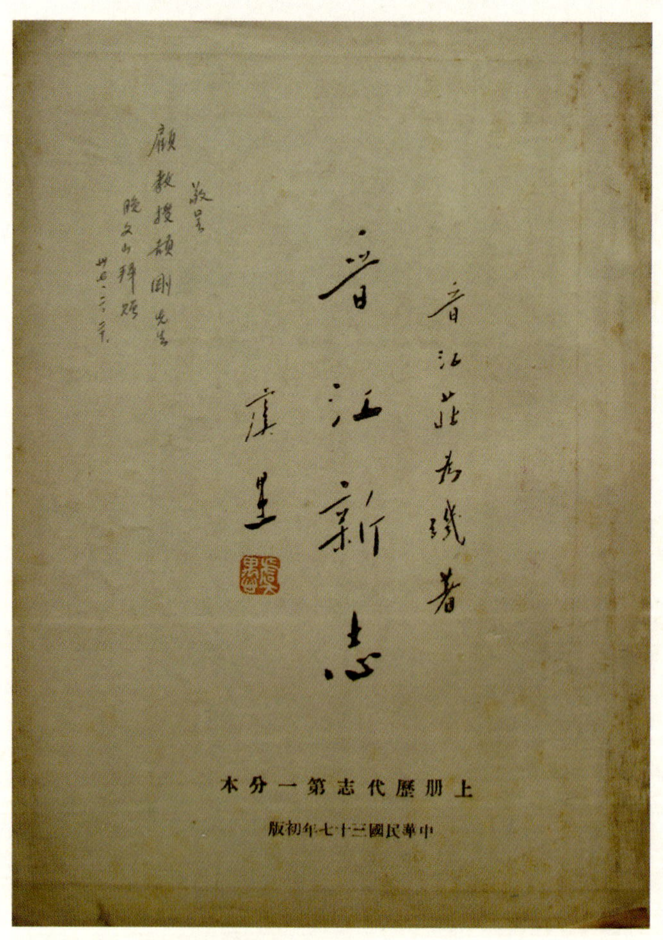

晉江新志

莊爲璣著

新志出版委員會，1948年

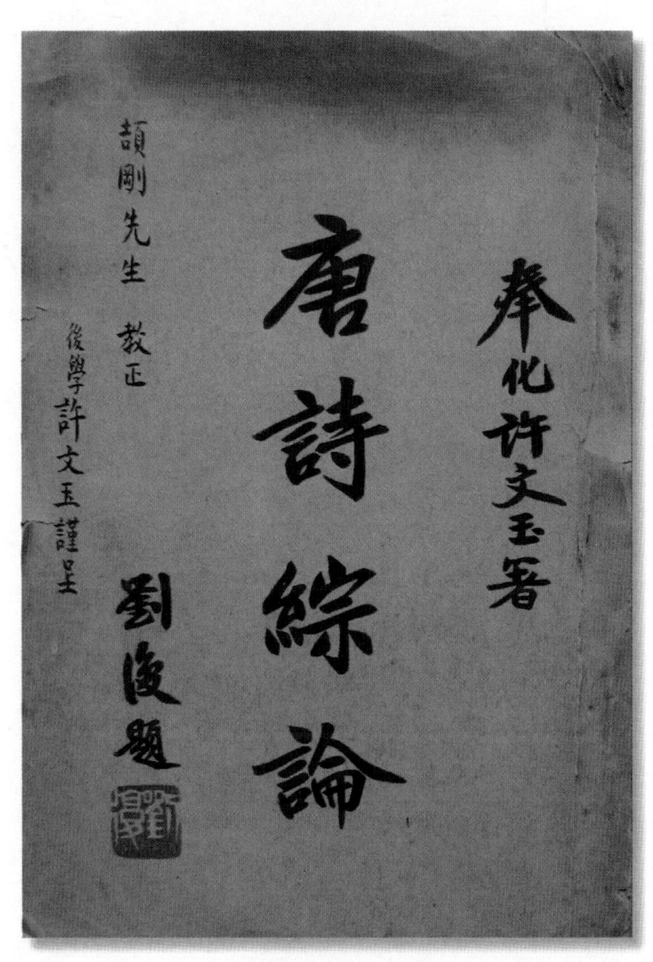

唐詩綜論

許文玉著

北京大學出版部，1929年

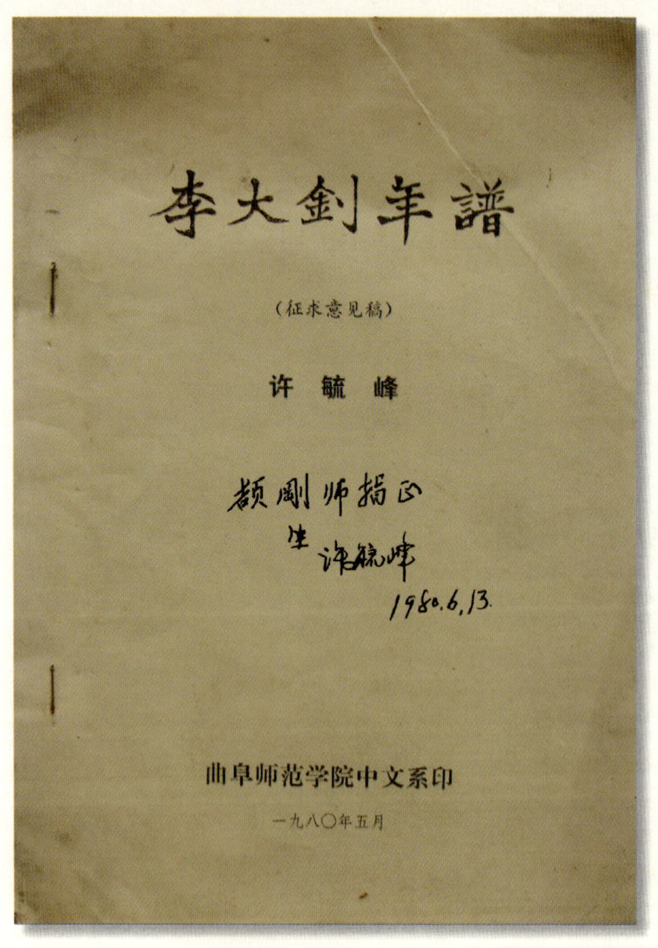

李大釗年譜（徵求意見稿）△

許毓峰著

曲阜師範學院中文系印，1980年

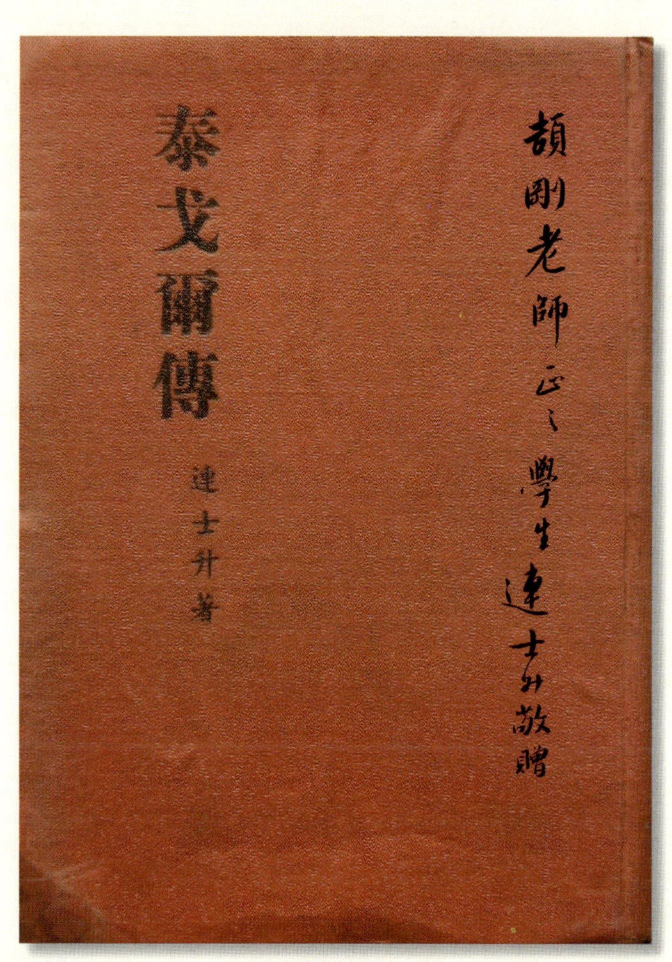

泰戈爾傳 △

連士升著

星洲南洋印刷社，1961年

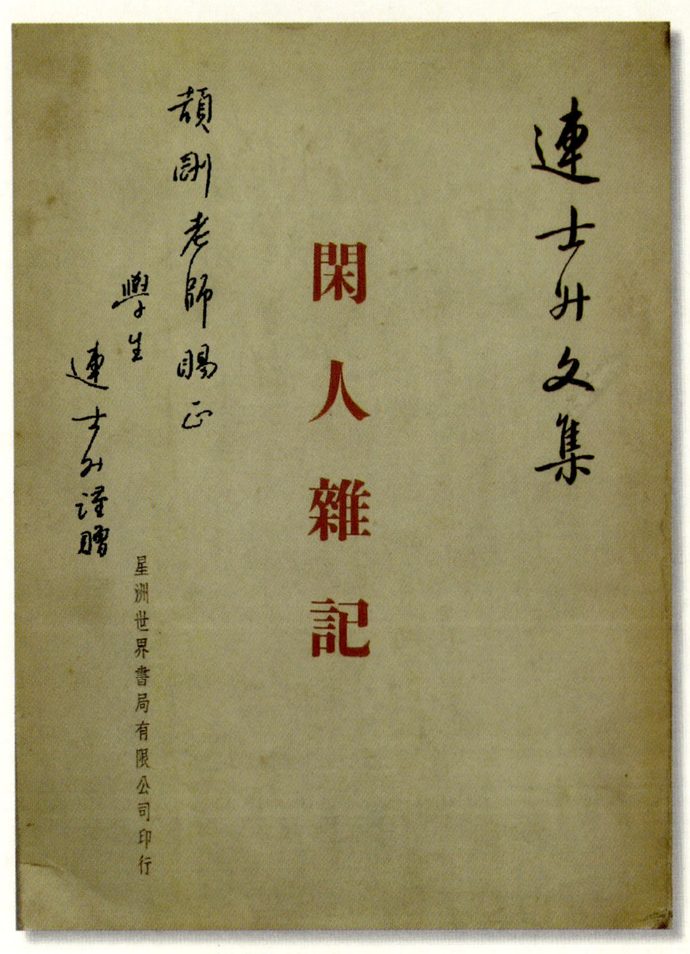

閒人雜記 △

連士升著

星洲世界書局有限公司，1963年

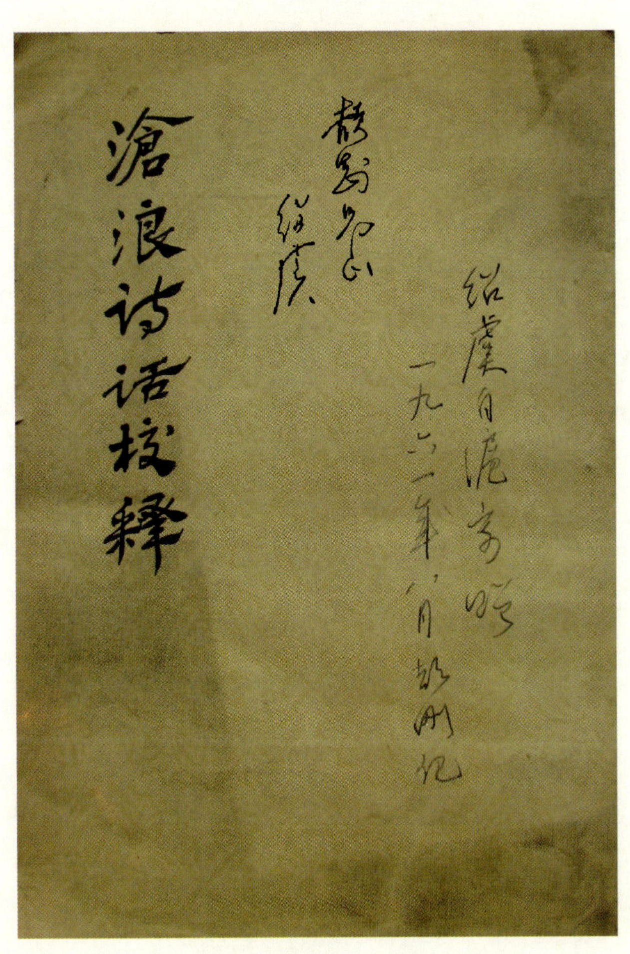

滄浪詩話校釋 △

〔宋〕嚴羽著，郭紹虞校釋

人民文學出版社，1961年

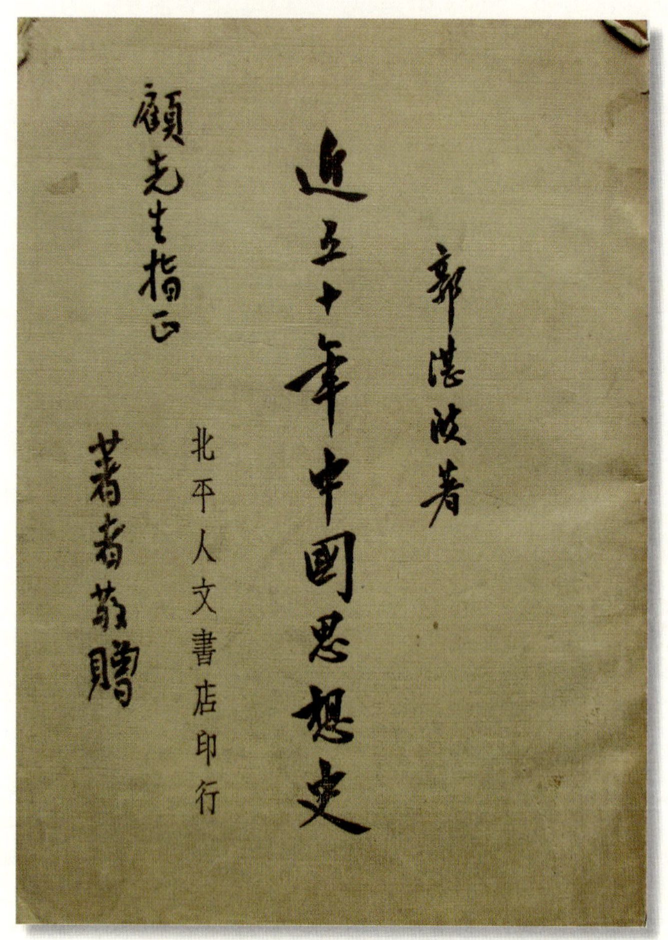

近五十年中國思想史

郭湛波著

人文書店，1936年再版

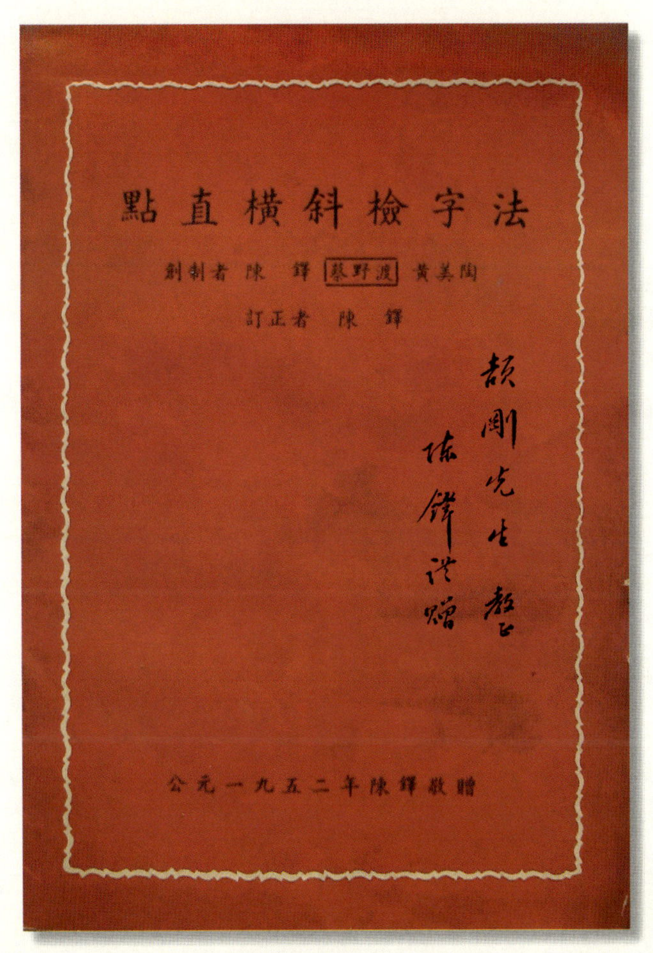

點直橫斜檢字法 △

陳鐸、蔡野渡、黃美陶創制，陳鐸訂正

自印本，1952年

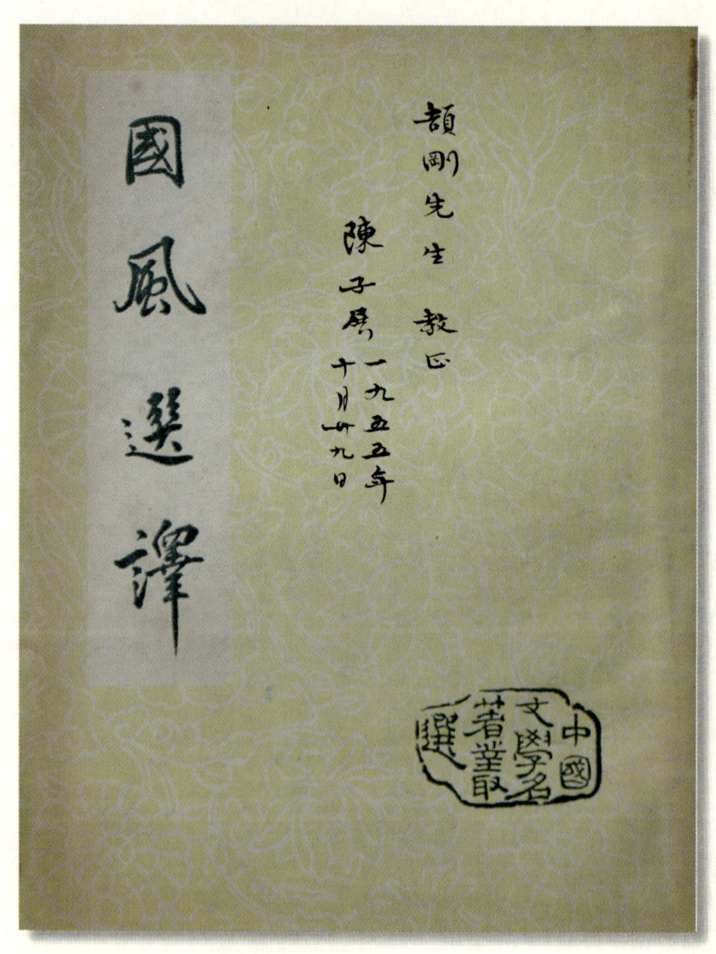

國風選譯 △

陳子展著

春明出版社，1955年

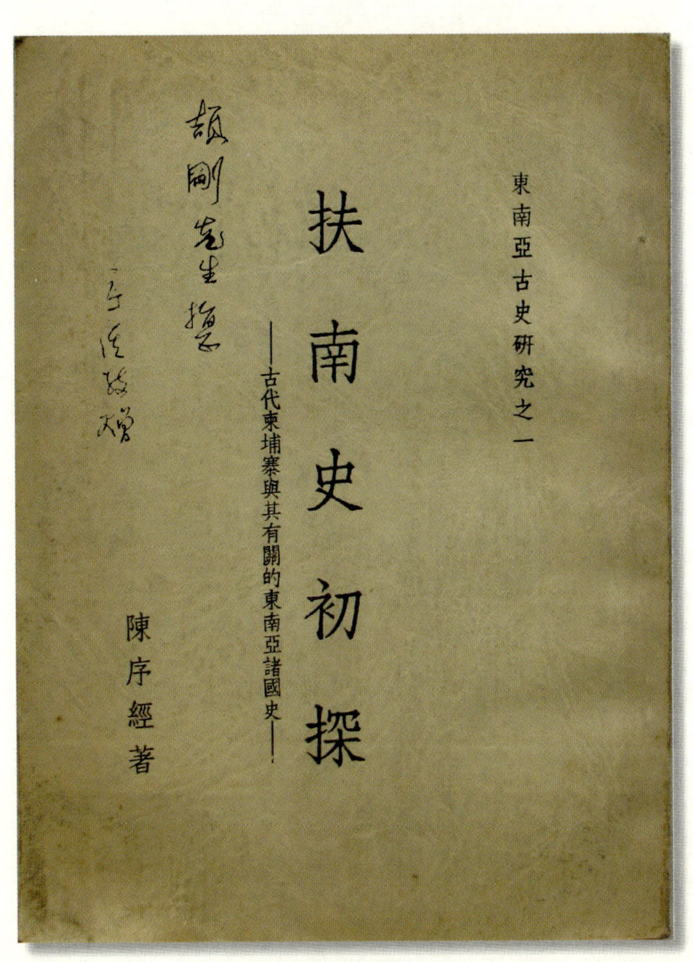

扶南史初探 △

陳序經著

自印本，時間不詳

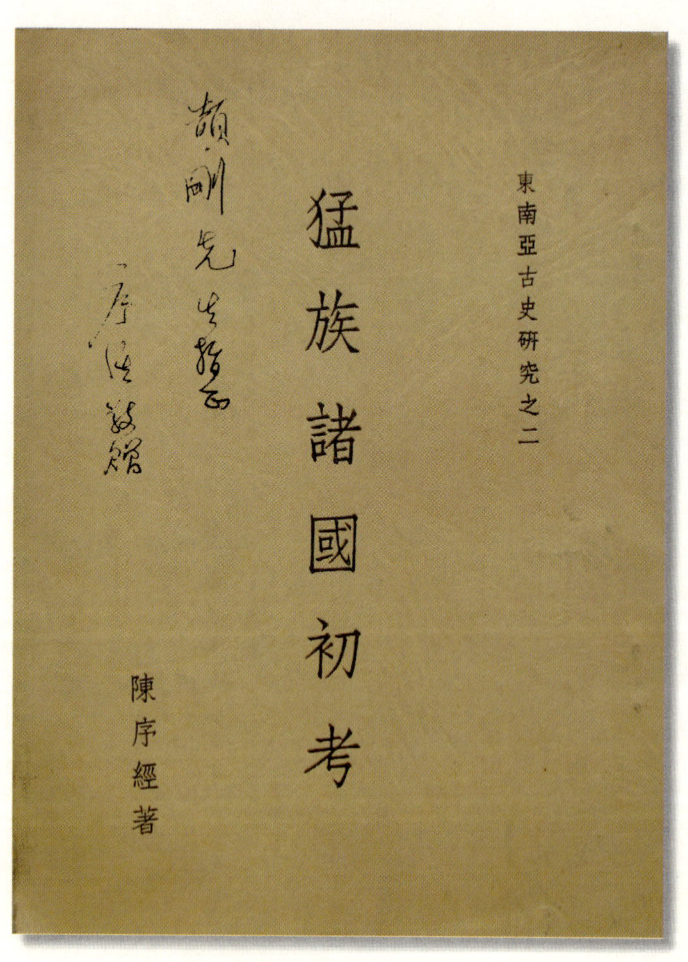

猛族諸國初考 △

陳序經著

自印本，時間不詳

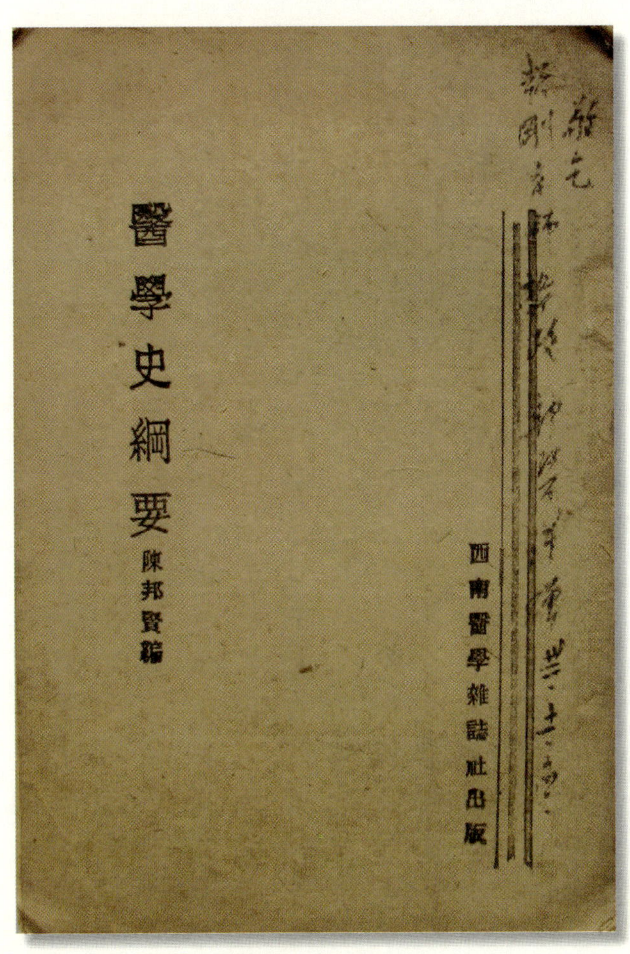

醫學史綱要

陳邦賢編

西南醫學雜誌社，1943年

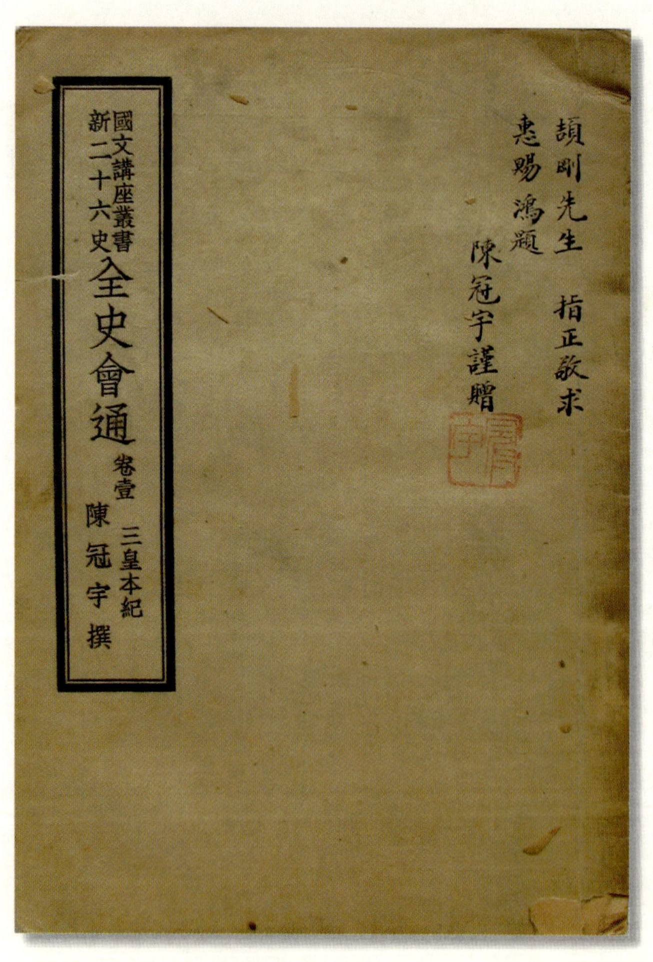

全史會通

陳冠宇撰

百宋鑄字印刷局，1947年

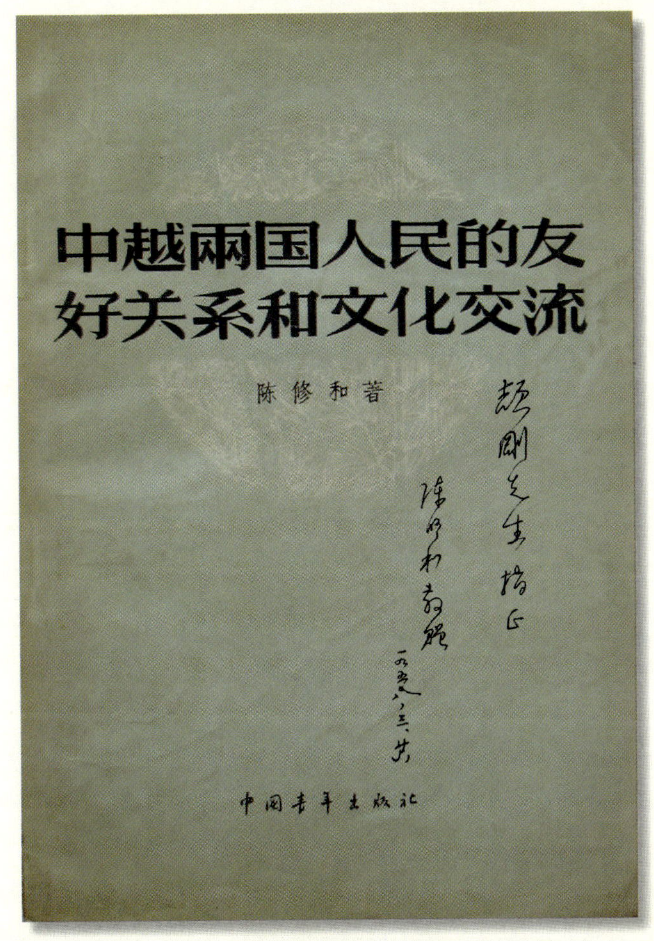

中越兩國人民的友好關係和文化交流 △

陳修和著

中國青年出版社，1957年

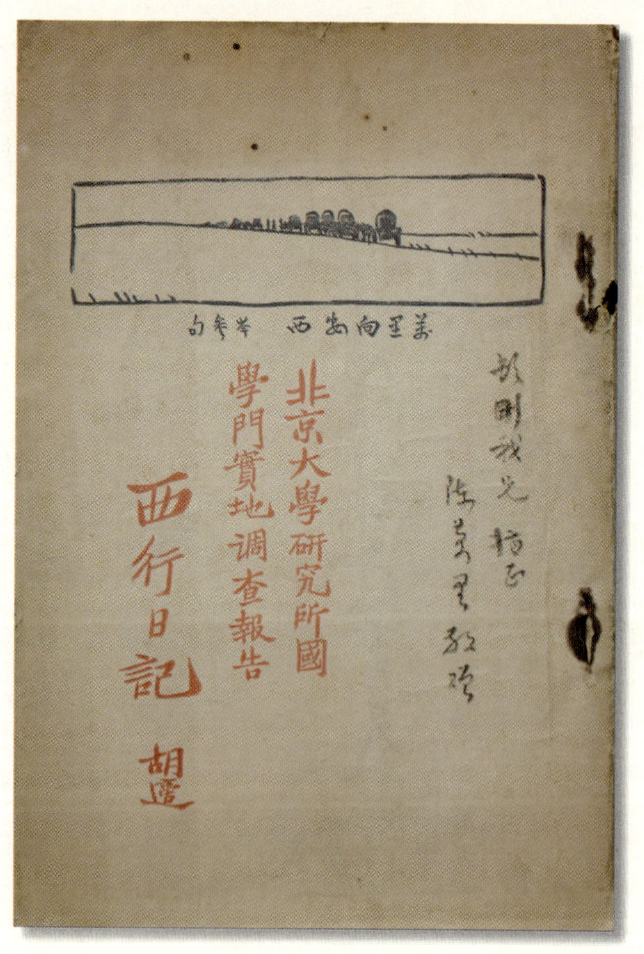

西行日記

陳萬里著

樸社，1926年

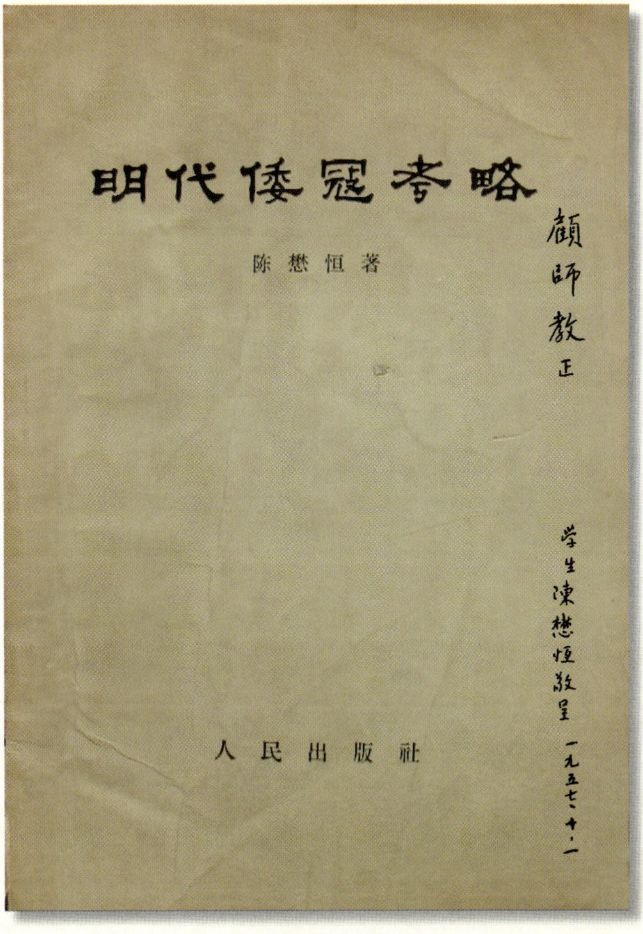

明代倭寇考略

陈懋恒著

顧師教正

学生陳懋恒敬呈 一九五七、十、一

人民出版社

明代倭寇考略 △

陳懋恒著

人民出版社，1957年

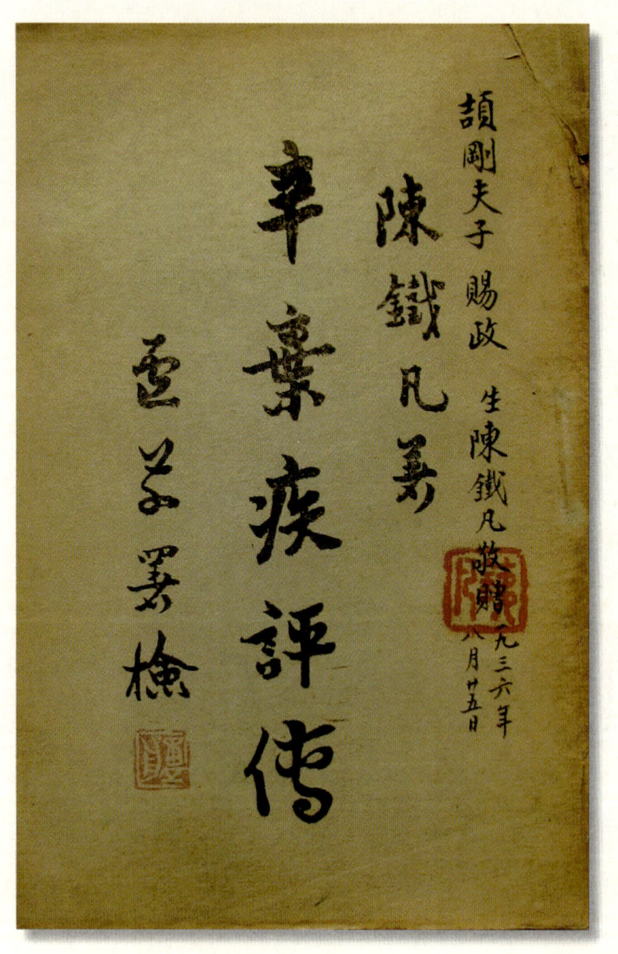

辛棄疾評傳

陳鐵凡著

正風出版社無限公司，1947年

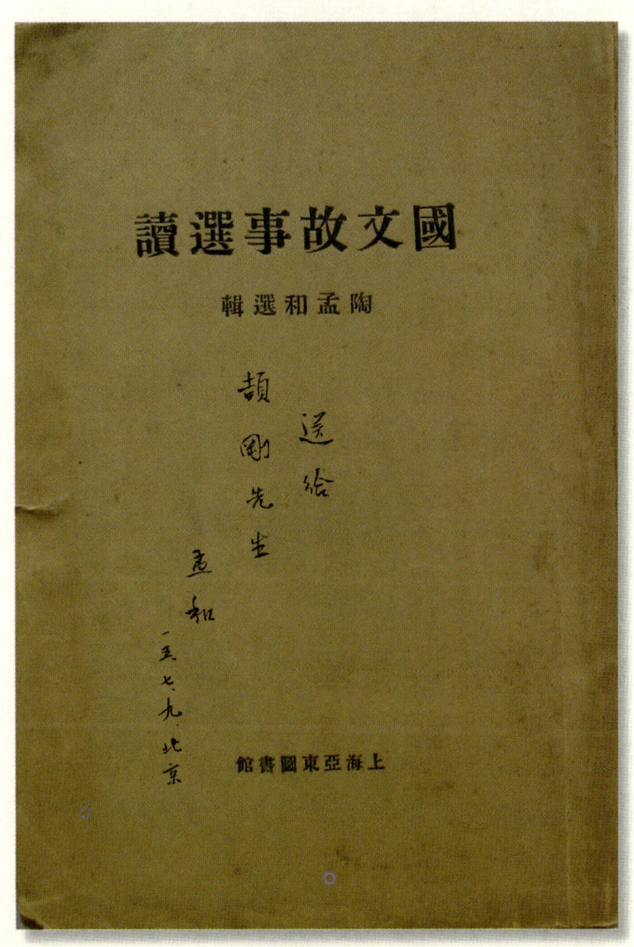

國文故事選讀 △

陶孟和選輯

亞東圖書館，1926年

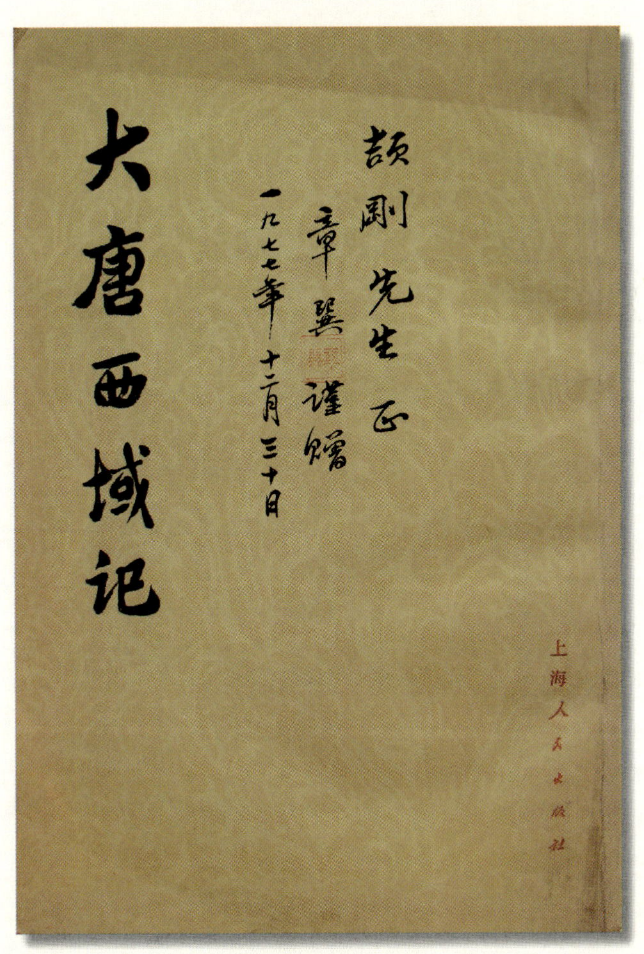

大唐西域記 △

〔唐〕玄奘撰，章巽校點

上海人民出版社，1977年

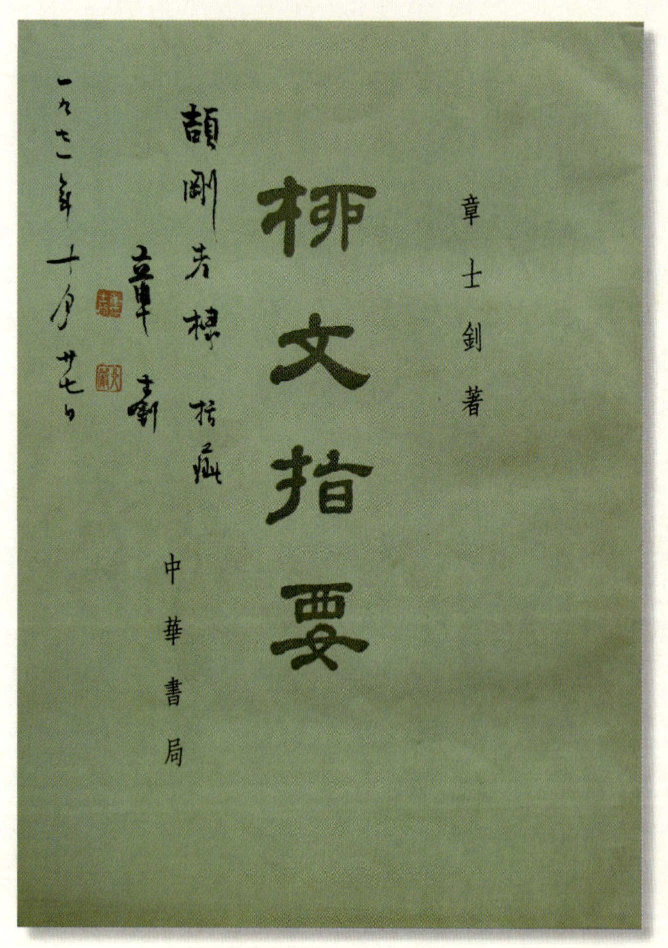

柳文指要 △

章士釗著

中華書局，1971—1972年

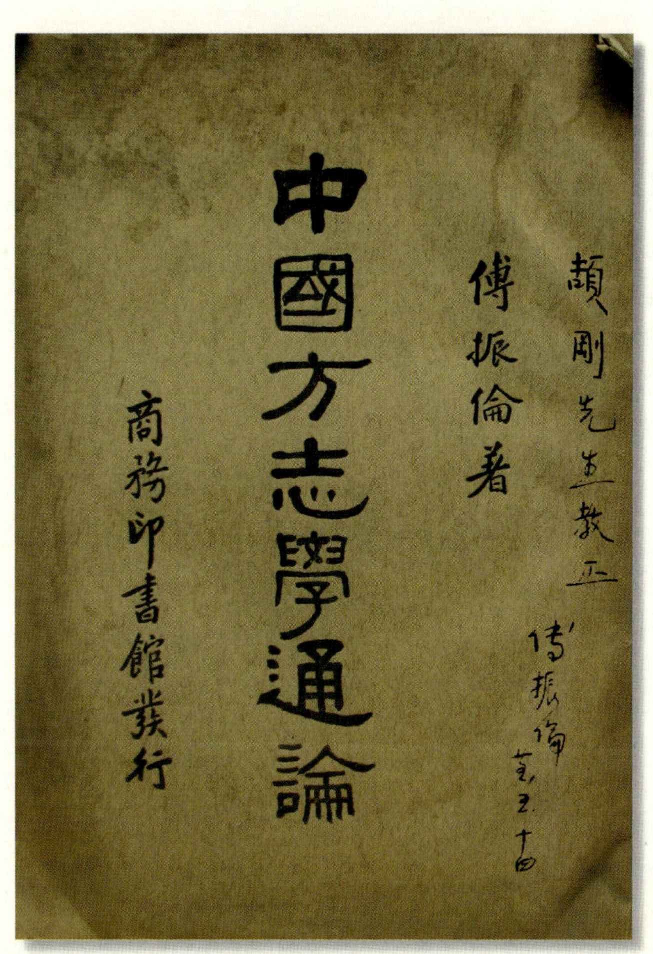

中國方志學通論 △

傅振倫著

商務印書館，1935年

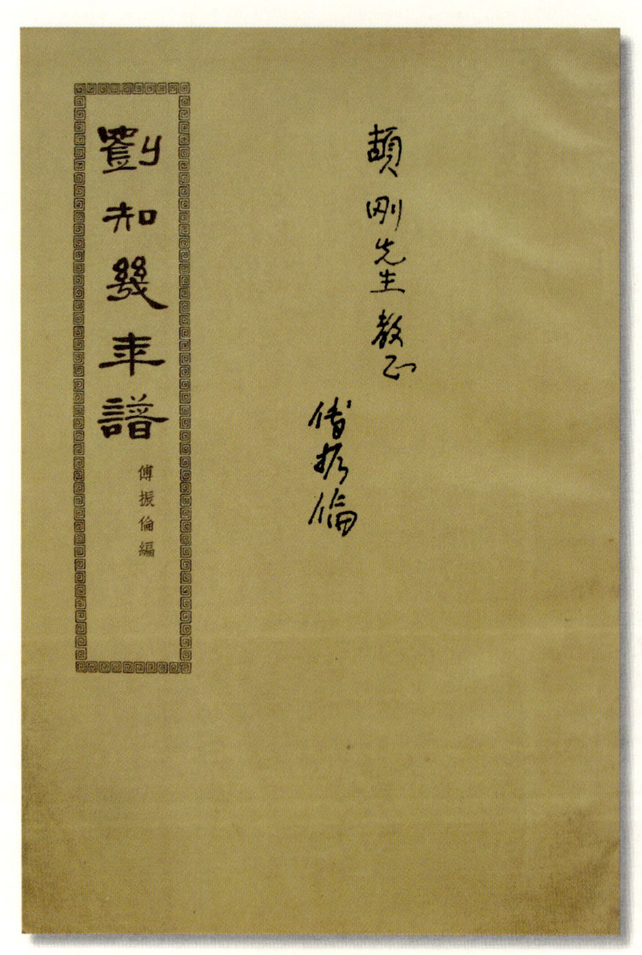

劉知幾年譜 △

傅振倫編

中華書局，1963年

藝術三家言 △

傅彦長、朱應鵬、張若谷著

良友圖書印刷公司，1927年

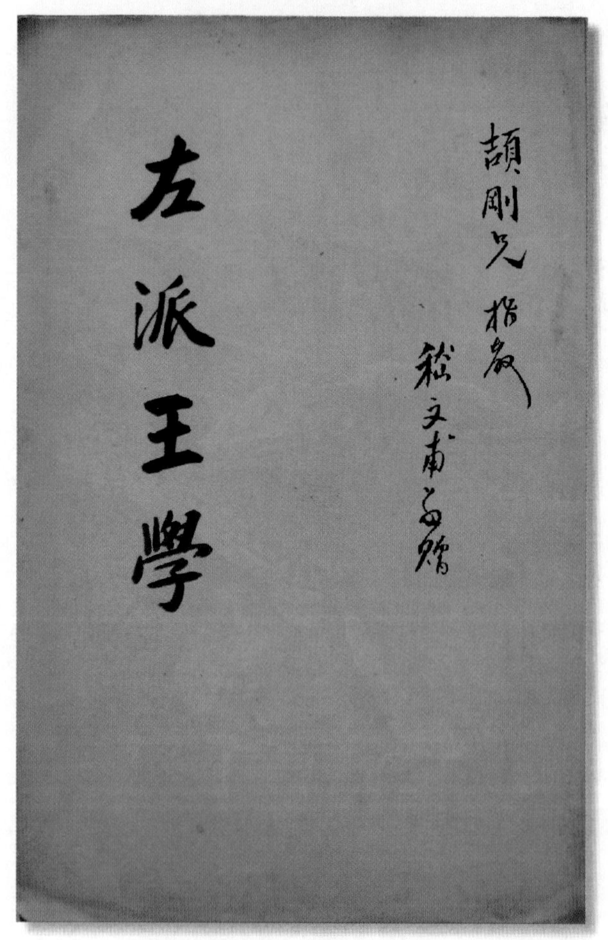

左派王學 △

嵇文甫著

開明書店，1934年

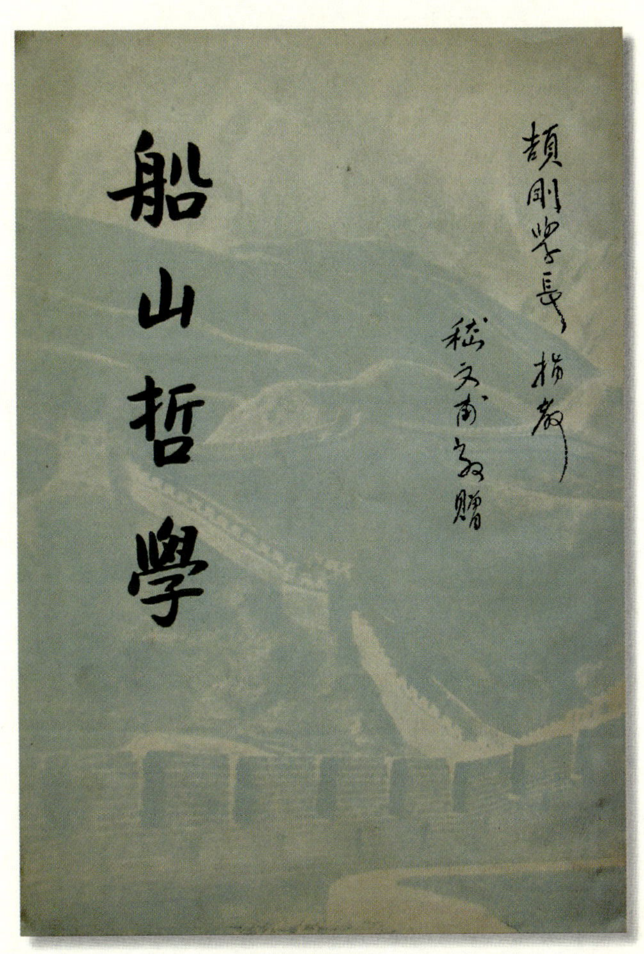

船山哲學 △

嵇文甫著

開明書店，1936年

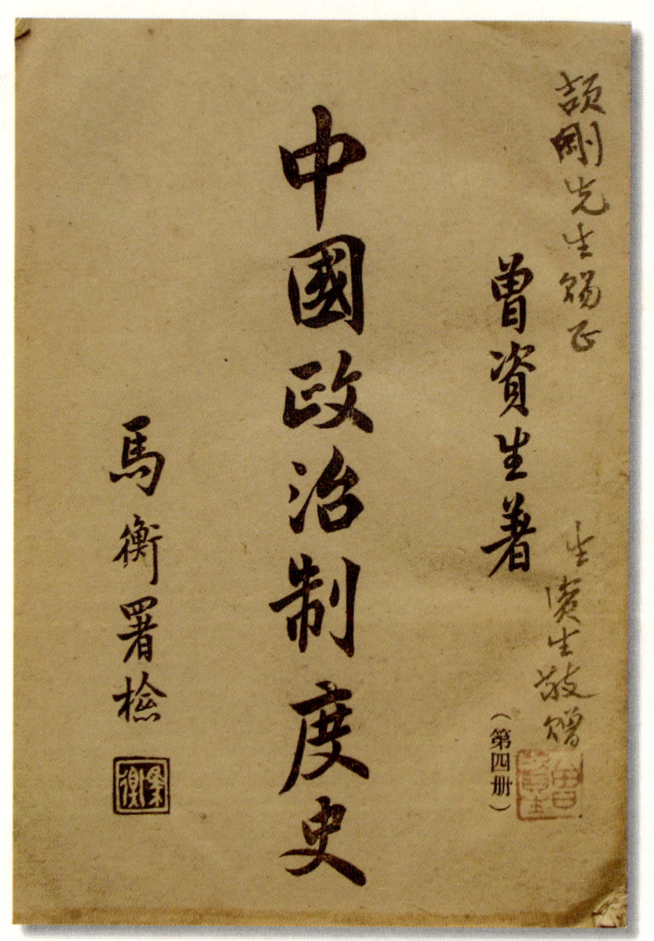

中國政治制度史

曾資生著

第一、二册，南方印書館，1943年；第三册，南方印書館，1944年；第四册，説文社，1944年

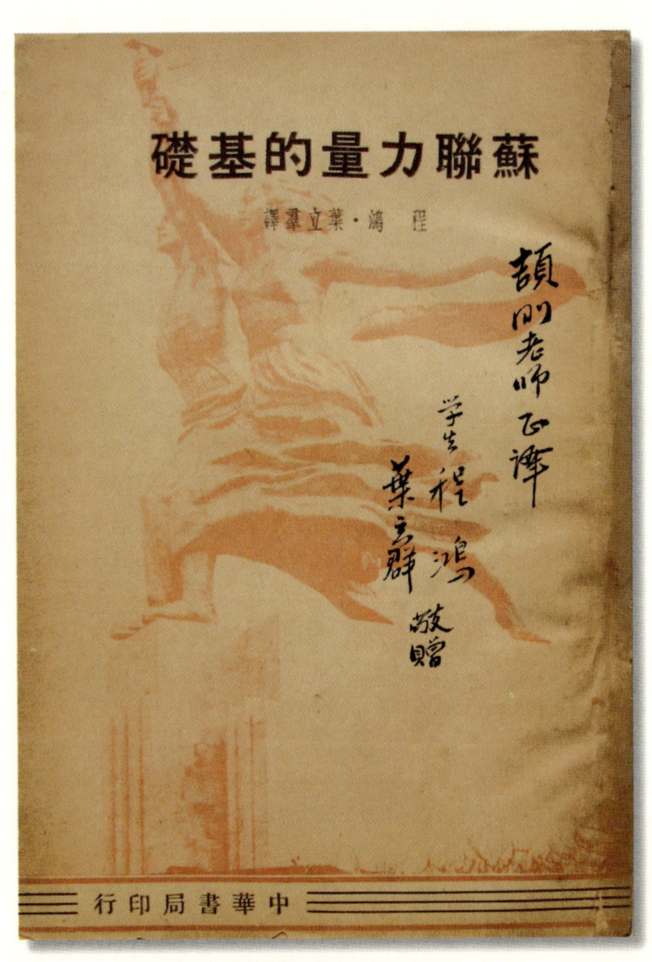

蘇聯力量的基礎 △

（美）葛德石著，程鴻、葉立群譯

中華書局，1948年

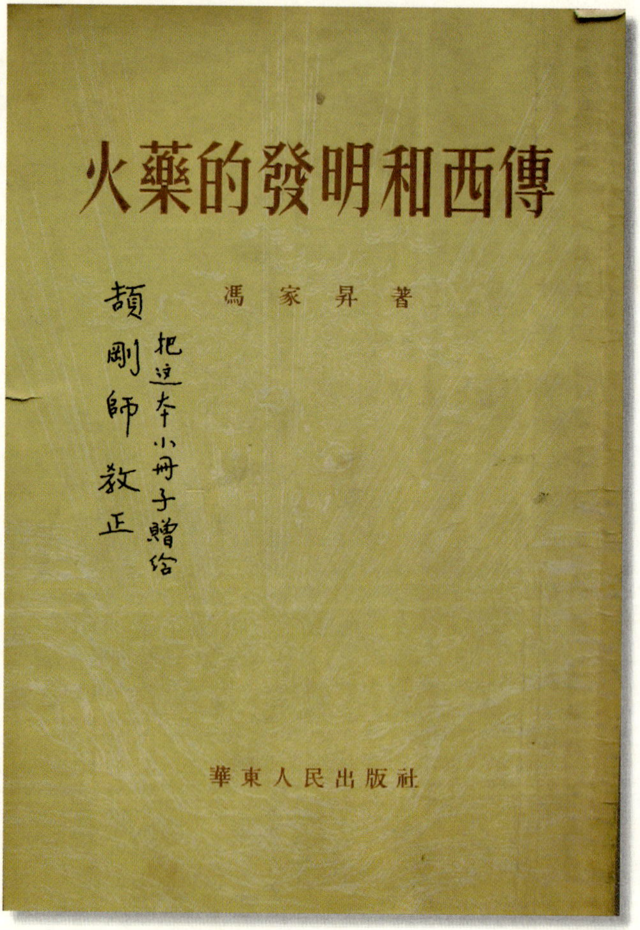

火藥的發明和西傳 △

馮家昇著

華東人民出版社，1954年

中國古代冶鐵技術的發明和發展 △

楊寬著

上海人民出版社，1956年

頡剛同志指正
楊寬

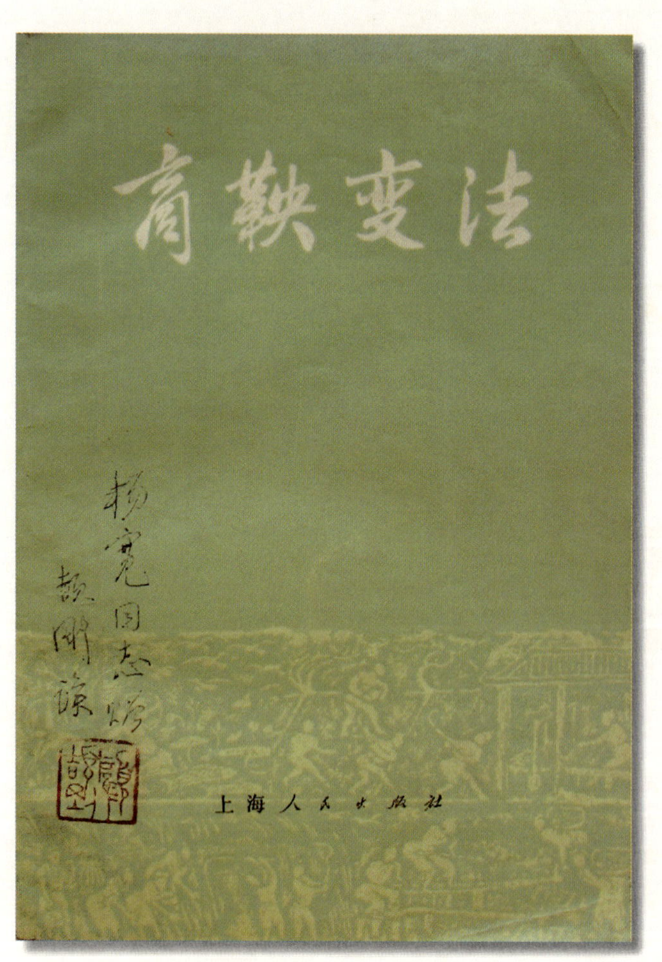

商鞅變法

楊寬著

上海人民出版社，1973年

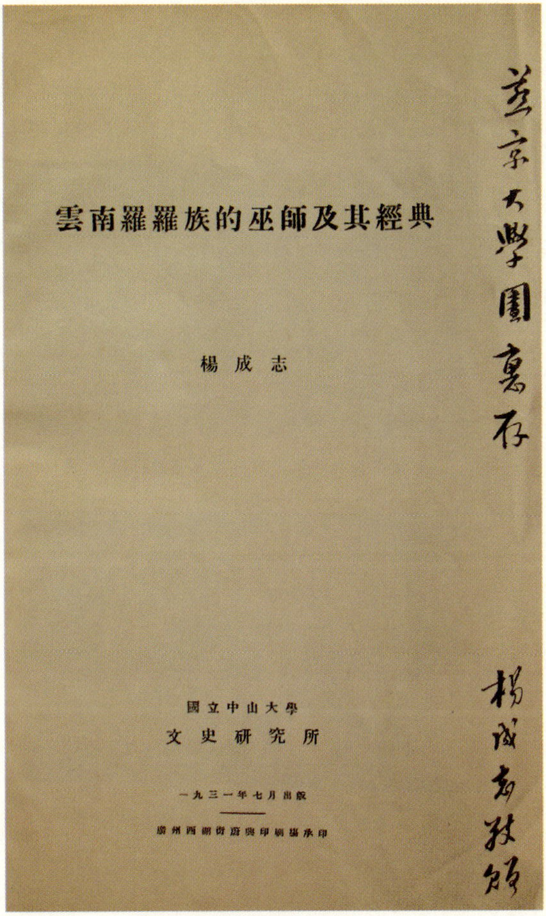

燕京大學圖書館存

雲南羅羅族的巫師及其經典

楊成志

國立中山大學
文史研究所

一九三一年七月出版

廣州西湖街蔚興印刷場承印

楊成志敬贈

雲南羅羅族的巫師及其經典

楊成志著

中山大學文史研究所，1931年

大説書家柳敬亭 △

陳汝衡、楊廷福著

四聯出版社，1954年

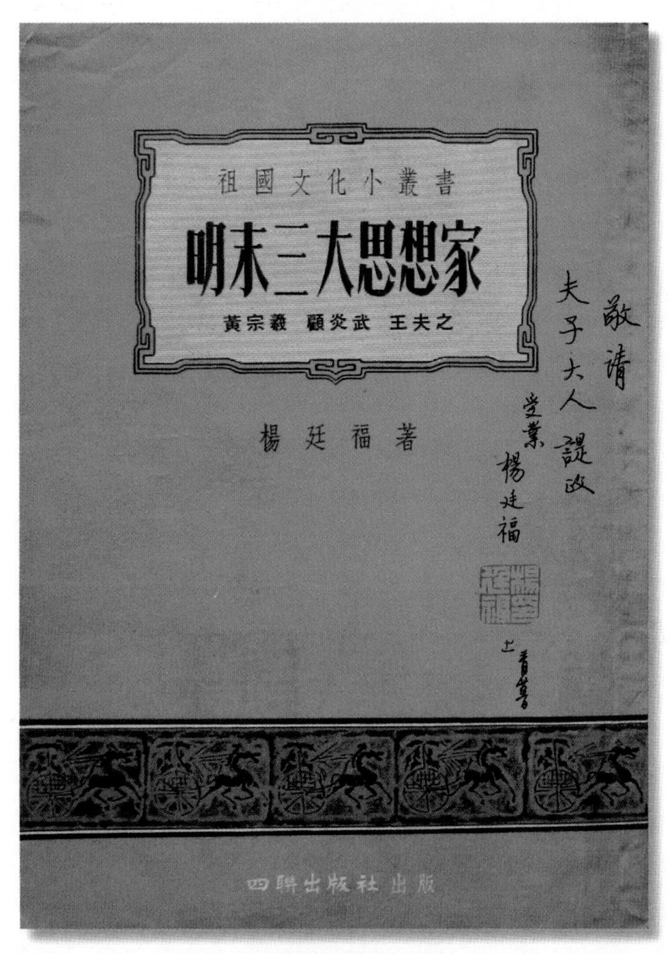

明末三大思想家 △

楊廷福著

四聯出版社，1955年

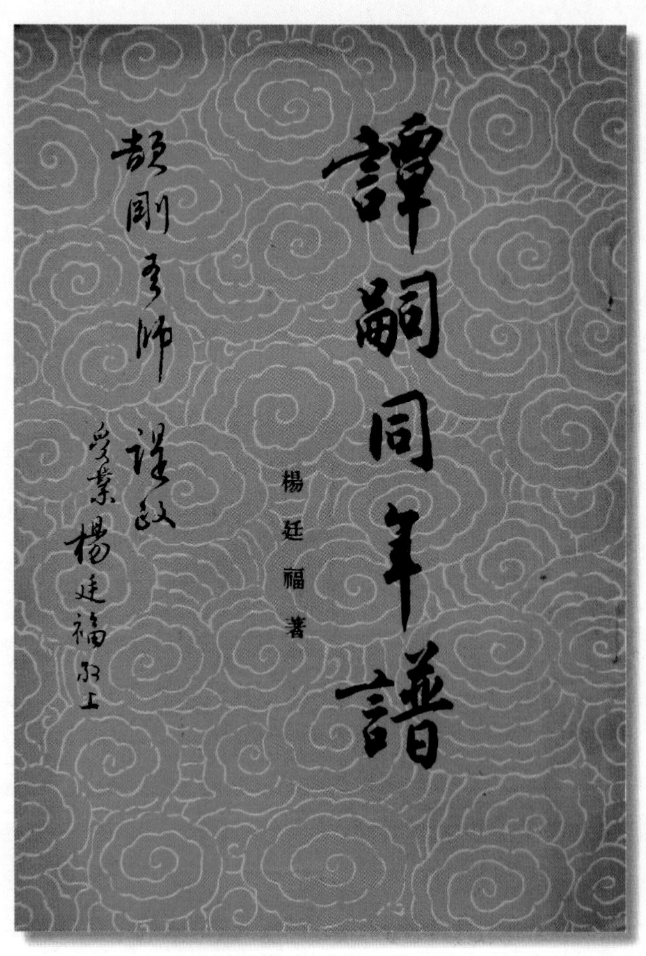

譚嗣同年譜 △

楊廷福著

人民出版社，1957年

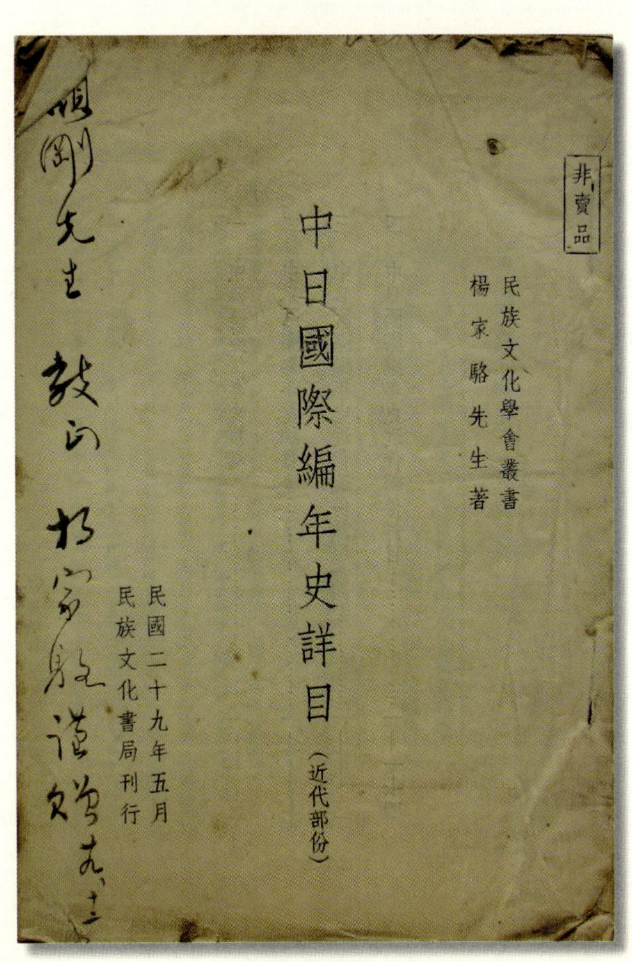

中日國際編年史詳目（近代部分）

楊家駱著

民族文化書局，1940年

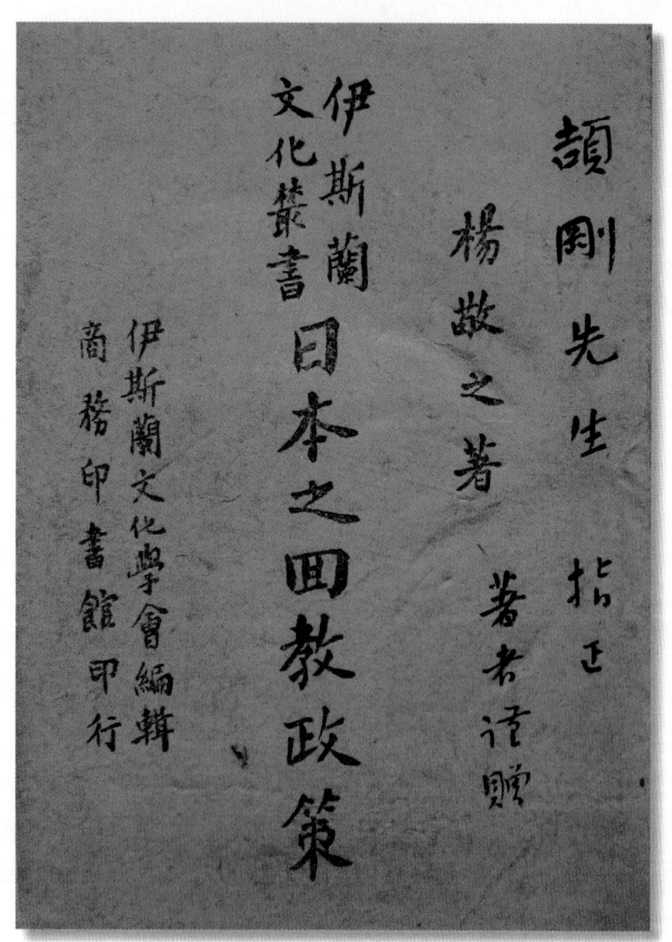

日本之回教政策

楊敬之著

商務印書館，1943年

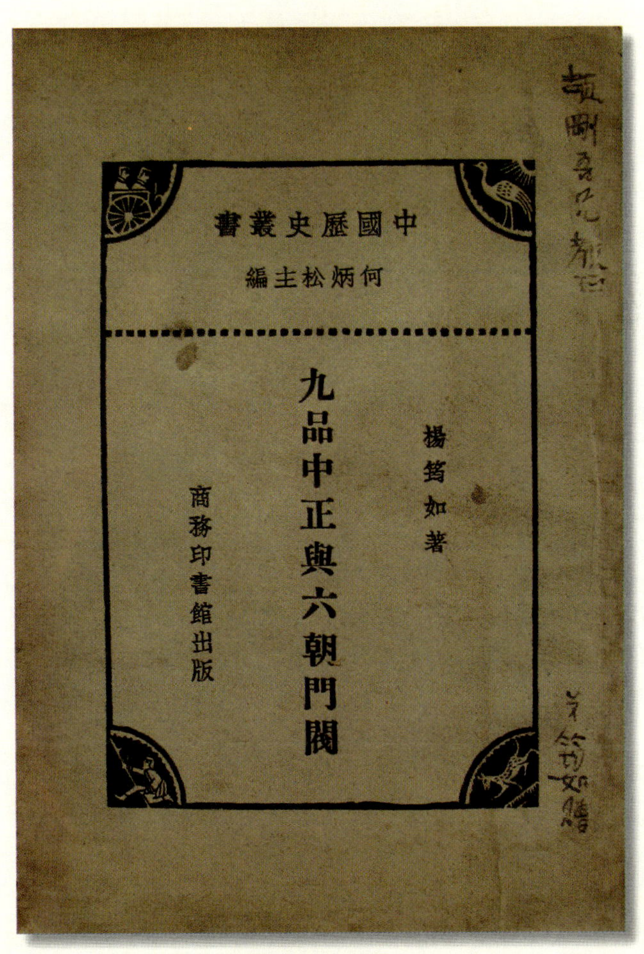

九品中正與六朝門閥

楊筠如著

商務印書館，1930年

頡剛先生教正

葉子剛敬贈 一九五四年十一月廿四日

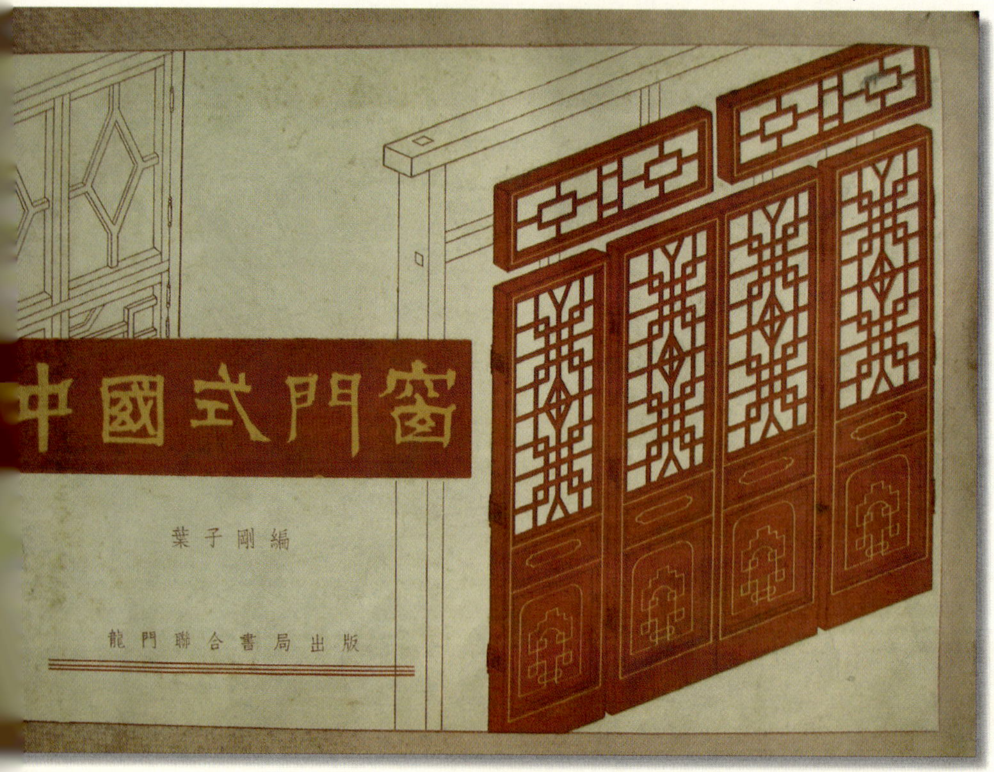

中國式門窗

葉子剛編

龍門聯合書局，1954年

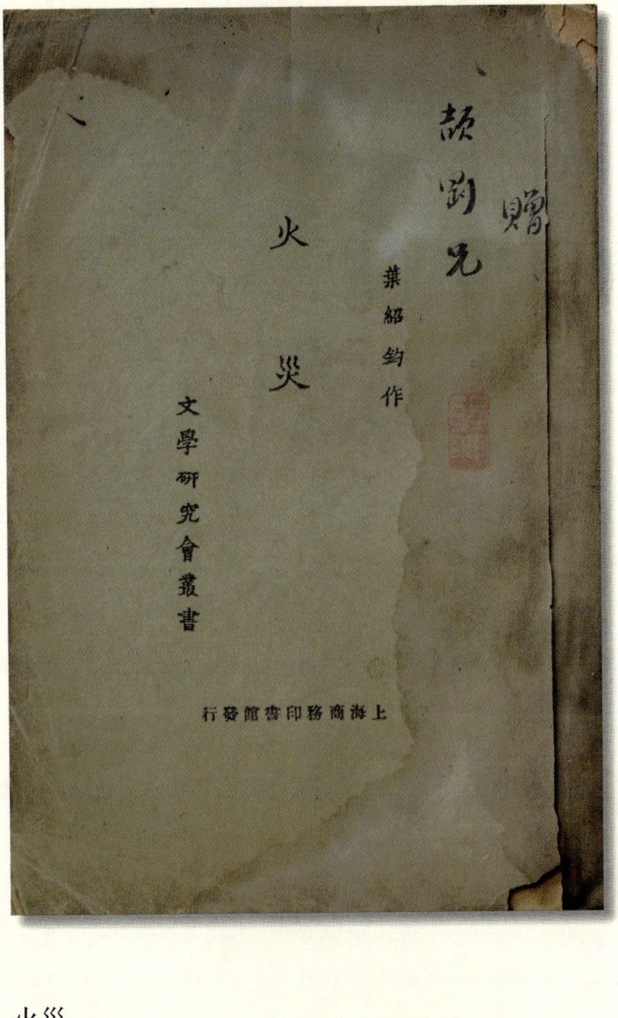

火災

葉紹鈞著

商務印書館，1923年

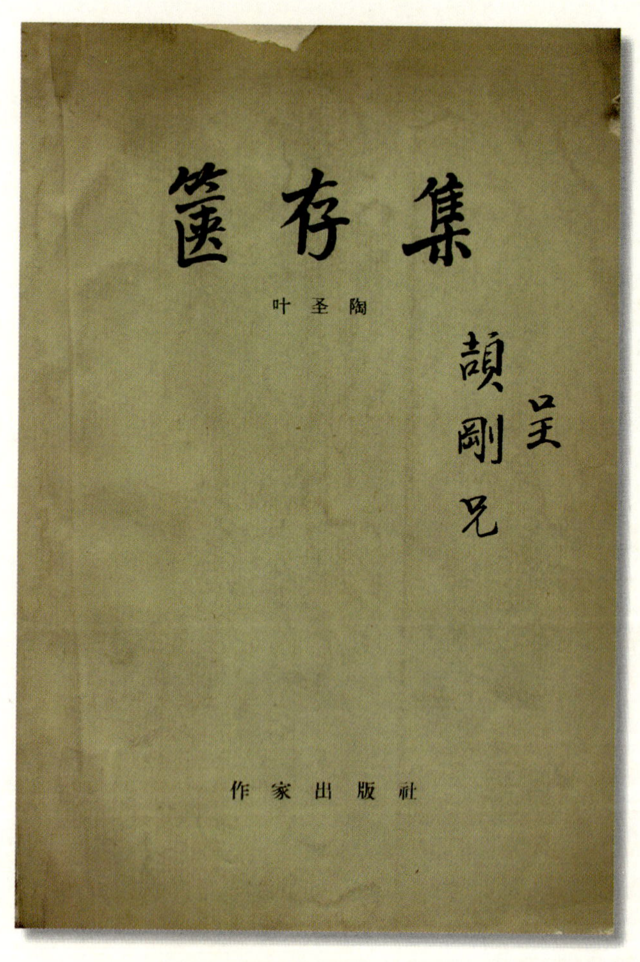

篋存集 △

葉聖陶著

作家出版社，1960年

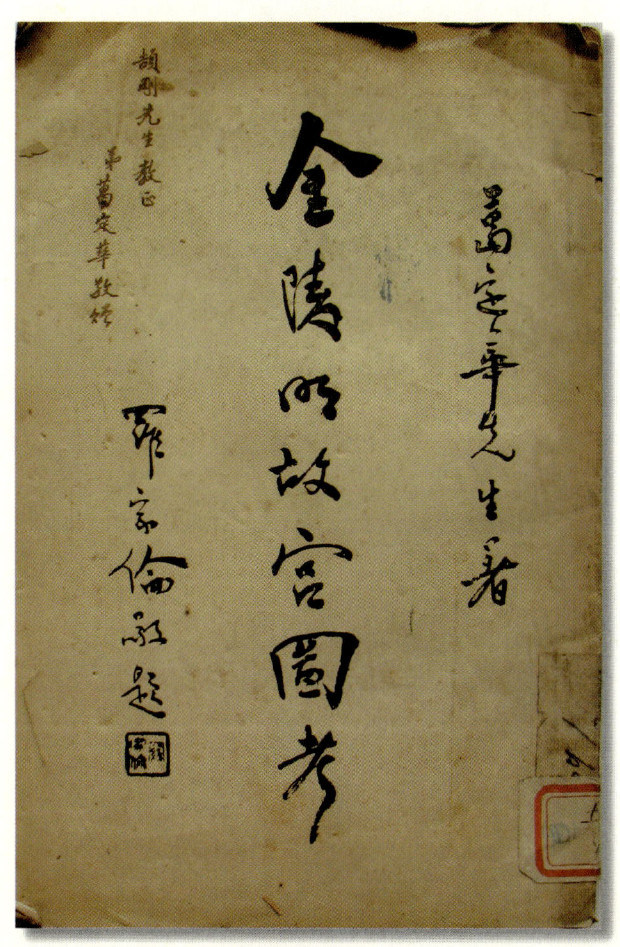

金陵明故宮圖考

葛定華著

中央大學出版組，1933年

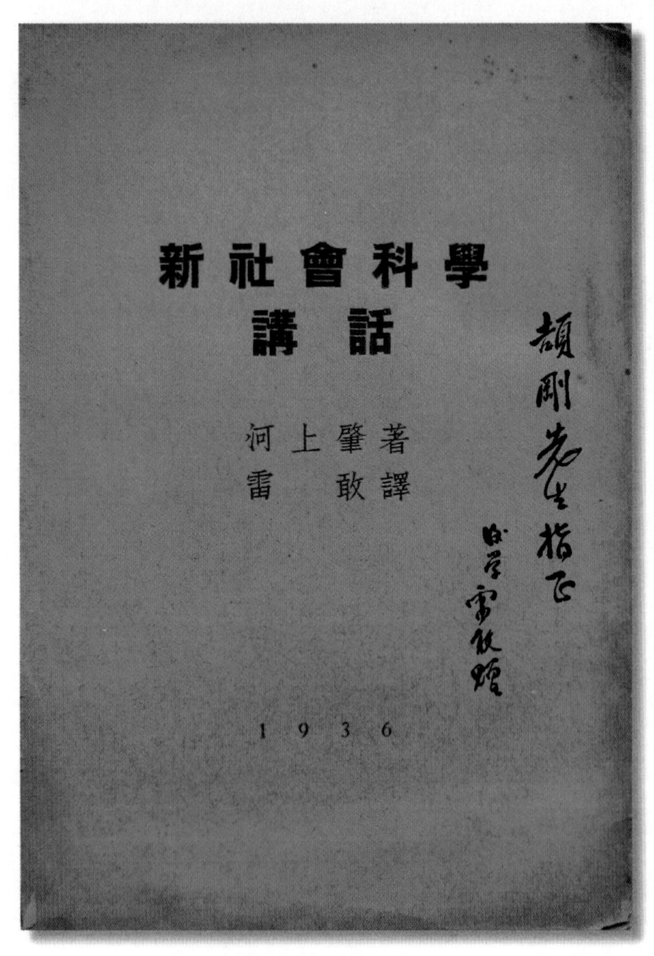

新社會科學講話 △

(日)河上肇著，雷敢譯

樸社，1936年

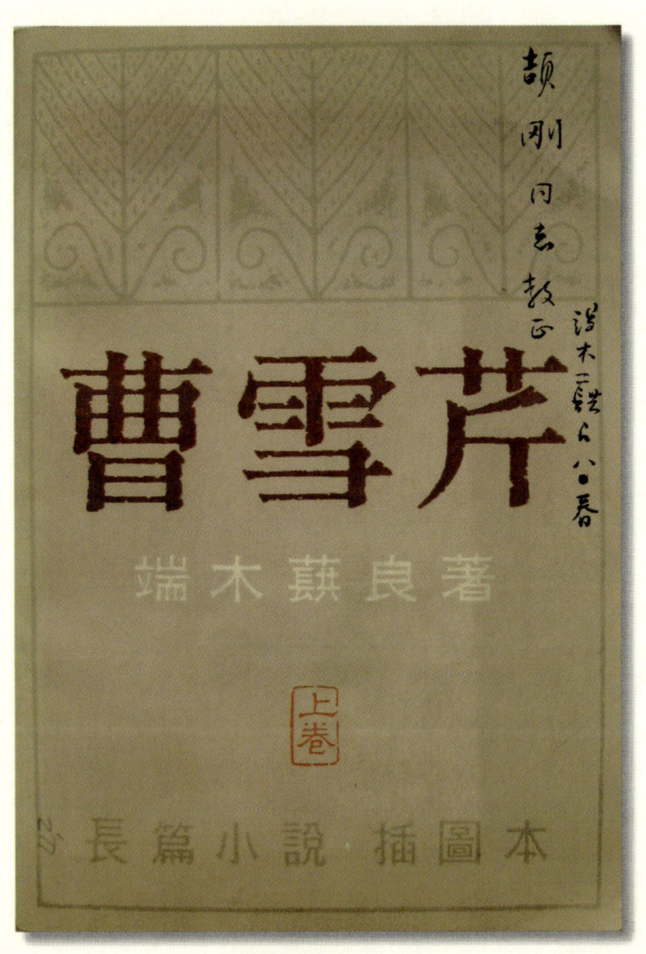

曹雪芹 △

端木蕻良著

北京出版社，1980年

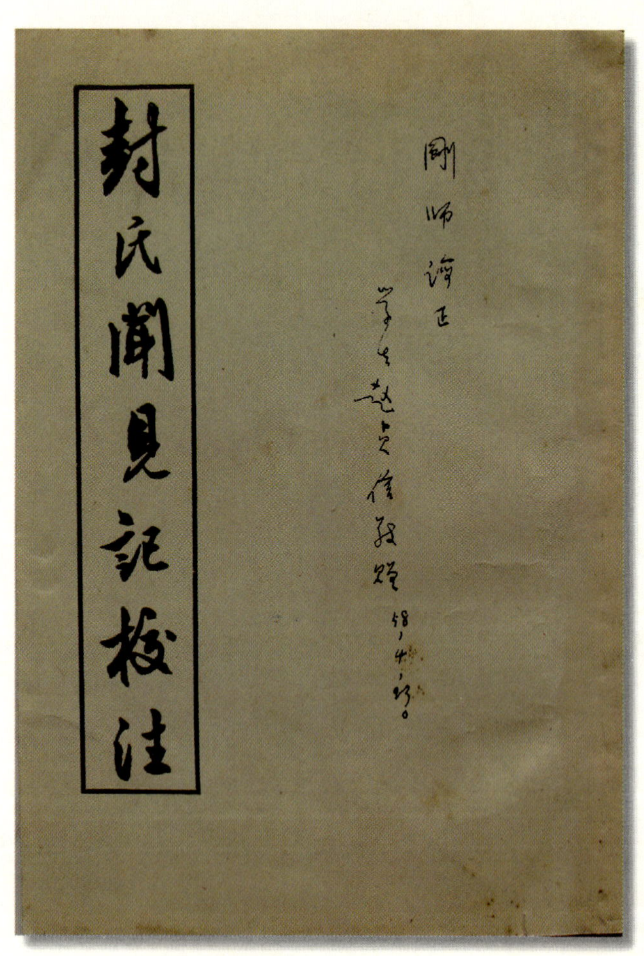

封氏聞見記校注 △

〔唐〕封演撰，趙貞信校注

中華書局，1958年

喆明先生教正
趙清閣敬贈
五三、十、十八

（越劇）桃花扇

趙清閣著

上雜出版社，1953年

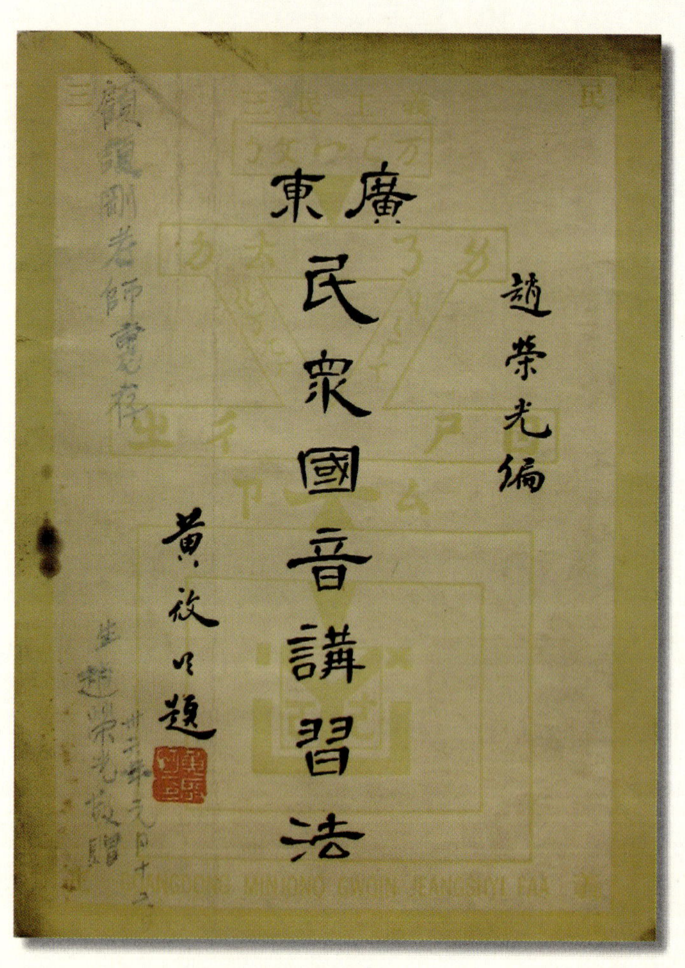

廣東民衆國音講習法

趙榮光編

培正國語傳習所，1937年

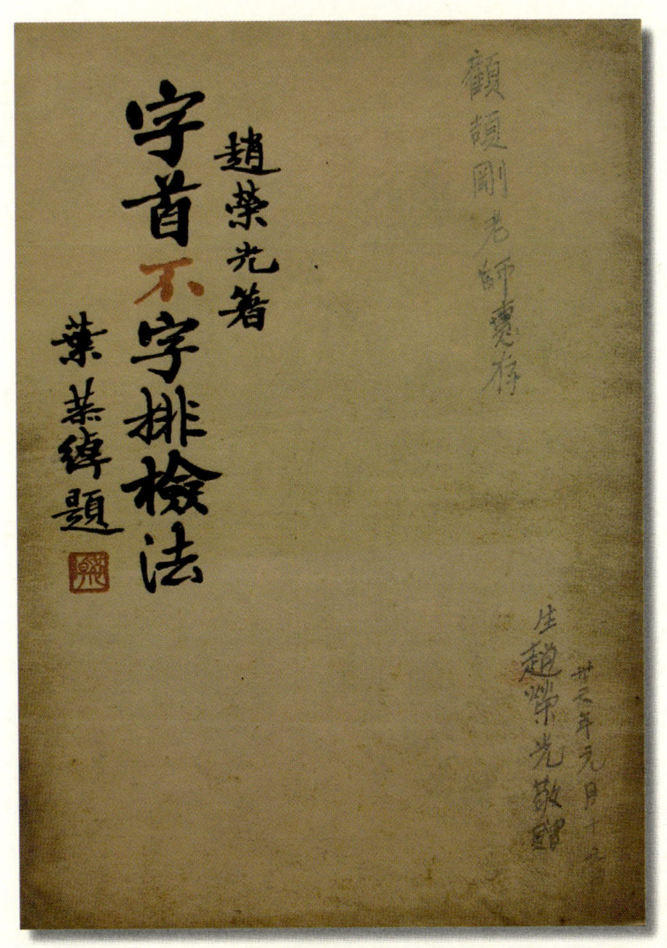

字首不字排檢法

趙榮光著

培正中學圖書館，1941年三版

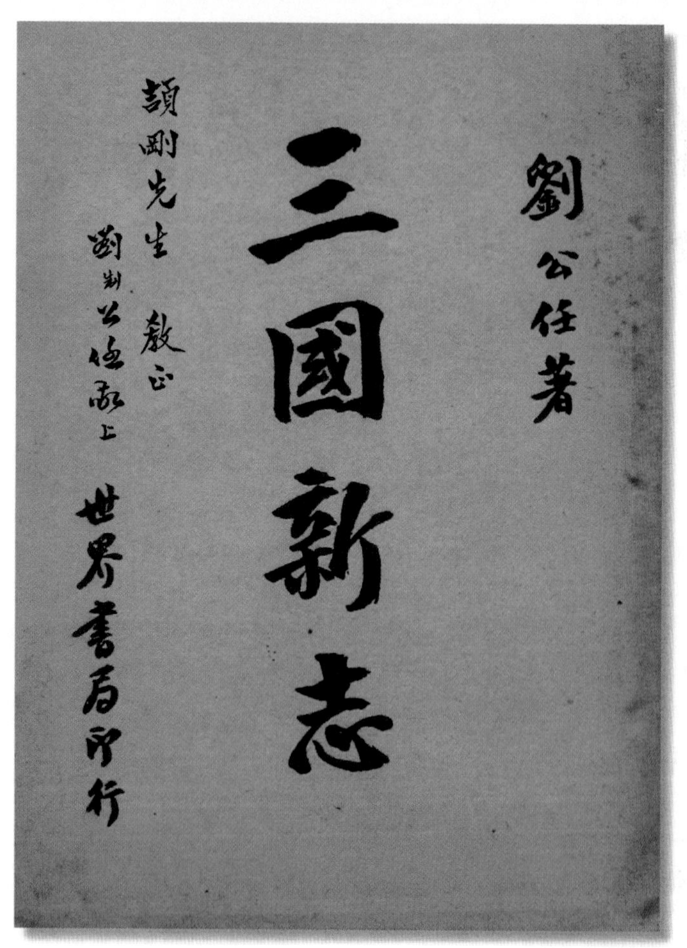

三國新志 △

劉公任著

世界書局，1947年

木蘭從軍

劉旦宅繪

上海人民美術出版社，1955年

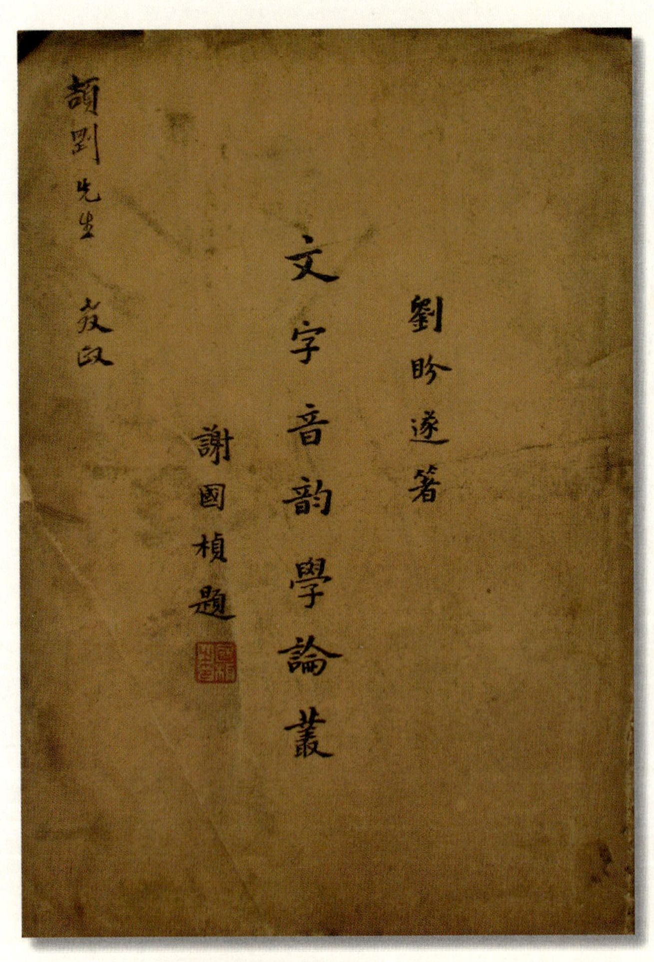

文字音韻學論叢

劉盼遂著

人文書店，1935年

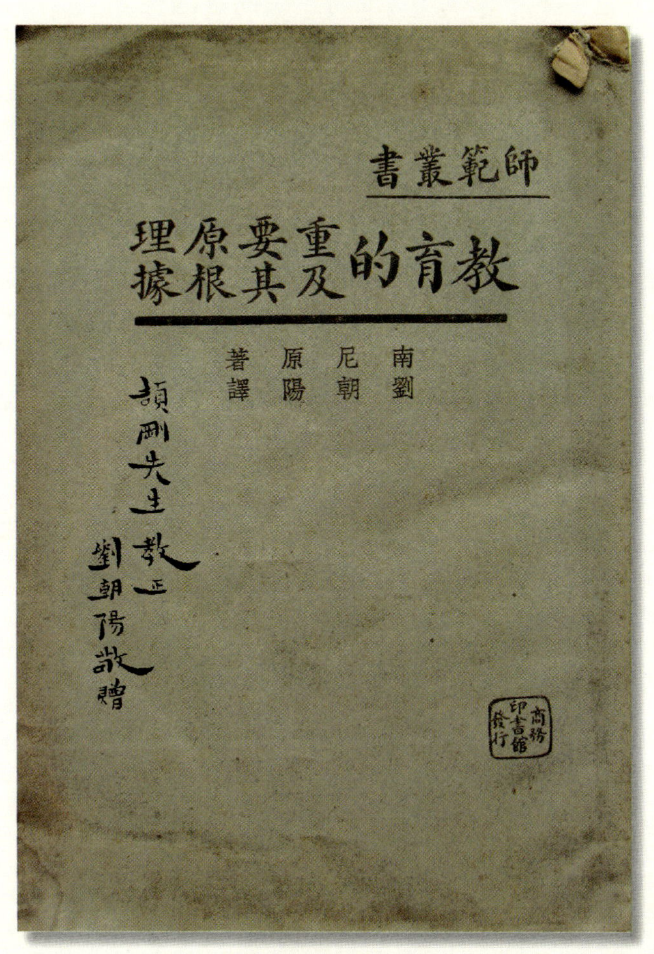

教育的重要原理及其根據 △

（意）南尼著，劉朝陽譯

商務印書館，1929年

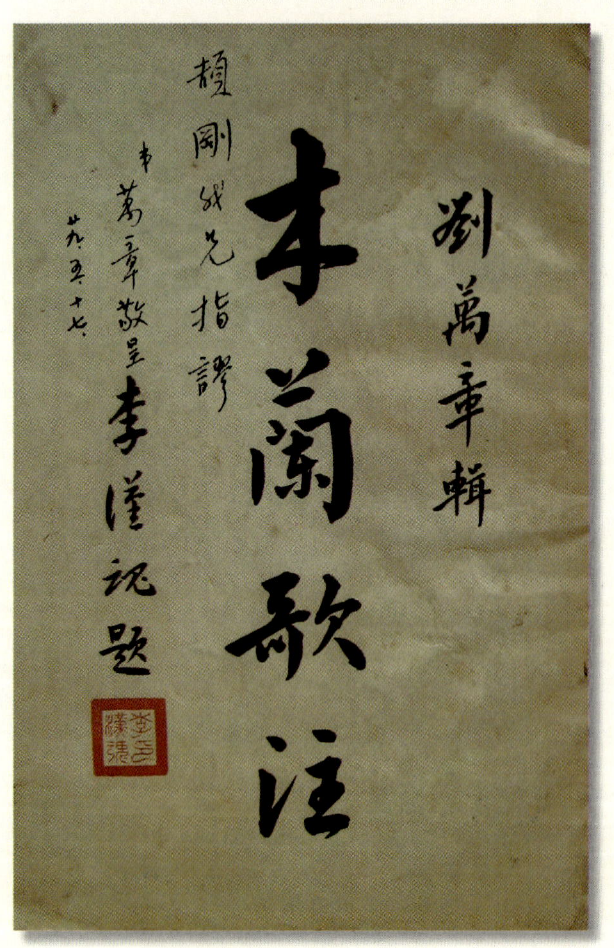

木蘭歌注 △

劉萬章輯

商務印書館，1940年

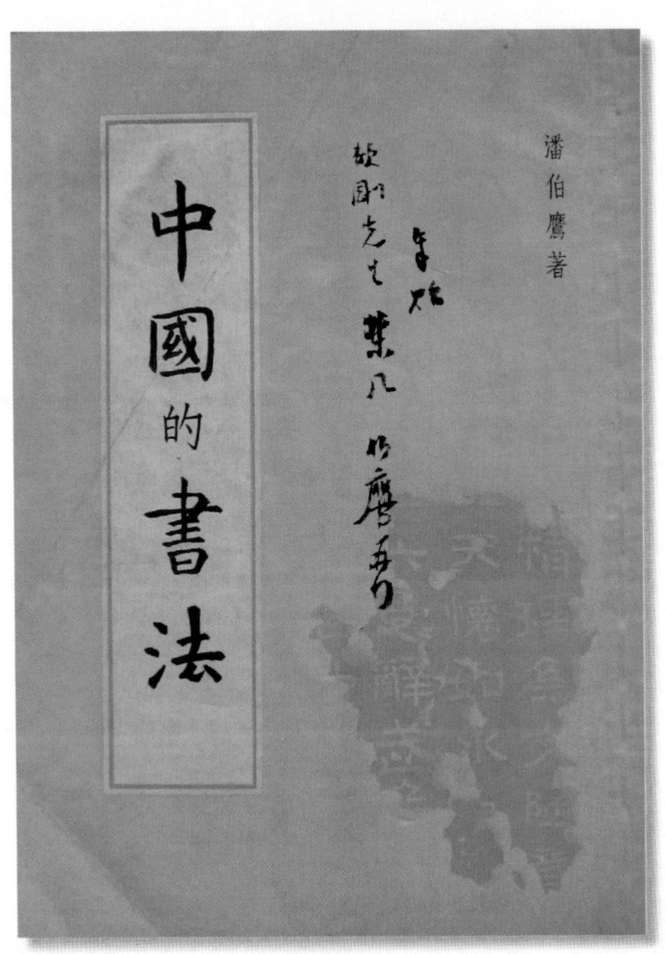

中國的書法 △

潘伯鷹著

四聯出版社，1955年

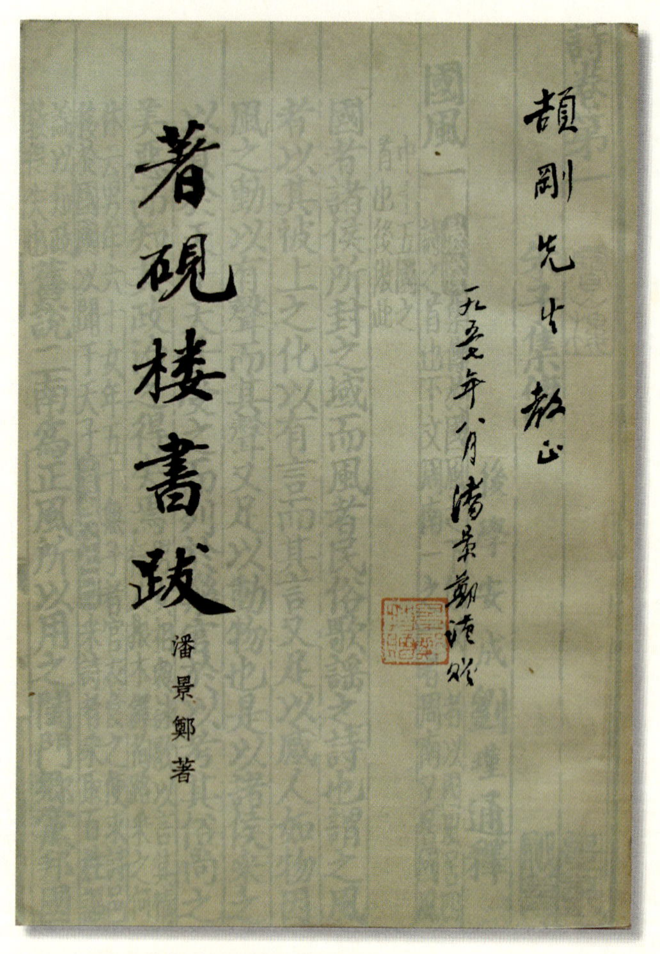

著硯樓書跋 △

潘景鄭著

古典文學出版社，1957年

從文藝看蘇聯 △

(蘇)庫尼茲著，蔣孔陽譯

海光圖書館編輯，商務印書館發行，1950年

現代理想主義 △

（日）金子築水著，蔣徑三譯

商務印書館，1926年

現實主義哲學的研究 △

（日）金子築水著，蔣徑三譯

商務印書館，1928年

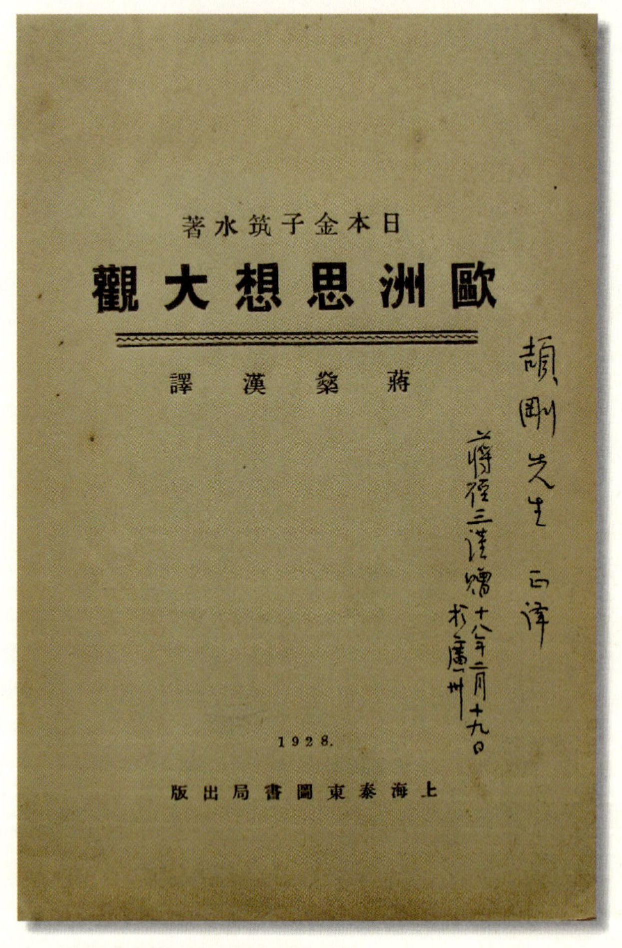

歐洲思想大觀 △

（日）金子築水著，蔣粲漢譯

泰東圖書局，1928年三版

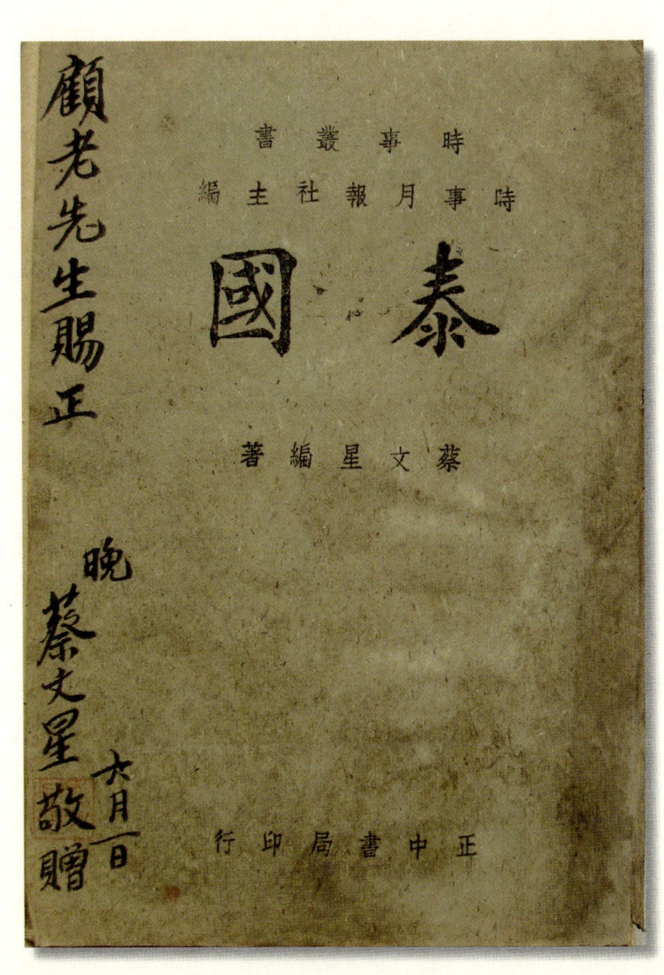

泰國

蔡文星編著

正中書局，1943年

THE STUDY OF
ANCIENT CHINESE CLASSICS
—A New Approach—

BY
CHENG LIN
Editor & Translator
ANCIENT CHINESE CLASSICS SERIES

中國古籍校讀新論
鄭 麐 著

頡剛先生教正
鄭麐敬上

PUBLISHED BY
THE WORLD BOOK COMPANY, LTD.
SHANGHAI, CHINA.

中國古籍校讀新論 △

鄭麐著

世界書局，1947年

老子（古籍新編）

鄭麐編

中國學典館，1950年

濟南 △

鄭亦橋著

山東人民出版社，1964年

蟄居散記 △

鄭振鐸著

上海出版公司，1951年

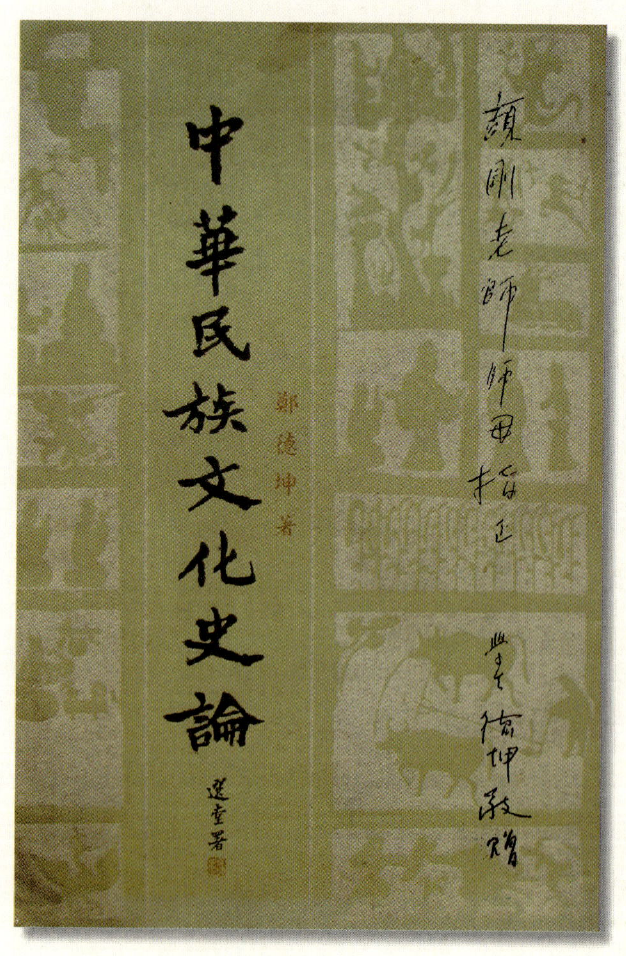

中華民族文化史論 △

鄭德坤著

自印本，時間不詳

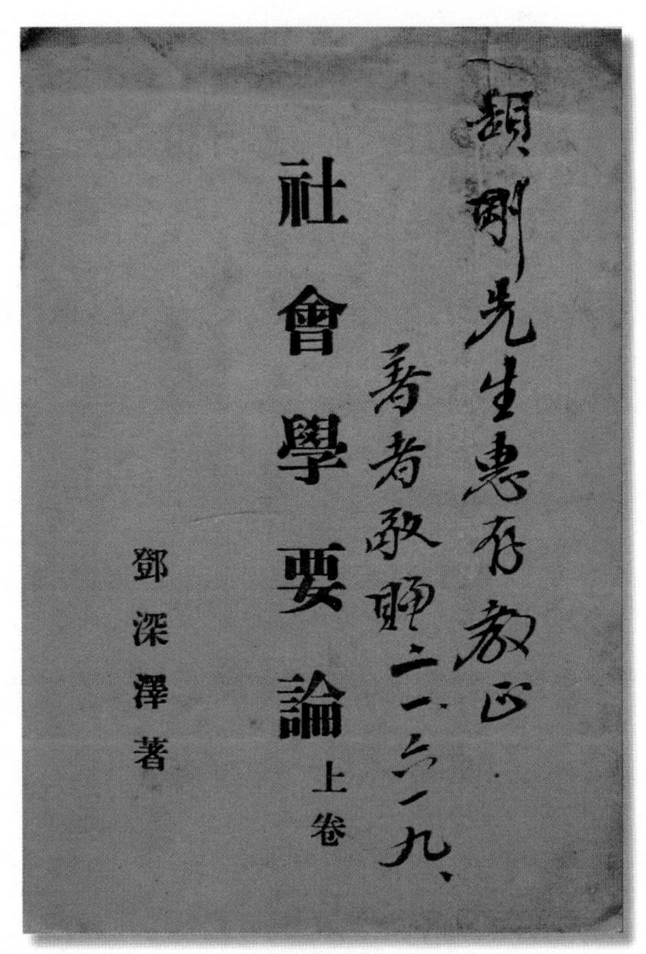

社會學要論

鄧深澤著

自印本，1932年

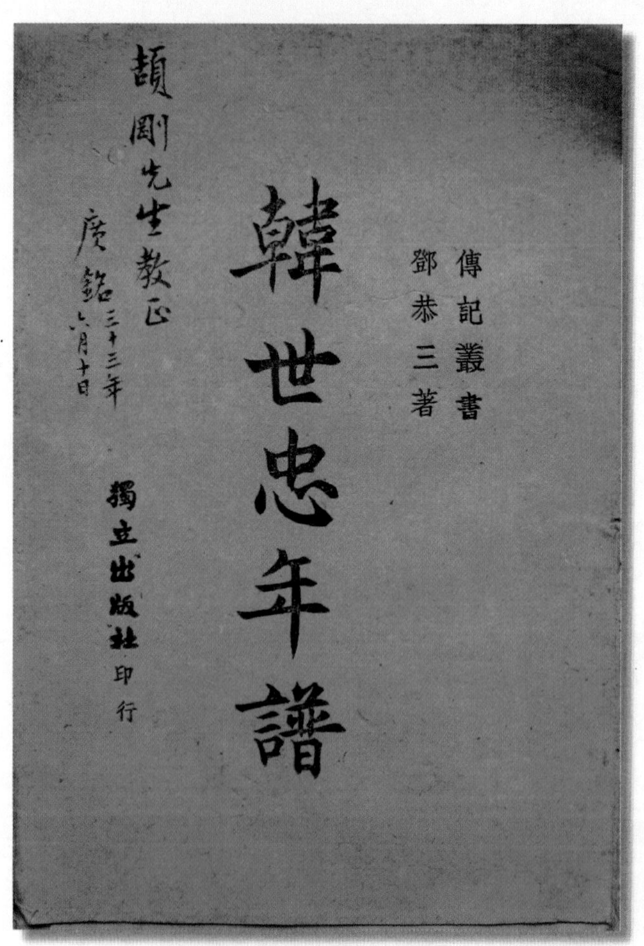

韓世忠年譜

鄧恭三著

獨立出版社，1944年

籬下集 △

蕭乾著

商務印書館，1936年

永樂大典戲文三種校注 △

錢南揚校注

中華書局，1979年

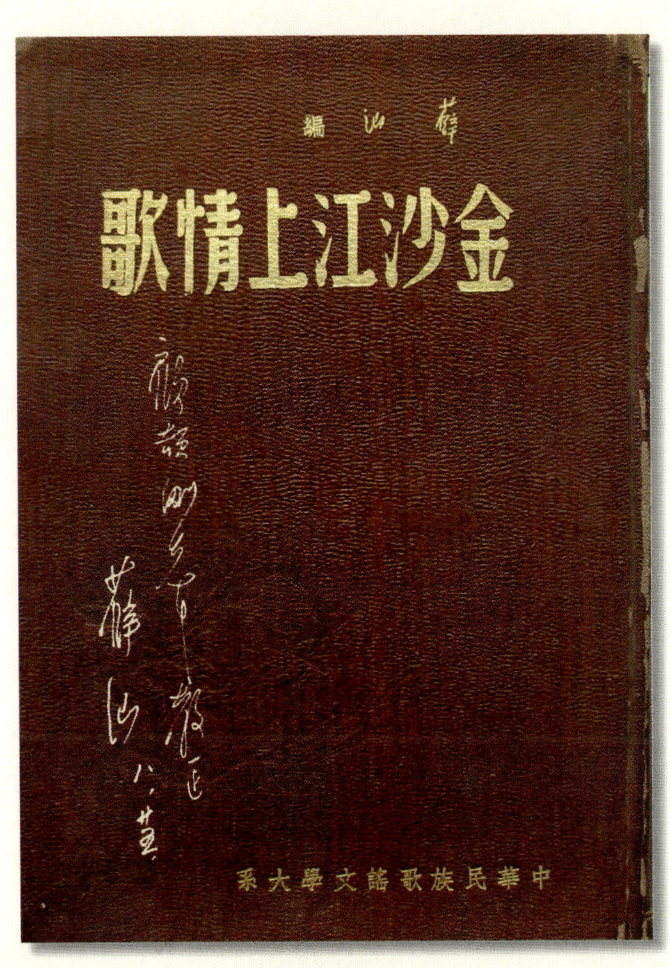

金沙江上情歌 △

薛汕編

春草社，1947年

明清之際黨社運動考

謝國楨著

商務印書館，1934年

頡剛教授指評
簡又文敬贈

太平天國全史

簡又文撰

香港簡氏猛進書屋，1962年

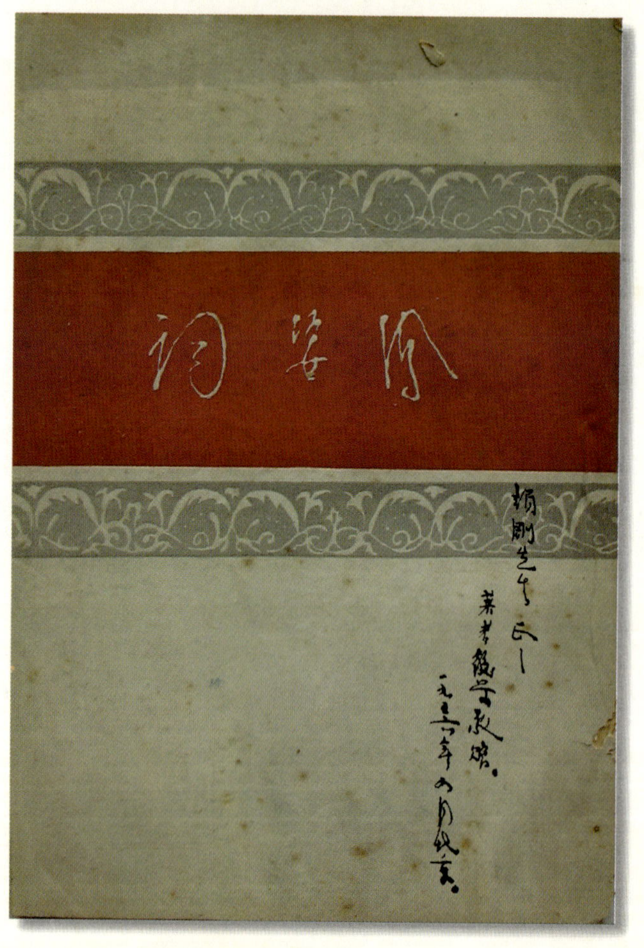

鳳姿詞 △

藍菊孫著

三友書店，1951年再版

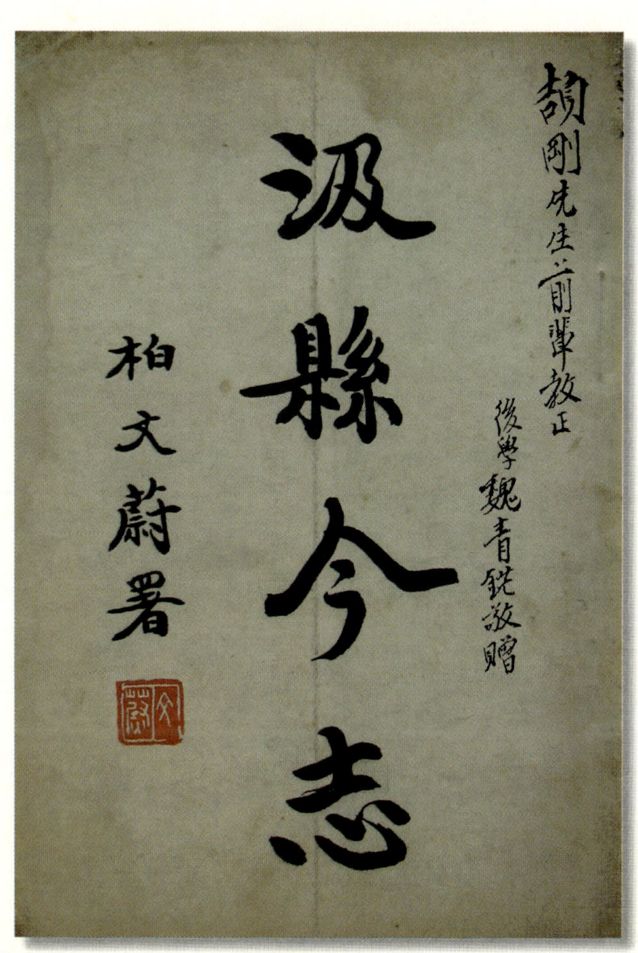

汲縣今志 △

魏青鋩撰

漢文正楷印書局，1935年

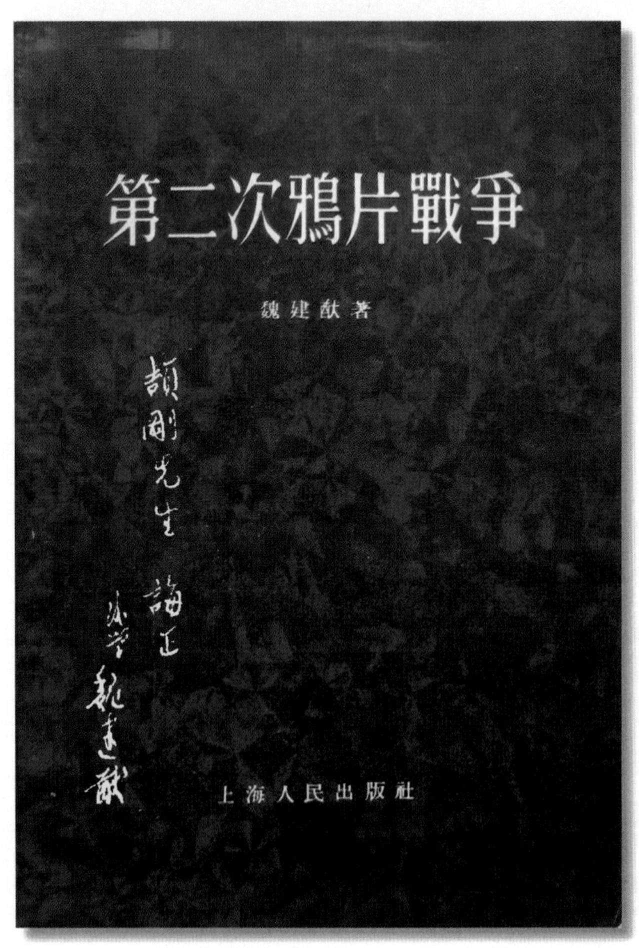

第二次鴉片戰爭 △

魏建猷著

上海人民出版社，1955年

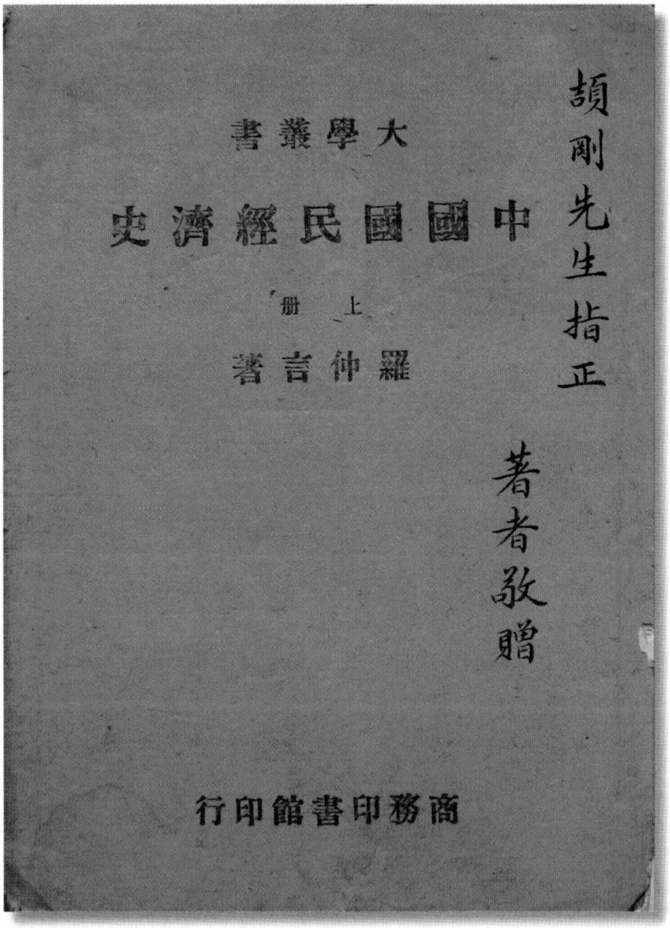

大學叢書

中國國民經濟史

上册

羅仲言著

商務印書館印行

頡剛先生指正

著者敬贈

中國國民經濟史

羅仲言著

商務印書館，1944年

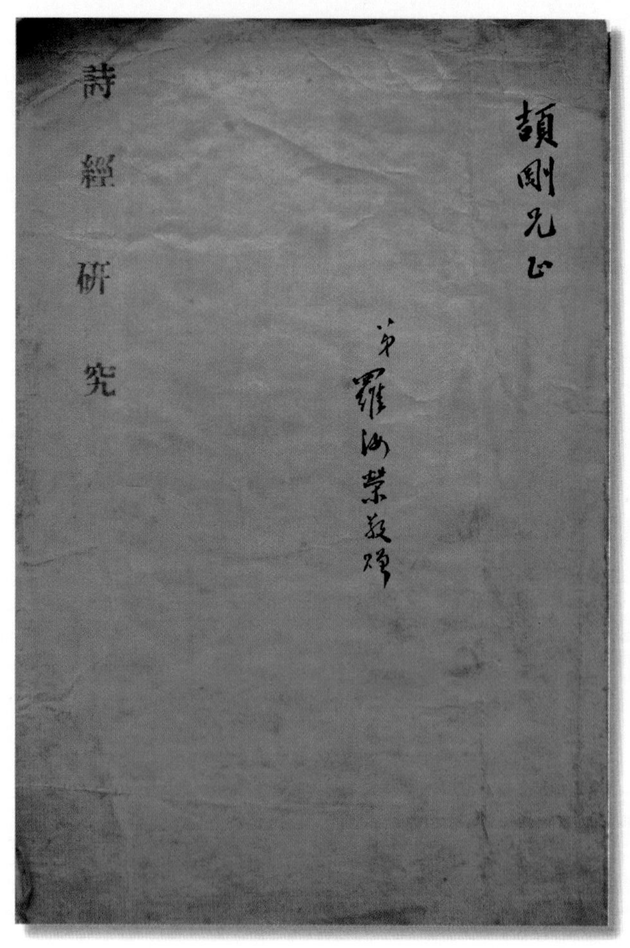

詩經研究 △

羅汝榮著

廣東國民大學講義，時間不詳

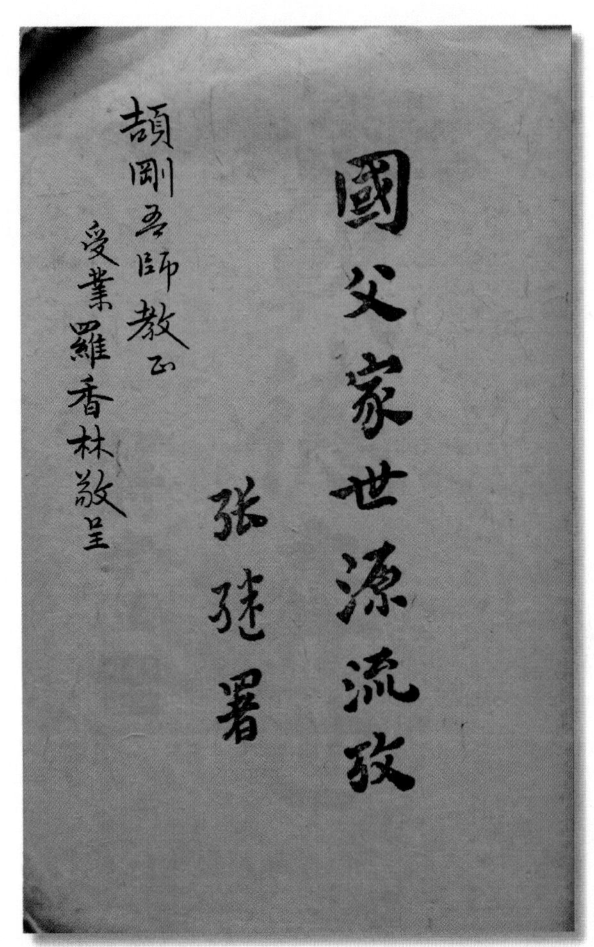

國父家世源流攷 △

羅香林著

商務印書館，1942年

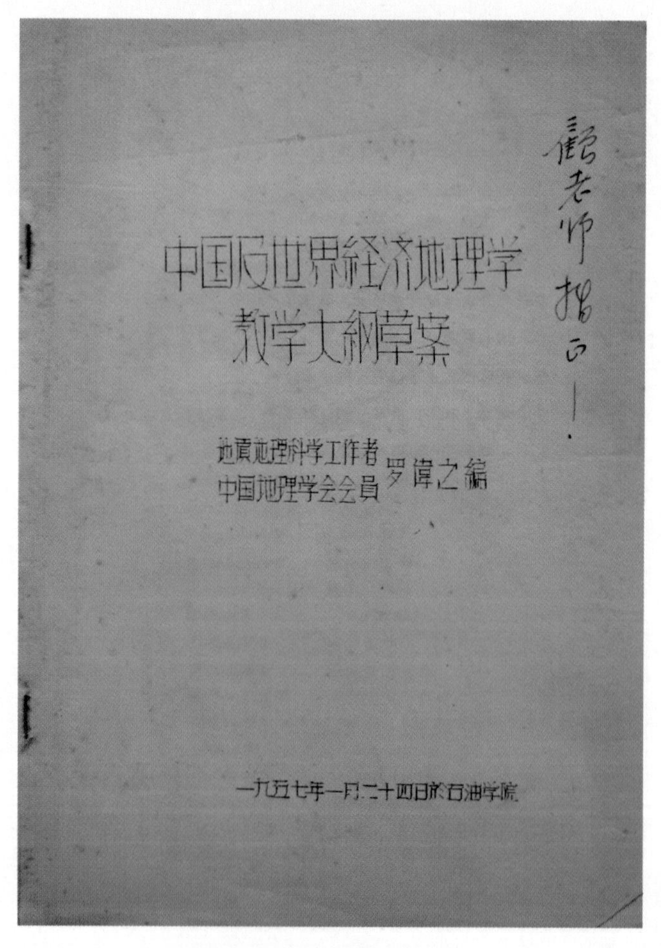

中國及世界經濟地理學教學大綱草案

羅偉之編

油印本，1957年

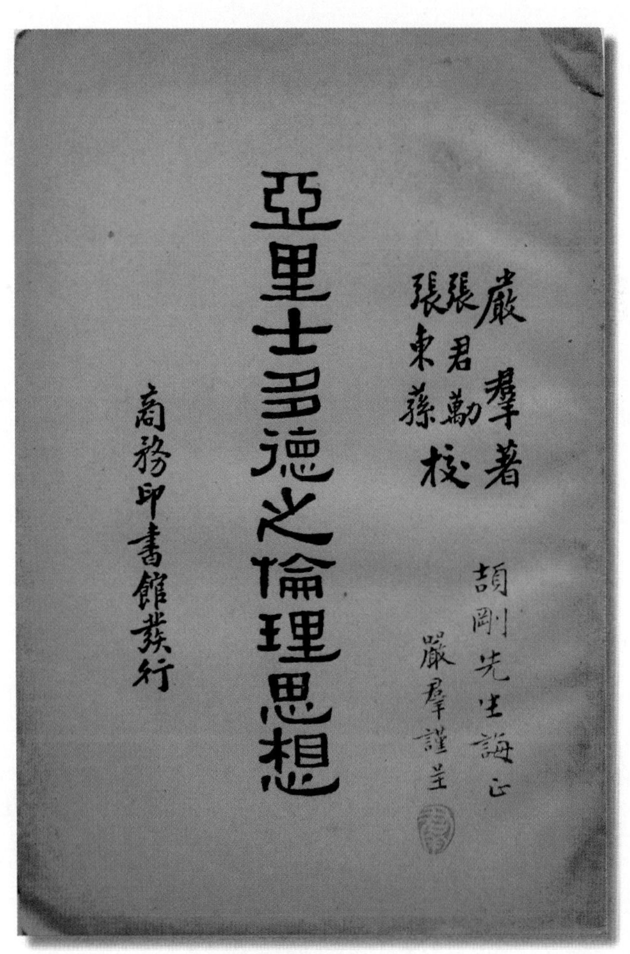

亞里士多德之倫理思想

嚴群著，張君勱、張東蓀校

商務印書館，1933年

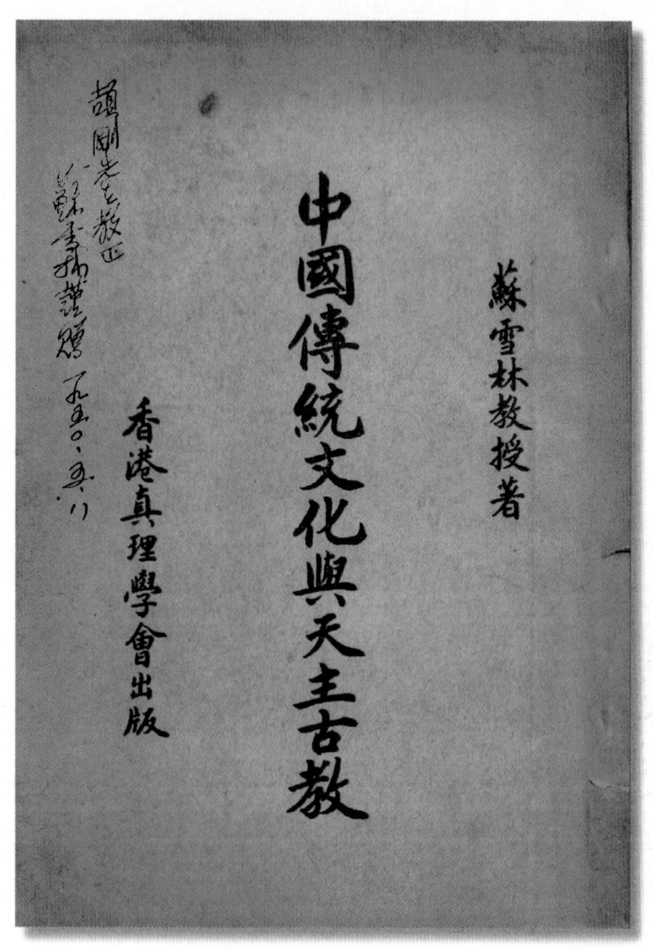

中國傳統文化與天主古教 △

蘇雪林著

香港真理學會，1950年

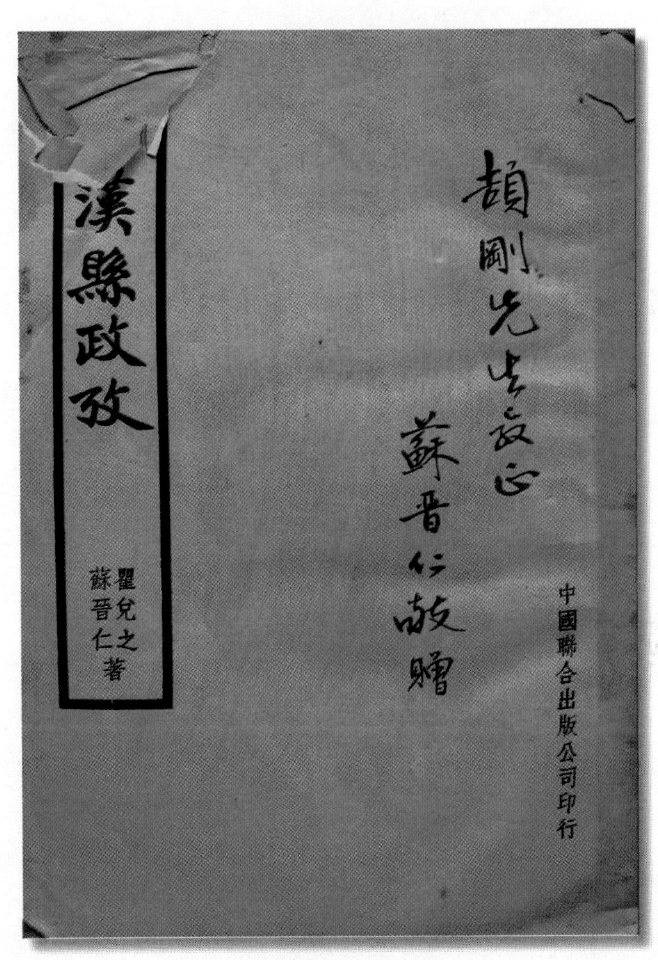

兩漢縣政攷

瞿兑之、蘇晉仁著

中國聯合出版公司，1944年

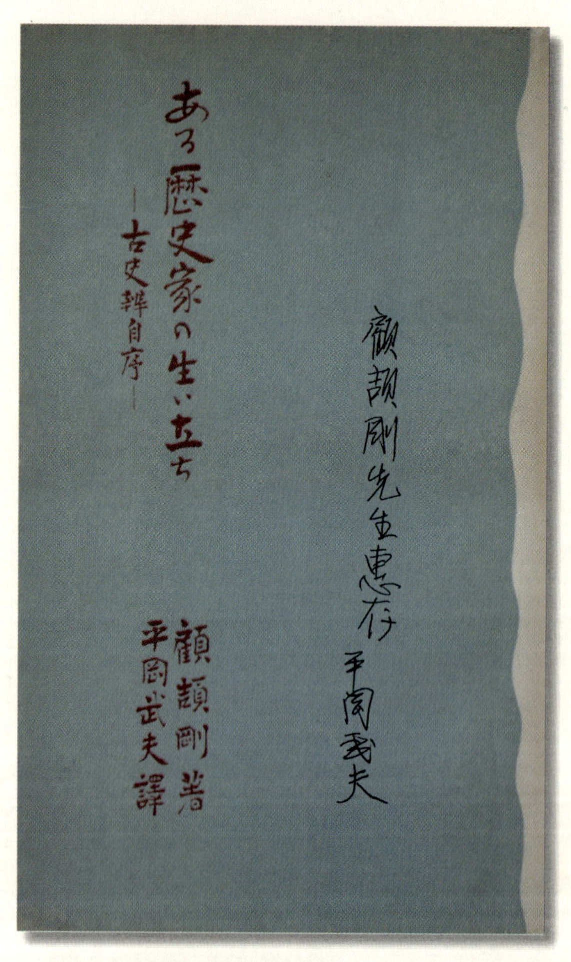

一位歷史學家的成長與經歷——古史辨自序 △

顧頡剛著，（日）平岡武夫譯

岩波書店，1953年

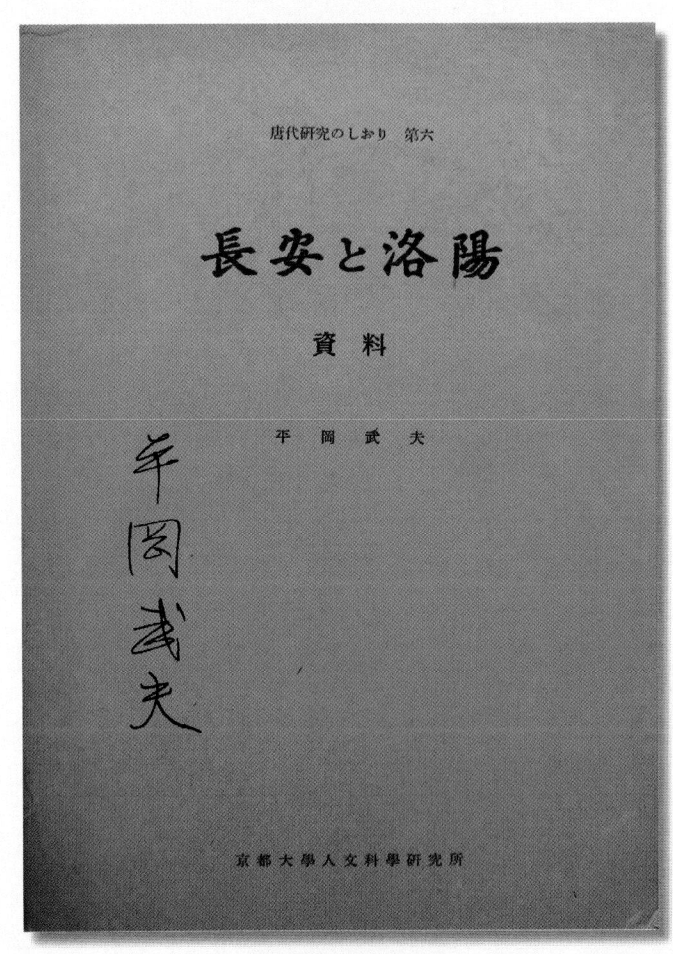

長安與洛陽 △

（日）平岡武夫著

日本京都大學人文科學研究所索引編集委員會，1956年

萬里長城的傳説與中國民間文學的體裁問題

（蘇）李福親著

蘇聯莫斯科東方文學出版社，1961年

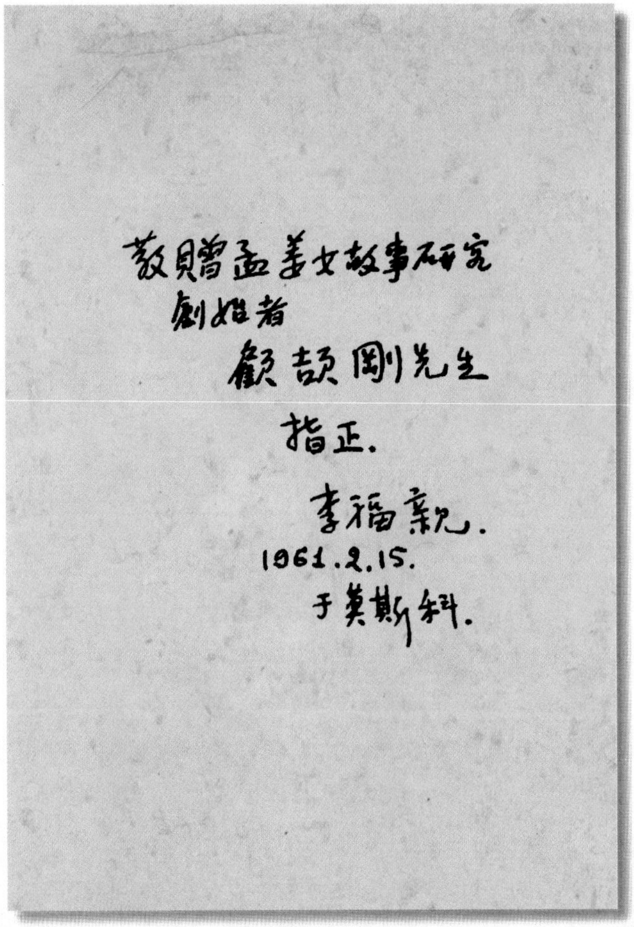

敬贈孟姜女故事研究
創始者
顧頡剛先生
指正.
李福清.
1961.2.15.
于莫斯科.

For Professor Ku Chieh-kang
WITH MY RESPECT
AND ADMIRATION

Laurence A. Schneider
Berkeley California
December 1973

頡剛珍藏 一九七四年一月

KU CHIEH-KANG
and
CHINA'S
NEW HISTORY

Nationalism and the Quest for
Alternative Traditions

LAURENCE A. SCHNEIDER

顧頡剛和中國新史學

(美)施豪德著

美國加利福尼亞大學出版社，1971年

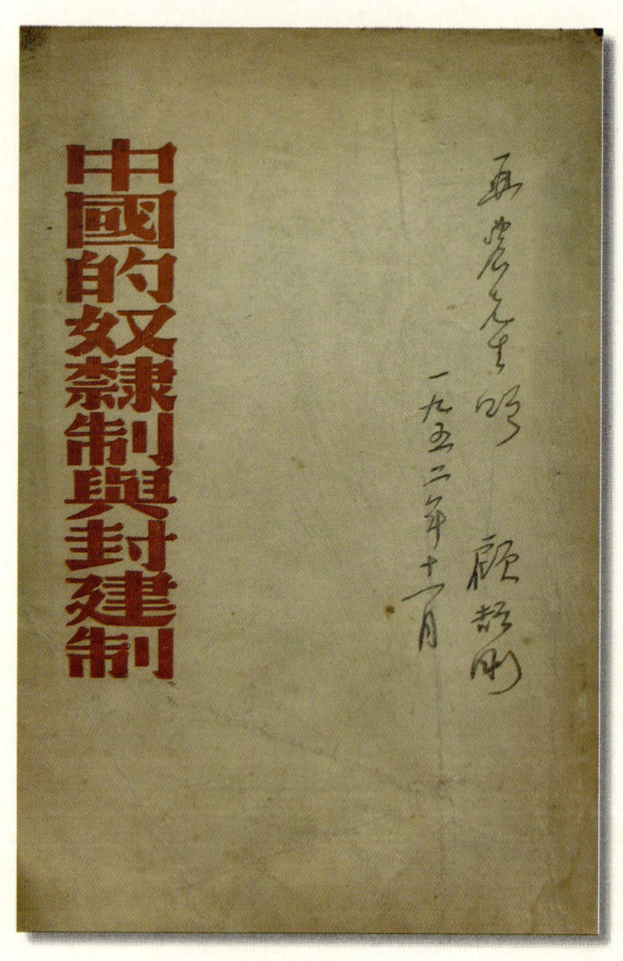

中國的奴隸制與封建制

李亞農著

華東人民出版社，1954年

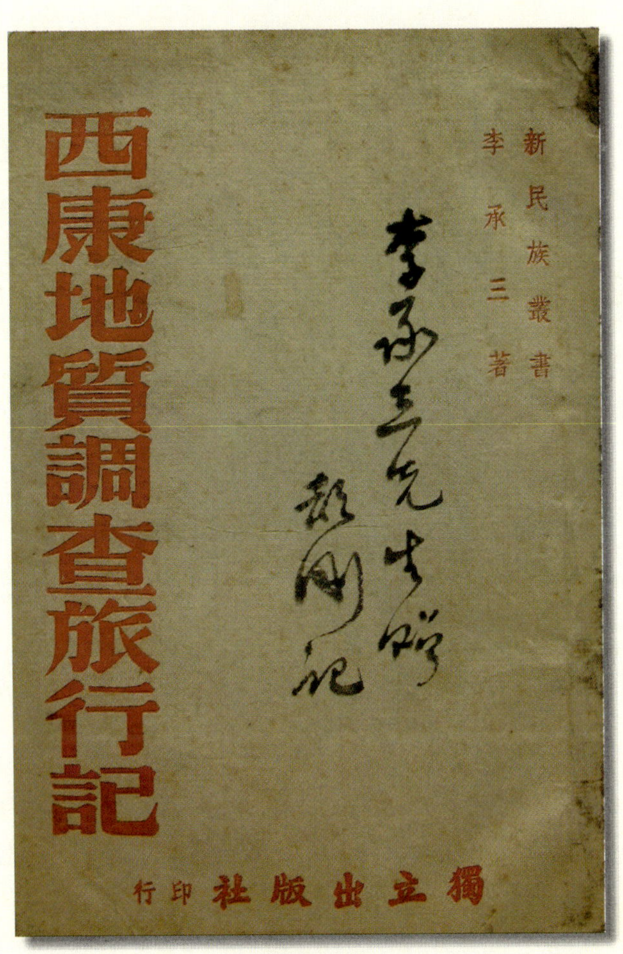

西康地質調查旅行記

李承三著

獨立出版社，1941年

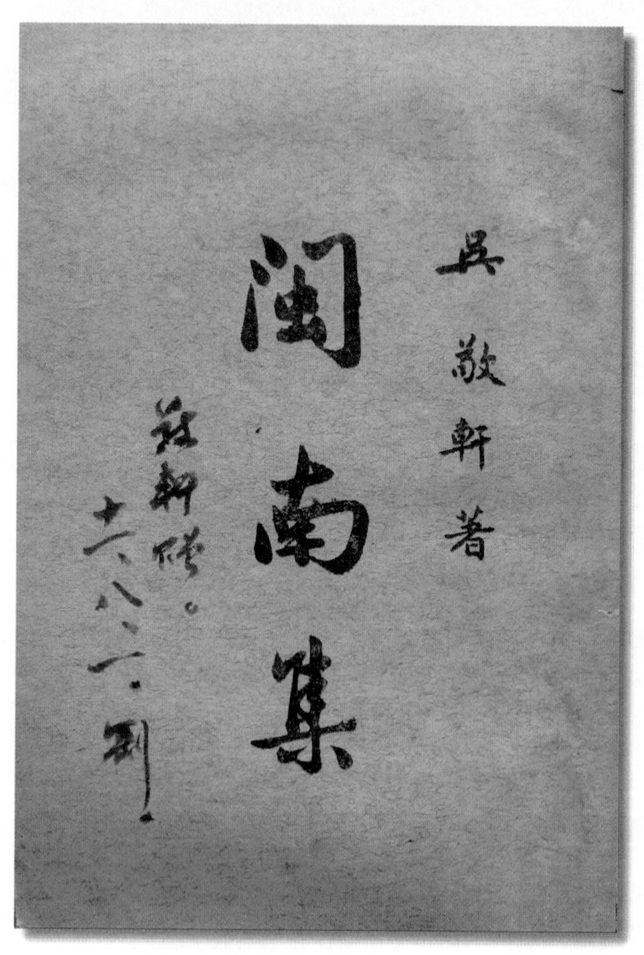

閩南集

吳敬軒著

自印本，1922年

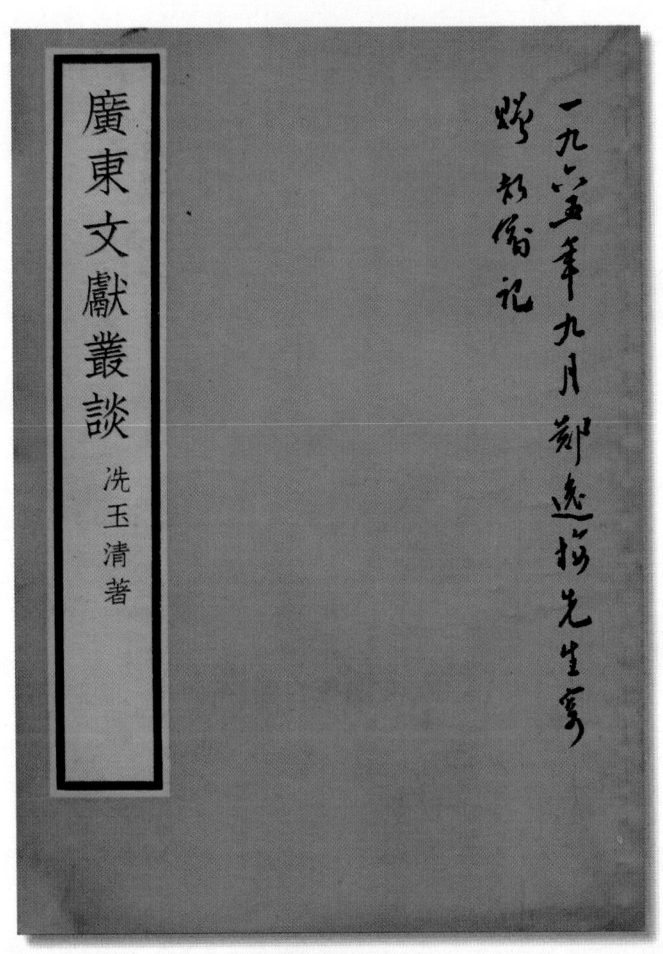

廣東文獻叢談 △

冼玉清著

香港中華書局，1965年

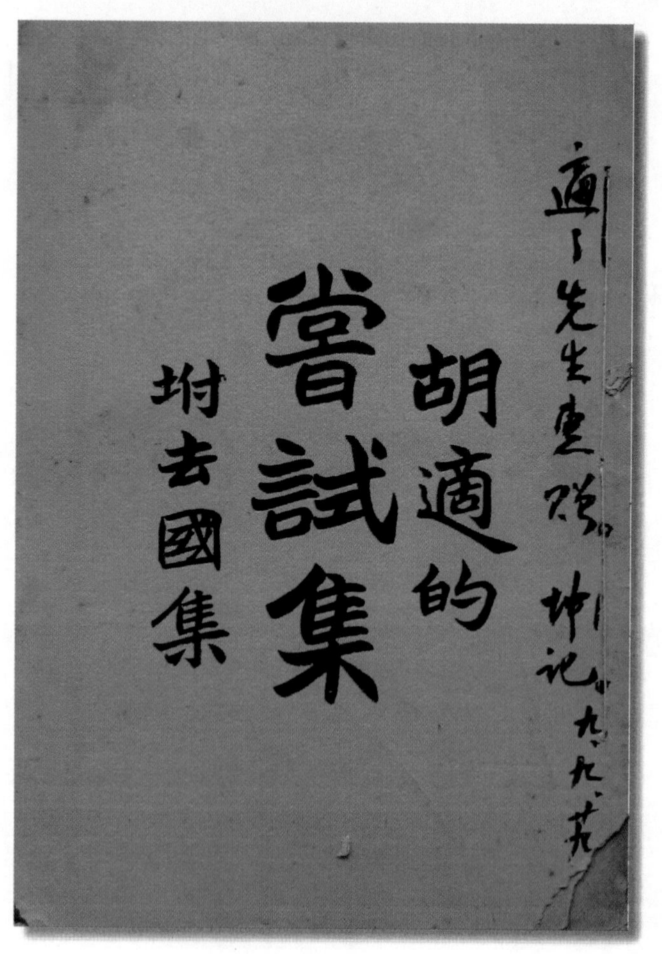

嘗試集（坿去國集）

胡適著

亞東圖書館，1920年

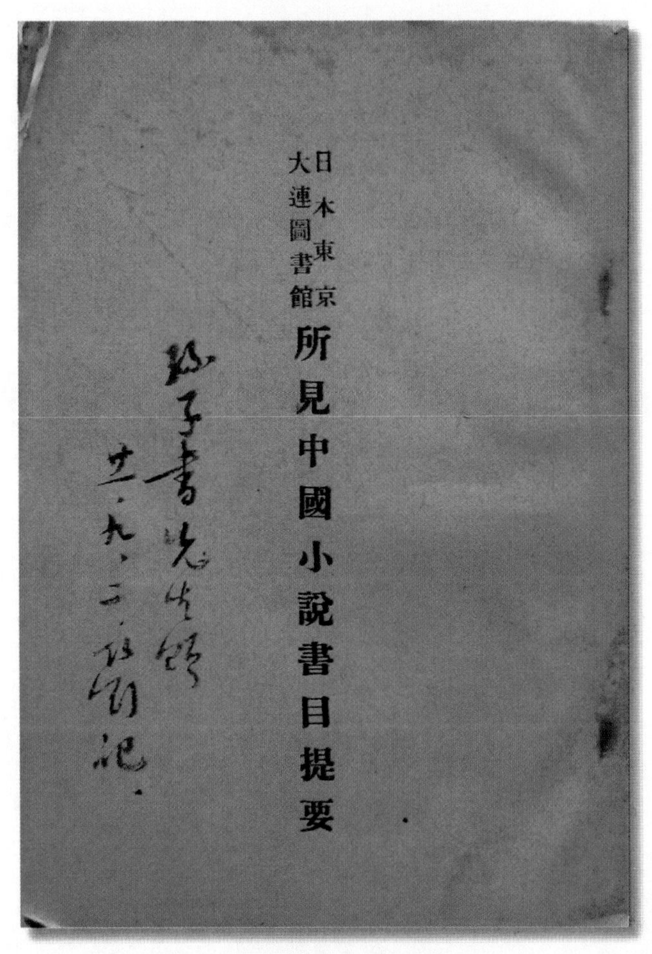

日本東京、大連圖書館所見中國小說書目提要

孫楷第著

北平圖書館，1932年

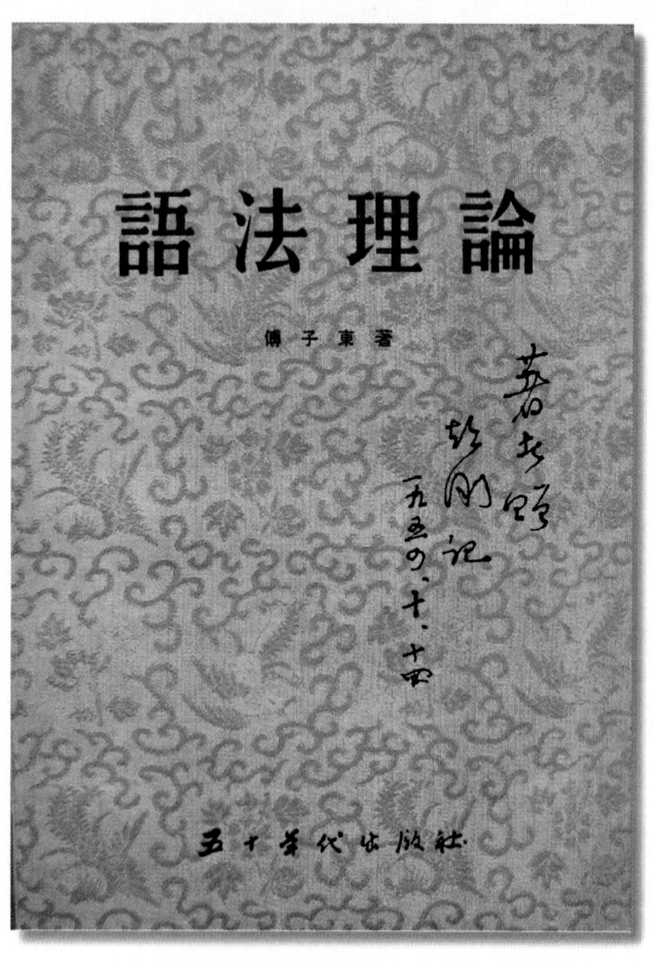

語法理論 △

傅子東著

五十年代出版社，1954年

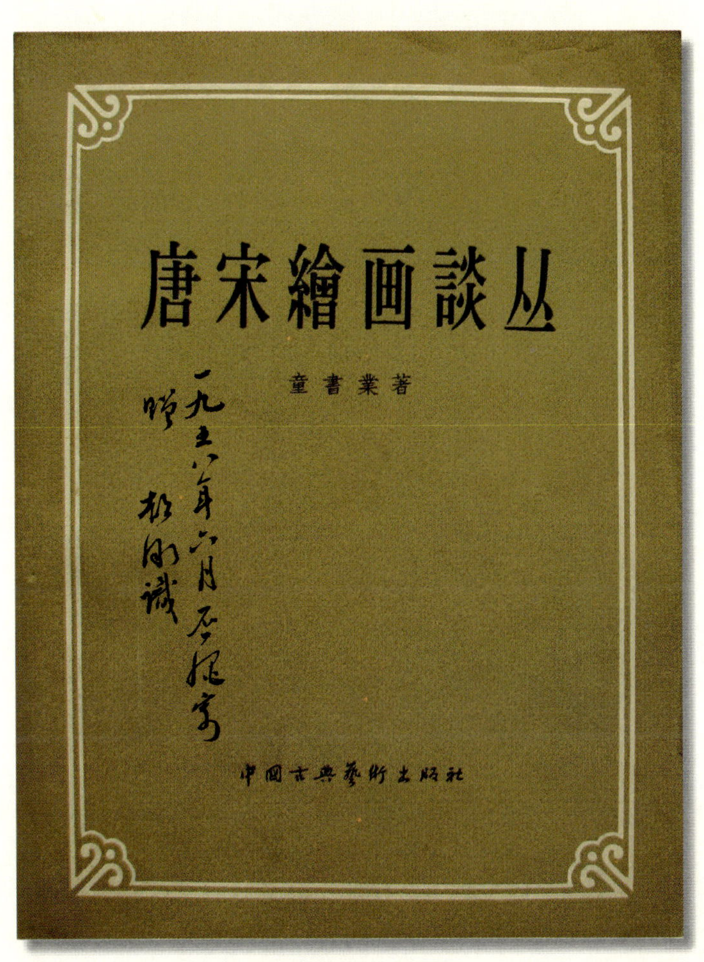

唐宋繪畫談叢 △

童書業著

中國古典藝術出版社，1958年

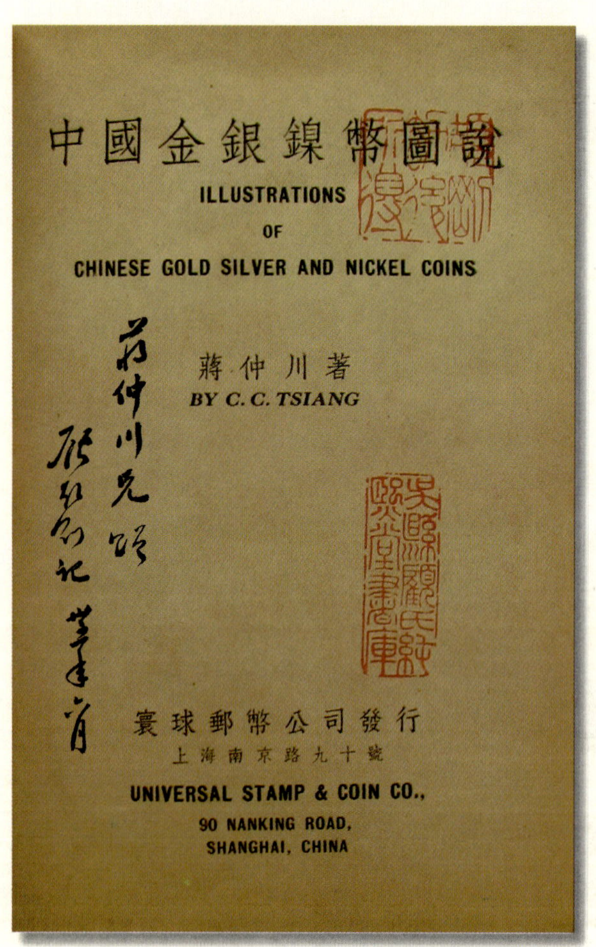

中國金銀鎳幣圖説 △

蔣仲川著

上海國光印書局，1939年

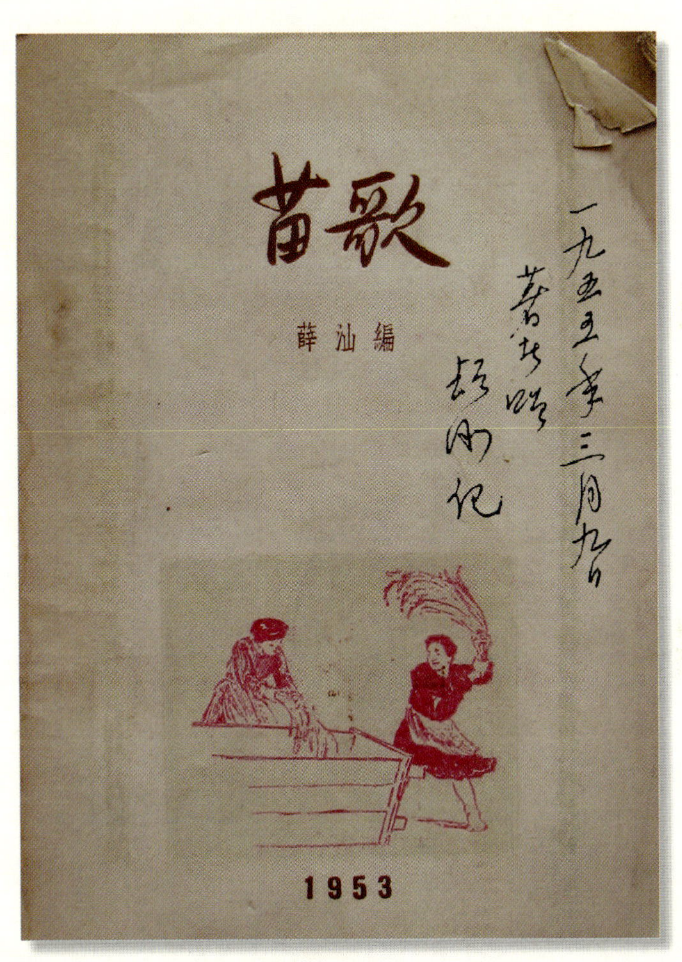

苗歌 △

薛汕編

自强書局，1953年

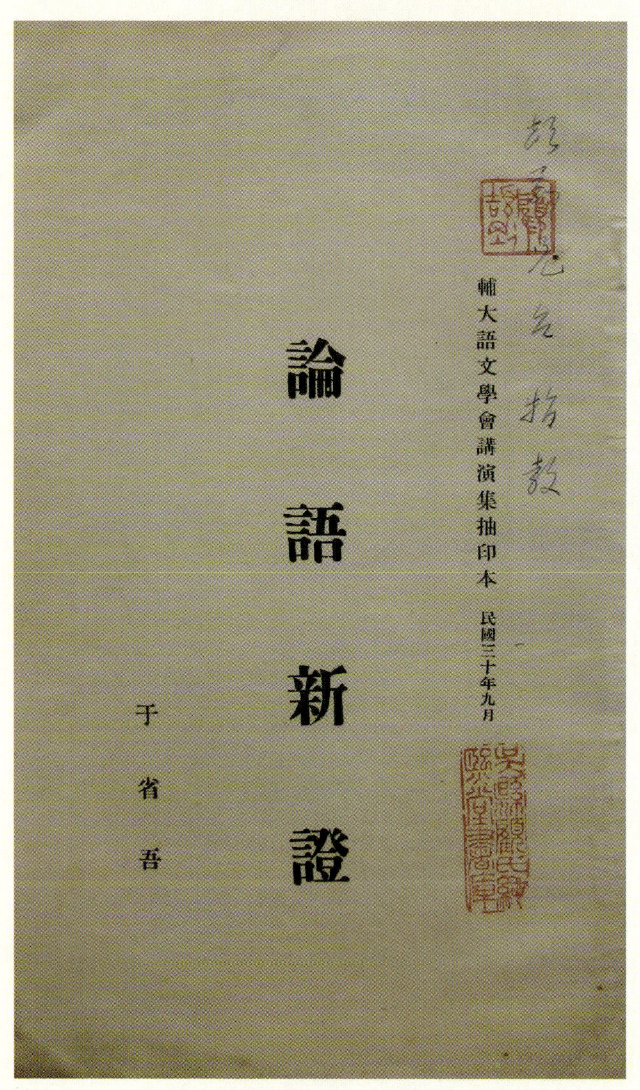
輔大語文學會講演集抽印本 民國三十年九月

論語新證

于省吾

論語新證

于省吾

載《輔大語文學會講演集》，1941年9月

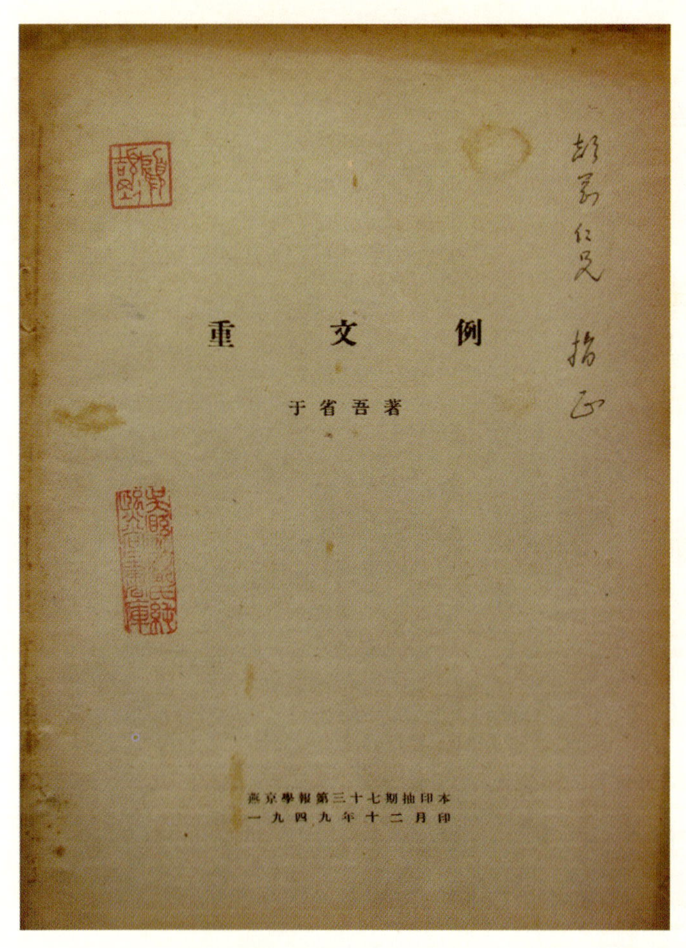

重文例

于省吾著

燕京學報第三十七期抽印本
一九四九年十二月印

頡剛仁兄 指正

重文例

于省吾

載《燕京學報》第三十七期，1949年12月

文艺学研究

泽螺居楚辞新证（上）

于省吾

顾颉刚同志 指正

序　言

屈原是我国上古时代最著名的诗人。根据《史记》列传所叙的和《屈赋》所表现的来看，他在楚国当时统治阶层中，与黑暗腐朽的恶势力进行着激烈的斗争；他在对外政策上，主张联齐抗秦，反对向秦国屈服。他的全部篇章，抒发情怀，悲壮感慨，意在揭露现实，批判现实。《离骚》称："长太息以掩涕兮，哀民生之多艰"；又称："怨灵脩之浩荡兮，终不察夫民心"，《九章·哀郢》称："民离散而相失兮，方仲春而东迁"。因此可见，屈原的作品有时还反映了人民的困苦流离。至于他在创作上，艺术性与思想性的结合，现实主义与浪漫主义的运用，已达到了古代辞赋造诣的高峰。

汉初贾谊以遭时坎轲，作《惜誓》（《楚辞》只录此篇）、《鵩鸟赋》、《弔屈原文》等，声情并茂，犹能得《屈赋》的神理。至于《楚辞》中所录汉人东方朔以下各家所作，章摹句拟，所谓"优孟衣冠"，缺乏真实动人的情感。又如扬雄身事新莽，作《反离骚》以责屈子沈身之非，朱熹说他是"屈原之罪人"，"《离骚》之谗贼"，并非苛论。此外，如梁庾信身为降虏，本诸《招魂》以作《哀江南赋》，徒事感伤，也殊无志节之可言。

传世《楚辞》旧解，以东汉王逸《楚辞章句》为最古。宋洪兴祖《楚辞补注》，博综典籍，不愧为《楚辞》功臣。朱熹《楚辞集注》，主要以王、洪二注为基础，贯通义训，时有见地。清戴震《屈原赋戴氏注》颇为简括。至于王夫之《楚辞通释》、蒋骥《山带阁注楚辞》，号称名著，但均疏于文字、声韵、训诂之学，所以阐发义蕴，不尽可据，我们对之只有披沙拣金而已。此外，清代其他学者，为《楚辞》作训解或札记的，也得失互见，未便一一加以评述。

清代学者对于先秦典籍中文字、声韵、训诂的研究，基本上以《尔雅》、《说文》、《广雅》为主。由于近几十年来，有关商周时代的文字资料和物质资料的大量出土，我们就应该以清代和清代以前的考证成果为基础，进一步结合考古资料，以研究先秦典籍中的义训症结问题。换句话说，就是用同一时代或时代相近的地下所发现的文字和文物与典籍相证发。关于这一点，在拙著《从古文字学方面来评判清代文字声韵训诂之学的得失》（见一九六二年《历史研究》第六期）一文已经有所论述。

本文专为解释《楚辞》若干字句上的义训问题而作，其中多半取证于周代尤其是晚周的文字或文物。我们现在所见到的《楚辞》传本，曾被后人展转窜改，远远不是它的本来面貌。例如：汉水之汉本作"灘"，夏水之夏本作"颢"，卢水之卢本作"濩"，湖水之湖本作"沽"，蔡国之蔡本作"鄡"，水行上下之上（《九章·涉江》的"上沅"，《哀郢》的"上洞庭"）本作"让"，更历之更（《九章·悲回风》的"更统世"）本作"庚"。又如灵字本作"霝"，居字本作"凥"，乘字本作"椉"，歌字本作"诃"，舞字本作"遡"，然字本作"肰"，这是不胜繁举的。由

泽螺居楚辞新证（上）　217

澤螺居楚辭新證（上）

于省吾

載《社會科學戰線》1979年第三期

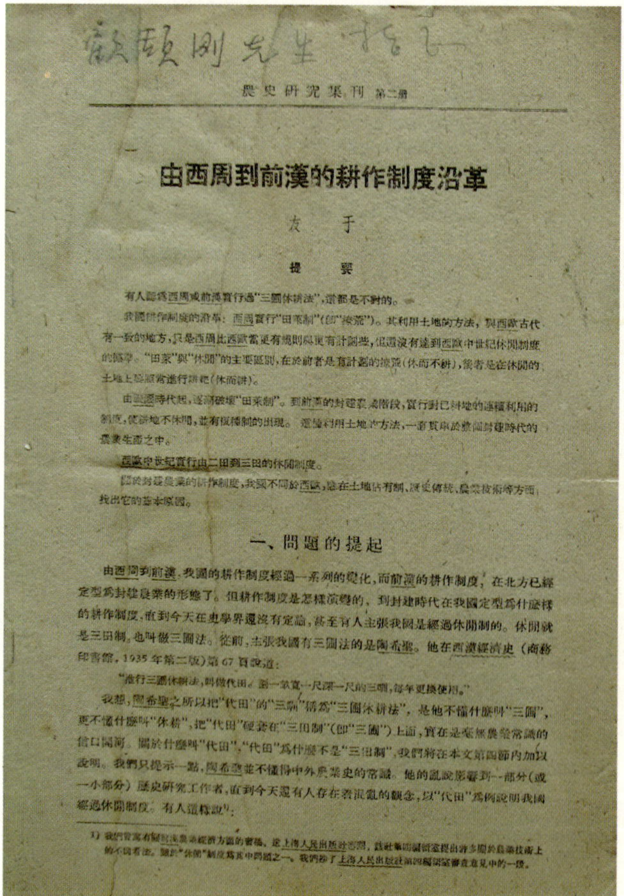

敬頡剛先生指正

由西周到前漢的耕作制度沿革

友 于

提 要

有人認爲西周或前漢實行過"三圃休耕法"，這都是不對的。

我國耕作制度的沿革：西周實行"田萊制"（即"撂荒"）。其利用土地的方法，與西歐古代有一致的地方，只是西周比西歐富更有規則與更有計劃些，但還沒有達到西歐中世紀休閑制度的階段。"田萊"與"休閑"的主要區別，在於前者是有計劃的撂荒（休而不耕），後者是在休閑的土地上經常進行耕耙（休而耕）。

由東周時代起，逐漸破壞"田萊制"。到前漢的封建農業階段，實行對已耕地的連種利用的制度，使耕地不休閑，並有復種制的出現。這種利用土地的方法，一直貫串於整個封建時代的農業生產之中。

西歐中世紀實行由二田到三田的休閑制度。

關於封建農業的耕作制度，我國不同於西歐，要在土地佔有制、歷史傳統、農業技術等方面，找出它的基本原因。

一、問題的提起

由西周到前漢，我國的耕作制度經過一系列的變化，而前漢的耕作制度，在北方已經定型爲封建農業的形態了。但耕作制度是怎樣演變的，到封建時代在我國定型爲什麼樣的耕作制度，直到今天在史學界還沒有定論，甚至有人主張我國是經過休閒制的。休閒就是三田制，也叫做三圃法。從前，主張我國有三圃法的是陶希聖。他在西漢經濟史（商務印書館，1935年第二版）第67頁說道：

"推行三圃休耕法，叫做代田。闢一畝寬一尺深一尺的三甽，每年更換使用。"

我想，陶希聖之所以把"代田"的"三甽"稱爲"三圃休耕法"，是他不懂什麼叫"三圃"，更不懂什麼叫"休耕"，把"代田"硬套在"三田制"（即"三圃"）上面，實在是毫無農學常識的信口開河。關於什麼叫"代田"，"代田"爲什麼不是"三田制"，我們將在本文第四節內加以說明。我們只提示一點，陶希聖並不懂得中外農業史的常識。他的亂說影響到一部分（或一小部分）歷史研究工作者，直到今天還有人存在着混亂的觀念，以"代田"爲例說明我國經過休閒制度。有人這樣說[1]：

1) 我們曾寫有關[illegible]農業經濟方面的書稿，送上海人民出版社審閱，該社編輯部[illegible]提出許多關於農業技術上的不同看法。關於"休閒"制度爲其中問題之一。我們抄了上海人民出版社編輯室審查意見中的一段。

由西周到前漢的耕作制度沿革

友于

載《農史研究集刊》第二册，1960年

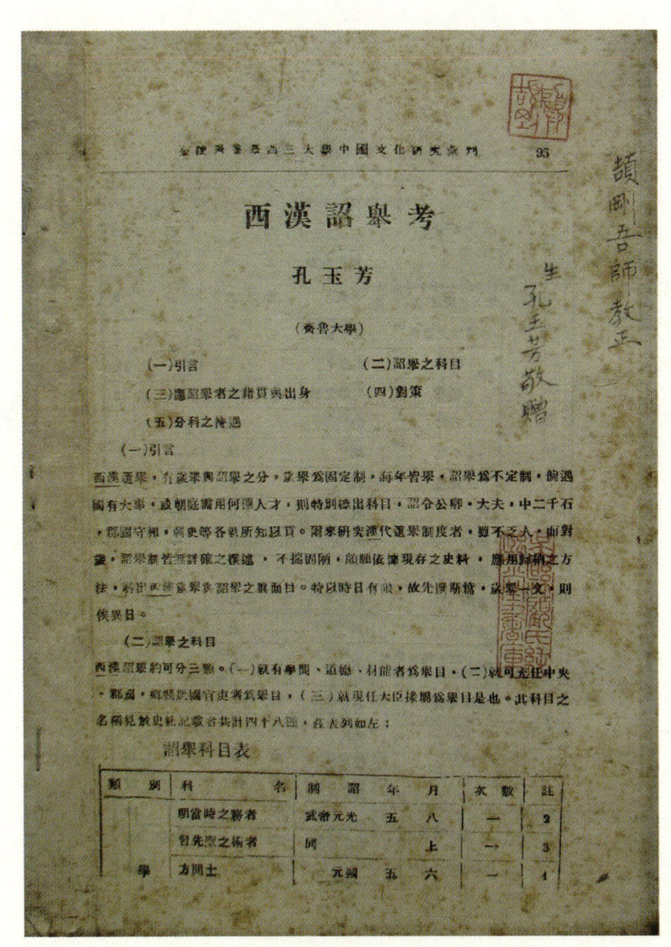

西漢詔舉考

孔玉芳

（齊魯大學）

（一）引言　（二）詔舉之科目

（三）應詔舉者之籍貫與出身　（四）對策

（五）分科之待遇

（一）引言

西漢選舉，有歲舉與詔舉之分。歲舉爲固定制，每年皆舉。詔舉爲不定制，每遇國有大事，或朝廷需用何種人才，則特別標出科目，詔令公卿、大夫、中二千石、郡國守相、刺史等各舉所知以貢。歷來研究漢代選舉制度者，雖不乏人，而對詔舉殊若無詳確之條述。不揣固陋，頗願依據現存之史料，應用歸納之方法，考出西漢歲舉與詔舉之真面目。特以時日有限，故先撰斯篇，試舉一文，則俟異日。

（二）詔舉之科目

西漢詔舉約可分三類。（一）就有學問、道德、材能者爲舉目，（二）就可充任中央、郡國、縣邑國官吏者爲舉目，（三）就現任大臣掾屬爲舉目是也。此科目之名稱見於史籍記載者共計四十八種，茲表列如左：

詔舉科目表

類別	科名	頒詔年月			次數	註
	明當時之務者	武帝元光	五	八	一	2
	習先聖之術者	同		上	一	3
學	方聞之士	元朔	五	六	一	4

西漢詔舉考

孔玉芳

載《中國文化研究彙刊》第二卷，1942年9月

徐霞客先生年譜校記

方豪

油印本，時間不詳

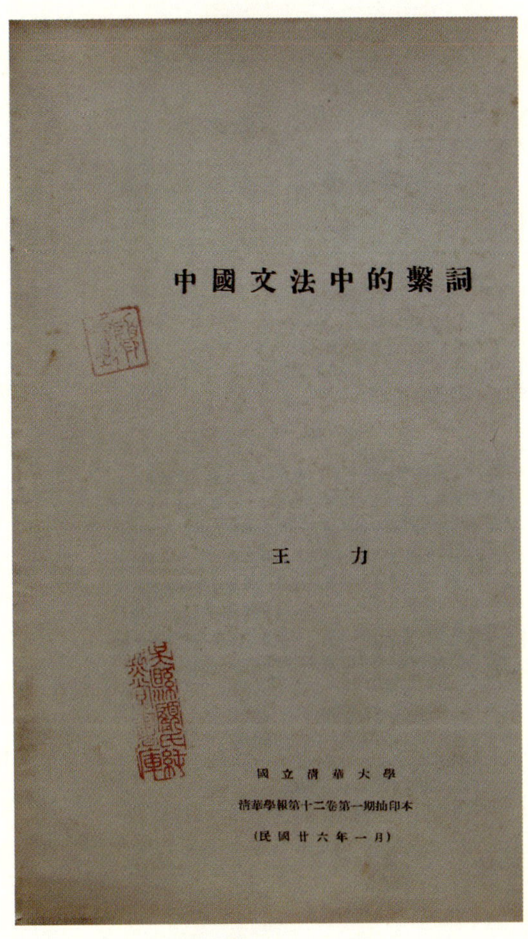

中國文法中的繫詞

王力

國立清華大學

清華學報第十二卷第一期抽印本

（民國廿六年一月）

中國文法中的繫詞

王力

載《清華學報》第十二卷第一期，1937年1月

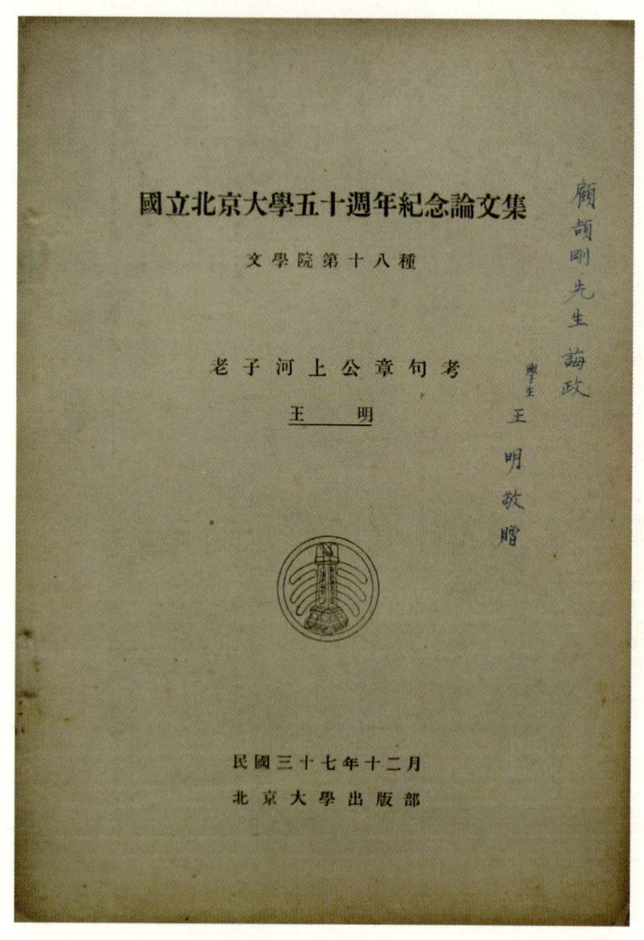

老子河上公章句考

王明

載《北京大學五十週年紀念論文集》，1948年12月

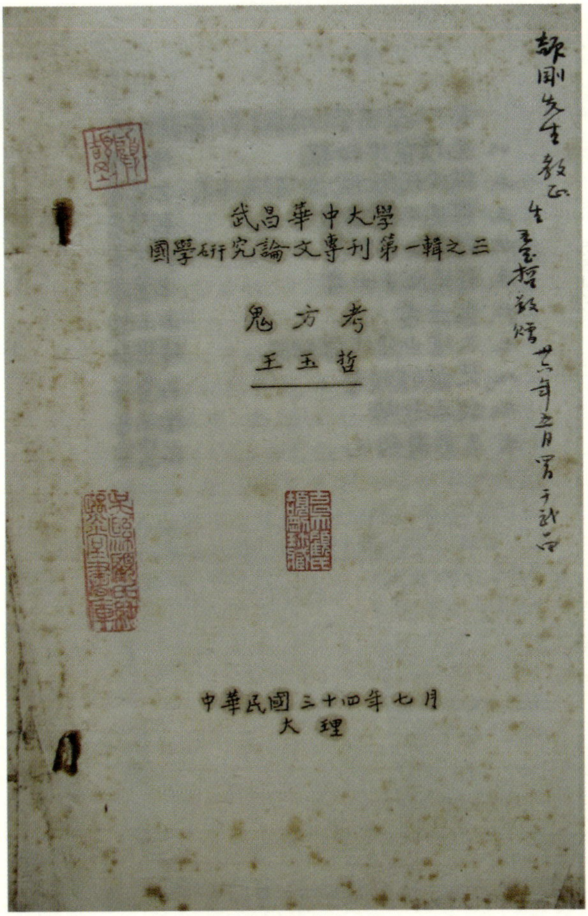

武昌華中大學
國學研究論文專刊第一輯之三

鬼方考

王玉哲

中華民國三十四年七月
大理

鬼方考

王玉哲

載《國學研究論文專刊》第一輯，1945年7月

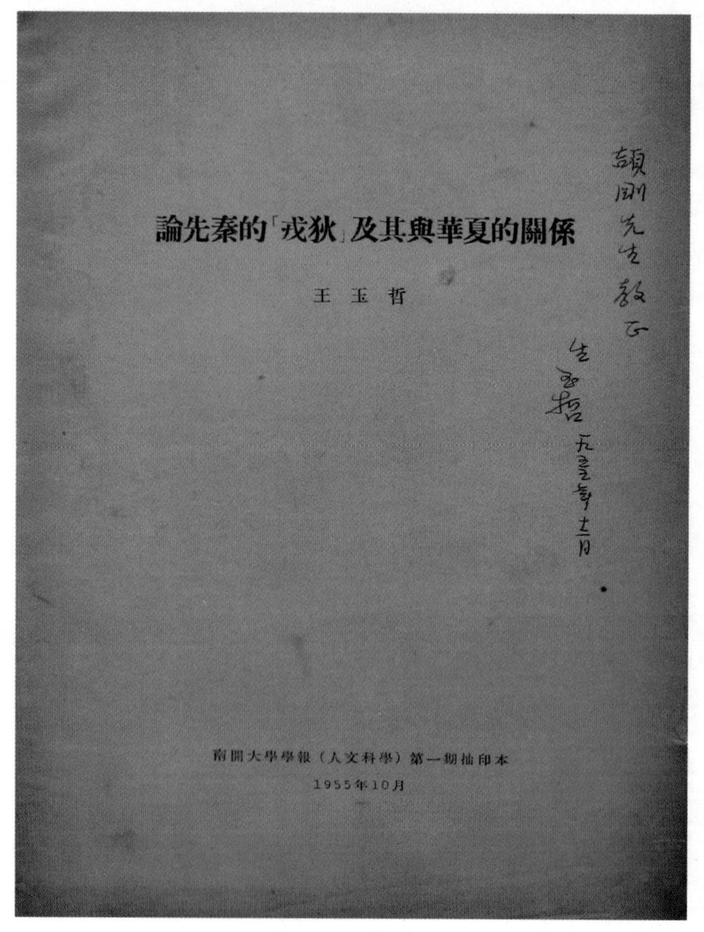
論先秦的「戎狄」及其與華夏的關係

王 玉 哲

頡剛先生教正

王玉哲 一九五五年十二月

南開大學學報（人文科學）第一期抽印本

1955年10月

論先秦的“戎狄”及其與華夏的關係

王玉哲

載《南開大學學報（人文科學）》1955年第一期

颉刚先生指正
王成组

从比較研究重新估定禹貢形成的年代

王成組

I、重要性和关鍵問題

禹貢不但是祖国古代文化遺产中极重要的一篇地理文献，也是世界古地理文献中极其杰出的一篇。由于它文字簡短而內容丰富，在理解原文的含义上，有些部分一字一句都会有很大的出入。同时在产生它的历史年代上，近几十年来也已經引起許多怀疑。后一点发展，已經推翻了把它当作禹自己或是禹时代的作品的傳統观念。但是究竟它是形成在那一个时代，还不宜于就認为已有定論。抗战前几年禹貢半月刊等学术刊物上，曾經由顧頡剛先生等引起热烈的討論，一般論証都傾向于估定在战国时代，尤其是后期，但是当时只有对于傳統观念的爭辯，而并沒有在新結論上展开比較广泛的爭辯。（注1）

正象宋代的毛晃、程大昌等把禹貢的注释工作从历代仅仅当作尙書的一小部分轉变成为專書研究，禹貢学派二、三十年前的探討，把它的年代問題，从清末康有为的孔子改制考对于五經的一般改定，轉变成为專題研究。但是新的結論如果定得偏于过早，就然不能具备产生这样一篇系統叙述的重要內容的足夠条件，如果偏于过迟，不免就会不必要地貶低它的价值。后一点的影响还不限于这个作品本身，而且会影响到对于祖国古代学术思想的整个发展过程的迟早。在具备各种必要的条件的情况之下，我們不必尽往延迟的方向估計，应当同时在較早的可能上估計。

这个問題并不單純是时代迟早之間的爭論，更重要的是分析各种有关資料的观点和方法。禹貢是一个具有地理性的古代作品，历代相承，对于它的理解方式，曾經受到过极严重的唯心主义影响。作为禹时代的作品也就是唯心主义理解方式的影响，原文不但正文的“禹敷土，隨山刊木，奠高山大川”，沒有表明禹自己在这样說，也不限定是当时人在那样說，不过联系到禹治水的故事而已。就是伪“書序”也沒有肯定象堯典、甘誓那样地認为堯和启所“作”。然而为着澄清禹貢的时代問題，更需要糾正和批判在它的內容的理解方面的傳統

（註1）本文基則在結論上和部分內容上是根据1956年秋西北大学科学討論会上我所提出的“禹貢在地理学史上的地位”初稿改作，改动很多，而且是在最近几天內匆促成篇。因此对于討論禹貢的許多文献，不及詳細檢查，如果有不正确的地方，希望原諒。

從比較研究重新估定禹貢形成的年代

王成組

載《西北大學學報（哲學社科版）》1957年第四期

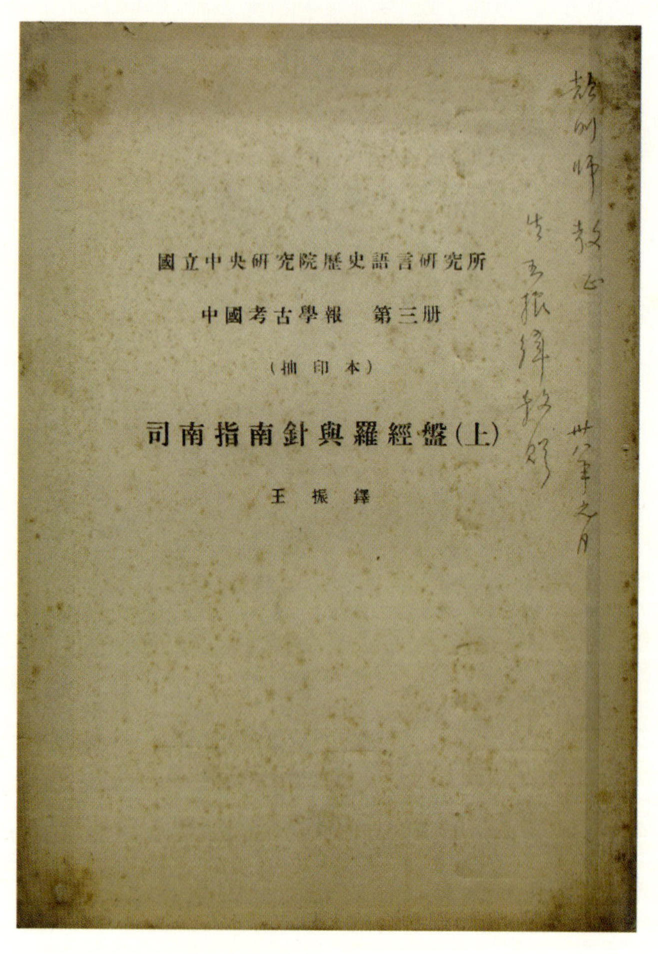

國立中央研究院歷史語言研究所

中國考古學報　第三册

（抽印本）

司南指南針與羅經盤（上）

王振鐸

司南指南針與羅經盤（上）

王振鐸

載《中國考古學報》第三册，1948年5月

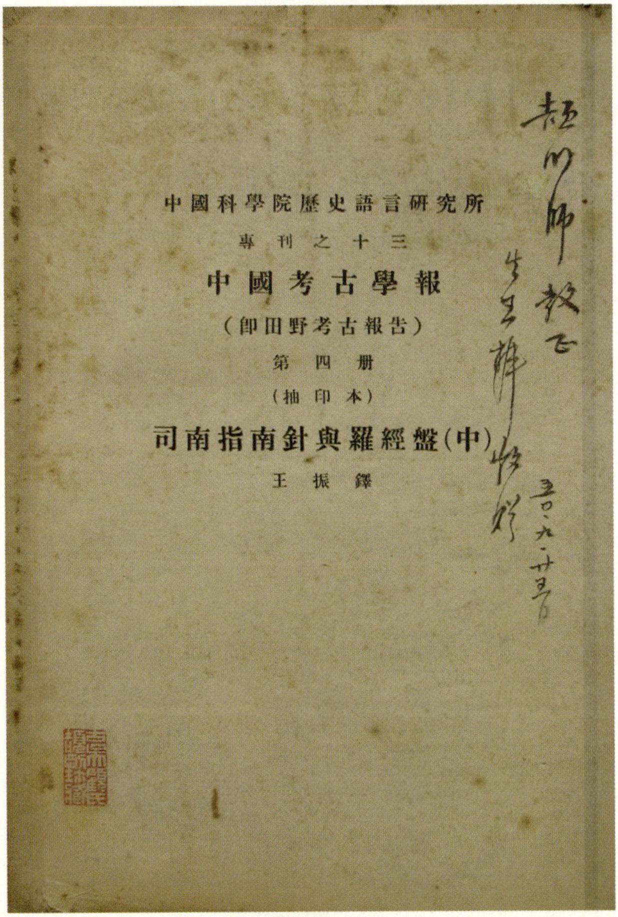

中國科學院歷史語言研究所
專刊之十三
中國考古學報
（即田野考古報告）
第四册
（抽印本）
司南指南針與羅經盤（中）
王振鐸

司南指南針與羅經盤（中）

王振鐸

載《中國考古學報》第四册，1949年12月

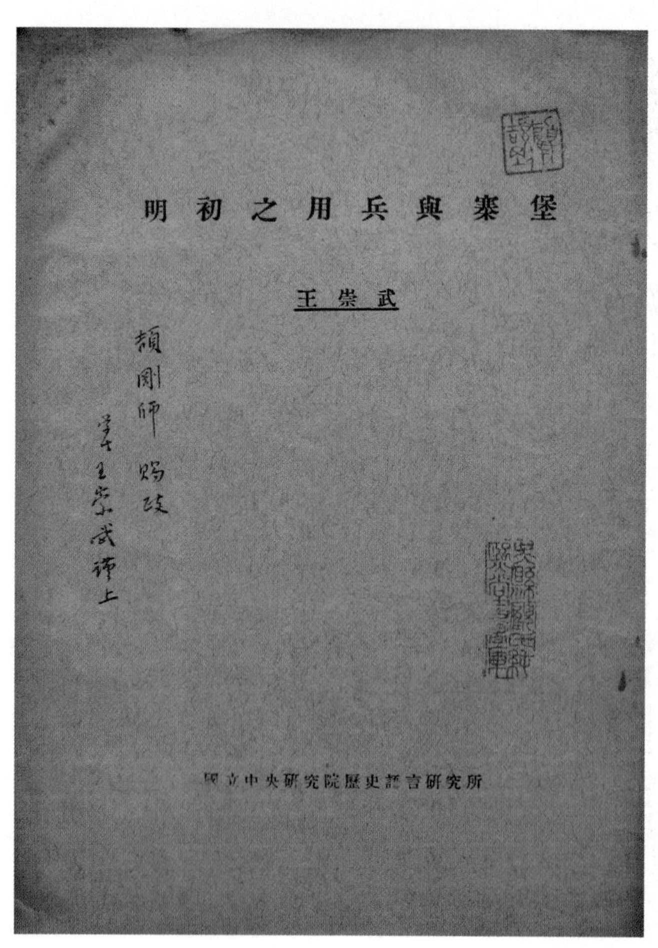
明初之用兵與寨堡

王崇武

頡剛師 賜政

學生王崇武謹上

國立中央研究院歷史語言研究所

明初之用兵與寨堡

王崇武

載《中央研究院歷史語言研究所集刊》八本三分，1939年

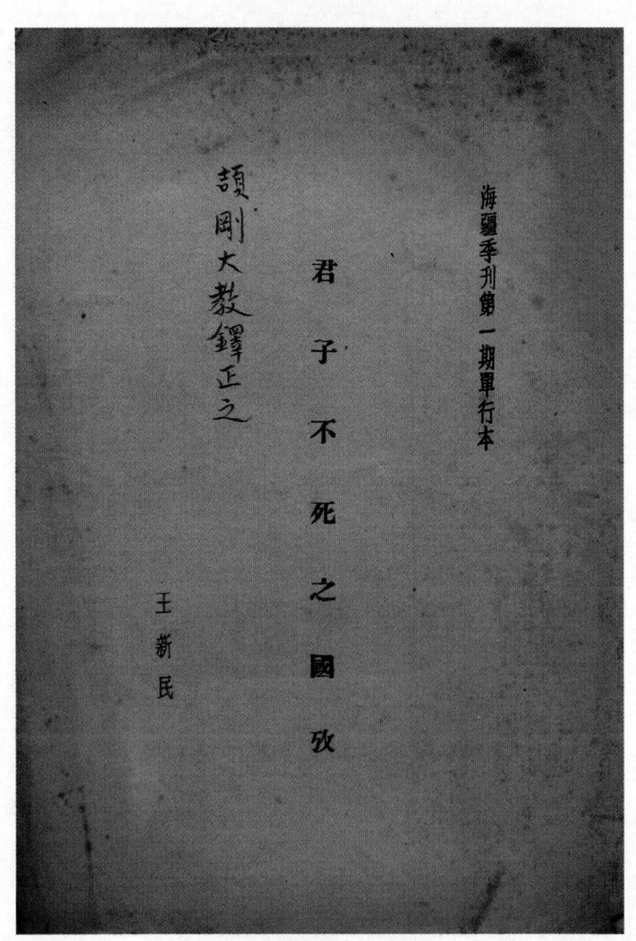

君子不死之國攷

王新民

載《海疆季刊》第一期，1948年

頡剛先生 教正

石聲漢
63/6/11

試論我国从“西域”引入的植物与张騫的关系

石 声 漢

（西北农学院）

一、张騫引入植物，正史上无明文記載

张騫通西域开辟了从长安經过宁夏、甘肃、新疆、达到中亚細亚各地的內陆大道，是世界史上一件大事。我們不能說，张騫以前，这条大道完全不通；但止在他前至大夏后至烏孙之后，才把整条大道联成一綫，可以一直由中国內地，通行到阿母河上游，今日烏茲别克地域。这样，旧大陆上出現了暢通的“絲道”，固然为前汉多次出使和出兵，打通了道路，也为后汉甘英到西海（今黑海）东岸，准备了基础；更重要的是中国絲綢、紙、火葯、木版印刷术等項发明，后来也都通过这条道路传向西方。与此同时，中国內地原来沒有的某些“西域”植物，陆續引进关中，由此向东向南发展，遍及全国，使我們祖国原已很丰富的栽培作物，扩大范围，添加色彩，在大众生活上增多有益項目。这就是后来传說中张騫带回許多植物的根源。

张騫究竟从西域带回来多少种栽培植物？至今还沒有在正史中找到可靠的明文記載。《史記》和《汉书》中的张騫传、大宛传、匈奴传、西域传、乃至西南夷传，都只說到张騫两次出使和开辟道路的事迹，沒有一个字提到他曾亲自带回任何栽培植物。司馬迁和班固，对张騫都是不十分滿意的，——可能認为张騫在失侯后貪图富貴而向武帝建議，是汉武帝窮兵黷武造成国內災害惡果的远因——所以两人都說汉代通西域，是由张騫“凿空”（即开端、鉆出空子）。他們沒有提到张騫攜有植物种子回来，虽然也可能是由于这种不滿意的情緒，可是就《史記》和《汉书》所記事实看来，似乎张騫也的确沒有带回过什么栽培植物：第一次出使大夏，去时路經匈奴，被扣留过十多年，回来取道甘肃南部，想从羌族地区通过，仍旧被匈奴发覚，扣留了一年多些，前后一共稽留了十三年，最后才和堂邑甘父两人逃命回来。这样困难的旅程中，似乎不会有机会与心情，带上多种奇异的栽培植物种子。第二次出使烏孙，行程比較順利；回来时，“与烏孙使数十人，馬数十匹同行”（《史記·大宛传》、《汉书·张騫传》記載相同），是否带有西域的栽培植物，《史記》和《汉书》都沒有說。但是这次归途，张騫原有“因令（烏孙使）窺汉、知其广大”，

試論我國從“西域”引入的植物與張騫的關係 △

石聲漢

載《科學史集刊》1963年第四期

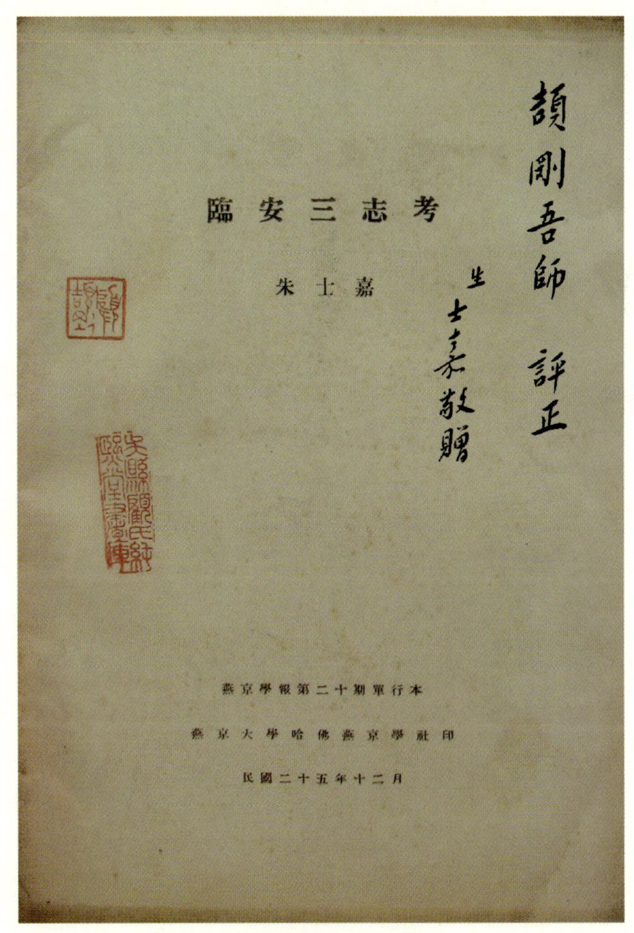

頡剛吾師　評正

生士嘉敬贈

臨安三志考

朱士嘉

燕京學報第二十期單行本

燕京大學哈佛燕京學社印

民國二十五年十二月

臨安三志考 △

朱士嘉

載《燕京學報》第二十期，1936年12月

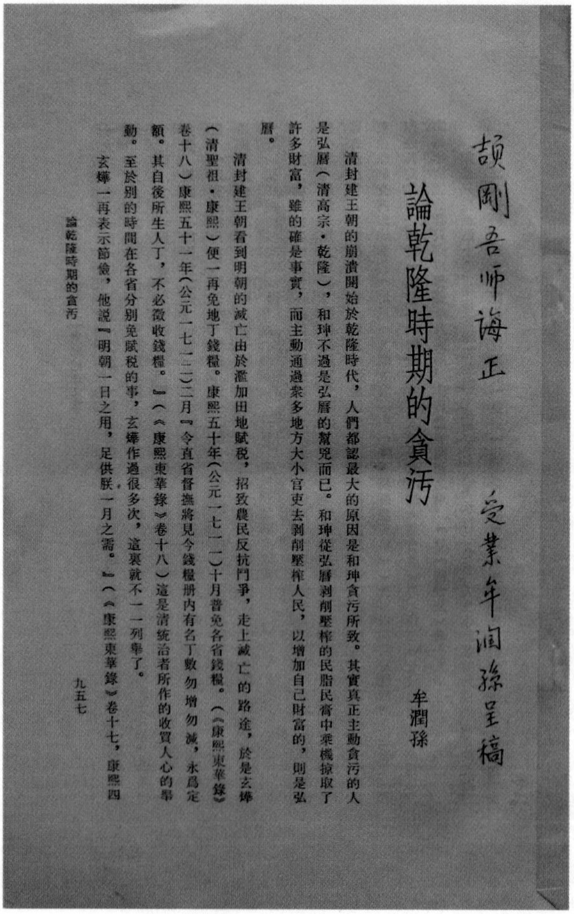

頡剛吾师诲正　受業牟润孫呈稿

論乾隆時期的貪污

牟潤孫

清封建王朝的崩潰開始於乾隆時代，人們都認最大的原因是和珅貪污所致。其實真正主動貪污的人是弘曆（清高宗·乾隆），和珅不過是弘曆的幫兇而已。和珅從弘曆剝削壓榨的民脂民膏中乘機掠取了許多財富，雖的確是事實，而主動通過衆多地方大小官吏去剝削壓榨人民，以增加自己財富的，則是弘曆。

清封建王朝看到明朝的滅亡由於濫加田地賦税，招致農民反抗鬥爭，走上滅亡的路途，於是玄燁（清聖祖·康熙）便一再免地丁錢糧。康熙五十年（公元一七一一）十月普免各省錢糧。（《康熙東華錄》卷十八）康熙五十一年（公元一七一二）二月『令直省督撫將見今錢糧册内有名丁數勿增勿減，永爲定額。其自後所生人丁，不必徵收錢糧。』（《康熙東華錄》卷十八）這是清統治者所作的收買人心的舉動。至於别的時間在各省分别免賦税的事，玄燁作過很多次，這裏就不一一列舉了。

玄燁一再表示節儉，他說『明朝一日之用，足供朕一月之需。』（《康熙東華錄》卷十七，康熙四

論乾隆時期的貪污　九五七

論乾隆時期的貪污

牟潤孫

載《大公報在港復刊卅周年紀念文集》，1978年9月

金文地理考

余永梁

November 1928

金文地理考

余永樑

刊載不詳，1928年11月

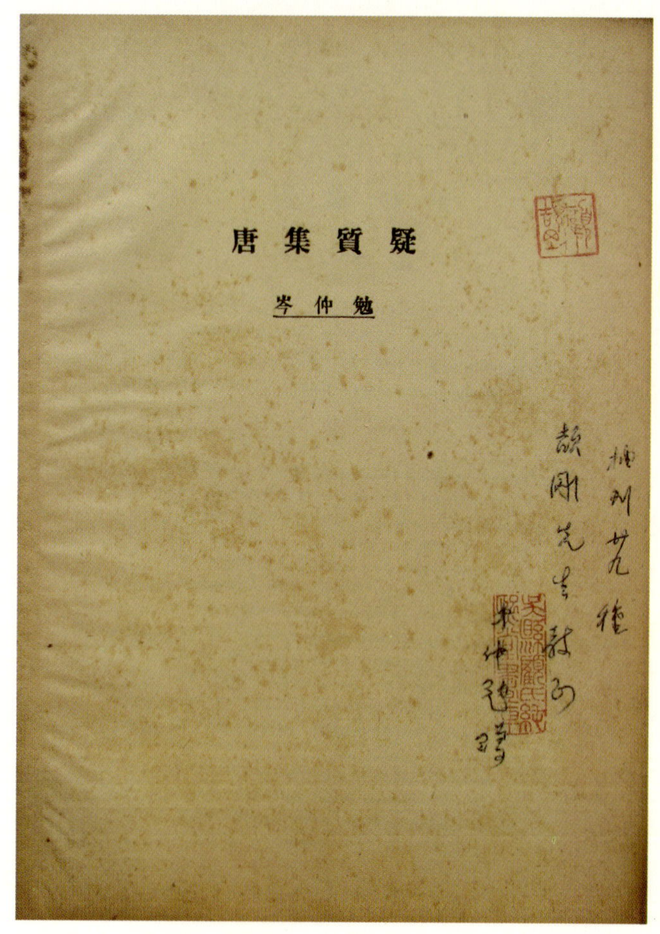

唐集質疑

岑仲勉

載《中央研究院歷史語言研究所集刊》九本，1937年

西南種族研究之回顧與前瞻 △

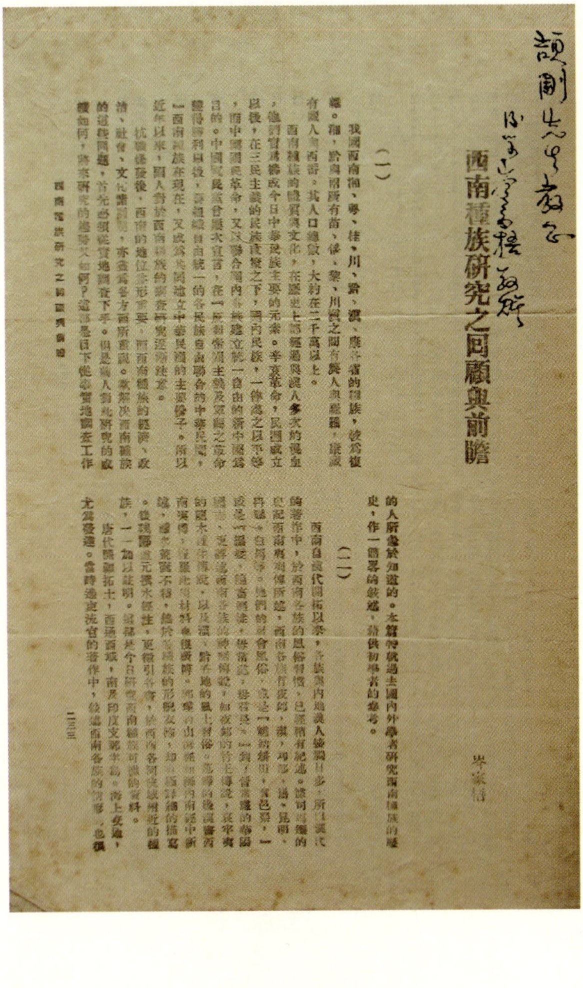

岑家梧

載《青年中國季刊》第一卷，1940年

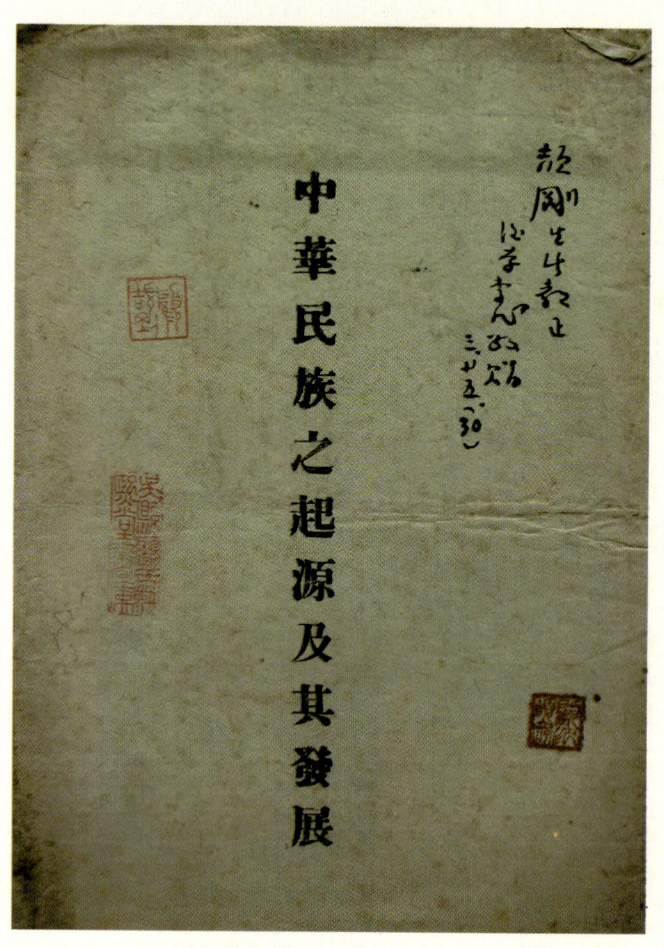

中華民族之起源及其發展

頡剛先生教正
後學李旭敬贈
三十五、六、30

中華民族之起源及其發展

李旭

載《思潮月刊》第一卷第二期，1940年

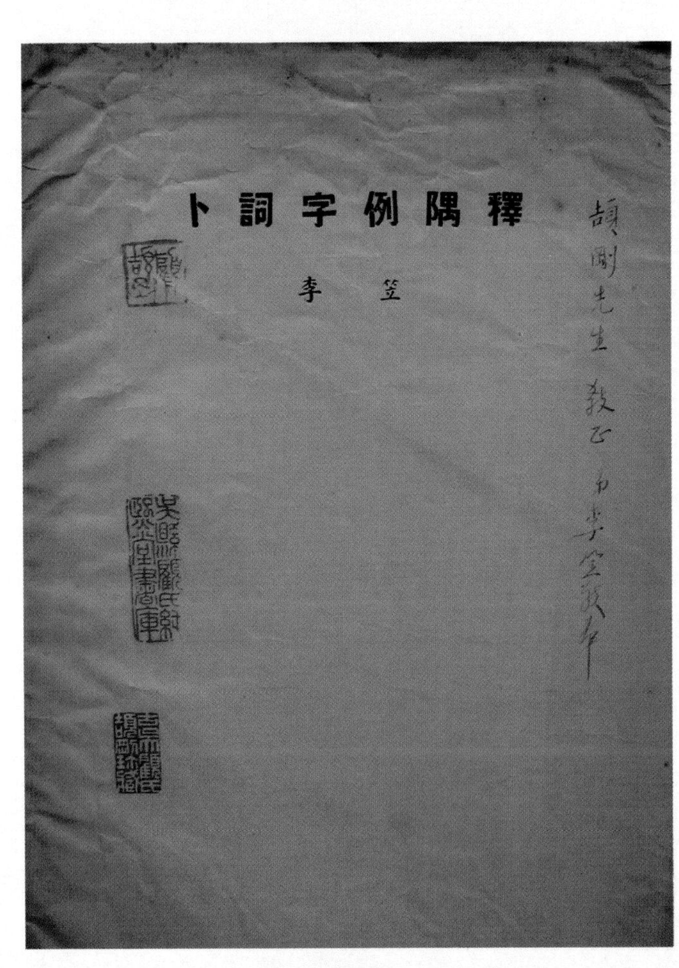

卜詞字例隅釋

李笠

載《嶺南學報》第七卷第二期，1947年

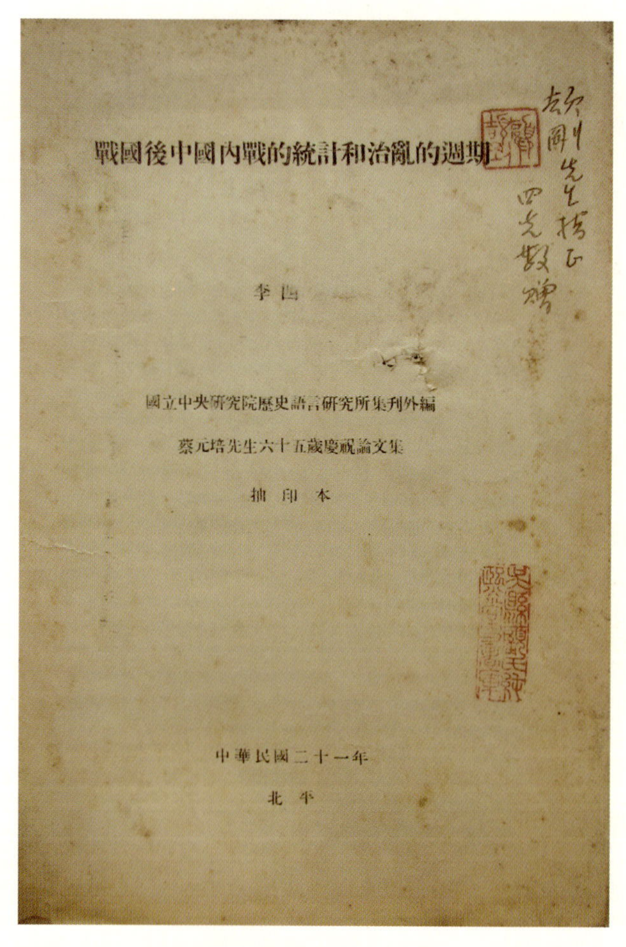
戰國後中國内戰的統計和治亂的週期
李四光

國立中央研究院歷史語言研究所集刊外編
蔡元培先生六十五歲慶祝論文集
抽印本
中華民國二十一年
北平

頡剛先生指正
四光敬贈

戰國後中國内戰的統計和治亂的週期

李四光

載《蔡元培先生六十五歲慶祝論文集》，1932年

頡剛先生教正
（文中[illegible]）
平心

伊尹遲任老彭新考

——中國古代社會史研究之一

平　心

序　言

商代社會究竟屬於社會發展史上哪一階段，在中外史學界有着非常紛歧的說法。到現在爲止，大致可以分爲氏族社會、奴隸社會、氏族社會到奴隸社會的過渡形態、前期封建社會四種不同的論斷。由於商代遺留的文獻不足，要對這一問題獲得一個確定不移的結論，不是一樁容易的事。我們唯有期待將來大規模的考古發掘工作能夠湧現多量的地下史料，爲史學界放射衝破迷霧的強烈陽光。但這不是說，我們不能利用現有的文獻來從事初步的探討。假如不容否認考據有助於歷史真象的發露，在一定限度內，我們就不妨依據周秦兩漢的舊聞，參照已經出土的商代卜辭器銘，做一些積累證據解決疑難的研究工作。在這一方面，許多治古史和古文字的專家是有重大貢獻的。

現在我選擇了“伊尹遲任老彭新考”這個題目，想爲研究商代社會文化史的同志們提供一些參考資料。這問題蘊藏在我心裏很久，我只對幾位學術界的前輩師友說過一點意見。他們勸我寫成專論。是的，這問題很值得提出來討論。因爲從伊尹、遲任、老彭的研究上面，不但可能部分解決古史上關於人物傳說之謎，而且可能發見一些有關古代社會文化史的新線索。這篇東西是把我的一條讀書劄記擴大而成。假如大家不以爲我是在鑽弄古董，而是爲建築中國的史學殿堂供給一磚一石，因此引起進一步的討論，我就異常滿足了。

一　伊尹的出身與族姓考

伊尹在中國歷史上是一個異常奇特的典型人物。關於他的傳說，在古代典籍上記載了很多。甲骨文中也有記錄他的祀典之辭。“漢書”“藝文志”列“伊尹”五十一篇於道家，又列“伊尹說”二十七篇於小說家，那分明是秦、漢間人所僞託的。就是清人馬國翰據“逸周書”、“呂氏春秋”、“七略別錄”、“尸子”、“韓詩外傳”、“說苑”等書所輯的“伊尹書”，其中也很少是眞正伊尹的言論。雖然如此，周、秦、兩漢各家書籍所記載的伊尹的事蹟和言辭，至少有一部分是可靠的；我們不妨把這些記載選擇一下，作爲考據的原料。

我們首先要考索的，是伊尹的出身問題。據古代文獻的透露，伊尹曾經做過有莘氏的媵臣：

成湯東巡，有莘爰極；何乞彼小臣，而吉妃是得？水濱之木，得彼小臣，夫何惡之，媵有莘之婦？（“楚辭”“天問”）

湯聞伊尹，使人請之，有侁氏不可。伊尹亦欲歸湯；湯於是請取婦爲婚，有侁氏喜，以伊尹爲媵送女。（“呂氏春秋”“本味篇”）

伊尹名阿衡，欲干湯而無由，乃爲有莘氏媵臣，負鼎俎以滋味說湯。（“史記”“殷本紀”）

湯妃有㜪，質行聰明，媵從伊尹，自夏適殷。（“列女傳”“湯妃有㜪”）

以上各書所記載的有莘、有侁、有㜪實際是同一族姓的音變，古人早有定論。伊尹爲媵臣，不像是沒有來歷的。媵臣翻成現代話，就是陪嫁奴隸。“左傳”僖公五年：

晉滅虢，虢公醜奔京師；師還，館于虞，遂襲虞，滅之；執虞公及其大夫井伯，以媵秦穆姬。

井伯就是百里奚（清梁玉繩“人表考”否認百里奚

· 1 ·

伊尹遲任老彭新考

平心

載《華東師大學報（人文科學）》1955年第一期

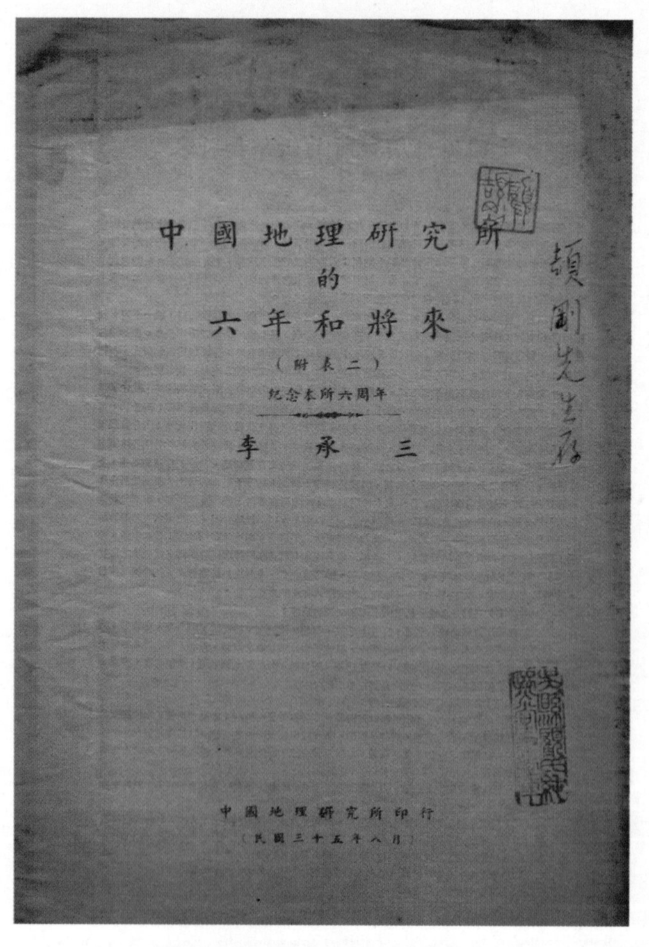

中國地理研究所
的
六年和將來
（附表二）
紀念本所六周年
李承三

中國地理研究所印行
（民國三十五年八月）

中國地理研究所的六年和將來

李承三

中國地理研究所印行，1946年8月

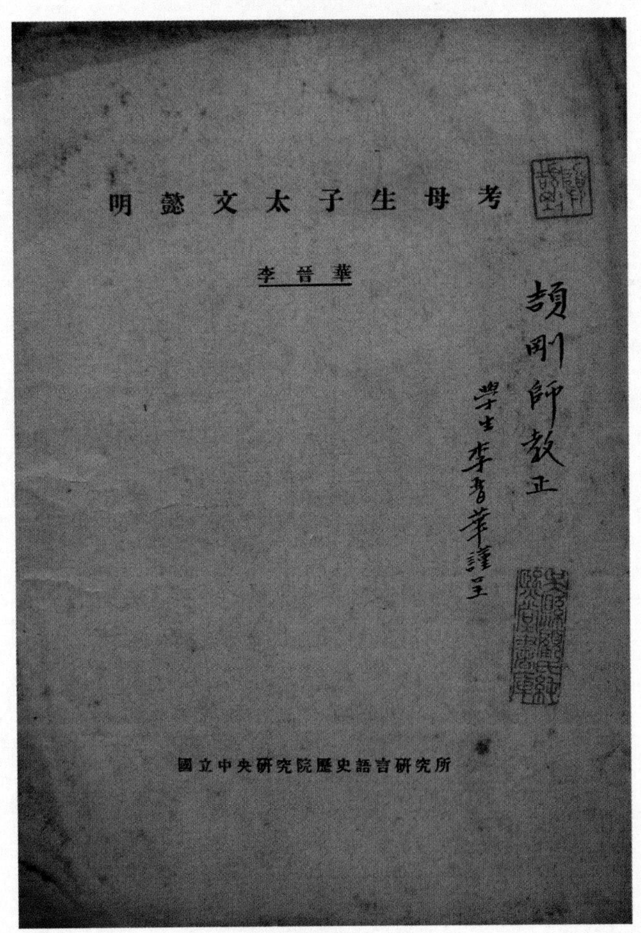

明懿文太子生母考

李晉華

頡剛師教正

學生李晉華謹呈

國立中央研究院歷史語言研究所

明懿文太子生母考

李晉華

載《中央研究院歷史語言研究所集刊》六本一分，1936年

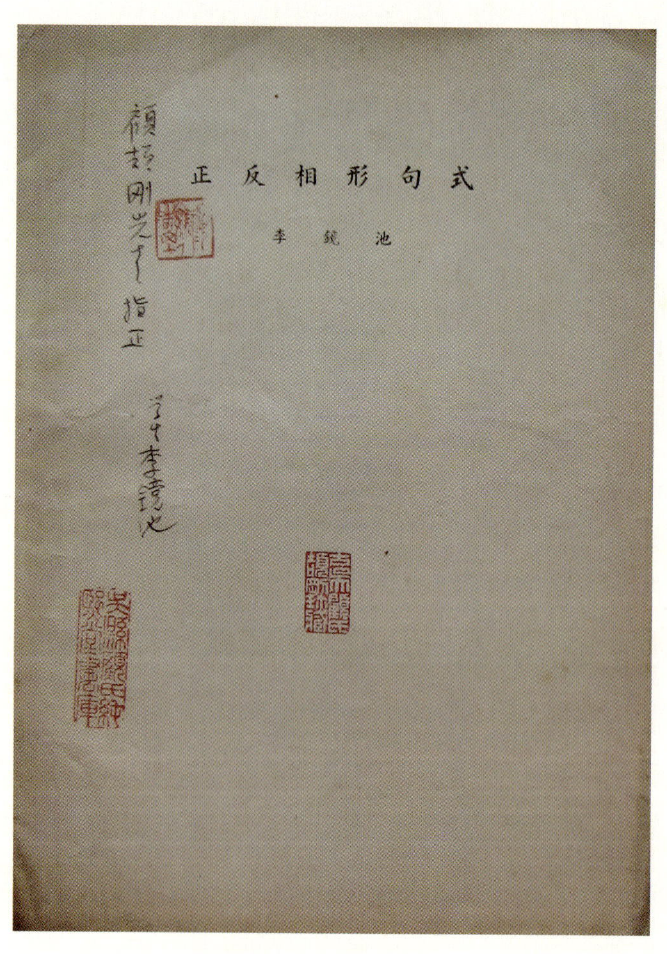
正反相形句式

李鏡池

顧頡剛先生指正

學生李鏡池

正反相形句式

李鏡池

載《嶺南學報》第七卷第一期，1947年1月

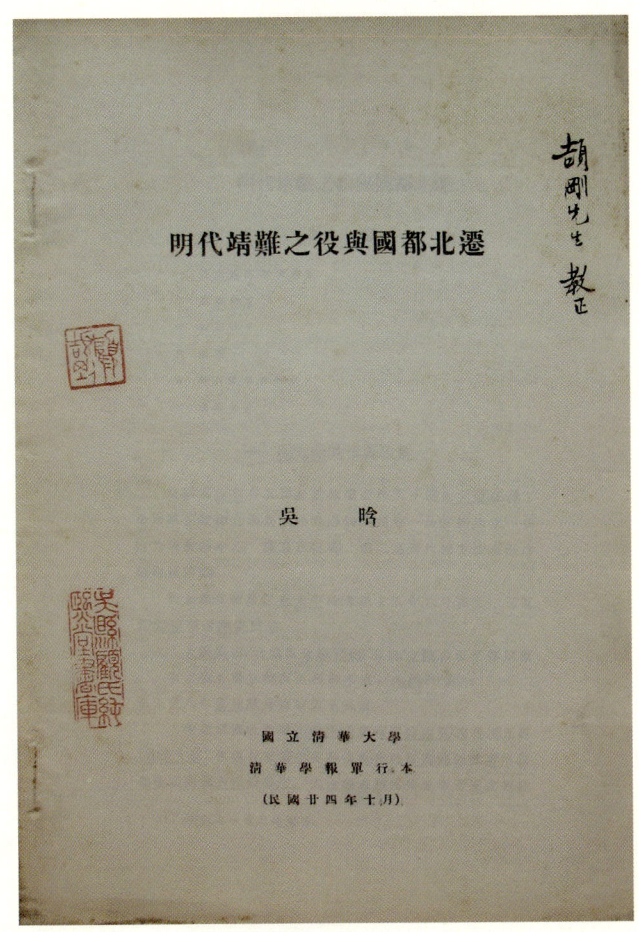
明代靖難之役與國都北遷

吳晗

國立清華大學
清華學報單行本
（民國廿四年十月）

頡剛先生教正

明代靖難之役與國都北遷

吳晗

載《清華學報》第十卷第四期，1935年10月

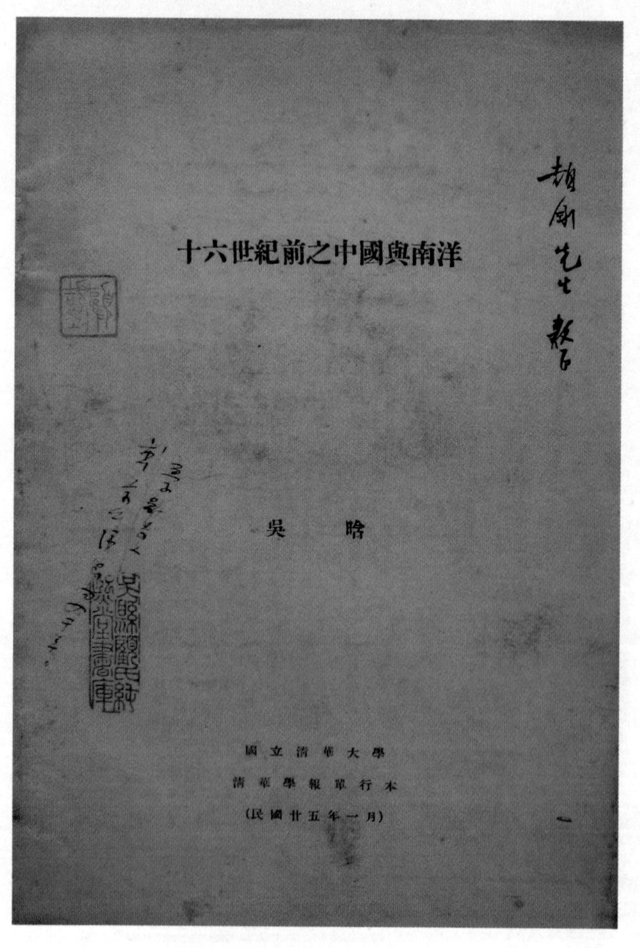

十六世紀前之中國與南洋

吴晗

載《清華學報》第十一卷第一期，1936年1月

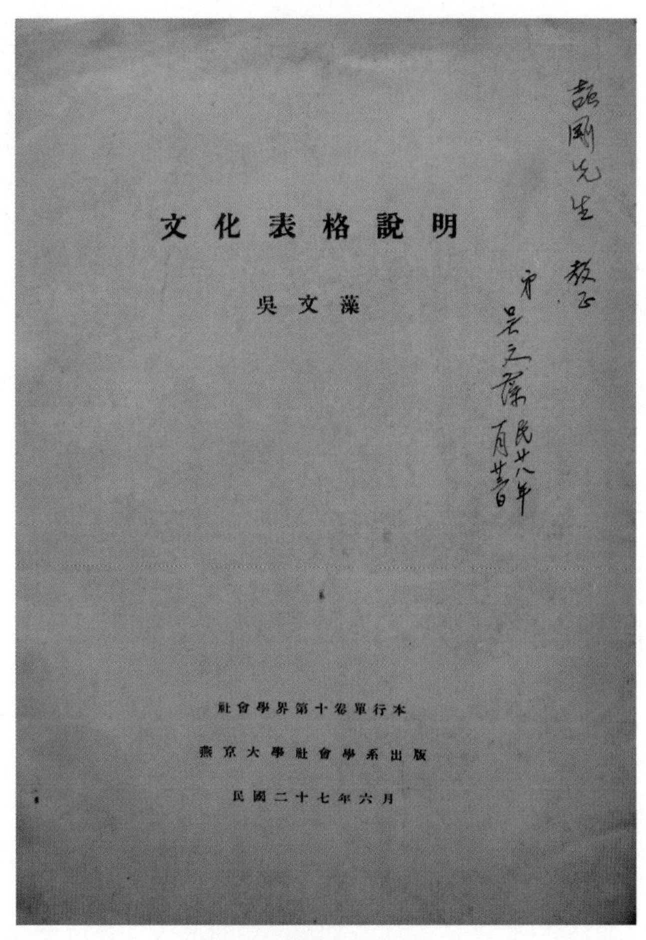

文化表格說明

吳文藻

社會學界第十卷單行本

燕京大學社會學系出版

民國二十七年六月

文化表格説明

吳文藻

載《社會學界》第十卷，1938年6月

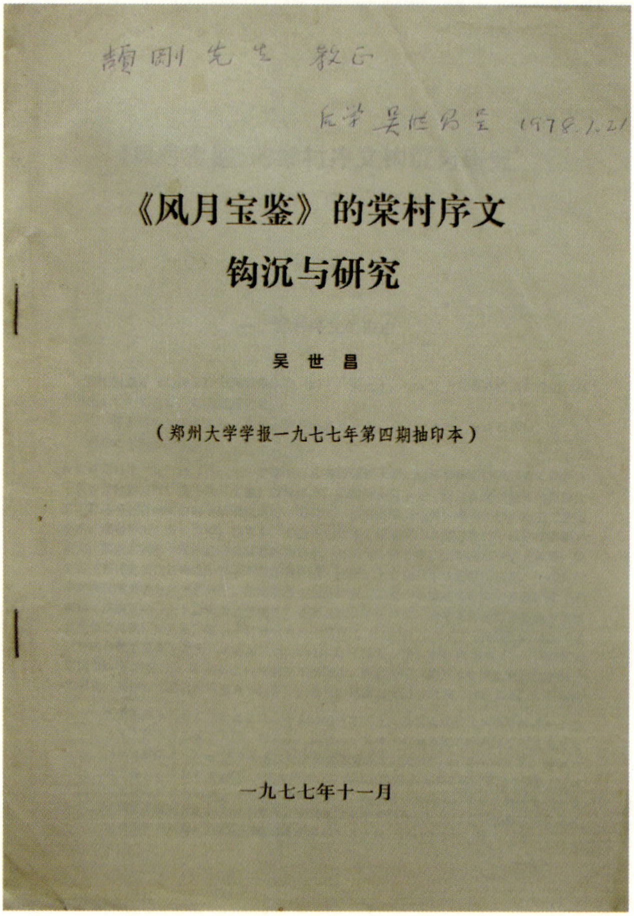

頡剛先生 教正

后学 吴世昌呈 1978.1.21

《风月宝鉴》的棠村序文钩沉与研究

吴 世 昌

（郑州大学学报一九七七年第四期抽印本）

一九七七年十一月

《風月寶鑒》的棠村序文鉤沉與研究

吴世昌

載《鄭州大學學報》1977年第四期

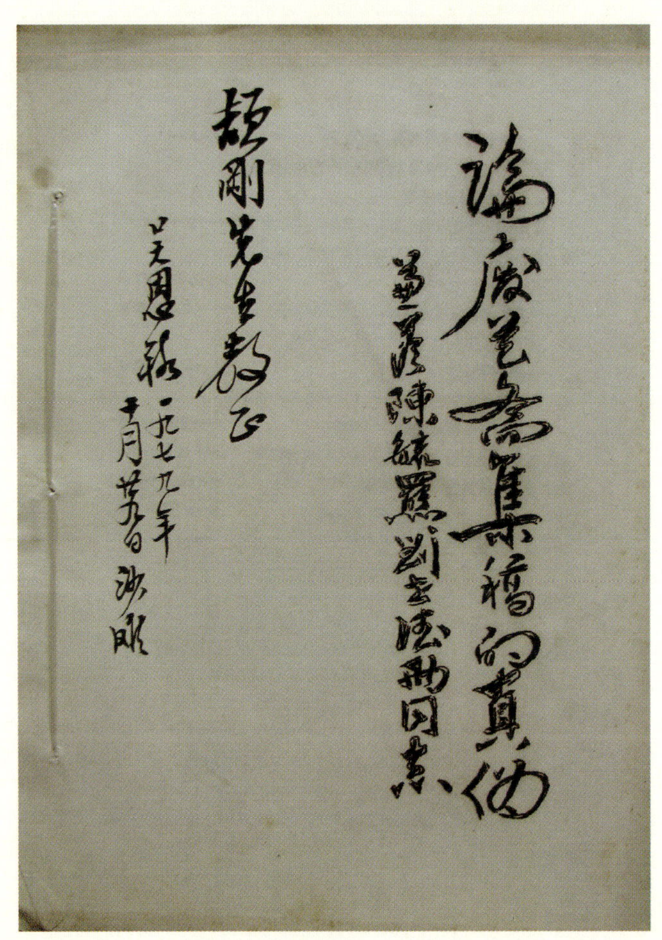

論廢藝齋集稿的真僞

吴恩裕

載《中華文史論叢》第四輯，1979年

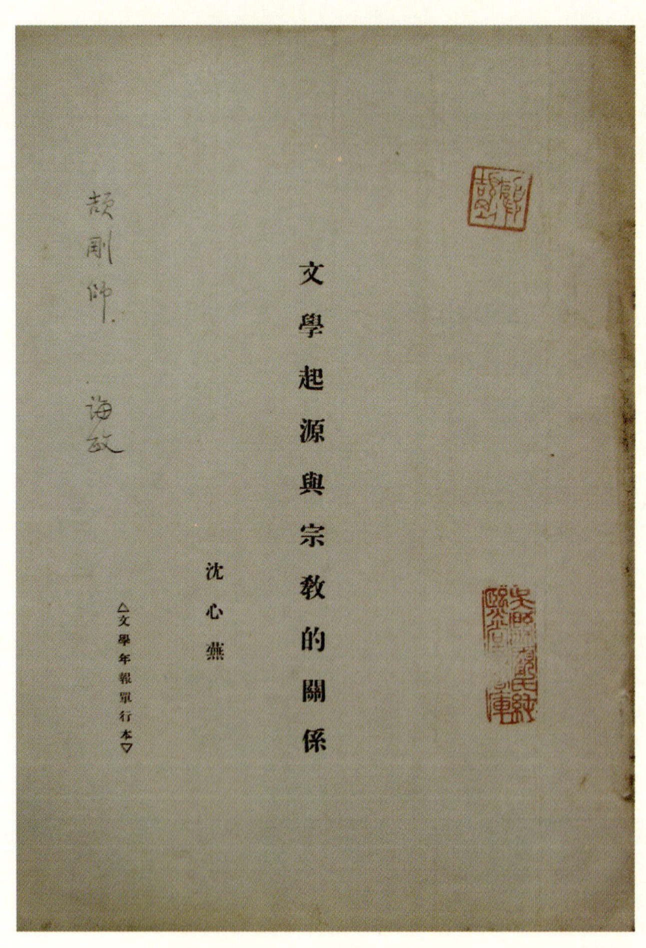
頡剛師 誨政

文學起源與宗教的關係

沈心蕪

△文學年報單行本▽

文學起源與宗教的關係

沈心蕪

載《文學年報》第一期，1932年7月

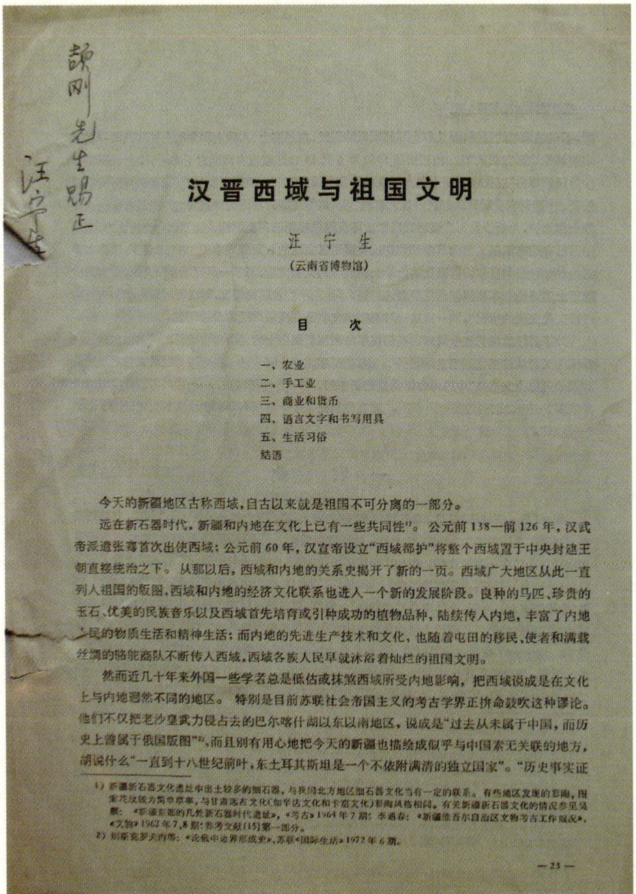

頡刚先生賜正
汪宁生

汉晋西域与祖国文明

汪　宁　生
（云南省博物馆）

目　　次

今天的新疆地区古称西域，自古以来就是祖国不可分离的一部分。

远在新石器时代，新疆和内地在文化上已有一些共同性[1]。公元前138—前126年，汉武帝派遣张骞首次出使西域；公元前60年，汉宣帝设立"西域都护"将整个西域置于中央封建王朝直接统治之下。从那以后，西域和内地的关系史揭开了新的一页。西域广大地区从此一直列入祖国的版图，西域和内地的经济文化联系也进入一个新的发展阶段。良种的马匹、珍贵的玉石、优美的民族音乐以及西域首先培育或引种成功的植物品种，陆续传入内地，丰富了内地人民的物质生活和精神生活；而内地的先进生产技术和文化，也随着屯田的移民、使者和满载丝绸的骆驼商队不断传入西域，西域各族人民早就沐浴着灿烂的祖国文明。

然而近几十年来外国一些学者总是低估或抹煞西域所受内地影响，把西域说成是在文化上与内地迥然不同的地区。特别是目前苏联社会帝国主义的考古学界正拼命鼓吹这种谬论。他们不仅把老沙皇武力侵占去的巴尔喀什湖以东以南地区，说成是"过去从未属于中国，而历史上曾属于俄国版图"[2]，而且别有用心地把今天的新疆也描绘成似乎与中国素无关联的地方，胡说什么"一直到十八世纪前叶，东土耳其斯坦是一个不依附满清的独立国家"。"历史事实证

1) 新疆新石器文化遗址中出土较多的细石器，与我国北方地区细石器文化当有一定的联系。有些地区发现的彩陶，图案花纹较为简单草率，与甘肃远古文化（如辛店文化和卡窑文化）影响风格相同。有关新疆新石器文化的情况参见吴震：《新疆东部的几处新石器时代遗址》，《考古》1964年7期；李遇春：《新疆维吾尔自治区文物考古工作概况》，《文物》1962年7、8期；参考文献[15]第一部分。
2) 别斯克罗夫内等：《论俄中边界形成史》，苏联《国际生活》1972年6期。

— 23 —

漢晋西域與祖國文明

汪寧生

載《考古學報》1977年第一期

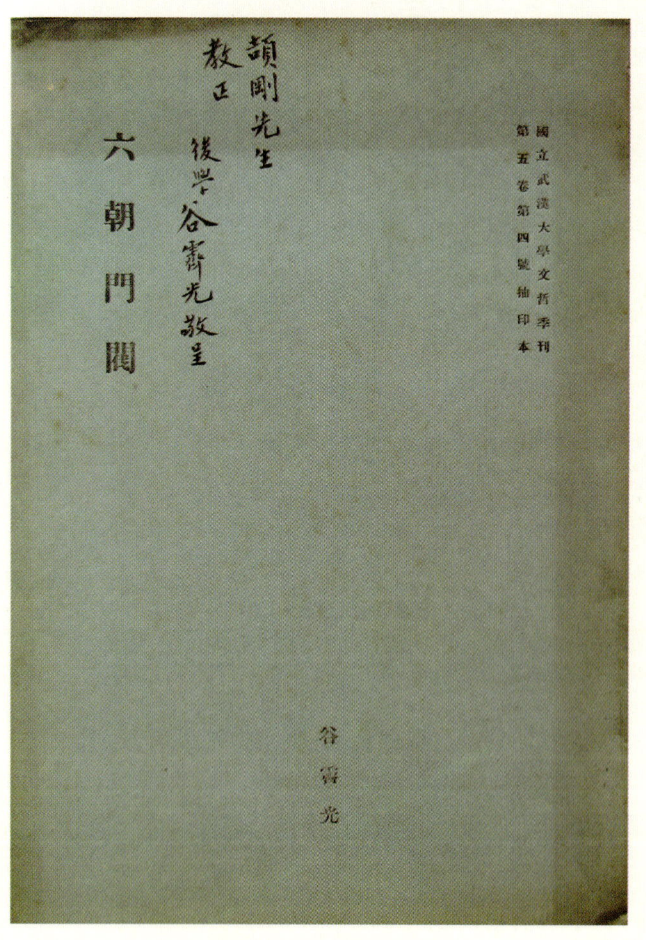

六朝門閥

谷霽光

載《武漢大學文哲季刊》第五卷第四號，1936年6月

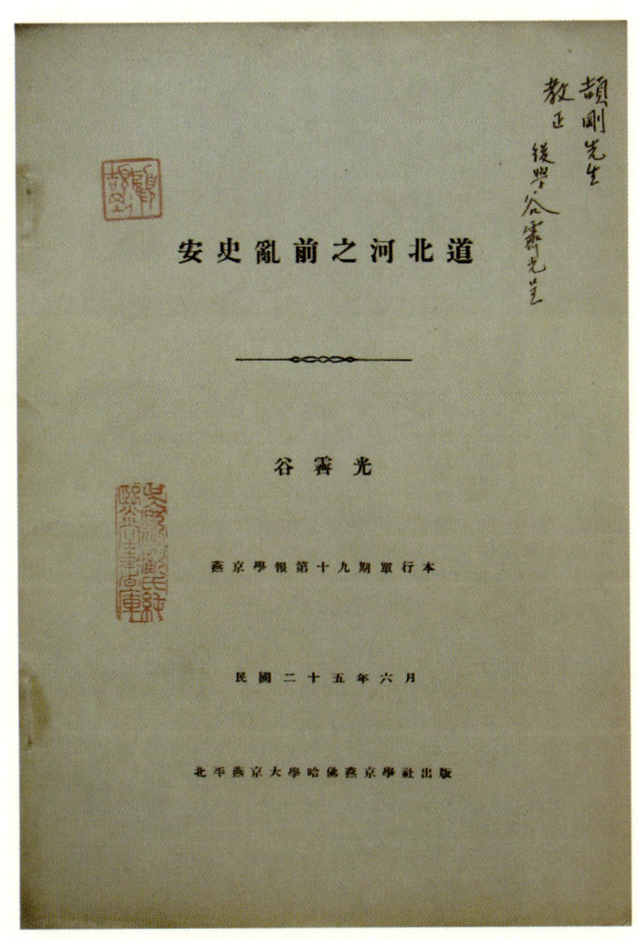
安史亂前之河北道

谷霽光

燕京學報第十九期單行本

民國二十五年六月

北平燕京大學哈佛燕京學社出版

安史亂前之河北道

谷霽光

載《燕京學報》第十九期，1936年6月

西北农学院学报
1957年 第3期 1957年8月

禹貢制作时代的推測(初稿)

辛 树 帜
（西北農学院院長）

一，小 序

禹貢制作的时代，三十年来有兩种說法：一說，它是春秋时代的作品；甚至有說它是孔子寫成的[1]。另一說，它是战國时代的作品；史学家顧頡剛氏最早提出这样主張。后一說的重要論点，以为禹貢的梁州，包括了今天四川的大部份，認为張仪未通蜀以前，这些地方的情形，人家还不知道。

近年来，我常劝顧頡剛先生，將他多年研究尚書的成績公佈，他似乎覺得禹貢一篇有些麻煩，因为牽涉的問題太多，不是他一个人的力量所能解决。因此，我不自量，試將禹貢成書时代，作一次初步的探討，就正頡剛先生，希望我的不成熟的看法，对他的著作有少許帮助，这是我研究的动机。

祖國現正从事偉大的社会主义建設，区域規划，列为重点。禹貢固然是我國的第一篇地理書，同时也是第一篇講区域規划的書。他把当时王朝的疆土画为九区（州），从山脈（导山）、河流（导水）、土壤、田賦、交通一直到艸木、陽鳥[2]，凡可特别注意和作为农业上物候用的，通通載上。又把各地特产（貢、篚、包等），为当时國家需要的，也通通載上。最后，因分封諸侯，把中央和地方，按远近划分「五服」，使他們合理地負担着任务，并把整个区域的「四至」和九区外的民族，学习了中國文化的情形（声教）也指出来了。全書虽不过一千多字，历代学者因它的內容丰富，都很重視它，研究它的不下數十百家。这一部書，不但可看作祖國研

(1)西北大学王成組教授，近来从地理学的角度来研究禹貢，对禹貢有極公允的評價，我在研究禹貢的两月，由黎士元教授的帮助，得讀王先生的大作，对我有很多启发。他說禹貢是春秋时代的產品，这与日本学者的看法是一致的（見日本学者对山吉的研究）。王先生又說它是周遊列國博学多才的孔子所作，这是和清末我國大思想家康有为同一見解。我希望他由这些方面作进一步的探討，使禹貢制作时代由多方面的研究，得到解决。

(2)揚州「陽鳥攸居」的陽鳥，蔡沈認为陽鳥地名，这是錯誤的。陽鳥是大小農業物候的，因以農業開基，應注意这种候鳥。

1

禹貢制作時代的推測（初稿）

辛樹幟

載《西北農學院學報》1957年第三期

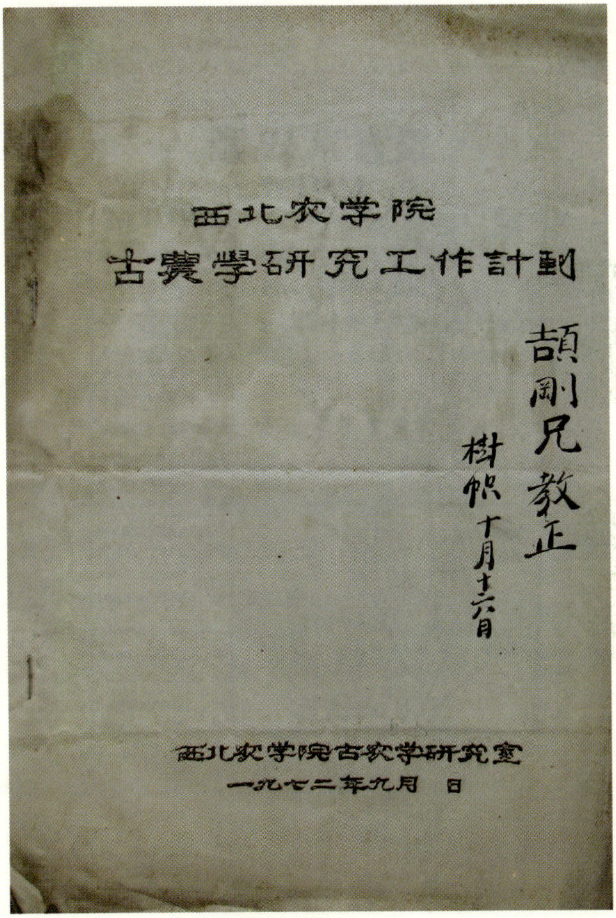

西北农学院
古農學研究工作計劃

頡剛兄教正
樹幟 十月十六日

西北农学院古农学研究室
一九七二年九月 日

西北農學院古農學研究工作計劃

辛樹幟

油印本，1972年9月

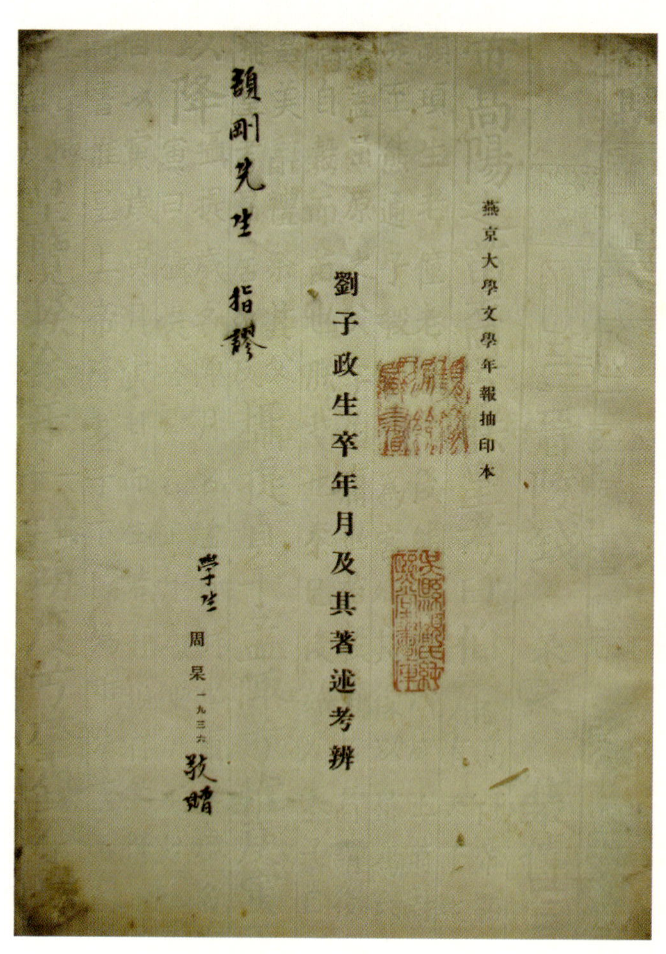
燕京大學文學年報抽印本

劉子政生卒年月及其著述考辨

頡剛先生指謬

學生周杲一九三六敬贈

劉子政生卒年月及其著述考辨

周杲

載《文學年報》第二期，1936年

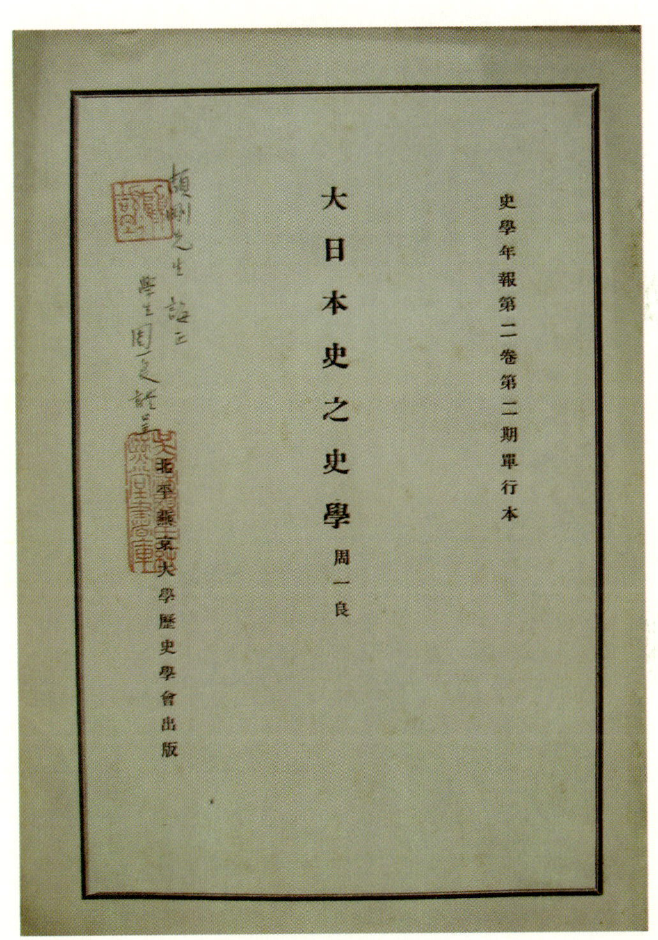

史學年報第二卷第二期單行本

大日本史之史學

周一良

北平燕京大學歷史學會出版

頡剛先生誨正 學生周一良謹呈

大日本史之史學

周一良

載《史學年報》第二卷第二期，1935年9月

釋亂 △

周谷城

油印本，時間不詳

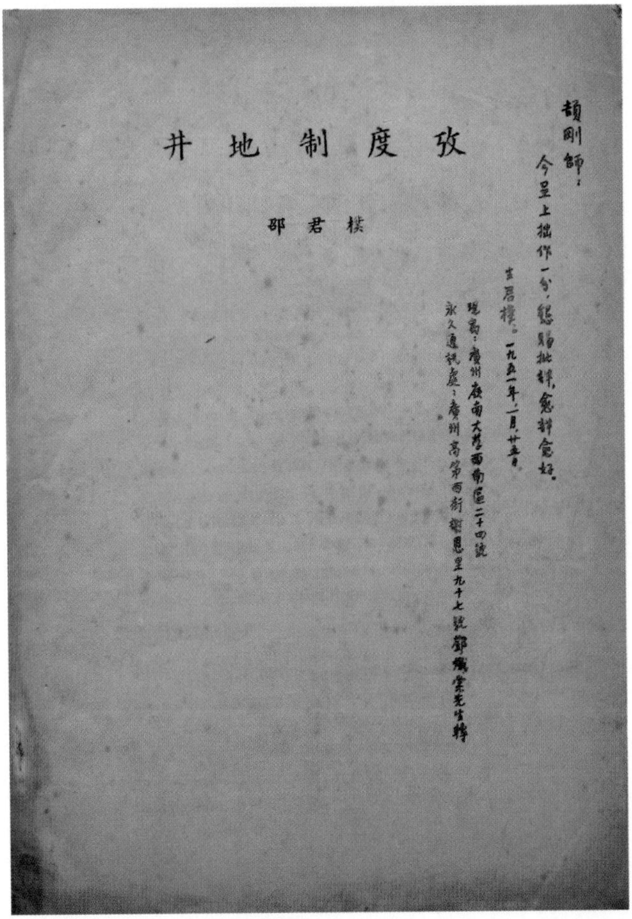

井地制度攷

邵君樸

頡剛師：
今呈上拙作一分，懇賜批評，祝神愈好。
生君樸。一九五一年一月廿五日
現寓：廣州嶺南大學西南區二十四號
永久通訊處：廣州高第西街謝恩里九十七號鄧[illegible]棠先生轉

井地制度攷

邵君樸

載《嶺南學報》第九卷第二期，1949年6月

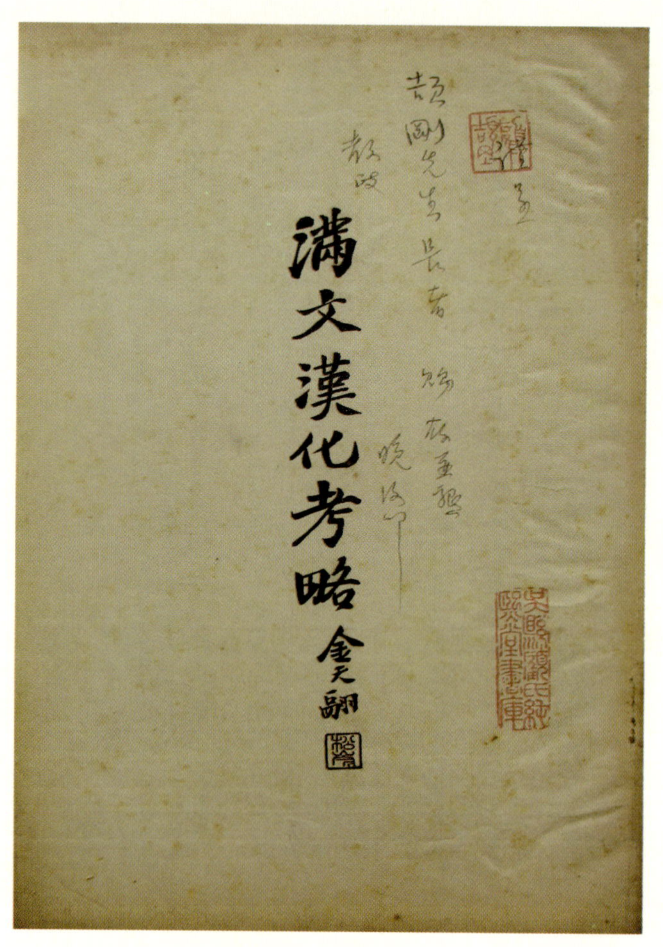

滿文漢化考略

金天翮

刊載不詳，1937年

切韻系統

姜亮夫

甲　緒論

漢語語音，是跟着歷史的發展演變而有差別的。這個差別，從三百年來研究漢語史的人所用的方法與所得的成績來說，可以分作若干段落：若以韻書的有無爲標準，則可以分爲漢以前的無韻書時期，魏晉至宋的切韻系統時期，元明以後到現在的北音系韻書時期。

以本篇研究的範圍與對象而論，我姑且用這一分期法。

本篇的目的，是想把陸法言切韻以後一直到大宋重修廣韻爲止，這一段落中的韻書，加以系統地批判地論述。原來這千餘年來已久亡佚的典册，因最近數十年敦煌殘卷的發現，已勉强可以看見這一系統中諸家切韻的面貌，足以說明這一系韻書的系統，及其承先啓後的一些重要問題。

但切韻系統的形成，也有其歷史進程，所以仍不能不從頭說起。

無[illegible]書的上古期：

這一[illegible]時期是指從殷之末期，有文字可考時起，到東漢爲止。這一期的漢語語音的研究，[illegible]於文字形體的。秦人『同文』之後，發影響了漢以前的文字定型。所以在研究上[illegible]作一中斷，分爲兩截，秦以前稱爲古音，兩漢則稱爲漢音。這是實際上的需要——[illegible]究的材料、對象、範圍、與研究方法等都要分爲兩截。

[illegible]先秦期。

文字[illegible]了一切語言，使之流傳，所以文字應當是語言的代表。但中國原始文字是象形而不是拼音，歷史的發展大體亦復如是，因之『漢文』不就等於『漢語』。所以用漢字來研究漢語，是要打個轉兒的：

中國最早的文字（不是圖象），只能上推到甲骨文字，這裏面雖有不少的形聲字（可參考孫海波甲骨文編），但語音實像，是不能明白的。又因它發現的年代還短，還未經過大量而精密的整理，對語音本身的情況、使用的範圍等，尚有待於今後努力。

周家的封建統治政權，對語音來說，走向以政治中心地區爲標準語的傾向性，必然是較殷代爲有力的。這可以從下面幾種情形得到說明。

一是周王學分封親戚——同一氏族乃至同一部族的兄弟婣婭甥舅，帶領着一部分『族軍』，分發到四方去。這是把周氏族語言帶到各地的媒介。這是使各氏族或部族語

切韻系統

姜亮夫

載《浙江師院學報》1955年第一期

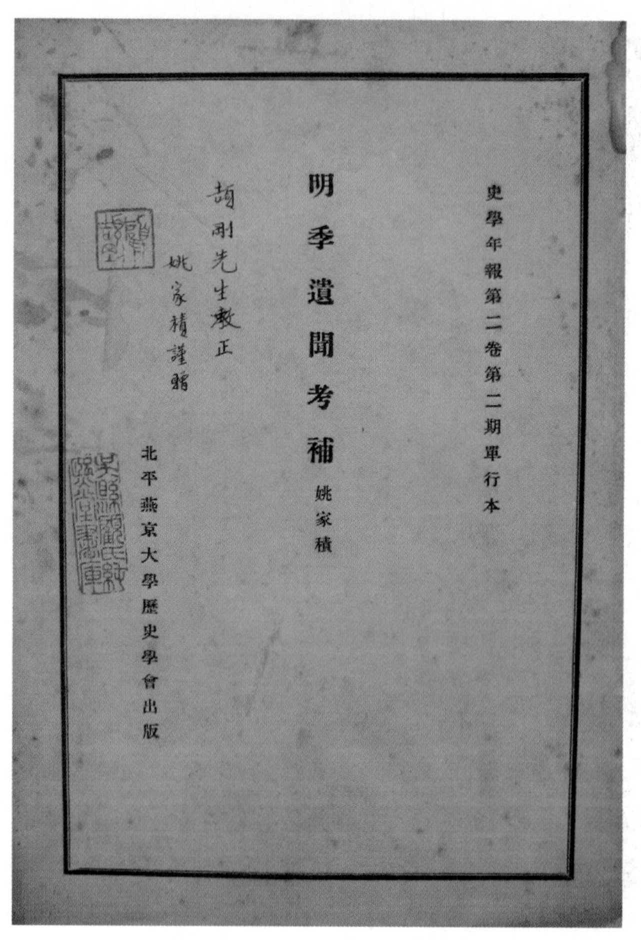
史學年報第二卷第二期單行本

明季遺聞考補

姚家積

頡剛先生教正

姚家積謹贈

北平燕京大學歷史學會出版

明季遺聞考補

姚家積

載《史學年報》第二卷第二期，1935年9月

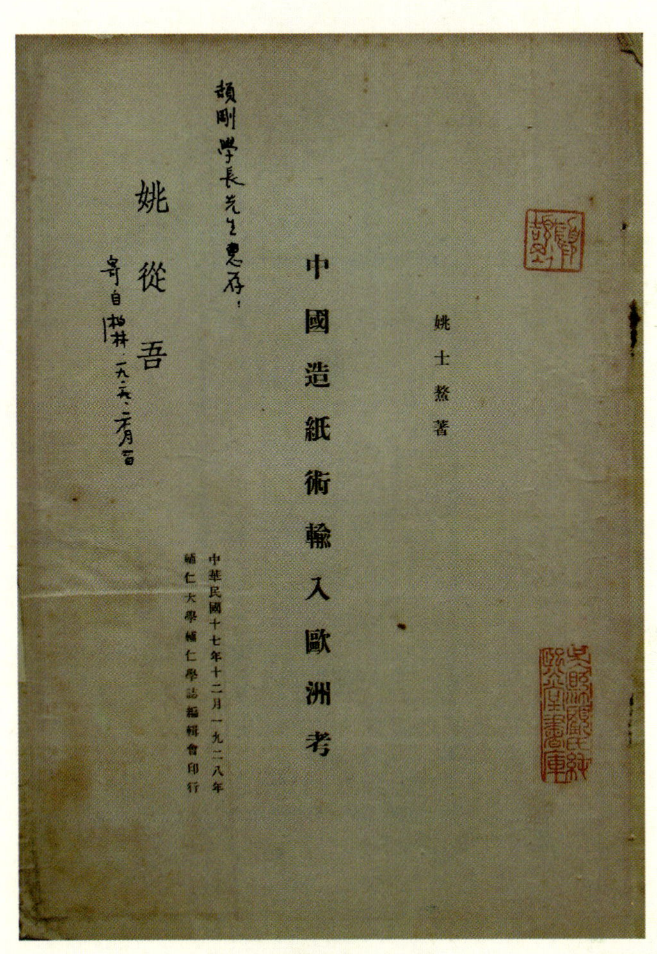
頡剛學長先生惠存！

姚從吾

中國造紙術輸入歐洲考

姚士鰲著

中華民國十七年十二月一九二八年

輔仁大學輔仁學誌編輯會印行

中國造紙術輸入歐洲考 △

姚士鰲

載《輔仁學志》第一卷第一期，1928年12月

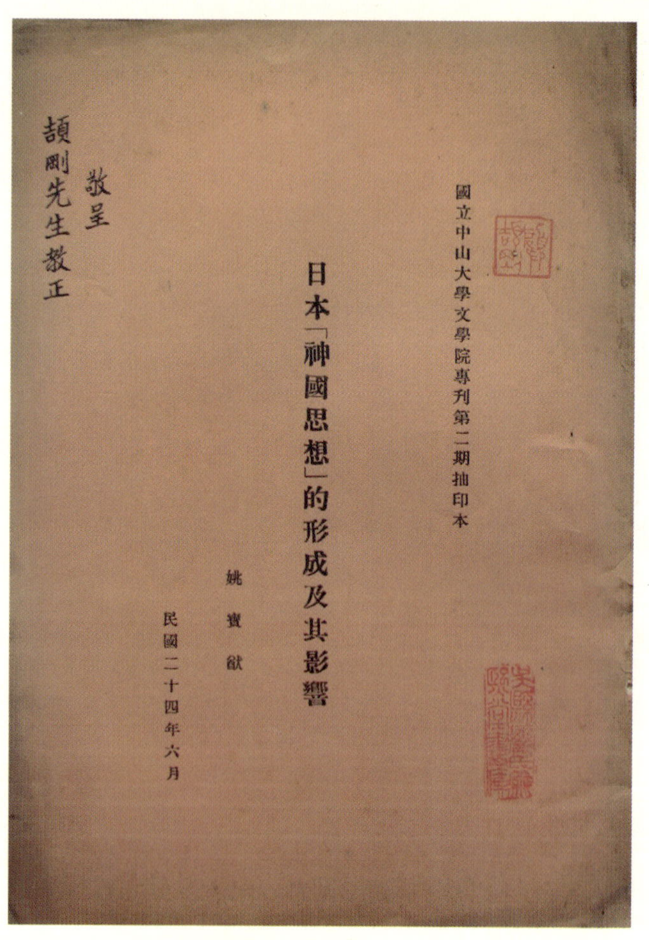
國立中山大學文學院專刊第二期抽印本

日本「神國思想」的形成及其影響

姚寶猷

民國二十四年六月

頡剛先生教正

敬呈

日本“神國思想”的形成及其影響

姚寶猷

載《中山大學文學院專刊》第二期，1935年6月

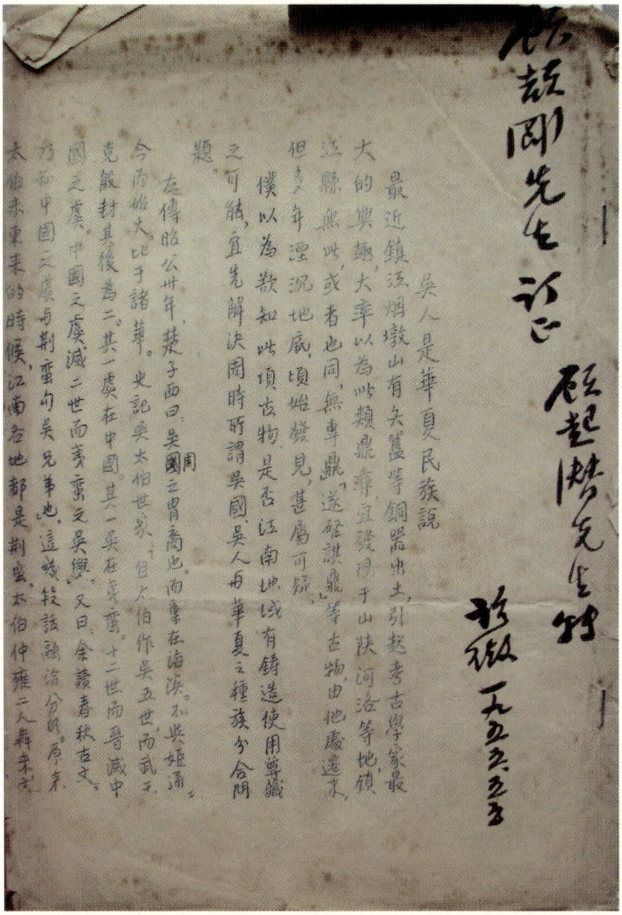

吴人是華夏民族説

柳詒徵

油印本，時間不詳

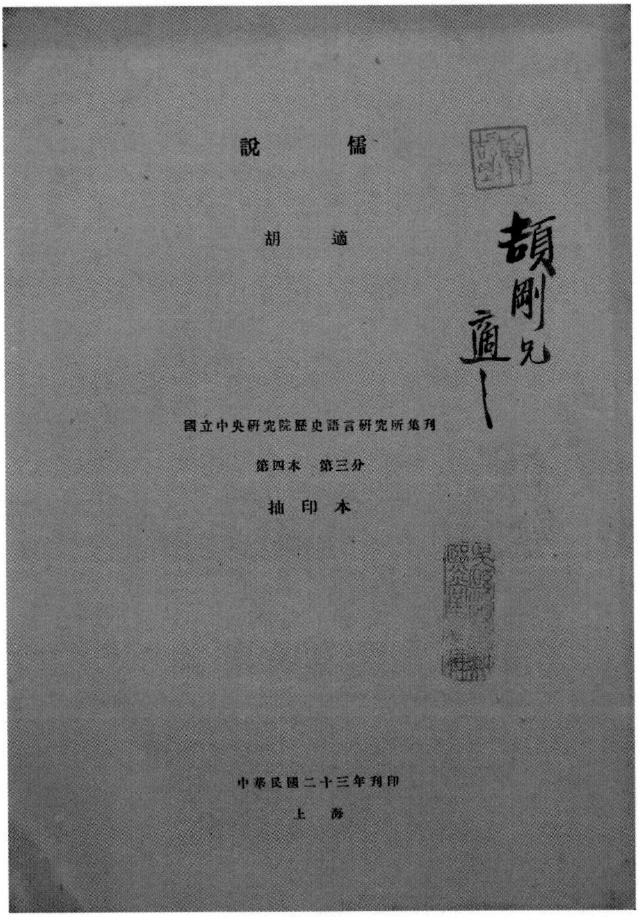

說儒

胡適

頡剛兄

適

國立中央研究院歷史語言研究所集刊

第四本　第三分

抽印本

中華民國二十三年刊印

上海

說儒

胡適

載《中央研究院歷史語言研究所集刊》四本三分，1934年

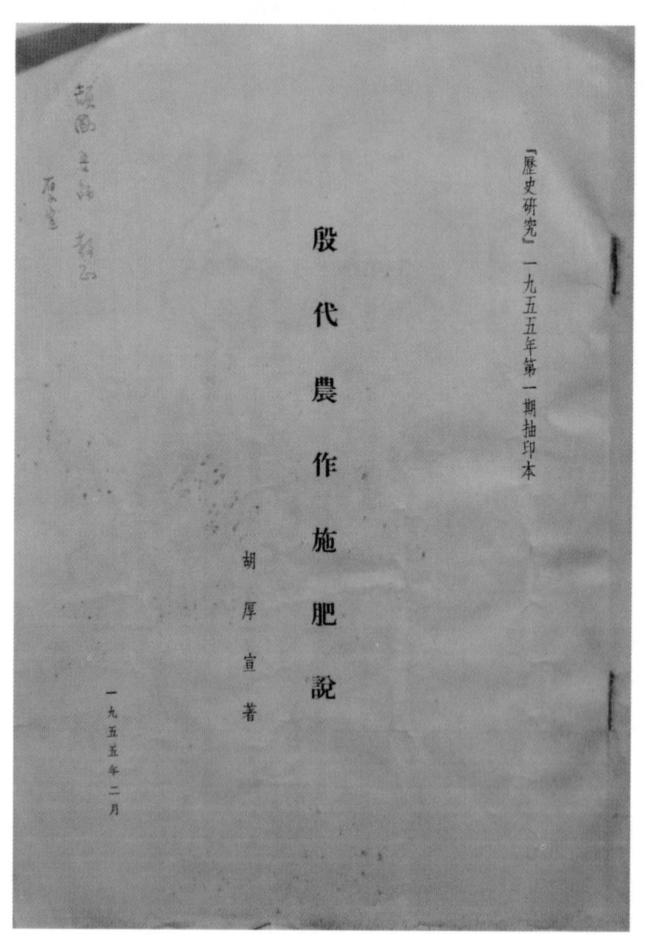

『歷史研究』一九五五年第一期抽印本

殷代農作施肥說

胡厚宣著

一九五五年二月

殷代農作施肥説

胡厚宣

載《歷史研究》1955年第一期

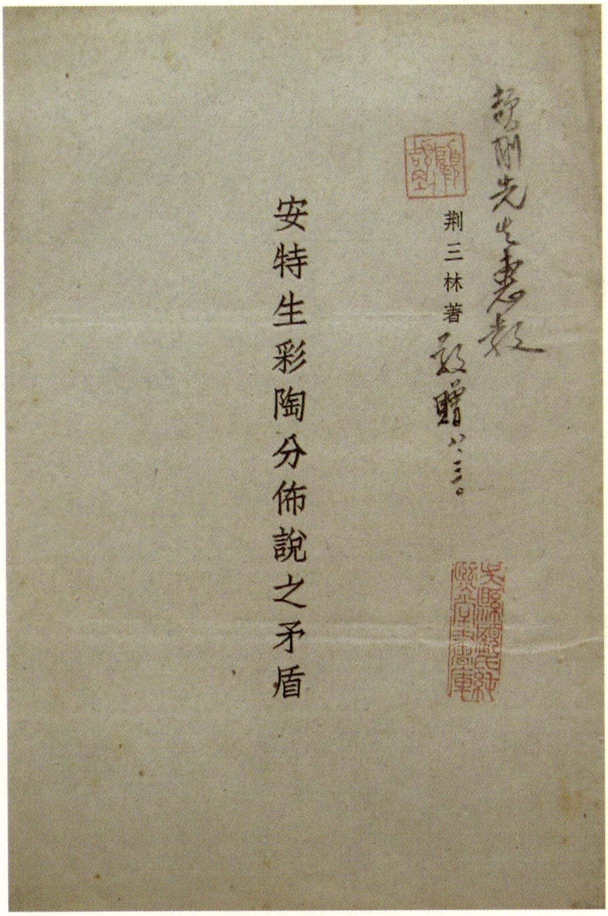

安特生彩陶分佈說之矛盾

荊三林著

安特生彩陶分佈說之矛盾

荊三林

載《新中華》第六卷第七期，1948年

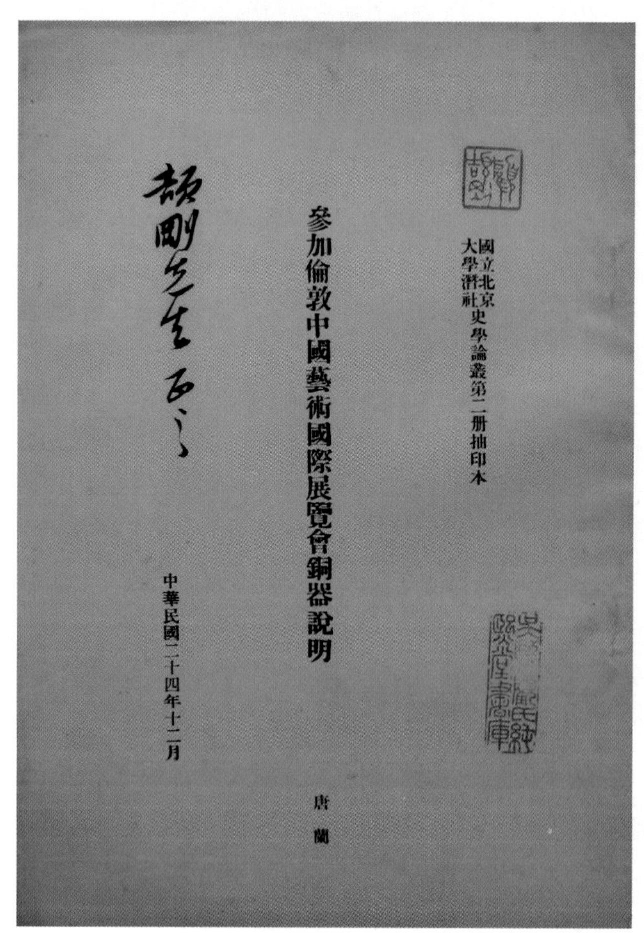

國立北京大學潛社史學論叢第二冊抽印本

參加倫敦中國藝術國際展覽會銅器說明

唐蘭

中華民國二十四年十二月

頡剛先生正之

參加倫敦中國藝術國際展覽會銅器説明

唐蘭

載《史學論叢》第二册，1935年12月

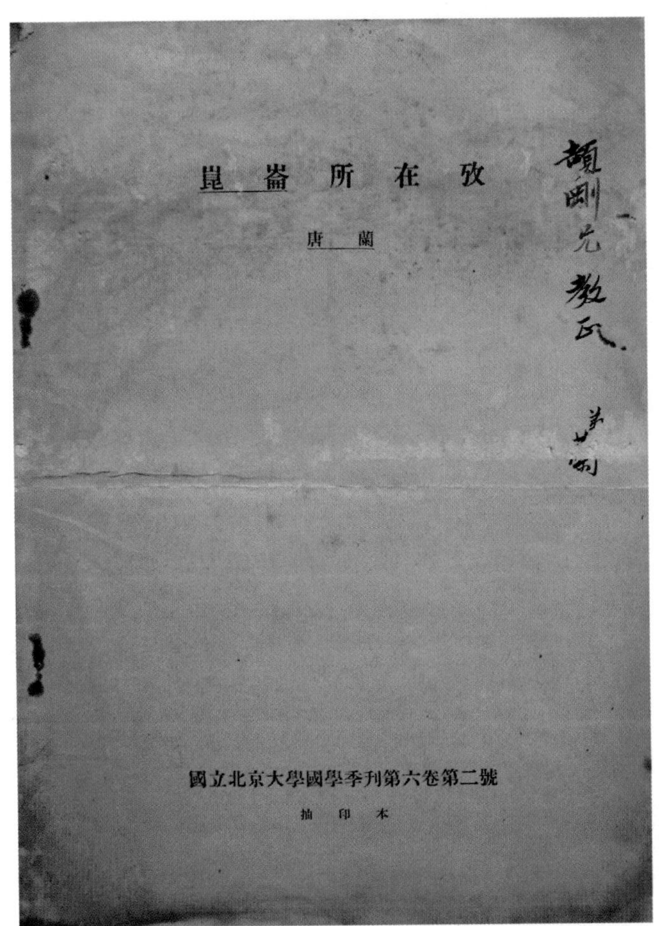

崑崙所在攷

唐蘭

頡剛先生教正

國立北京大學國學季刊第六卷第二號

抽印本

崑崙所在攷

唐蘭

載《北京大學國學季刊》第六卷第二號，1936年

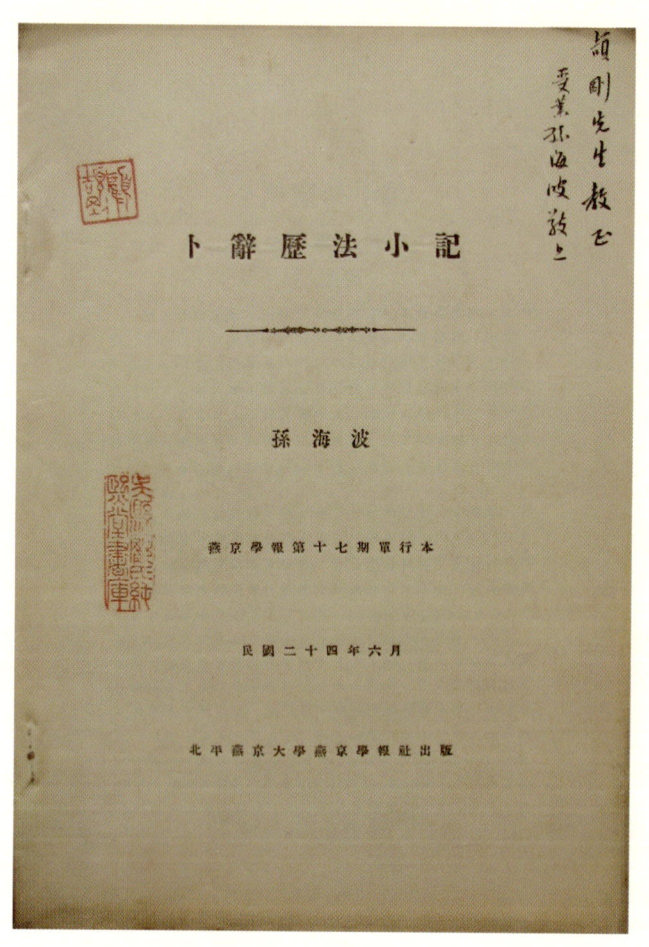
頡剛先生教正
受業孫海波敬上

卜辭歷法小記

孫海波

燕京學報第十七期單行本

民國二十四年六月

北平燕京大學燕京學報社出版

卜辭曆法小記

孫海波

載《燕京學報》第十七期，1935年6月

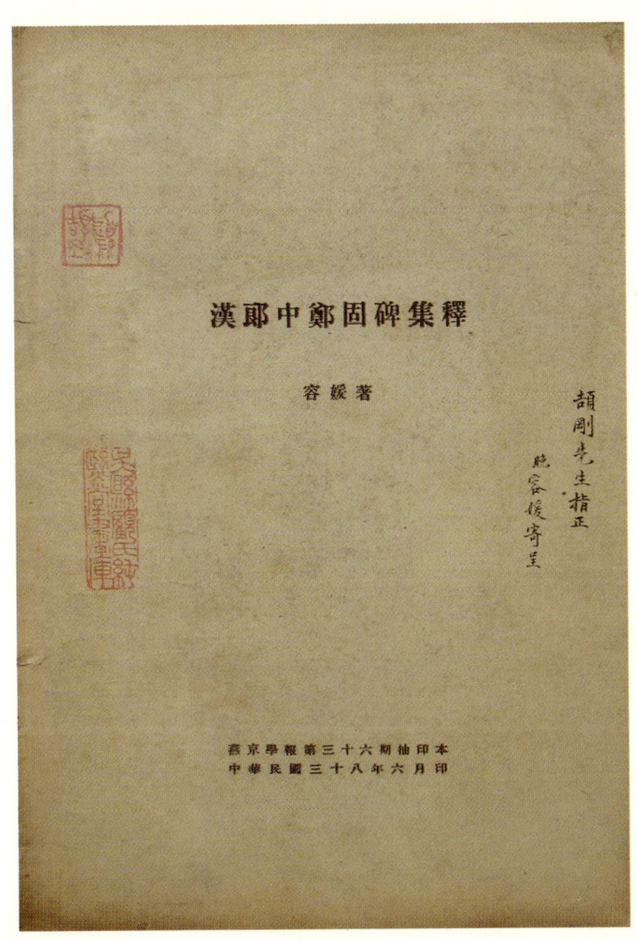
漢郎中鄭固碑集釋

容媛著

頡剛先生指正
晚容媛寄呈

燕京學報第三十六期抽印本
中華民國三十八年六月印

漢郎中鄭固碑集釋

容媛

載《燕京學報》第三十六期，1949年6月

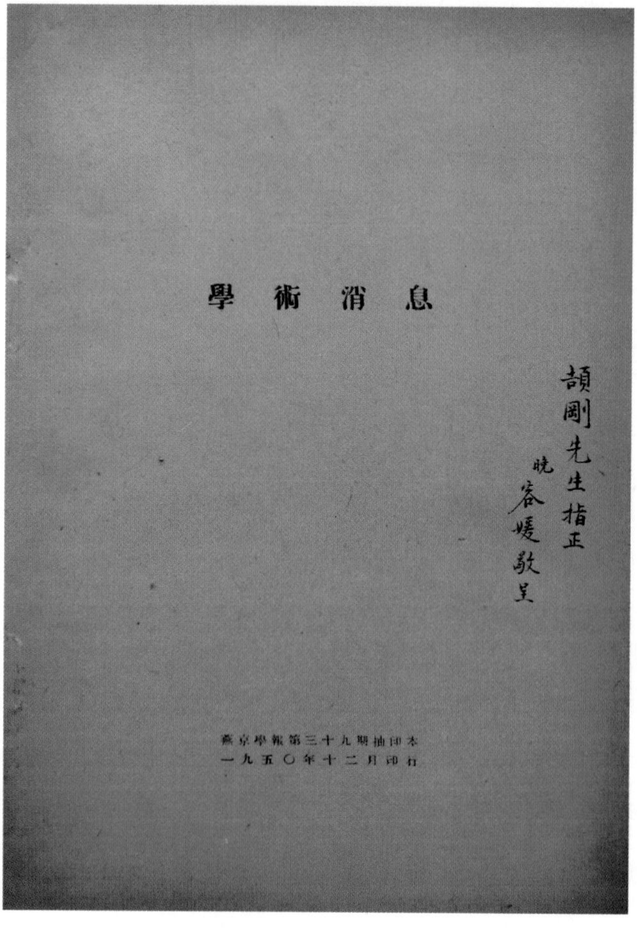

學 術 消 息

頡剛先生指正
晚容媛敬呈

燕京學報第三十九期抽印本
一九五〇年十二月印行

學術消息

容媛

載《燕京學報》第三十九期，1950年12月

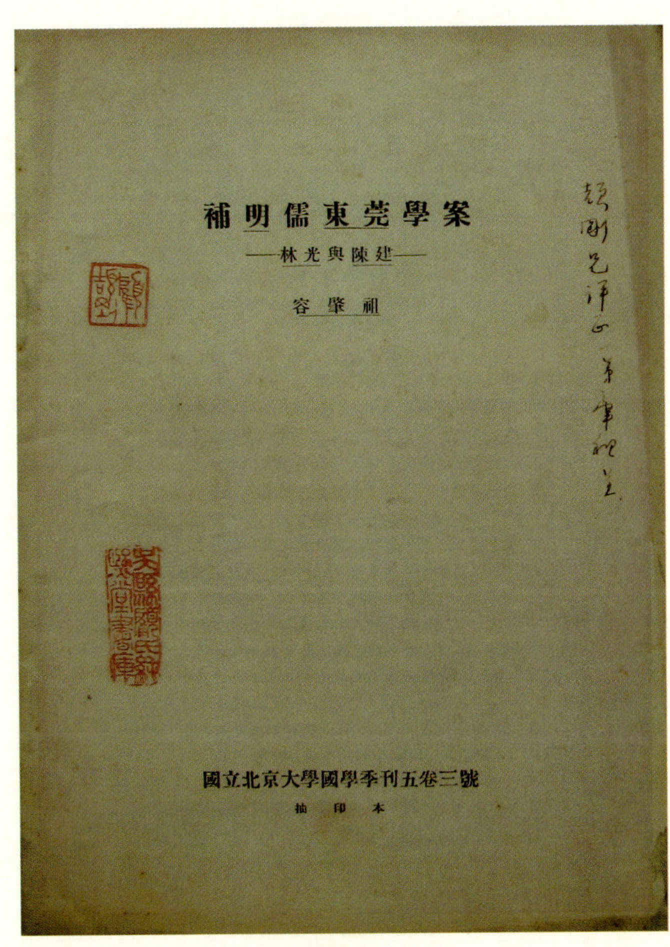

補明儒東莞學案

——林光與陳建——

容肇祖

國立北京大學國學季刊五卷三號

抽印本

補明儒東莞學案

容肇祖

載《北京大學國學季刊》第五卷第三號，1935年

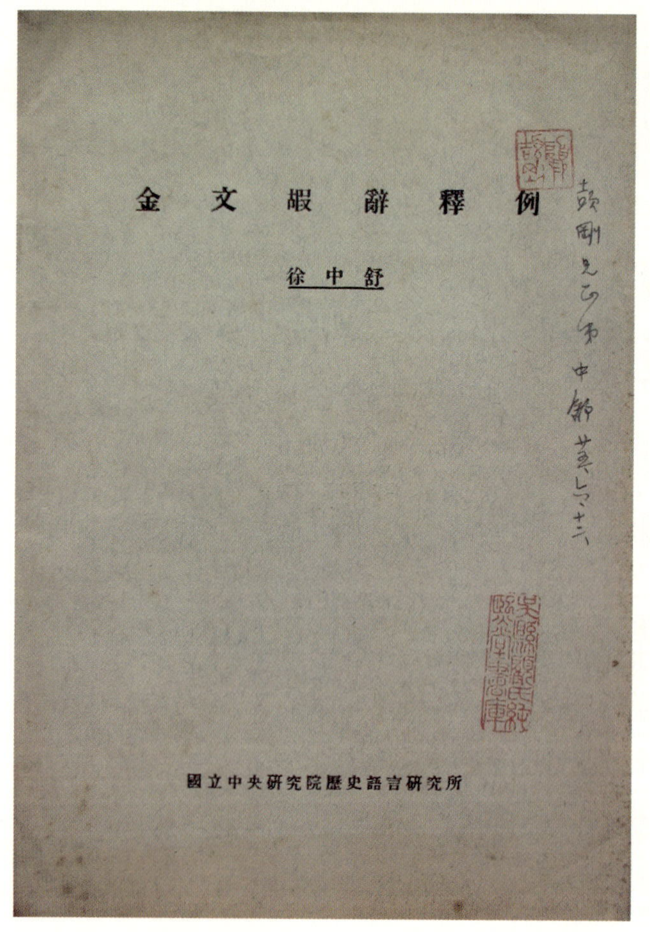

金文嘏辭釋例

徐中舒

國立中央研究院歷史語言研究所

金文嘏辭釋例

徐中舒

載《中央研究院歷史語言研究所集刊》六本一分，1936年

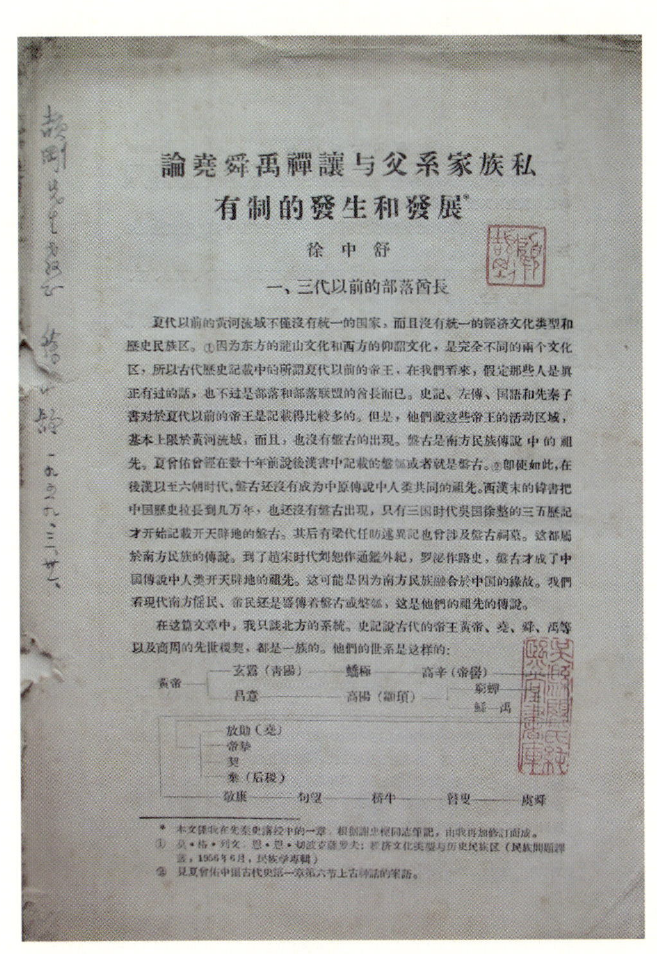

頡剛先生教正　徐中舒　一九五九、三、廿六

論堯舜禹禪讓与父系家族私有制的發生和發展*

徐　中　舒

一、三代以前的部落酋長

夏代以前的黄河流域不僅沒有統一的国家，而且沒有統一的經济文化类型和歷史民族区。①因为东方的龍山文化和西方的仰韶文化，是完全不同的兩个文化区，所以古代歷史記載中的所謂夏代以前的帝王，在我們看來，假定那些人是眞正有过的話，也不过是部落和部落联盟的酋長而已。史記、左傳、国語和先秦子書对於夏代以前的帝王是記載得比較多的。但是，他們說这些帝王的活动区域，基本上限於黄河流域，而且，也沒有盤古的出現。盤古是南方民族傳說中的祖先。夏曾佑曾經在數十年前說後漢書中記載的盤瓠或者就是盤古。②即使如此，在後漢以至六朝时代，盤古还沒有成为中原傳說中人类共同的祖先。西漢末的緯書把中国歷史拉長到几万年，也还沒有盤古出現，只有三国时代吳国徐整的三五歷記才开始記載开天辟地的盤古。其后有梁代任昉述異記也曾涉及盤古祠墓。这都屬於南方民族的傳說。到了趙宋时代刘恕作通鑑外紀，罗泌作路史，盤古才成了中国傳說中人类开天辟地的祖先。这可能是因为南方民族融合於中国的緣故。我們看現代南方傜民、畲民还是習傳着盤古或盤瓠，这是他們的祖先的傳說。

在这篇文章中，我只談北方的系統。史記說古代的帝王黄帝、堯、舜、禹等以及商周的先世稷契，都是一族的。他們的世系是这样的：

黄帝——玄囂（青陽）——蟜極——高辛（帝嚳）
　　　　　　　　　　　　　　　　——放勛（堯）
　　　　　　　　　　　　　　　　——帝摯
　　　　　　　　　　　　　　　　——契
　　　　　　　　　　　　　　　　——棄（后稷）
黄帝——昌意——高陽（顓頊）——窮蟬——敬康——句望——橋牛——瞽叟——虞舜
　　　　　　　　　　　　　——鯀——禹

* 本文係我在先秦史講授中的一章，根據謝忠樑同志筆記，由我再加修訂而成。

① 見·格·列文、恩·恩·切波克薩罗夫：經济文化类型与历史民族区（民族問題譯叢，1956年6月，民族学專輯）

② 見夏曾佑中国古代史第一章第六节上古神話的案語。

論堯舜禹禪讓與父系家族私有制的發生和發展

徐中舒

載《四川大學學報（社會科學版）》，1958年第一期

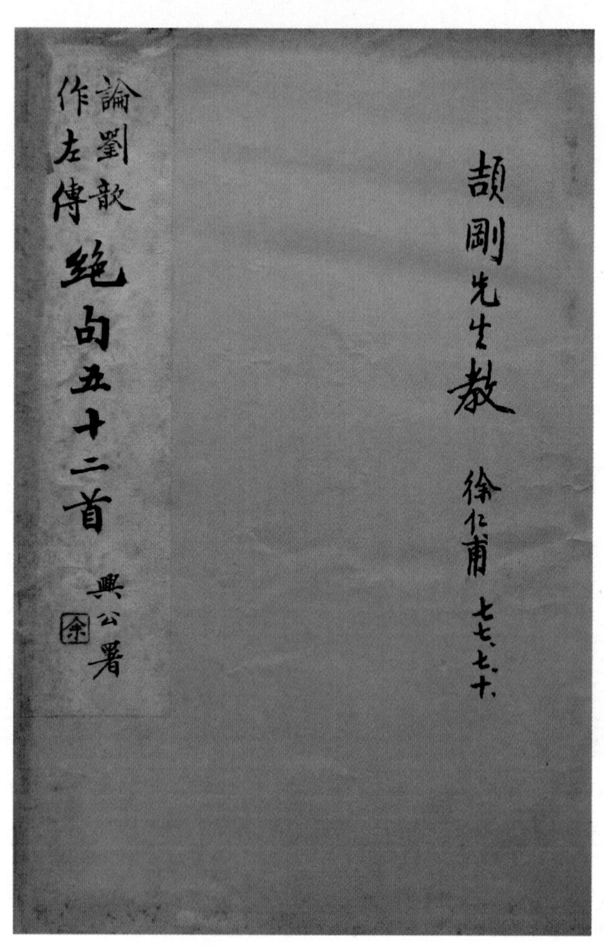

論劉歆作左傳絶句五十二首 △

徐仁甫

自印本，1977年

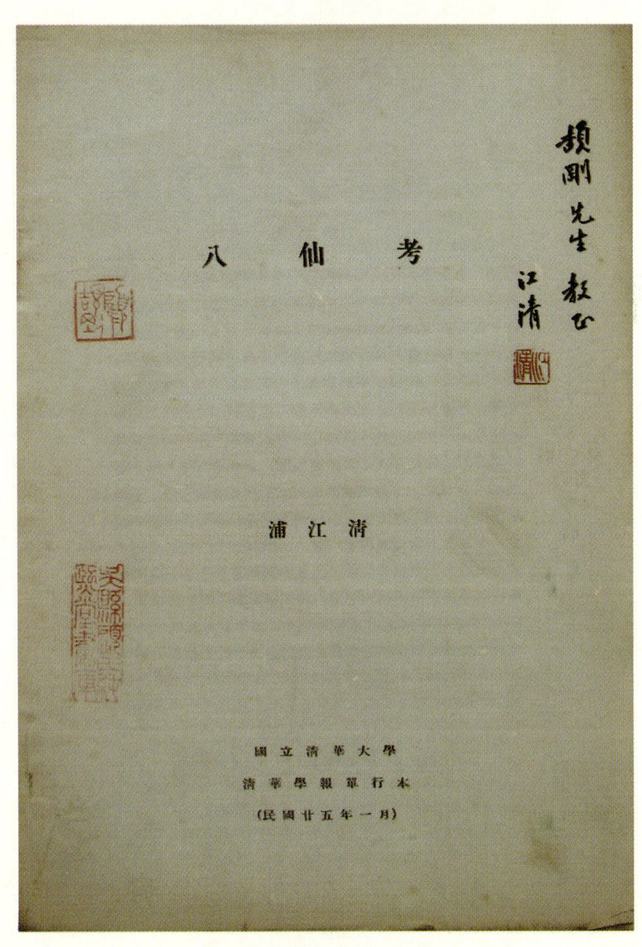

頡剛先生教正
江清

八仙考

浦江清

國立清華大學
清華學報單行本
（民國廿五年一月）

八仙考

浦江清

載《清華學報》第十一卷第一期，1936年1月

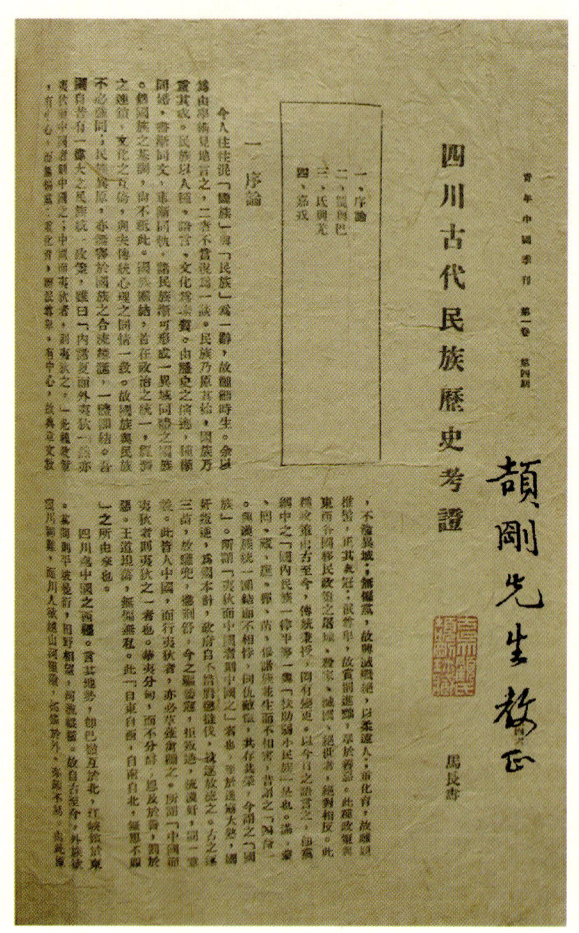

青年中國季刊　第一卷　第四期

四川古代民族歷史考證

一、序論
二、巴與蜀
三、氐與羌
四、嘉戎

馬長壽

一　序論

四川古代民族歷史考證 △

馬長壽

載《青年中國季刊》第一卷第四期，1940年

云梦秦简中所见的历史新证举例

马　非　百

（郑州大学学报一九七八年第二期抽印本）

一九七八年四月

雲夢秦簡中所見的歷史新證舉例

馬非百

載《鄭州大學學報》1978年第二期

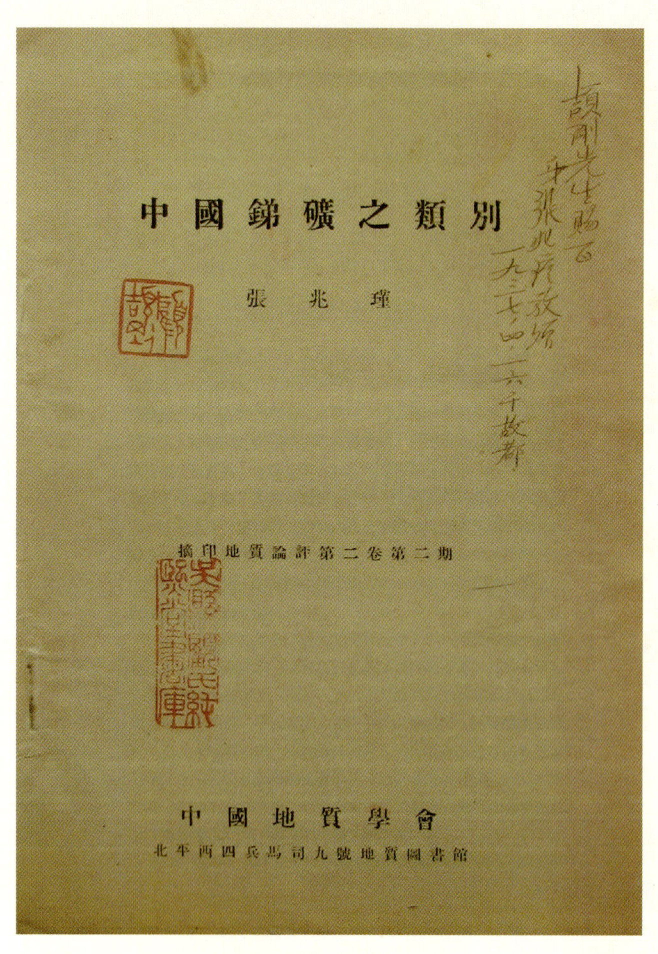
中國銻礦之類別
張兆瑾
摘印地質論評第二卷第二期
中國地質學會
北平西四兵馬司九號地質圖書館

中國銻礦之類別

張兆瑾

載《地質評論》第二卷第二期，1937年

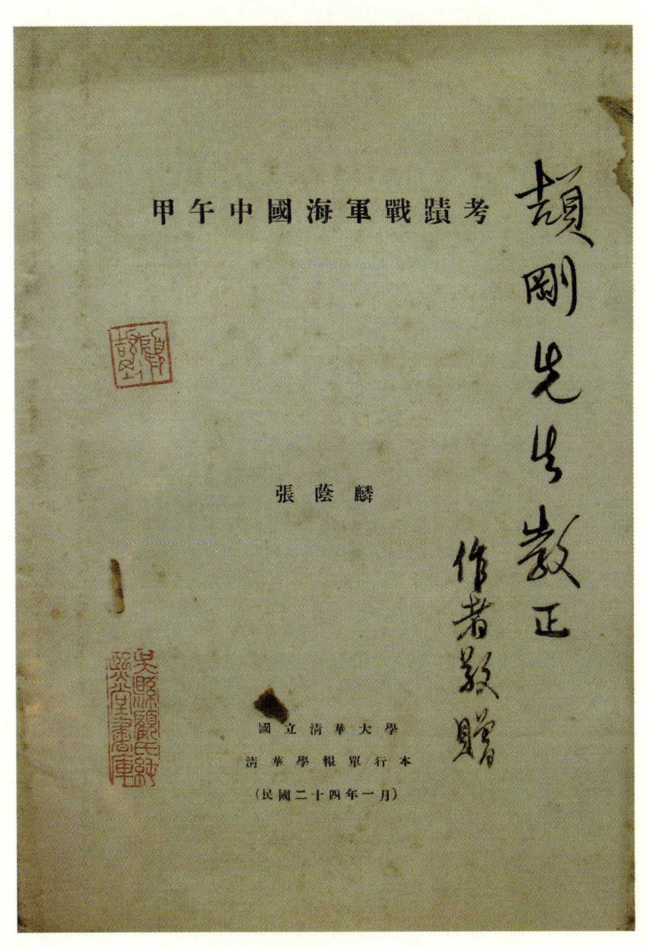

甲午中國海軍戰蹟考

張蔭麟

載《清華學報》第十卷第一期，1935年1月

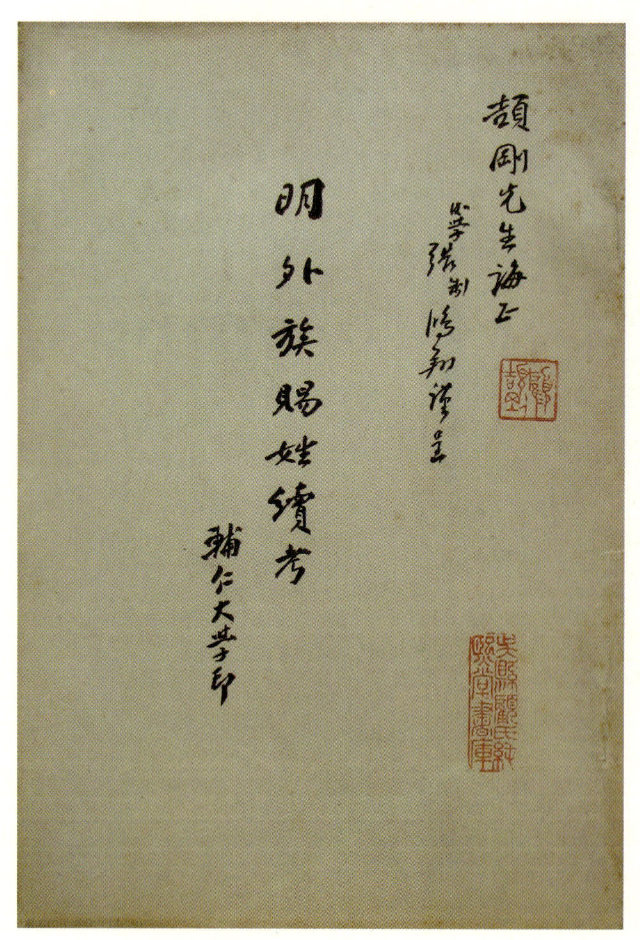

明外族賜姓續考

張鴻翔

載《輔仁學志》第三卷第二期，1932年

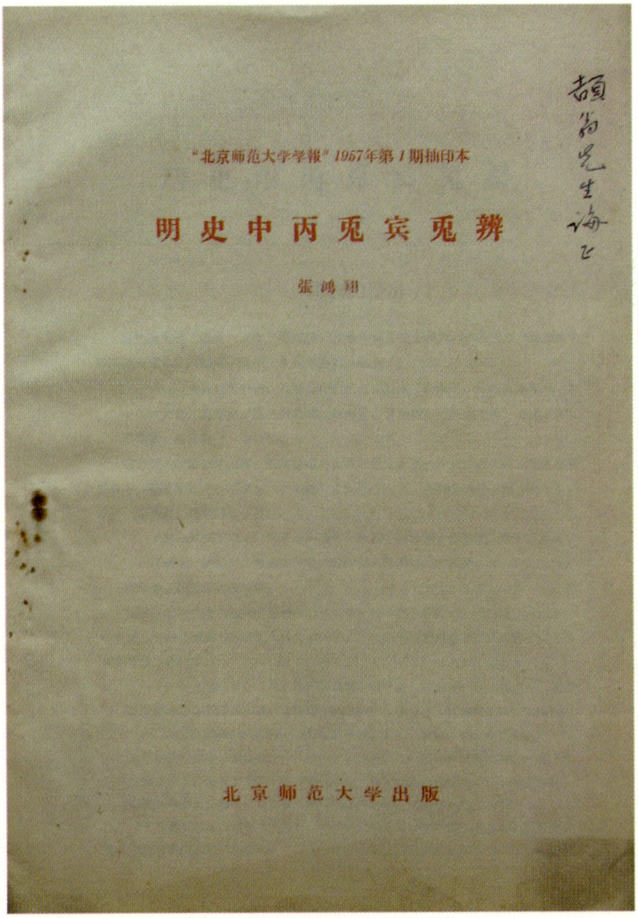

"北京师范大学学報"1957年第1期抽印本

明史中丙兎宾兎辨

張鴻翔

北京师范大学出版

明史中丙兔賓兔辨

張鴻翔

載《北京師範大學學報》1957年第一期

“羯胡”、“柘羯”、“杂种胡”考辨

黄 永 年

记述安史之乱的文献里，有“羯胡”、“柘羯”等名词。陈寅恪先生《唐代政治史述论稿》根据《大唐西域记》所说飒秣建国（康国）“兵马强盛，多是赭羯之人，其性勇烈，视死如归”，《新唐书·西域传》所说安国“募勇健者为柘羯，柘羯犹中国言战士也”，石国“或曰柘支，曰柘析，曰赭时”，而康国及其支属安国、石国都是中亚月氏种昭武九姓胡，因而认为文献里的“羯胡”、“柘羯”都是指昭武九姓胡，又认为当时河朔地区已有多数昭武九姓胡等中亚胡人，这些人勇健善战，是安史武装集团的主力。陈先生是研究魏晋南北朝隋唐史的可尊敬的老专家，《唐代政治史述论稿》是一部史学名著。但上面这个说法，我认为还需要商榷。根据记载，唐代杂居在河朔地区的少数民族主要是奚、契丹，安史集团中少数民族部队的主力也是奚、契丹。如比较原始的史料唐姚汝能《安禄山事迹》就说安禄山“养同罗及降奚、契丹曳落河八千余人为假子，及家童教弓矢者百余人，以推恩信，厚其所给，皆感恩竭诚，以一当百”，又说“禄山起兵反，以同罗、契丹室韦曳落河，兼范阳、平卢、河东幽蓟之众，号为父子军，马步相兼十万，鼓行而西”，其中都不曾提到昭武九姓胡。这个问题在拙作《唐代河北藩镇与奚契丹》、《〈通典〉论安史之乱的“二统”说证释》（均未刊稿）中别有论证。这里仅就“羯胡”、“柘羯”等词究应作何解释，提点个人的看法。

《后汉书·吴盖陈臧传论》里有“戎羯丧其精胆”的句子，唐章怀太子注：“羯，本匈奴别部，分散居于上党武乡羯室，因号羯胡。此总谓戎夷耳，不指于羯也。”案章怀注实为张大安、刘纳言辈代作，不出一手，后人或病其踳驳漏略，但这里所注“总谓戎夷耳，不指于羯也”，真可称得上通人卓识，一语破的，至当不易。关于羯这个古代少数民族的由来，章怀注所说当本于《魏书·羯胡石勒传》，应是信史。他们源出于中亚月氏，因此姓石氏，东徙聚居上党的武乡（羯室这个地名，当是羯胡聚居后才有的，是地以种族得名，不是种族以地得名。中华书局校点本《后汉书》把前引章怀注羯所居之地点断作“上党、武乡、羯室”，大谬），先世曾附属

頡剛吾師誨正

永年謹呈

“羯胡”、“柘羯”、“雜種胡”考辨

黄永年

載《文史》第八輯，1980年3月

頡剛先生教正

汰溪古文

黄仲琴

弟仲琴

嶺南學報四卷二期抽印本

廣州商務印書館承印

汰溪古文

黄仲琴

載《嶺南學報》第四卷第二期，1935年

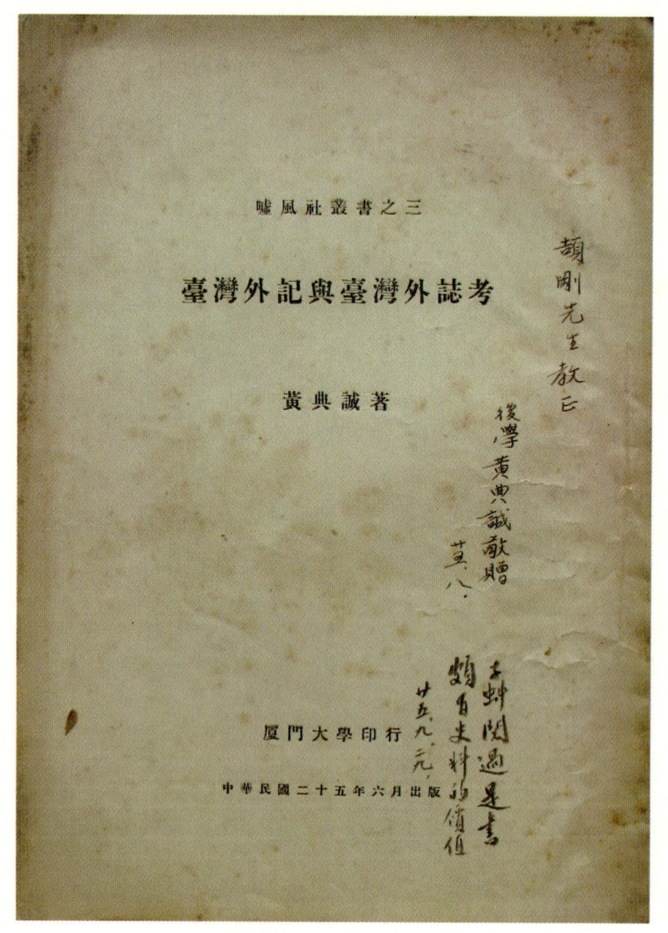

臺灣外記與臺灣外誌考

黄典誠

噓風社叢書之三，廈門大學印行，1936年6月

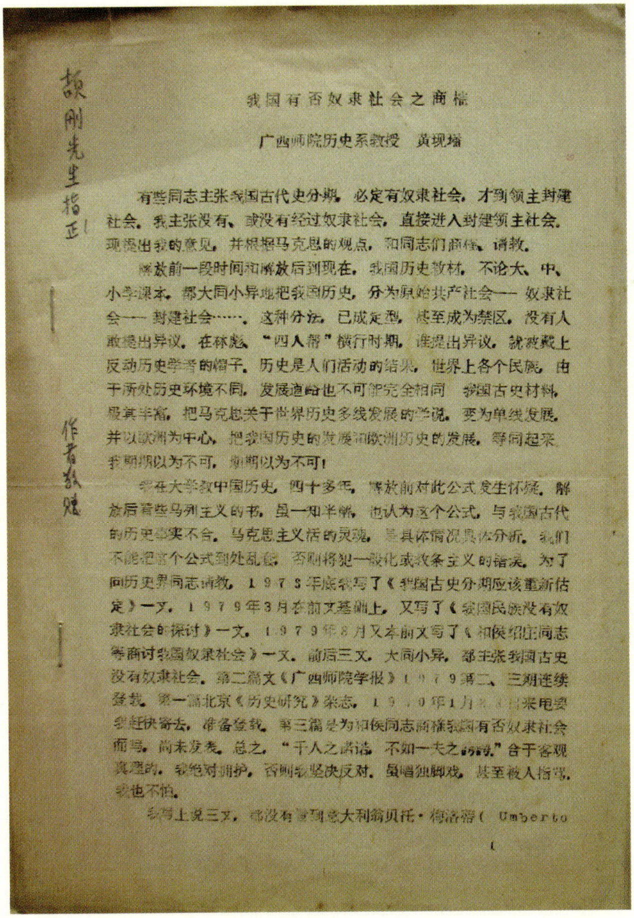

頡剛先生指正！

我国有否奴隶社会之商榷

广西师院历史系教授 黄现璠

作者敬贈

有些同志主张我国古代史分期，必定有奴隶社会，才到领主封建社会。我主张没有、或没有经过奴隶社会，直接进入封建领主社会。现提出我的意见，并根据马克思的观点，和同志们商榷、请教。

解放前一段时间和解放后到现在，我国历史教材，不论大、中、小学课本，都大同小异地把我国历史，分为原始共产社会—— 奴隶社会—— 封建社会……。这种分法，已成定型，甚至成为禁区，没有人敢提出异议。在林彪、"四人帮"横行时期，谁提出异议，就被戴上反动历史学者的帽子。历史是人们活动的结果，世界上各个民族，由于所处历史环境不同，发展道路也不可能完全相同 我国古史材料，最其丰富，把马克思关于世界历史多线发展的学说，变为单线发展，并以欧洲为中心，把我国历史的发展和欧洲历史的发展，等同起来，我期期以为不可，期期以为不可！

我在大学教中国历史，四十多年，解放前对此公式发生怀疑，解放后看些马列主义的书，虽一知半解，也认为这个公式，与我国古代的历史事实不合。马克思主义活的灵魂，是具体情况具体分析。我们不能把这个公式到处乱套，否则将犯一般化或教条主义的错误。为了向历史界同志请教，１９７８年底我写了《我国古史分期应该重新估定》一文。１９７９年３月在前文基础上，又写了《我国民族没有奴隶社会的探讨》一文。１９７９年８月又本前文写了《和侯绍庄同志等商讨我国奴隶社会》一文。前后三文，大同小异，都主张我国古史没有奴隶社会。第二篇文《广西师院学报》１９７９第二、三期连续登载。第一篇北京《历史研究》杂志，１９８０年１月[illegible]日来电要我赶快寄去，准备登载。第三篇是为和侯同志商榷我国有否奴隶社会而写，尚未发表。总之，"千人之诺诺，不如一夫之谔谔。"合于客观真理的，我绝对拥护，否则我坚决反对。虽唱独脚戏，甚至被人指骂，我也不怕。

我写上说三文，都没有看到意大利翁贝托·梅洛蒂（ Umberto

1

我國是否奴隸社會之商榷

黄現璠

油印本，1980年

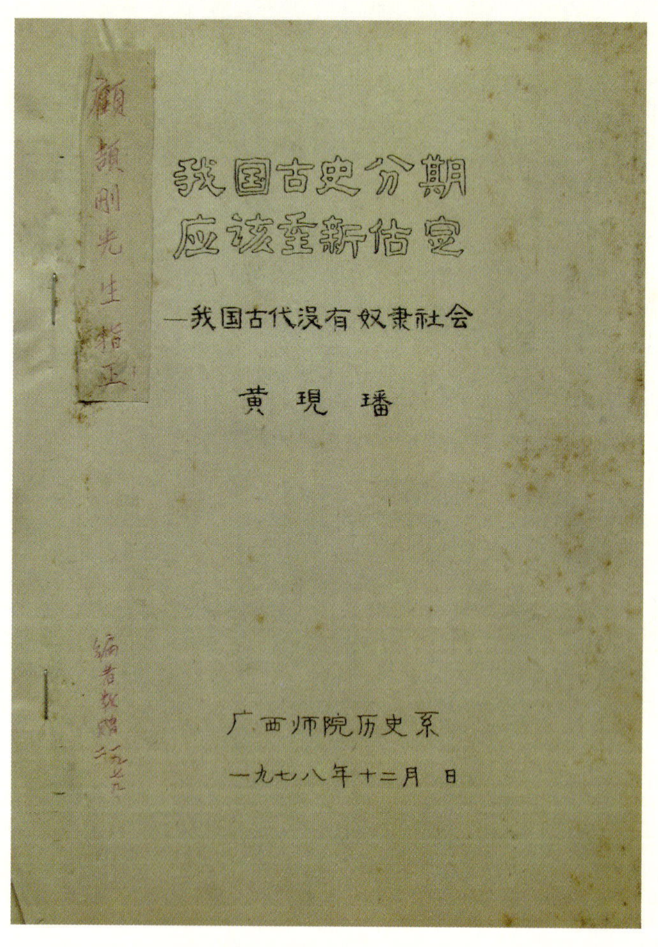

我國古史分期應該重新估定

黄現璠

油印本，1978年12月

《中国历代戶口、田地、田賦統計原論》

梁方仲

頡剛先生教正
晚梁方仲敬呈

1.古代社会关于計算人口、土地和編造戶籍、地籍的历史发展

根据原始社会史和考古学的研究，人类社会对事物数量的計算知識及計算方法的发展程度是极不平衡的：有些落后的部落，直到今天，从事計数时，只能到三或五为止。三、五以上的数目，就都說“多”来表达意思。另一方面，有些进步較早的部落，远在旧石器时代晚期及新石器时代，就已經会用刻痕，或算筹、繩結等方法来表示数目了。但这些原始的方法用于記录較巨大的数量实在太过麻煩；所以，更进一步的方法就是用簡单符号或图解方式来記录数字。象这一类的遺物在两河流域和埃及的远古文化遺址中都有发现。例如在苏未、亚加德两地（即后来的巴比伦利亚）发现的泥板，其上面所載的符号，經过考古学家的鉴定，知是在公元前三千年之前由祭司团体記录下来的关于某庙宇的收、支的帐目。这种具有帐单性質的泥版，比现存最古的文字的例証还要古老一些。似可証明在文字发明过程之中数目字是最先出现的。又如埃及在早期王国（公元前三千年左右）第一王朝开始的时候，計算者已經使用巨大的数目字了，当时埃及語言和文字中已有特别的名詞和符号来表示一万、十万和百万等数字了。远古埃及文字和算术很早得到发展和达到較高的水平，是与測量尼罗河水位并逐年作出記录有密切关系的。

至于記数方法，自古巴比伦人一向用来表示数字“位値”的制度，是很笨拙的；直到公元前一千年后，他們創用了“零”这个符号，才算是把这困难解决。

可见对大量的数目进行計算和記录必須有一定的技术条件作基础。但这一技术水平是取决于社会經济的发展程度的。人类的知識依賴于生产力发展的水平、取决于社会的需要，这一规律可以通过人口調査的具体历史来闡明。据我不成熟的浅见，以为人口調査的起源，最初只是計算人数，其后才計算戶数。計算土地只不过为了計算財产，所以土地調査的出现又在戶口調査之后。試論証如下：

这是一件人所常知的事实：从古以来便有些沒有定居的游牧部落，他們只有口数的計算，却沒有戶数和土地的調査。一般地說，在原始社会部落联盟时，已有召集各部落

• 12 •

中國歷代户口、田地、田賦統計原論

梁方仲

載《學術研究》1962年第一期

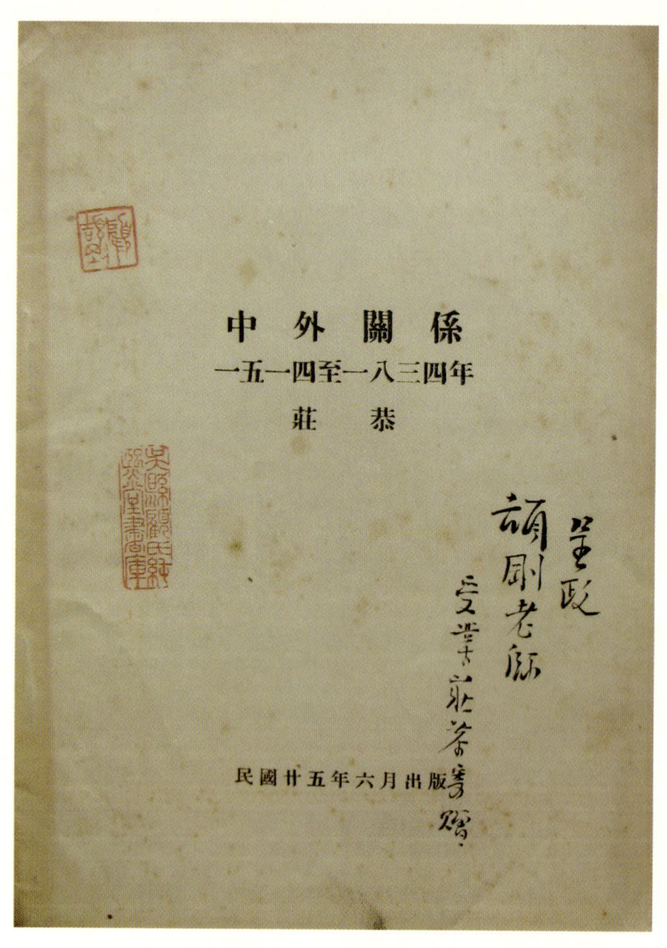

中外關係

一五一四至一八三四年

莊　恭

民國廿五年六月出版

中外關係（一五一四至一八三四年）

莊恭

載《之江學報》第五期，1936年6月

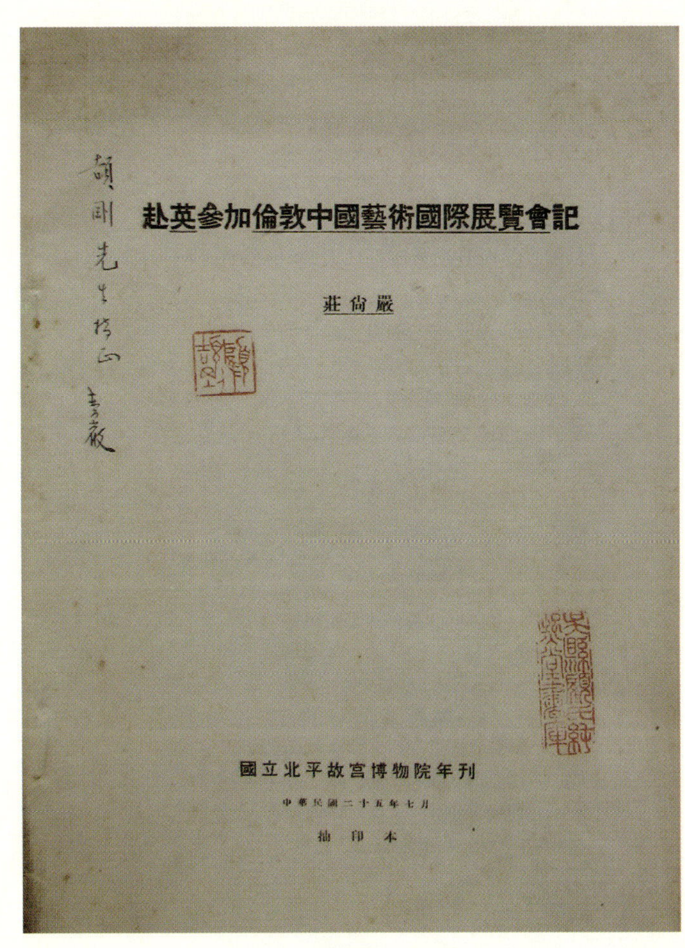
赴英參加倫敦中國藝術國際展覽會記

莊尚嚴

國立北平故宮博物院年刊

中華民國二十五年七月

抽印本

赴英參加倫敦中國藝術國際展覽會記

莊尚嚴

載《北平故宮博物院年刊》，1936年7月

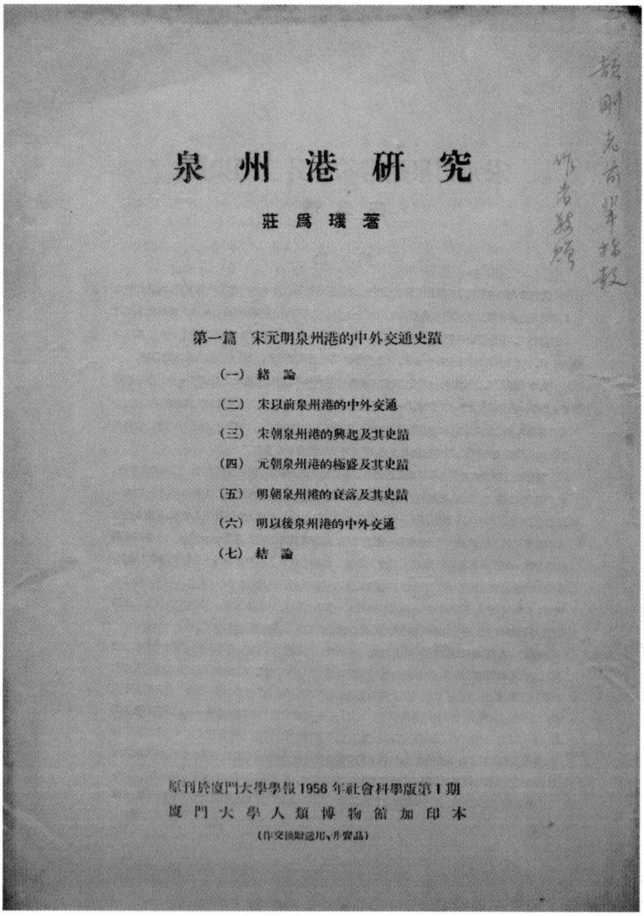

頡剛先生指教

作者敬贈

泉州港研究

莊爲璣著

第一篇　宋元明泉州港的中外交通史蹟

(一) 緒論
(二) 宋以前泉州港的中外交通
(三) 宋朝泉州港的興起及其史蹟
(四) 元朝泉州港的極盛及其史蹟
(五) 明朝泉州港的衰落及其史蹟
(六) 明以後泉州港的中外交通
(七) 結論

原刊於厦門大學學報1956年社會科學版第1期
厦門大學人類博物館加印本
(作交換贈送用、非賣品)

泉州港研究

莊爲璣

載《厦門大學學報(社會科學)》1956年第一期

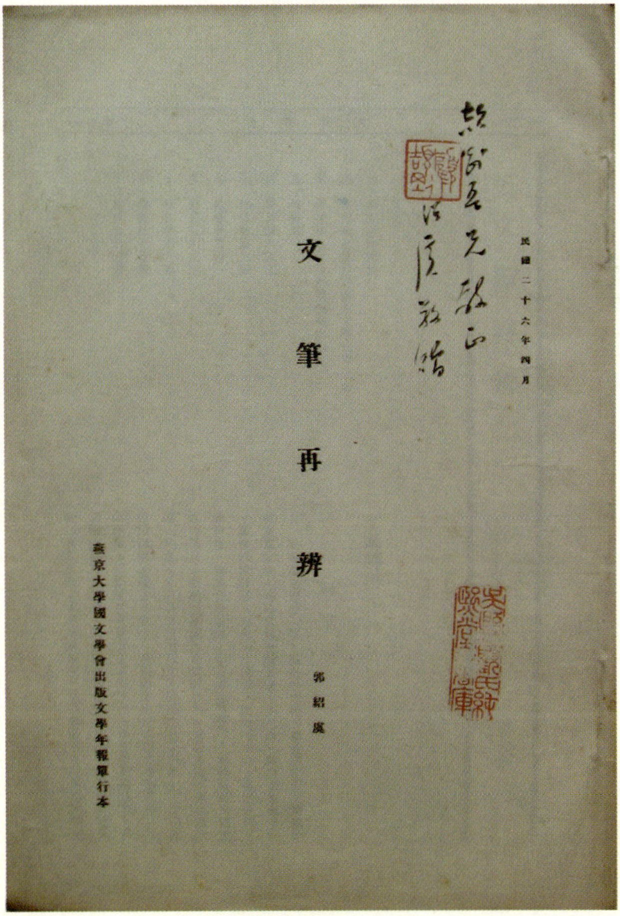

文筆再辨

郭紹虞

載《文學年報》第三期，1937年

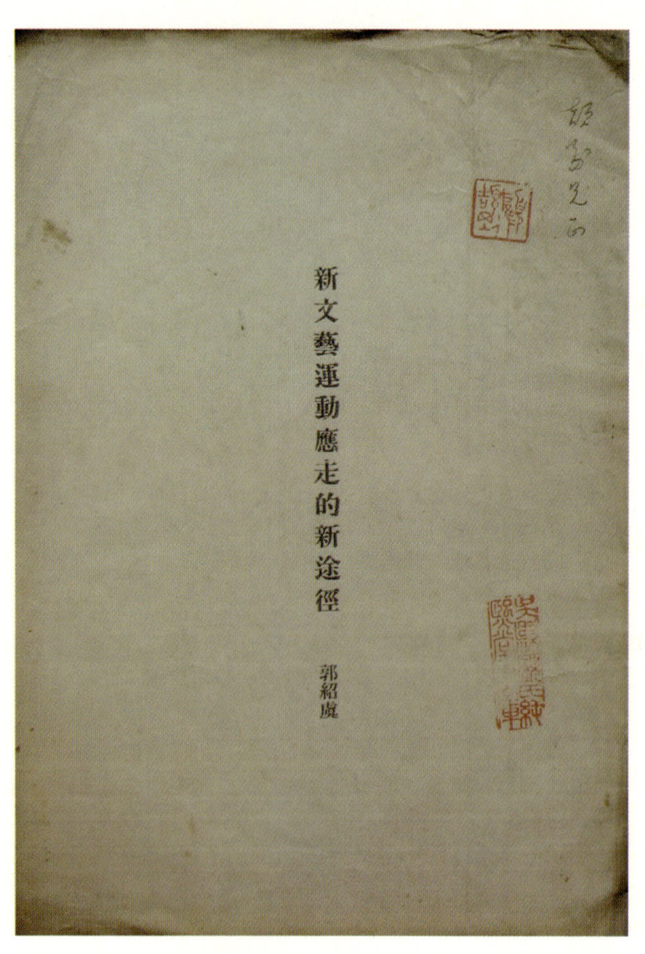

新文藝運動應走的新途徑

郭紹虞

新文藝運動應走的新途徑

郭紹虞

載《文學年報》第五期，1939年

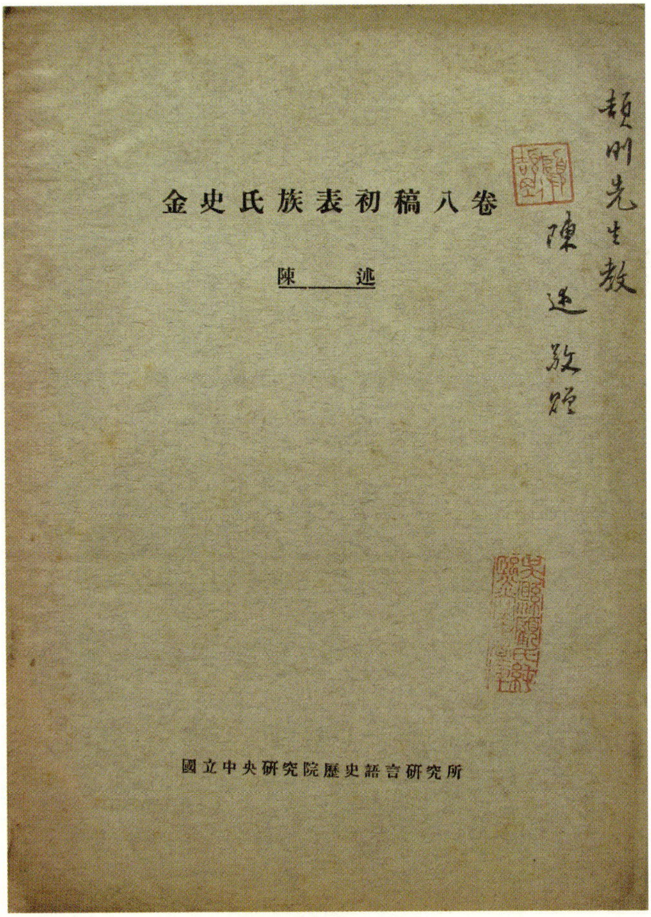

頡剛先生教 陳述敬贈

金史氏族表初稿八卷

陳　述

國立中央研究院歷史語言研究所

金史氏族表初稿

陳述

載《中央研究院歷史語言研究所集刊》五本三、四分，1935年

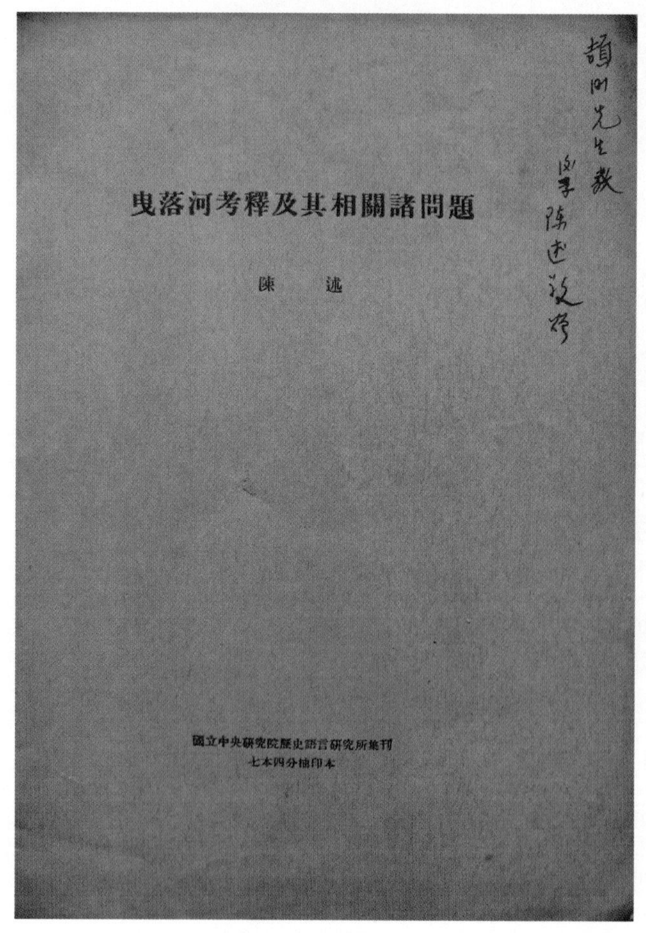

曳落河考釋及其相關諸問題

陳述

載《中央研究院歷史語言研究所集刊》七本四分，1938年

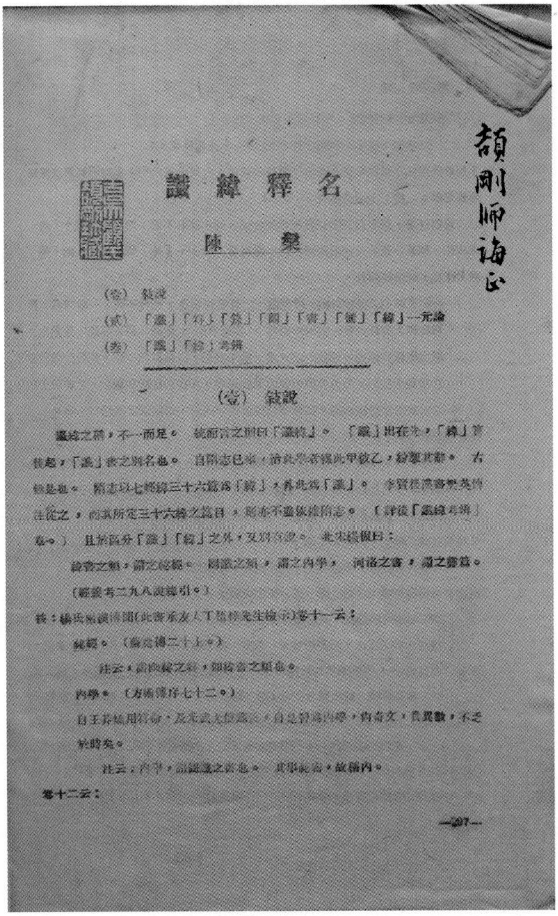

頡剛師誨正

讖緯釋名

陳槃

（壹）敍說

（貳）「讖」「符」「錄」「圖」「書」「候」「緯」一元論

（叁）「讖」「緯」考辨

（壹）敍說

讖緯之稱，不一而足。統而言之則曰「讖緯」。「讖」出在先，「緯」實後起，「讖」書之別名也。自隋志已來，治此學者執此甲彼乙，紛擾其辭。[illegible]是也。隋志以七經緯三十六篇爲「緯」，外此爲「讖」。李賢注漢書樊英傳注從之，而其所定三十六緯之篇目，則亦不盡依據隋志。（詳後「讖緯考辨」卷。）且於區分「讖」「緯」之外，又別有說。北宋楊侃曰：

緯書之類，謂之秘經。圖讖之類，謂之內學。河洛之書，謂之靈篇。

（經義考二九八說緯引。）

按：楊氏兩漢博聞（此書承友人丁[illegible]先生檢示）卷十一云：

秘經。（蘇竟傳二十上。）

注云：謂幽秘之經，即緯書之類也。

內學。（方術傳序七十二。）

自王莽矯用符命，及光武尤信讖言，自是習爲內學，尚奇文，貴異數，不乏於時矣。

注云：內學，謂圖讖之書也。其事秘密，故稱內。

卷十二云：

—297—

讖緯釋名 △

陳槃

載《中央研究院歷史語言研究所集刊》十一本，1943年

頡剛吾師誨正

燉煌唐咸通鈔本三備殘卷解題

——古讖緯書錄解題附錄之一——

陳　　槃

巴黎國立圖書館藏燉煌鈔本三備，伯希和編目S六〇一五，又S六三四九號。本所託北平圖書館王有三重民先生錄副。上備闕，中下二備殘。

下備一卷，已終篇，而頁後復有題占候驗吉凶法者二百餘字，所言係葬時吉占數事。以此題推之，當更有凶占，而其文已佚。三備本分上中下備各一卷，每卷別有篇目，如中備有築宅吉凶法，下備有占葬日及地下事之類是也。此占候驗吉凶法言葬時吉徵，與其上篇言葬地吉凶者，層次相應；又中備有築宅吉凶法，下備有言葬地之占候驗吉凶法，以全書體例言，亦相應。然則此占候驗吉凶法，無疑爲下備篇目之一。其見于下備終篇之後，似別爲一書者，錯出之故。此如中備篇首二行，乃全書之引論，應置上備之前，今亦誤置中備之首；又如下備第五頁下面，第六頁上面，俱空白，六頁下面始復有書，亦其例。書多近鄙別字，知本爲一極通俗之篇，錯亂互倒，宜其不免。

占候驗吉凶法尾行，注明鈔寫時間，檢當爲唐懿宗之咸通五年。（詳後。）

三備沉薶，蓋數百年于茲矣。此鈔雖非完璧，然古籍埋羞，有資于此者已不在少，是可貴也。爰爲粗陳本末，間據管見，論次如下。

壹　三備概述

三備又作易三備，或周易三備；（並引見後。）亦稱三備經，文有『經云，上備天也』云云，可知。

三備著錄，始于隋書經籍志；次舊新唐書；次北宋崇文總目等。永樂大典本易緯稽覽圖前頁注亦提及此書，無疑大典纂集時，此書尚存。焦竑國史經籍志子部術

—381—

燉煌唐咸通鈔本三備殘卷解題　△

陳槃

載《中央研究院歷史語言研究所集刊》十本，1948年

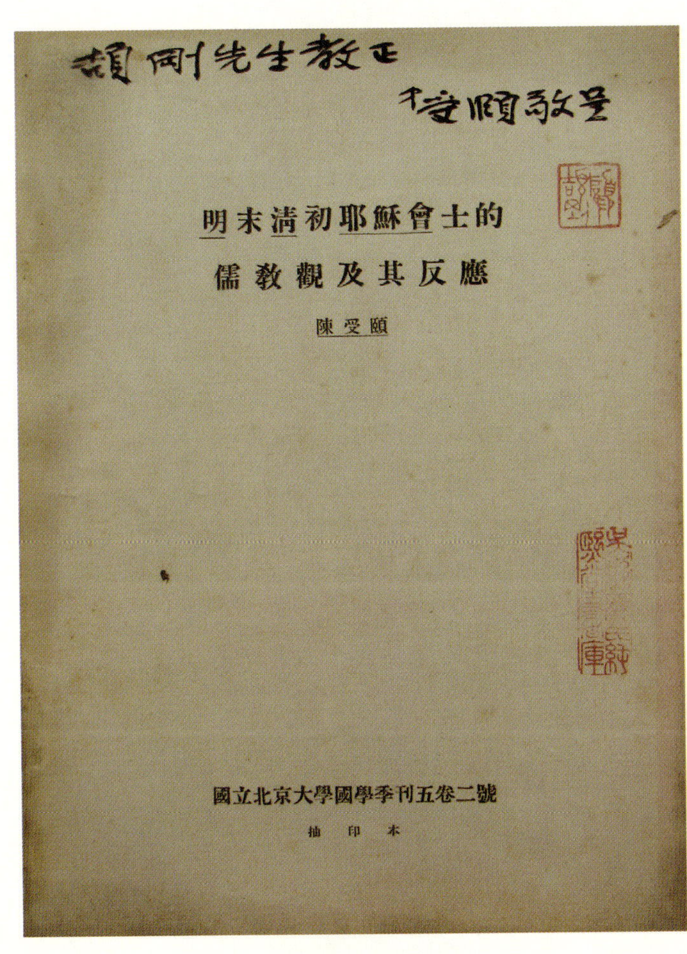

頡剛先生教正

受頤敬呈

明末清初耶穌會士的
儒教觀及其反應

陳受頤

國立北京大學國學季刊五卷二號

抽印本

明末清初耶穌會士的儒教觀及其反應

陳受頤

載《北京大學國學季刊》五卷二號，1935年

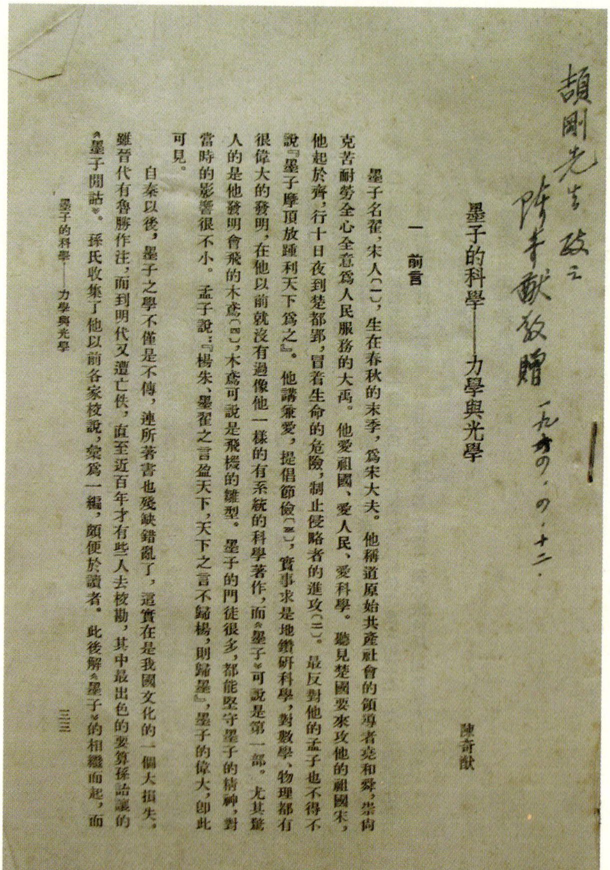

頡剛先生教之
陳奇猷敬贈 一九八〇、四、十二

墨子的科學——力學與光學

陳奇猷

一 前言

墨子名翟，宋人〔一〕，生在春秋的末季，爲宋大夫。他稱道原始共產社會的領導者堯和舜，崇尚克苦耐勞全心全意爲人民服務的大禹。他愛祖國、愛人民、愛科學。聽見楚國要來攻他的祖國宋，他起於齊，行十日夜到楚都郢，冒着生命的危險，制止侵略者的進攻〔二〕。最反對他的孟子也不得不說『墨子摩頂放踵利天下爲之』。他講兼愛，提倡節儉〔三〕，實事求是地鑽研科學，對數學、物理都有很偉大的發明，在他以前就沒有過像他一樣的有系統的科學著作，而《墨子》可說是第一部。尤其驚人的是他發明會飛的木鳶〔四〕，木鳶可說是飛機的雛型。墨子的門徒很多，都能堅守墨子的精神，對當時的影響很不小。孟子說：『楊朱、墨翟之言盈天下，天下之言不歸楊，則歸墨』，墨子的偉大，即此可見。

自秦以後，墨子之學不僅是不傳，連所著書也殘缺錯亂了，這實在是我國文化的一個大損失。雖晉代有魯勝作注，而到明代又遭亡佚，直至近百年才有些人去校勘，其中最出色的要算孫詒讓的《墨子閒詁》。孫氏收集了他以前各家校說，彙爲一編，頗便於讀者。此後解《墨子》的相繼而起，而

墨子的科學——力學與光學 三三

墨子的科學——力學與光學

陳奇猷

載《中華文史論叢》第四輯，1979年

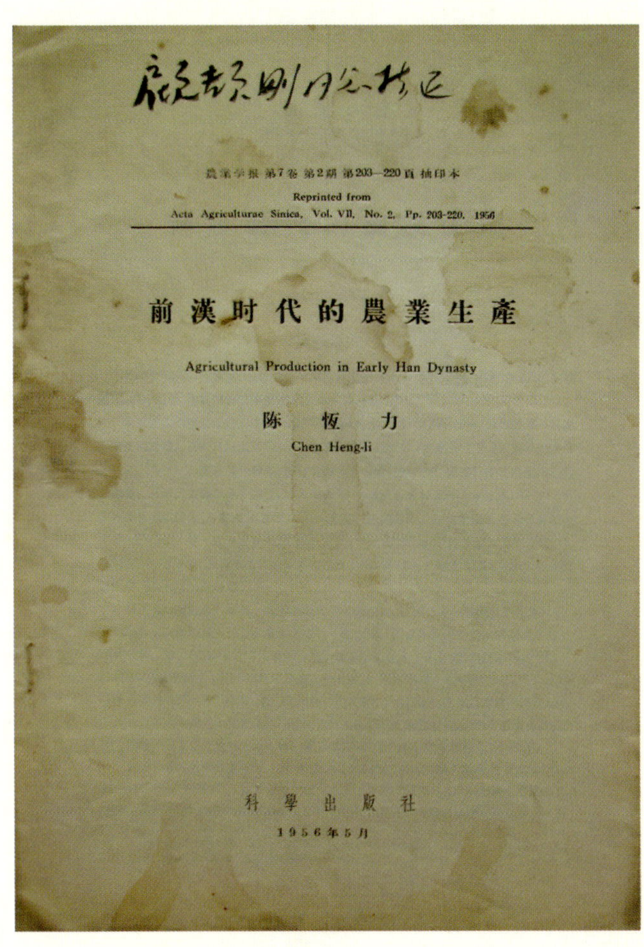
農業学报 第7卷 第2期 第203—220頁 抽印本

Reprinted from
Acta Agriculturae Sinica, Vol. VII, No. 2, Pp. 203-220, 1956

前漢时代的農業生產

Agricultural Production in Early Han Dynasty

陈 恆 力

Chen Heng-li

科 學 出 版 社

1956年5月

前漢時代的農業生産

陳恒力

載《農業學報》第七卷第二期，1956年5月

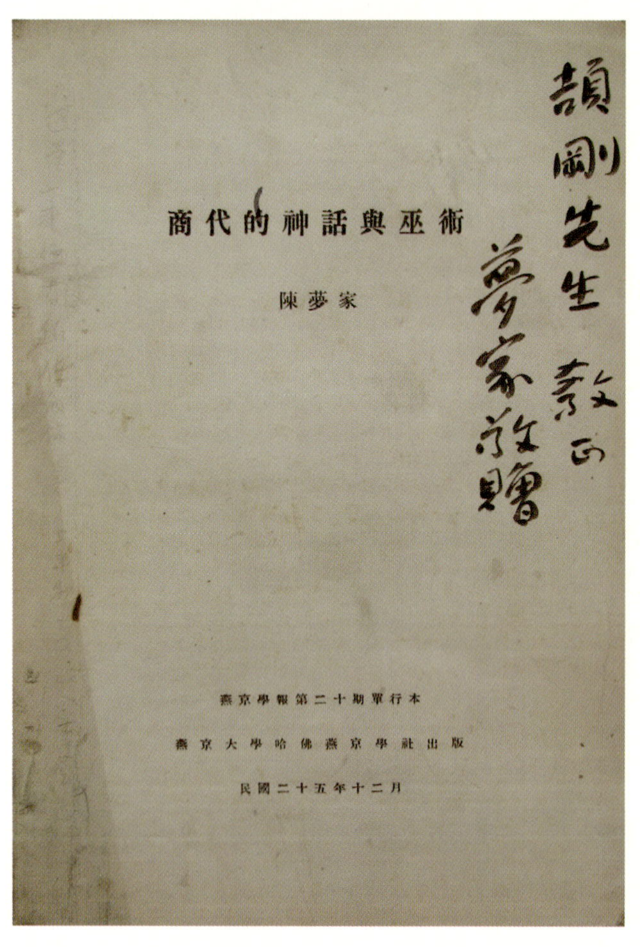

頡剛先生教正

夢家敬贈

商代的神話與巫術

陳夢家

燕京學報第二十期單行本

燕京大學哈佛燕京學社出版

民國二十五年十二月

商代的神話與巫術

陳夢家

載《燕京學報》第二十期，1936年12月

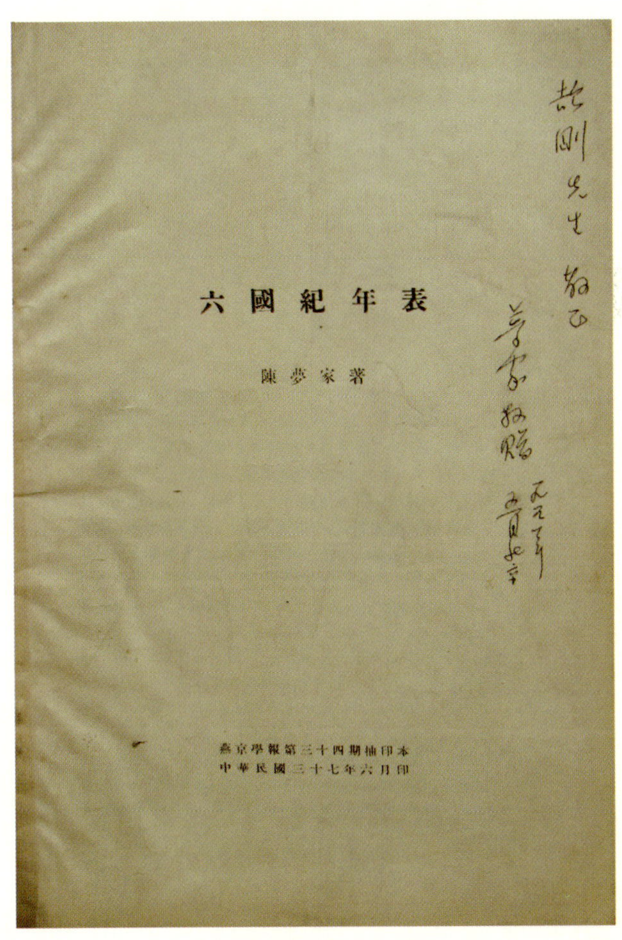

六國紀年表

陳夢家著

燕京學報第三十四期抽印本
中華民國三十七年六月印

六國紀年表

陳夢家

載《燕京學報》第三十四期，1948年6月

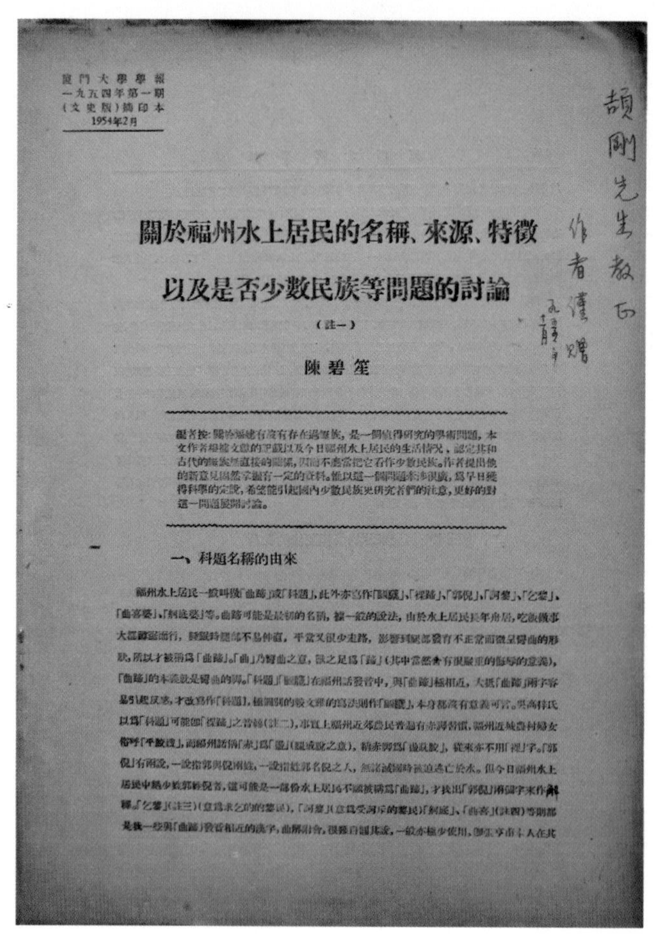

廈門大學學報
一九五四年第一期
（文史版）摘印本
1954年2月

頡剛先生教正
作者謹贈

關於福州水上居民的名稱、來源、特徵以及是否少數民族等問題的討論

（註一）

陳碧笙

編者按：關於福建有沒有存在過蜑族，是一個值得研究的學術問題，本文作者根據文獻的記載以及今日福州水上居民的生活情況，認定其和古代的蜑族無直接的關係，因而不應當把它看作少數民族。作者提出他的新意見固然掌握有一定的資料。惟以這一個問題牽涉很廣，為早日獲得科學的定說，希望能引起國內少數民族史研究者們的注意，更好的對這一問題展開討論。

一、科題名稱的由來

關於福州水上居民的名稱、來源、特徵以及是否少數民族等問題的討論

陳碧笙

載《廈門大學學報（文史版）》1954年第一期

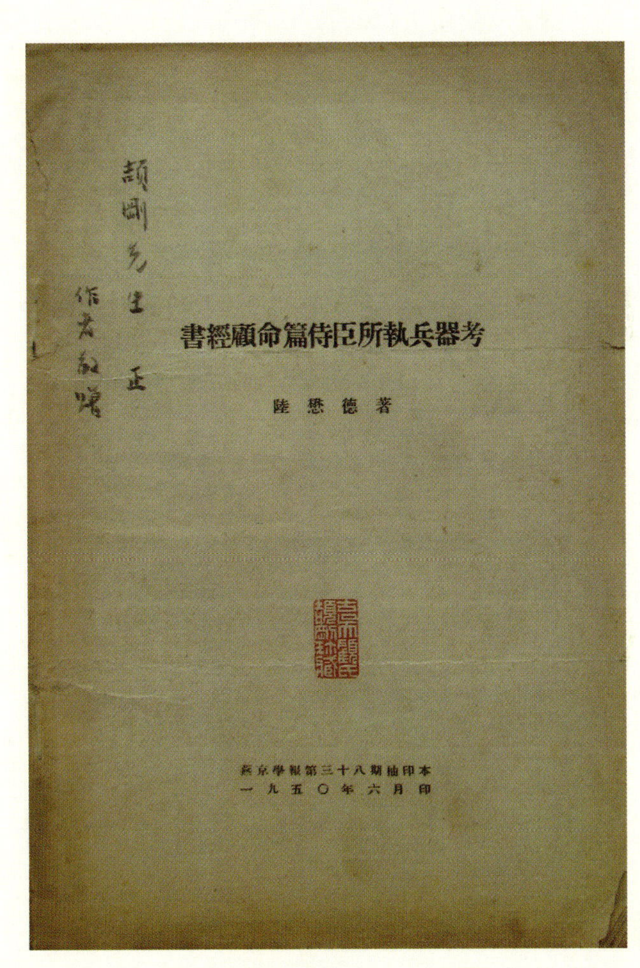

書經顧命篇侍臣所執兵器考

陳懋德

載《燕京學報》第三十八期，1950年6月

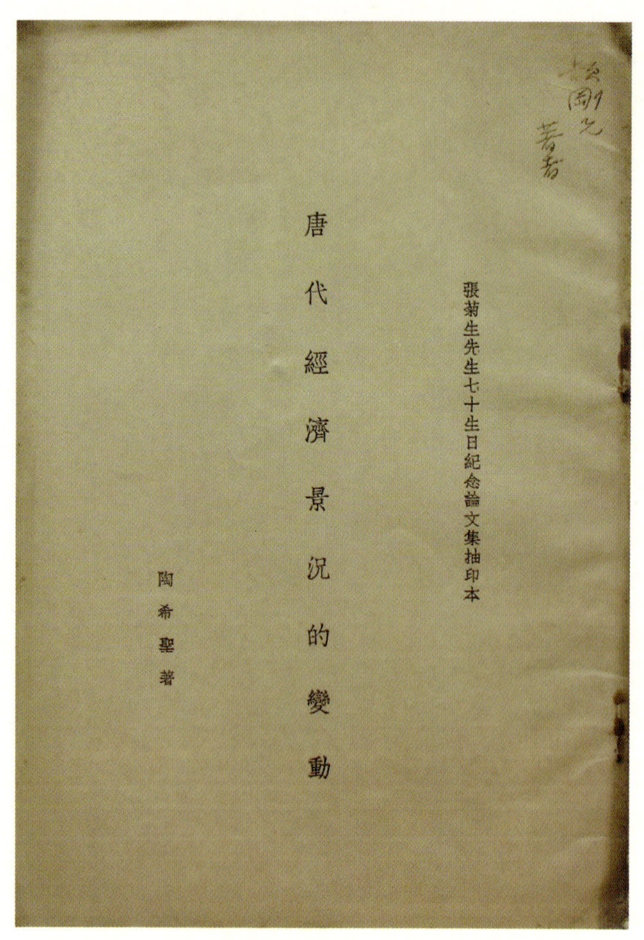

唐代經濟景況的變動

陶希聖

載《張菊生先生七十生日紀念論文集》，1936年

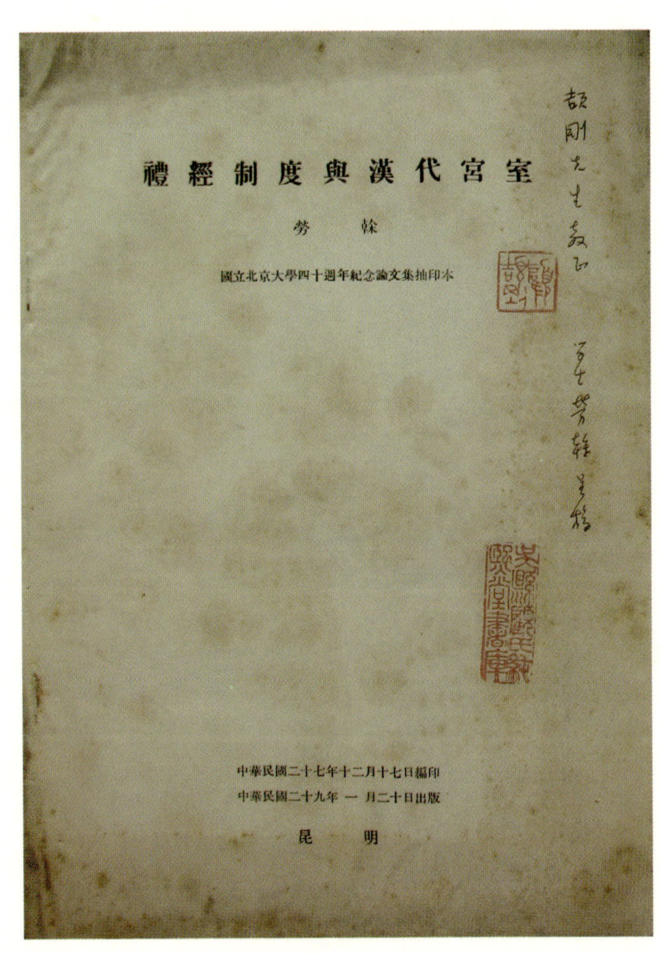

禮經制度與漢代宮室

勞　榦

國立北京大學四十週年紀念論文集抽印本

中華民國二十七年十二月十七日編印

中華民國二十九年　一　月二十日出版

昆　明

禮經制度與漢代宮室

勞榦

載《北京大學四十週年紀念論文集》，1940年1月

居延漢簡考釋序

敦煌漢簡和居延漢簡是數十年來對於漢代史料的最大發現。敦煌漢簡自斯坦因發現以後，經沙畹，王國維諸人的考釋，可以說榛莽已闢。居延漢簡係民國十九年西北科學考察團所發現的，發現時期較敦煌漢簡爲後，但其分量卻比敦煌漢簡要多出數倍。

居延漢簡雖然分量比較敦煌漢簡爲多，所可惜的是雖然發現許久，仍然未和世人相見。在北平未淪陷以前，由馬叔平，向覺明，賀昌羣，余讓之諸先生和我作了一部分釋文，也因北平淪陷，釋文隨着失去。所幸原簡已由徐森玉先生和沈仲章先生設法運出。經中英庚款基金董事會的資助能在流離板蕩之中出版，不能不說是千辛萬苦中的收穫（編者按：此書在香港淪陷時尚未出版）

現在的釋文，就是根據原簡的反體照片，這些是因爲製版由商務印書館攝影並由沈仲章先生經手拍攝的。爲寫成今體和校對分類，我已經費去兩年多的時間。但其中仍有許多地方，尚不能做到完全滿意。而且攝影的時候，底片尚有損壞由香港寄到昆明，蠟像亦有損壞和遺失，數目上和編製上是不能和在滬剪貼複照的成書，完全一致。這一點是無可如何的。倘若在平時儘可有法參照，但現在是戰時，只好釋文和影本各自爲政。將來影本出版以後，再參照影本來做索引及補遺。

本篇的釋文是按照簡牘的種類來分類的。計分爲文書、簿册、信札、經籍、雜類五類。在五類之中再分出若干小類。這種分類是變通羅振玉和王國維所設計的流沙墜簡的分類而成。墜簡的分類是：（一）小學術數方技書（二）屯戍叢殘（三）簡牘遺文。而屯戍叢殘再分爲簿書、烽燧、戍役、廩給、器物雜事各類。照這個分類法，屯戍叢殘一類包括太廣了。而且簿書是按簡牘的種類分，烽燧以下四類又按着性質分，所以在排比上不免有無所適從的地方。雜事一類大都是無類可歸或殘缺太甚的，其中不一定便是屯戍叢殘所能包括而沒有其他兩類上的簡牘。所以現在將屯戍叢殘所包括的，分爲文書，簿册和雜事三類，改小學術數方技書爲經籍，改簡牘遺文爲信札。使得所有的類全是按照着簡牘的種類，再在種類的下，按性質分爲各個的小類。

頡剛先生教正

勞榦呈稿

居延漢簡考釋序

勞榦

載《中央研究院歷史語言研究所集刊》十本四分，1942年

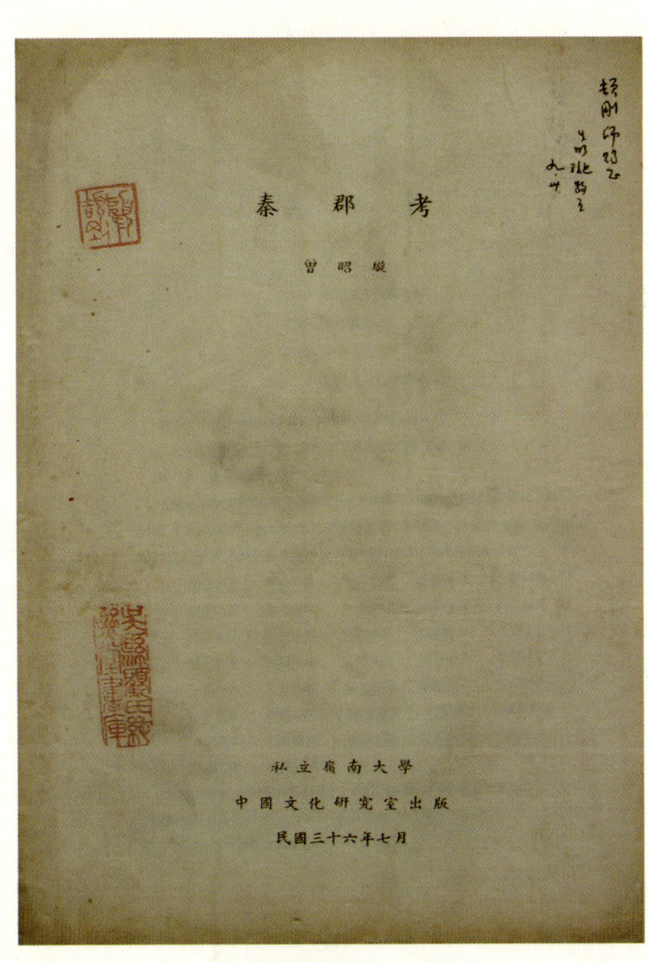

秦　郡　考

曾　昭　璿

私立嶺南大學

中國文化研究室出版

民國三十六年七月

秦郡考

曾昭璿

嶺南大學中國文化研究室出版，1947年7月

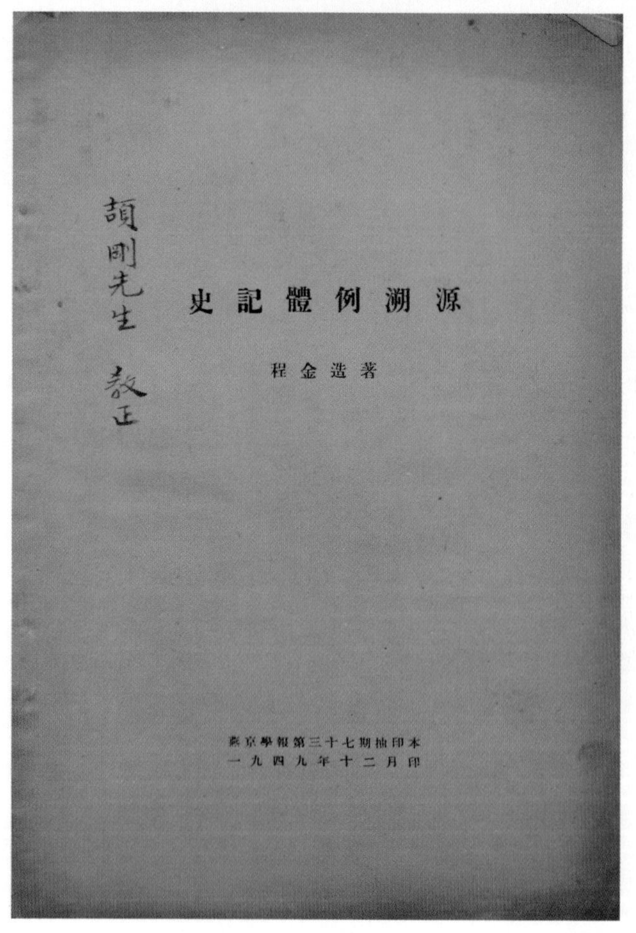

史記體例溯源

程金造

載《燕京學報》第三十七期，1949年12月

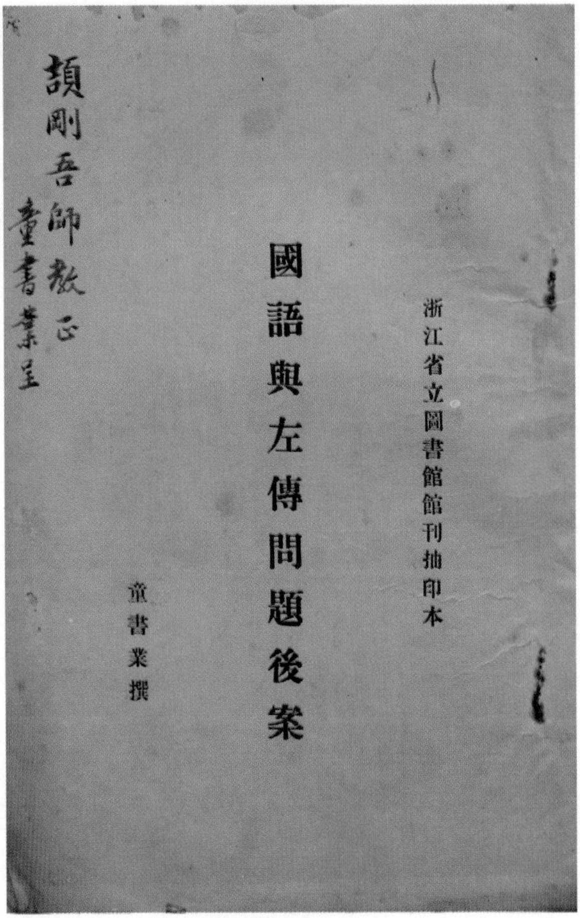

浙江省立圖書館館刊抽印本

國語與左傳問題後案

童書業撰

頡剛吾師教正

童書業呈

國語與左傳問題後案

童書業

載《浙江省立圖書館館刊》第四卷第一期，1935年

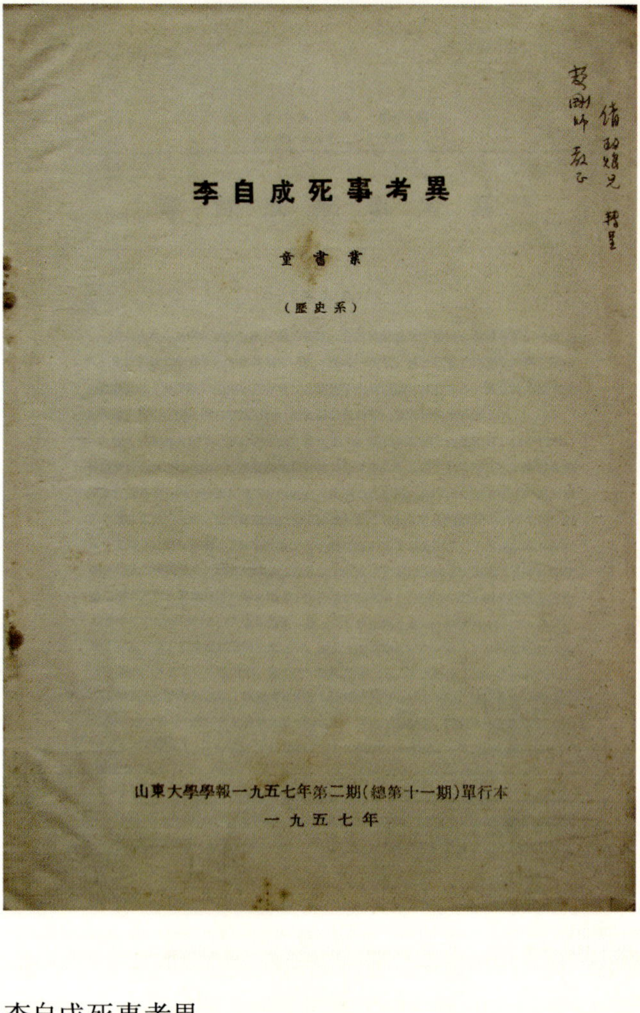

李自成死事考異

童書業

（歷史系）

山東大學學報一九五七年第二期（總第十一期）單行本

一九五七年

李自成死事考異

童書業

載《山東大學學報（哲學社會科學版）》1957年第二期

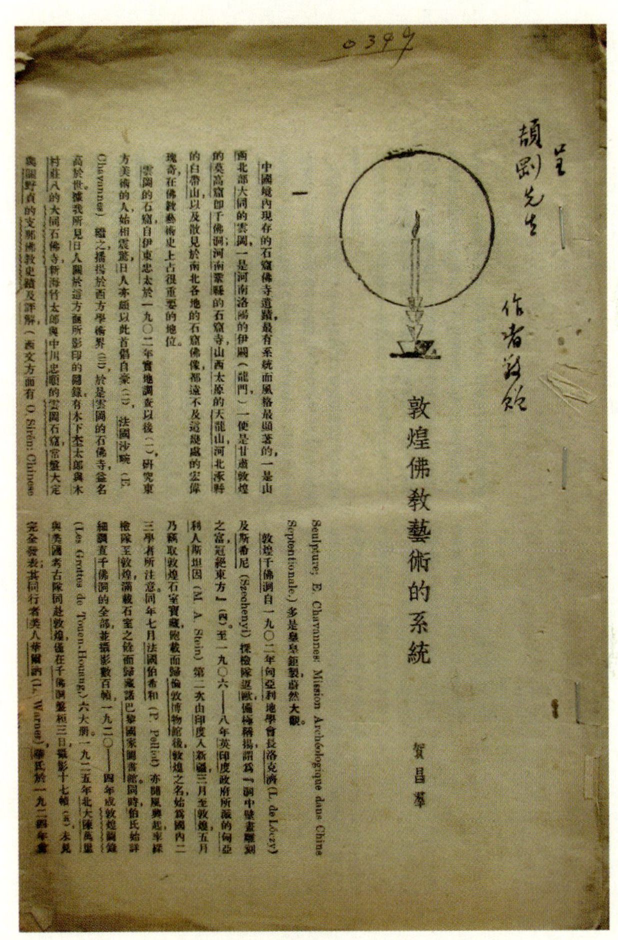

0399

頡剛先生 呈

敦煌佛教藝術的系統

賀昌羣

一

中國境內現存的石窟佛寺遺蹟，最有系統而風格最顯著的，一是山西北部大同的雲岡，一是河南洛陽的伊闕（龍門），一便是甘肅敦煌的莫高窟即千佛洞；河南鞏縣的石窟寺，山西太原的天龍山，河北涿縣的白帶山以及散見於南北各地的石窟佛像，都遠不及這幾處的宏偉瑰奇，在佛教藝術史上占很重要的地位。

雲岡的石窟自伊東忠太於一九〇二年實地調查以後（一），研究東方美術的人，始相震驚，日人亦頗以此首倡自豪（二）。法國沙畹（E. Chavannes）繼之播揚於西方學術界（三），於是雲岡的石佛寺，益名高於世。據我所見日人關於這方面所影印的圖錄，有木下杢太郎與木村莊八的大同石佛寺，新海竹太郎與中川忠順的雲岡石窟，常盤大定與關野貞的支那佛教史蹟及評解，（西文方面有 O. Sirén: Chinese Sculpture; E. Chavannes: Mission Archéologique dans Chine Septentionale.）多是皇皇鉅製，蔚然大觀。

敦煌千佛洞自一九〇二年匈亞利地學會長洛克濟（L. de Lóczy）及斯希尼（Szechenyi）探檢隊返歐，備極稱揚，謂為『洞中壁畫雕刻之富，冠絕東方』（四）。至一九〇六——八年英印度政府所派的匈亞利人斯坦因（M. A. Stein）第二次由印度入新疆，三月至敦煌，五月乃竊取敦煌石室寶藏，捆載而歸倫敦博物館後，敦煌之名，始為國內二三學者所注意。同年七月法國伯希和（P. Pelliot）亦聞風興起，率探檢隊至敦煌，滿載石室之餘而歸藏諸巴黎國家圖書館。同時，伯氏始詳細調查千佛洞的全部，並攝影數百幅，一九二〇——四年成敦煌圖錄（Les Grottes de Touen-Houang）六大冊。一九二五年北大陳萬里與美國考古隊同赴敦煌，僅在千佛洞盤桓三日，攝影十七幅（五），未見完全發表；其同行者美人華爾納（L. Warner），華氏於一九二四年曾

敦煌佛教藝術的系統

賀昌群

載《東方雜誌》第二十八卷第十七號，1931年

地理集刊
第 7 号

历史时期山西西部的农牧开发

钮仲勋

前言

山西西部黄河以东，呂梁山以西，北自偏关、河曲，南至乡宁、吉县的狭长地带（以下簡称本区），是黄河流域水土流失极为严重的地区之一。每年的输沙量达1亿3千万公吨左右。这不仅直接威胁三門峽水庫的安全和黄河梯級开发計划的执行，并且对本区和黄河中下游广大地区的农业生产和各項經济建設有极不利的影响。为此，本文試图对本区在历史时期的农牧开发进行初步的研究，闡明农牧經济发展的过程及其对植被破坏、水土流失的影响，以供有关部門参考。

一、自然因素和社会經济因素

影响地区的农牧开发有两个因素：一为自然因素；一为社会經济因素。在叙述农牧經济发展以前，有必要先对上述的两个因素作簡单的叙述。

本区是山陝黄土高原的一部分，位于黄河大峽谷东側。东部呂梁山脉拔海1,500米以上，最高达2,000米以上，高出黄河沿岸500—1,000米左右。境内整个地势向西部傾斜，黄土大量沉积，厚度很大，适于农业发展。但由于本区接近西北内陆以及东部山岭重迭的影响，东南季风至此已成强弩之末，气候寒冷干旱，降水季节集中而且强度較大。在东部山地中虽有不少森林的分布，但大部地区的植被均属于草原类型。因此，从气候和植被的条件看，本区林牧业的发展似乎較农业更为适宜些。根据中国科学院自然区划工作委員会1958年的自然区划，本区属于暖温带半干旱地区干草原地带，北面是以牧业为主的温带半干旱地区干草原地带；南面是以农业为主的暖温带半湿润地区半干性落叶闊叶林与森林草原地带。因此本区无論气候上或者植被上都有明显的过渡的性質。这是符合于上述实际情况的。

正确利用改造本区的自然条件，因地制宜地在农林牧之間安排适当的比例，保护森林和草原，禁止乱垦乱伐，使农林牧得到綜合发展；既利用了自然条件的有利方面，又改造和限制了它的不利方面；既估計到由于利用自然而引起的自然条件的变化；又通过人的主观能动性控制了自然条件的定向发展使其为生产服务；这是比較合乎理想的。但是，在过去阶級社会里，这是不可能实现的。

按照目前的自然条件看，本区过去在很長时期内对于自然条件的利用是不合理的，愈到近代，这种情况愈为显著。从现在的自然景观看，不难推想到本区原来在1,200米以下广大的丘陵和河谷地带都是丰盛的草原，可能与内蒙河套与大青山一带的草原相仿佛，甚至更肥美些；在1,200米以上至1,800米之間的山地，都是郁郁葱葱的森林。可是现在不但絕大部分的草原，不論土質、坡度和地面地下的水源情况如何，都已毫无选择地开垦了，

歷史時期山西西部的農牧開發

鈕仲勳

載《地理集刊》第七號，1964年

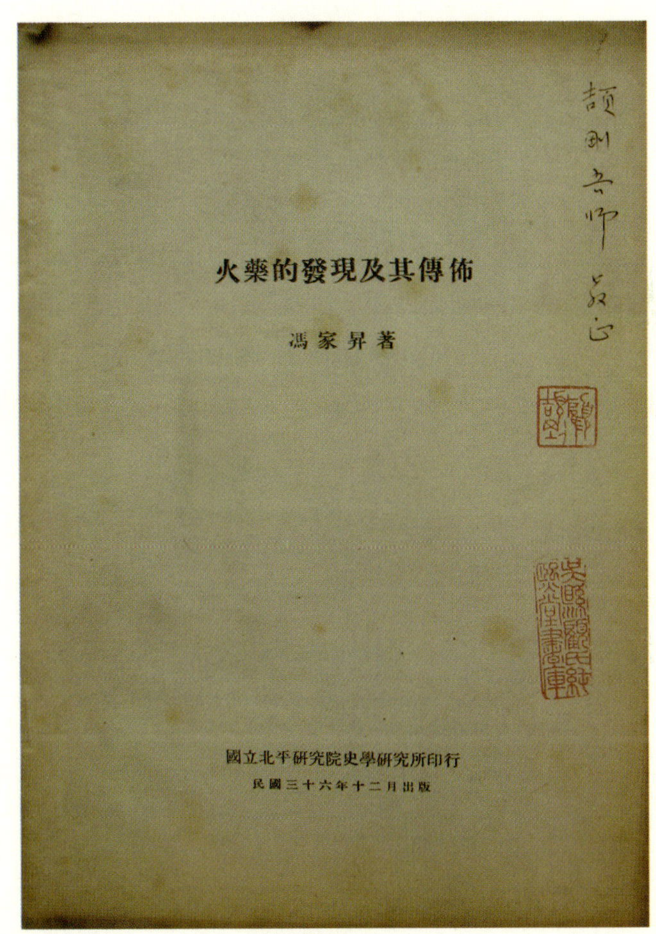
火藥的發現及其傳佈

馮家昇著

國立北平研究院史學研究所印行

民國三十六年十二月出版

火藥的發現及其傳佈

馮家昇

北平研究院史學研究所印行，1937年12月

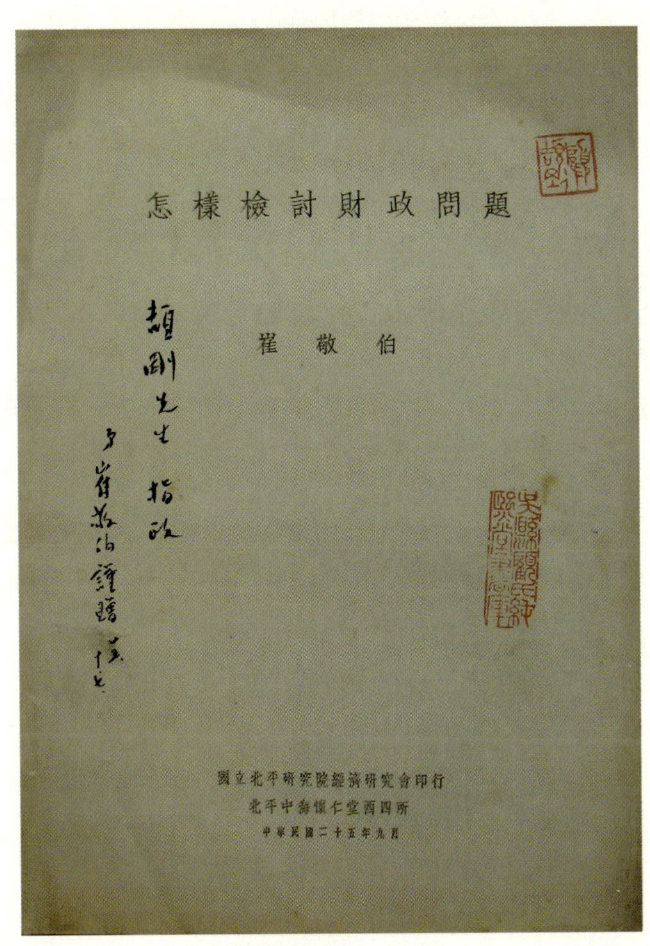
怎樣檢討財政問題

頡剛先生指政

弟崔敬伯謹贈

崔敬伯

國立北平研究院經濟研究會印行

北平中海懷仁堂西四所

中華民國二十五年九月

怎樣檢討財政問題 △

崔敬伯

北平研究院經濟研究會印行，1936年9月

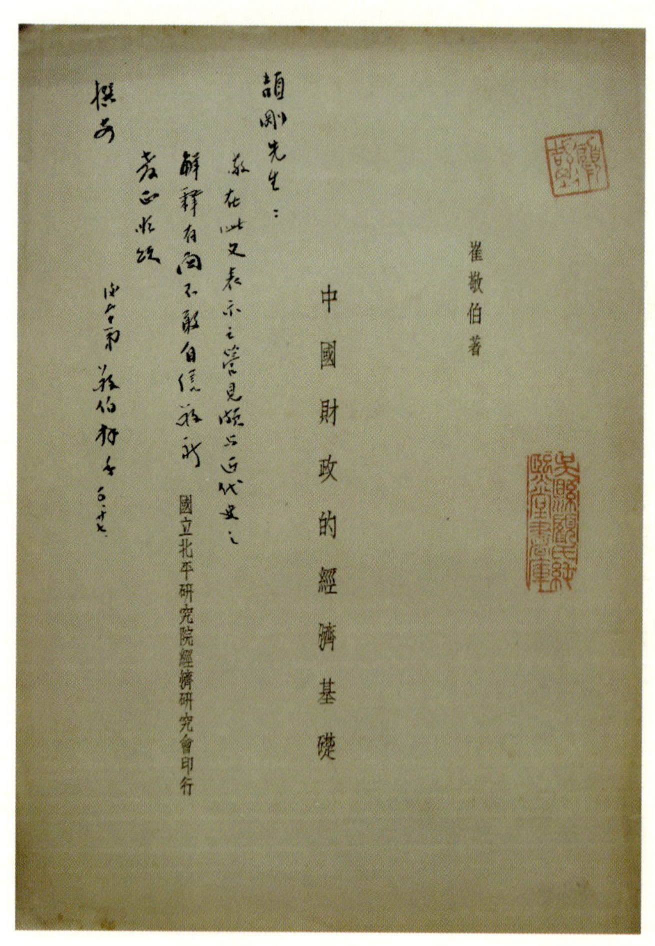

崔敬伯著

中國財政的經濟基礎

國立北平研究院經濟研究會印行

中國財政的經濟基礎 △

崔敬伯

北平研究院經濟研究會印行，1936年9月

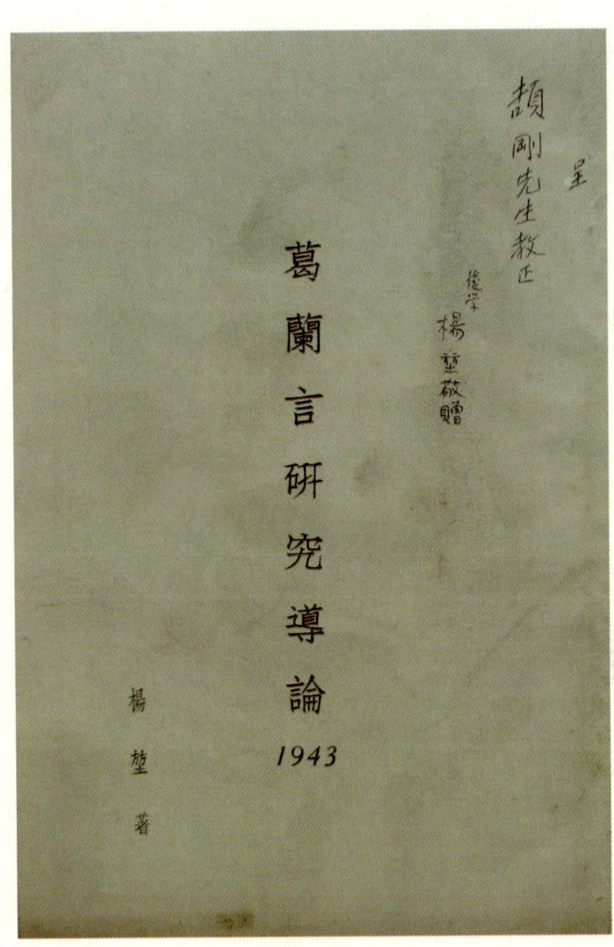
頡剛先生教正　呈

後学楊堃敬贈

葛蘭言研究導論

1943

楊堃著

葛蘭言研究導論

楊堃

載《社會科學季刊》第一卷第三、四期及第二卷第一期，1940年

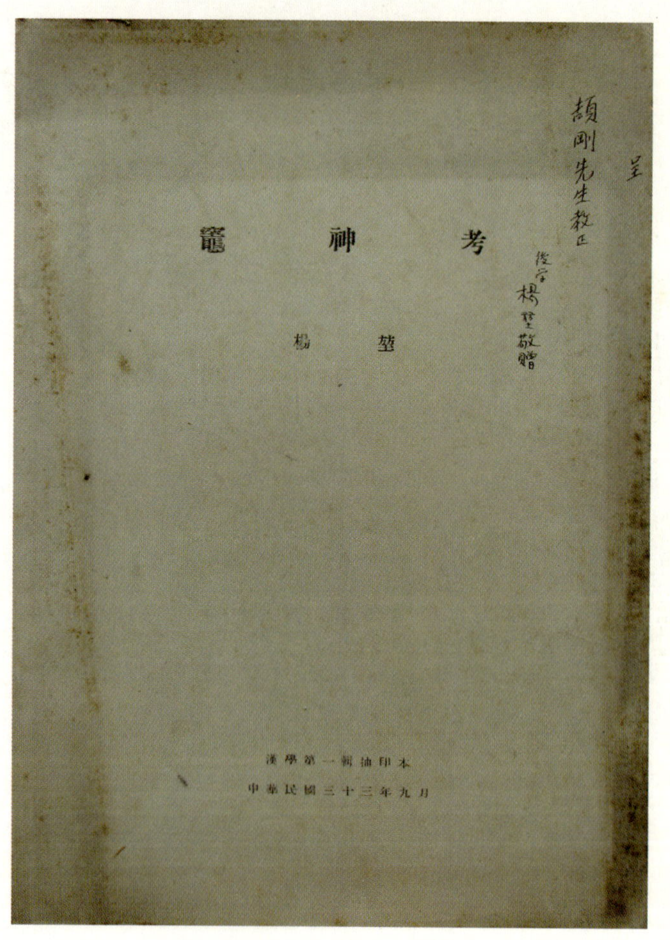

竈神考

楊堃

載《漢學》第一輯，1944年9月

西南邊疆文化建設之三個建議

楊成志

(一)導言——國族政策與民族研究之分類與關係

近來我國邊疆問題，已引起各方之注意，在政府方面，有交通，實業及教育之各種新建設；在學術界方面，有著述，討論，調查報告或組織學會之各種宣傳。前者為實際，後者為理論，誠抗戰建國期中一種極良好之現象也。

作者認為我國今日邊疆之開發，理論與實際同具平行之重要，蓋理論為建設之先導，實際乃功績之根本，非有科學根據之理論，斷不能建其言，非有苦幹精神之實際，斷不能立其功，此兩者實為邊疆建設之大前提也。

夫我國邊疆，幅員廣大，若言建設，似宜先就東西南北各部或今日抗戰建國中心之西北與西南兩邊疆為地域之分區，察當地環境之需要，為適應建設之目標。其次以事業言之，凡交通，墾殖，礦產，牧畜，農林與教育均應逐漸推行，方能達到開發之目的。此兩者亦為開發邊疆基本上應循之途徑也。

再近言之，邊疆問題與民族問題之聯繫性，似乎不能分開。蓋邊地人民，漢人少而土著多，同生長於本國領土內之人民，均是中華民國國民，在理論上，實不必有民族之區分，此為以整個國家政治與國民義務關係而言。況值此大中華民族正處危急存亡當中，更不宜有漢、滿、蒙、回、藏、苗，夷界限之劃分，俾有一個國家，一個政府與一個領袖之認識，方能實現抗戰必勝建國必成之信仰。否則國之不存，族將安附？所謂「覆巢之下，決無完卵」之警語，實為我大中華民[illegible]每個國民心坎中宜絕對堅決信仰而無可否認者也。

此係本國家與國民義務而言，然而邊疆與民族問題之發生，非如此簡單，欲詳推其究竟，當先明邊疆與民族之定義。從狹義言之，即我國領土與外國或其殖民地之領土接壤之地區，其範圍界限，實極難劃定，僅就國人意識上之分別而已。就廣義言之，不特包含狹義之地區，且認凡未開發邊省各地，甚或至不接近外國之省份(如貴州)亦可稱為邊疆。吾人於此試舉教育部「邊疆教育之實施範圍為例。是資證明以上兩義俱在包含之列，此實不能不令吾人注意而更應從事下一邊疆之明晰定義。

至民族一詞之真義，在缺乏民族學論之我國學術界中，常與「國族」(Nation)「國家」(State)「國籍」(Nationality)，「國民」(Citizen)，「部族」，(Tribe)，及小而至氏族(Clan or Sib)大

頡剛仁兄指正
弟成志敬贈

西南邊疆文化建設之三個建議

楊成志

載《青年中國季刊》第一卷第一期，1939年9月

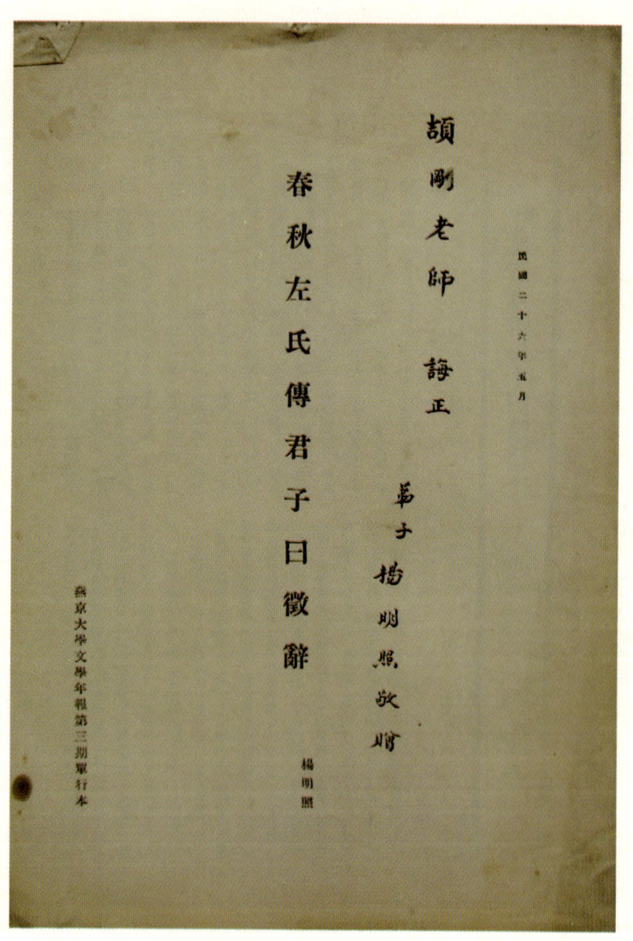

民國二十六年五月

頡剛老師誨正

弟子楊明照敬贈

春秋左氏傳君子曰徵辭

楊明照

燕京大學文學年報第三期單行本

春秋左氏傳君子曰徵辭

楊明照

載《文學年報》第三期，1937年5月

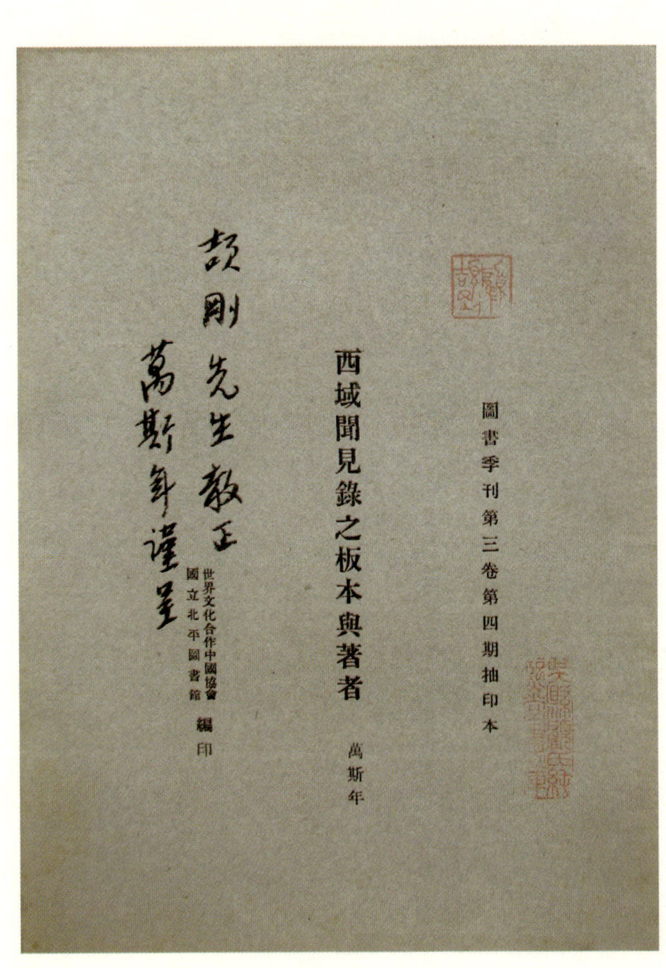

西域聞見録之板本與著者

萬斯年

載《圖書季刊》第三卷第四期，1943年9月

春秋时代史官职守的轉变和史学的发展

叶国庆

頡剛吾师指正

古代史官职守的轉变，是和史学的發展有密切关系的。

西周王朝为了适应于繁夥的政务，建立了一套比較前代嚴密的封建統治机構，还"制礼作乐"，提出前代未曾提过的德治作为巩固新王朝統治的武器。随着統治制度的变化，这时封建統治机構組成部份之一的史官，除了掌司曆法、占卜和祈享等等有关于天道或宗教迷信方面的任务外，还掌司記錄时政、寫作策命、保藏官府冊書、宣达王命和献書規諫等等有关于政务或人事方面的任务——这說明这时史官比較前代多参与若干有关于人事方面的任务了。西周史官的职守漸由天道方面轉向人事方面擴展，这对于史学的發展起了一定的作用。这时史官对于歷史的記載或歷史資料的編集和保存比較前代丰富了，这就为了以后史学進一步的發展准备了条件。（关于西周时代的史学，另文說明）

春秋时代的史学，卽在上述的基礎上取得進一步的發展。这时史官的职守，概括言之，仍負有兩类的任务：卽一类关于天道或宗教迷信方面的，一类关于人事方面的。当着封建領主土地占有制轉向地主土地所有制过渡的春秋时代，这时社会經济文化有了進一步的發展，相应地这时学术思想也發生了某种程度的变化，从而也引起了歷史观念的变化。这时出現了垂鑑的史观和变革的史观。史官的职守，在这种学术思想的發展的影响下，并由于它的繁雜的职务和实际工作不相合，也起了分化，卽是說史官职守中的某些部分逐漸分离出来而成为某种專業。由是史官就得有更多的机会从事于歷史的編寫工作。在这种情况下，編寫方法有了進步，新的史著也出現了。

春秋时代，周室衰微，王权动盪不安，列國間战事頻繁，因之各國史官或离弃其國，棄此适彼。如世典周史的司馬氏，"去周适晉，分散或在衛，或在趙，或在秦"[1]。如晉大史屠黍去晉，"以其圖法归周"[2]。史官去國他迁，就引致官府典籍的外傳，各國史籍得以流播。这时列國官府所藏典籍，似乎也允許他國來使縱閱，如晉韓宣子聘魯，"观書于太史氏，見易象与魯春秋"[3]，就是一个例子。在这种情况下，前此官府独占典籍的局面被打破了，私家或私人就有接触史籍和依据旧史以修寫史書的机会。这又促使史学進一步的發展。底下卽就淺見所及談一談春秋时代史学發展的具体情况，以求讀者指正。

[1] 史記，太史公自序。
[2] 呂氏春秋，先識覽。
[3] 左傳，昭公二年。

春秋時代史官職守的轉變和史學的發展

葉國慶

載《厦門大學學報（哲學社會科學版）》1962年第三期

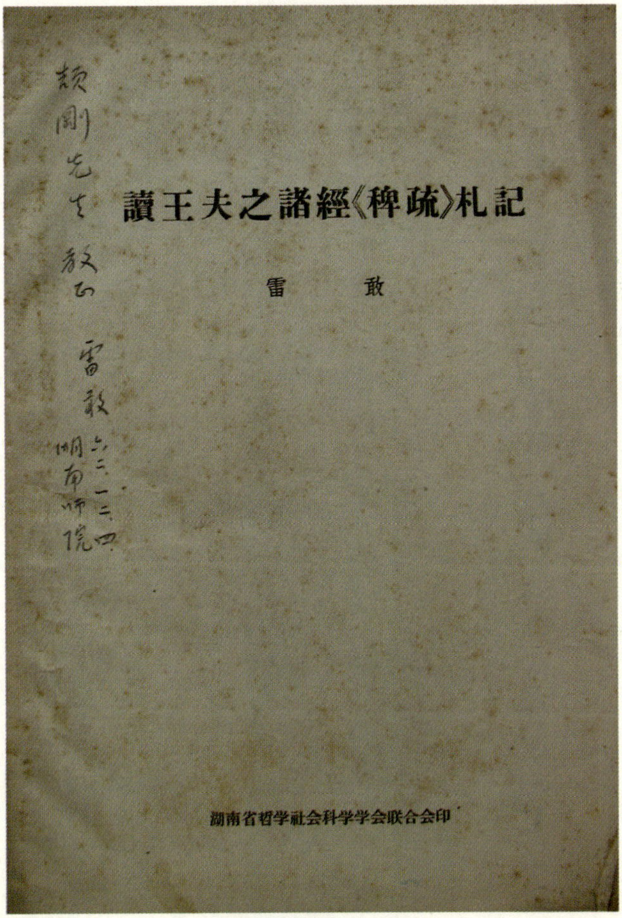

頡剛先生教正　雷敢　六二、一二、四　湖南師院

讀王夫之諸經《稗疏》札記

雷　敢

湖南省哲学社会科学学会联合会印

讀王夫之諸經《稗疏》札記

雷敢

湖南省哲學社會科學學會聯合會印，1962年

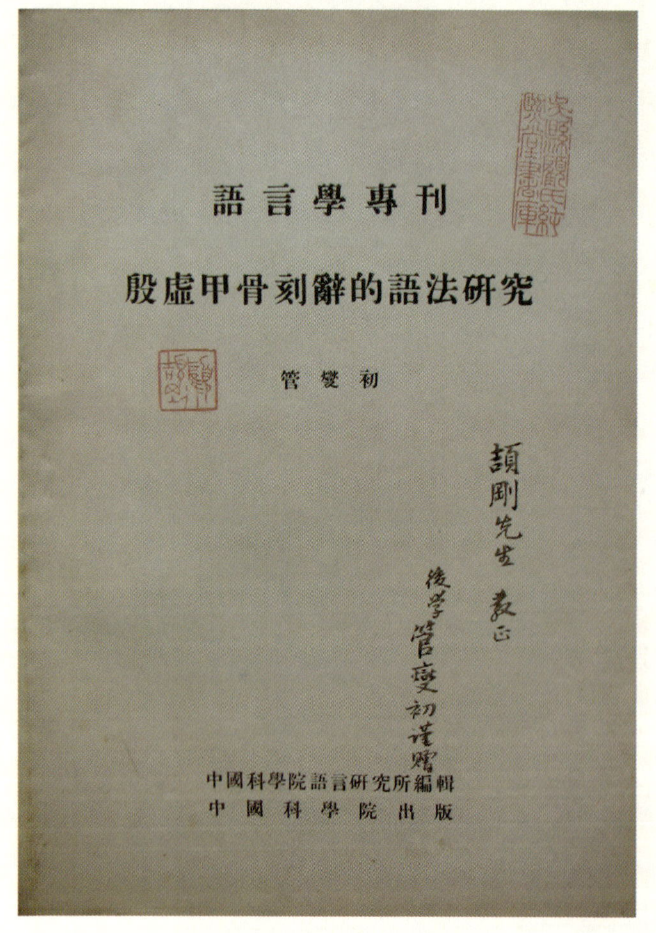
語言學專刊

殷虚甲骨刻辭的語法研究

管燮初

頡剛先生教正

後学管燮初謹贈

中國科學院語言研究所編輯

中國科學院出版

殷虚甲骨刻辭的語法研究

管燮初

載《語言學專刊》，1953年

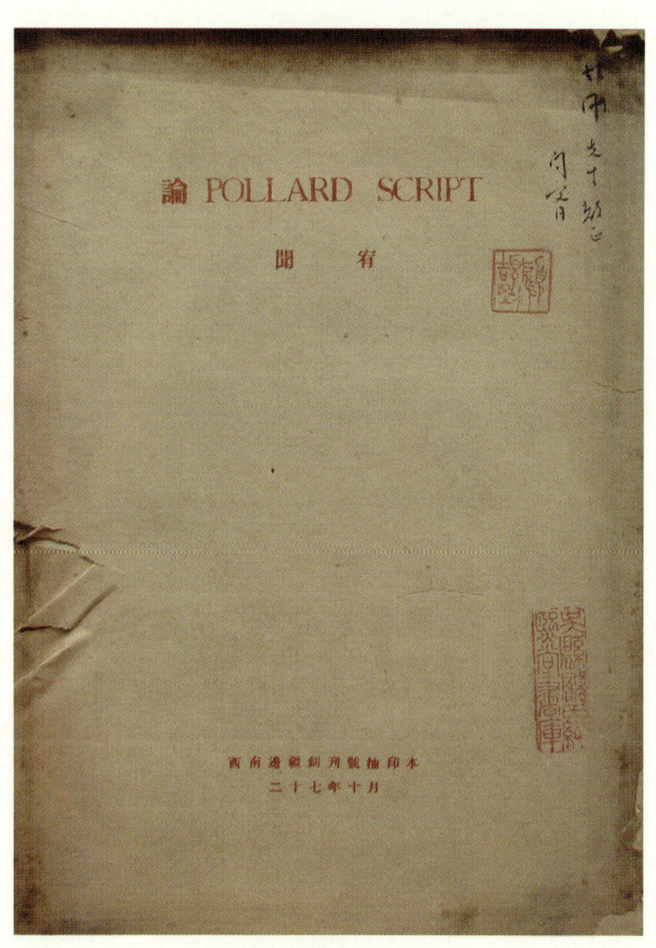

論 POLLARD SCRIPT

聞　宥

西南邊疆創刊號抽印本

二十七年十月

論POLLARD SCRIPT

聞宥

載《西南邊疆》創刊號，1938年10月

釋秊

聞宥

油印本，1980年6月

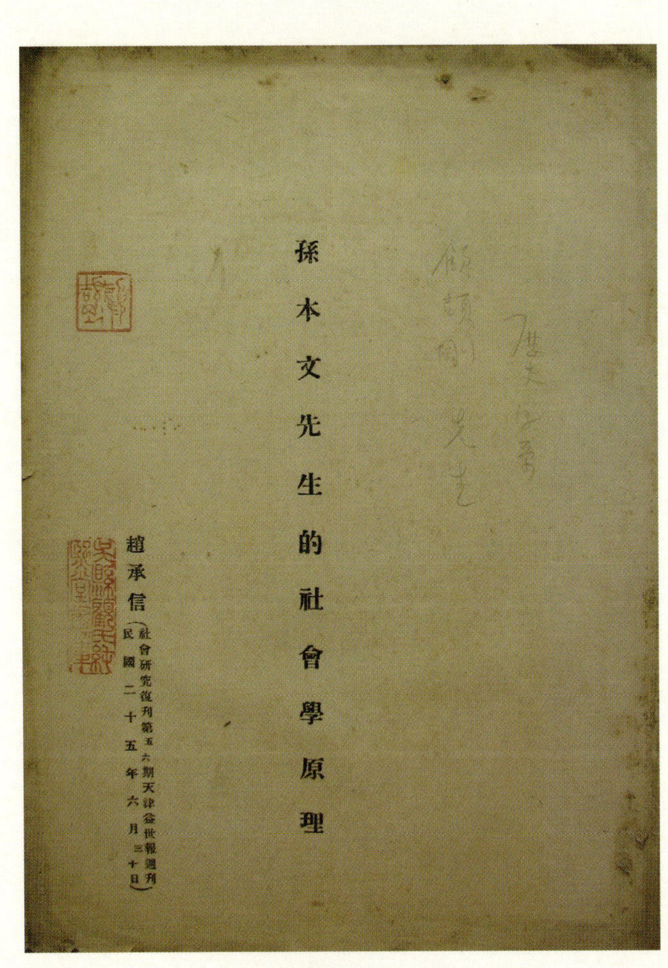
孫本文先生的社會學原理

趙承信（社會研究復刊第五六期天津益世報週刊 民國二十五年六月三十日）

孫本文先生的社會學原理

趙承信

載《社會研究》復刊第五、六期，1936年6月

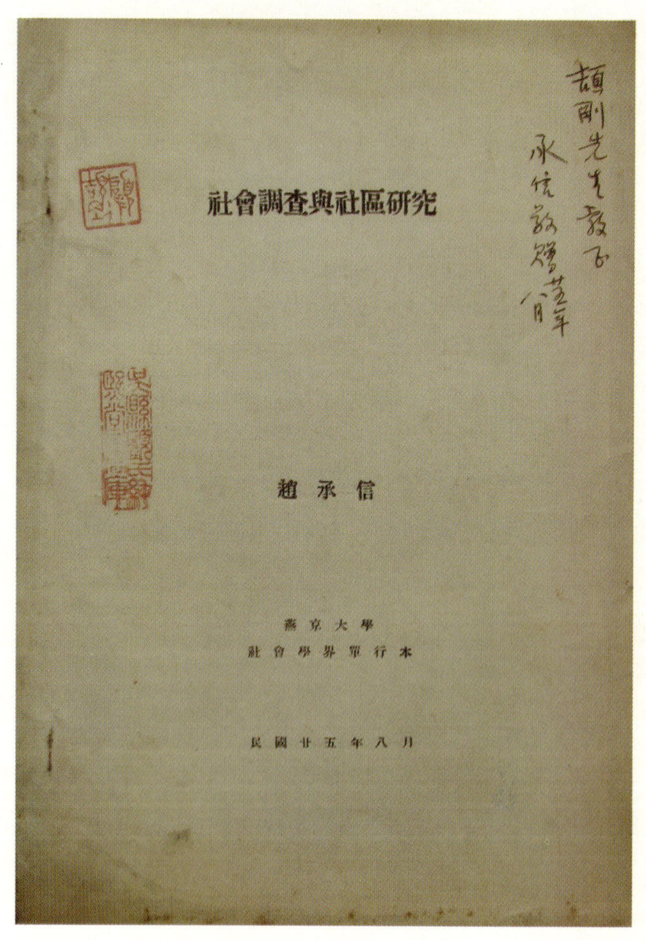

社會調查與社區研究

趙承信

燕京大學社會學界單行本，1936年8月

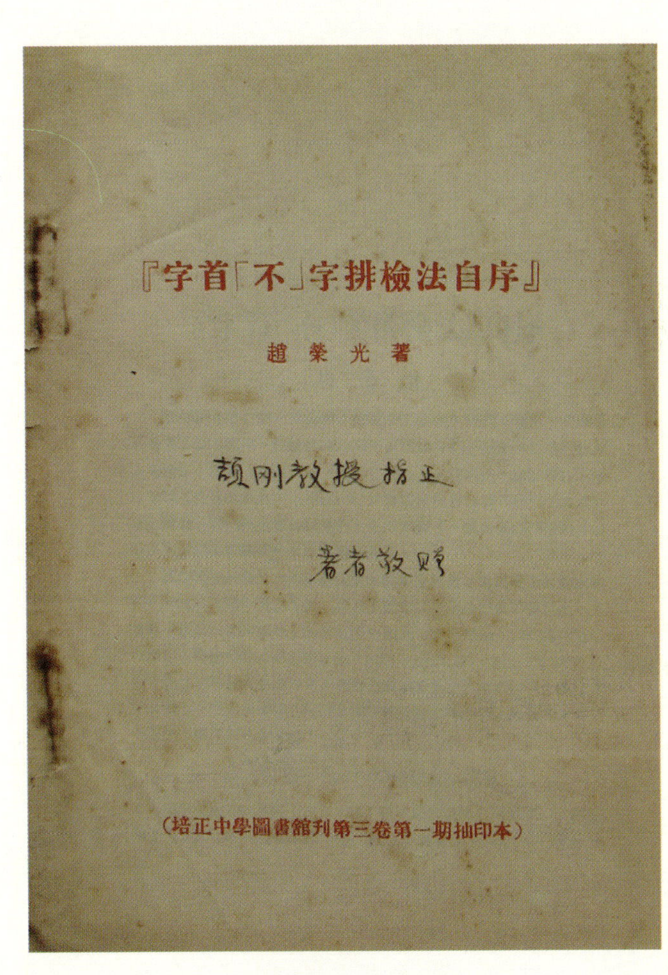
『字首「不」字排檢法自序』

趙榮光著

頡剛教授指正

著者敬贈

（培正中學圖書館刊第三卷第一期抽印本）

字首"不"字排檢法自序

趙榮光

載《培正中學圖書館刊》第三卷第一期，1936年

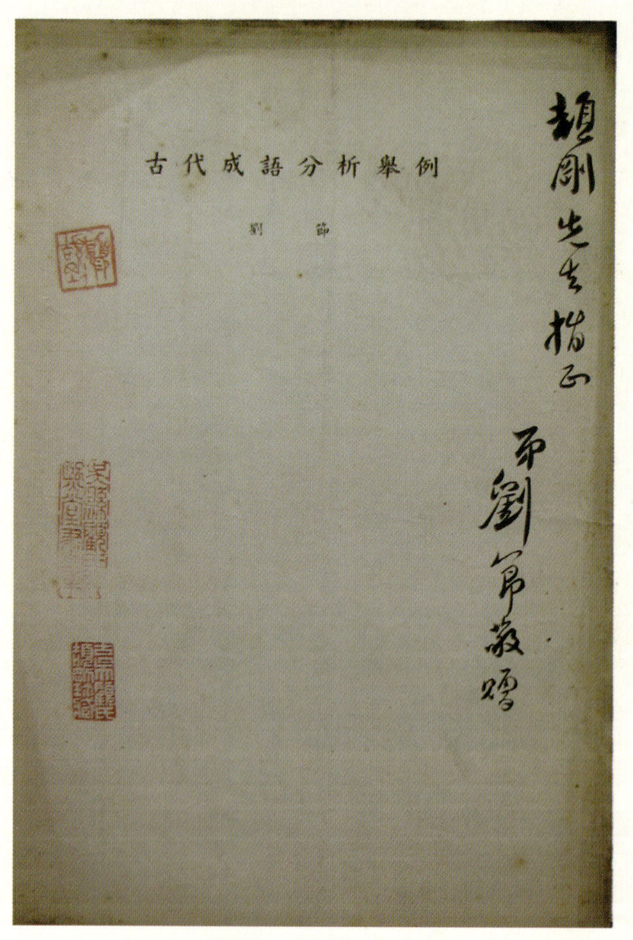

古代成語分析舉例

劉節

載《嶺南學報》第十卷第一期，1949年12月

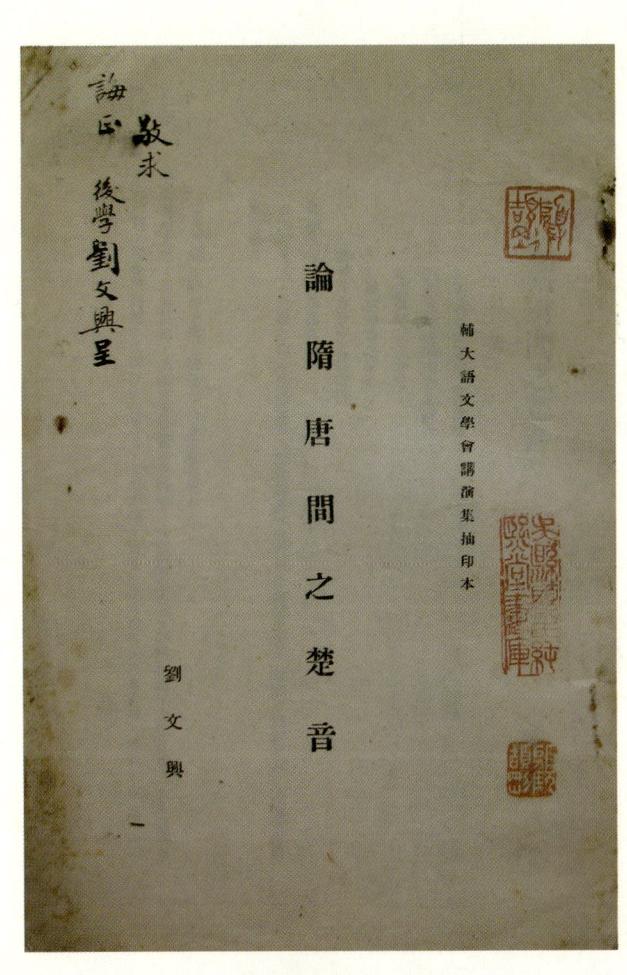

論隋唐間之楚音

劉文典

載《輔大語文學會講演集》，1941年9月

頡剛先生審正 敬呈

作者 一九六三、七、十七

古史传說与典型龙山文化

刘敦愿

一、問題的提出

山东是古代东夷族聚居所在，东夷族的原始文化在此应有大量的遗存，现在有无发现？另一方面，山东又是“典型龙山文化”的主要分布地区，这种原始社会晚期的考古文化，具有鲜明的地方特点，应当反映古代某个人们共同体的活动，他们在古史传说系统中，应该属于哪个部落或部落联盟？这是山东古史研究中两个很值得研究的问題。在我看来，这也可能就是一个问題：古代东夷族的原始文化应该向“典型龙山文化”中寻找，而“典型龙山文化”应该就是古代东夷族的一种原始文化遗存。

古史传说与考古文化应该结合起来，它们往往是某个部落或部落联盟的活动，在特定的时期內、在特定的地区里不同的表现形式；前者是人们对于古代生活的记忆，长期口头流传，到了較晚的时期才被记录下来；后者则是那些人们劳动与社会生活的直接的物质文化遗存。古史传说自昔口耳相传，当有根据，而且经过语言的概括，对于研究提供了重要线索，不可不信；但缺点也正在于此，哪些是荒誕的神話，哪些是信史，哪些是原始史料，哪些又是后人附加进去的东西，往往难于区别，因此又不可全信。至于考古资料则与之相反，它们是古代社会直接的物质文化遗存，真实、具体、丰富，最为科学，这是无庸解释的；但缺点在于它们是“哑巴的”资料，在反映古代氏族部落的活动、社会风俗习惯以及思想意識和语言等方面受到很大的局限，尤其在肯定它们所属的族别問題上更难作直接的说明。因为某一考古文化可能是某个部落或部落联盟的遗存，体现他们有着共同的经济生活和习惯传统，但根据某些民族学材料进行类比和推测，同一考古文化也可能包括起源不同的部落或部族，他们分布的地区邻近，经济类型相同，所以文化面貌相似，目前考古学界对此还存在着爭论❶。

正因为有此种种困难，古史学家和考古学家往往分别研究古史传说和考古文化，而不肯轻为斉言两者结合问題，这不是认为不应结合，而是限于事实，不得不采取慎重的态度。

❶参閱A·Я·勃留索夫：《考古学文化与族的共同体》《考古》1961年，8、9期，頁458—463，508—514。

古史傳説與典型龍山文化

劉敦愿

載《山東大學學報（哲學社會科學版）》1963年第二期

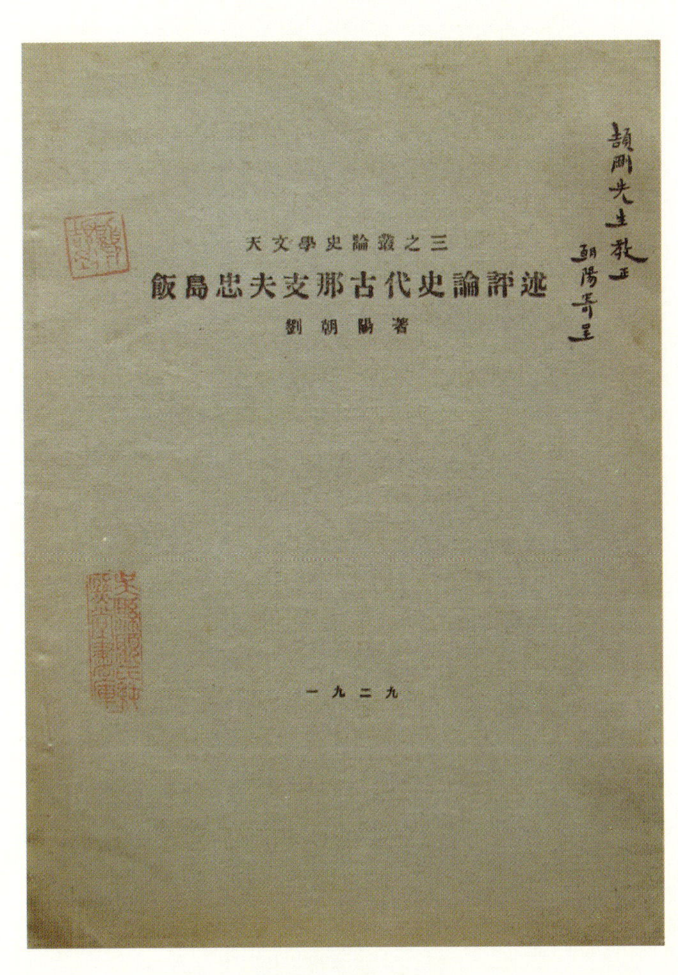
頡剛先生教正
朝陽寄呈

天文學史論叢之三

飯島忠夫支那古代史論評述

劉朝陽著

一九二九

飯島忠夫支那古代史論評述

劉朝陽

載《天文學史論叢》，1929年

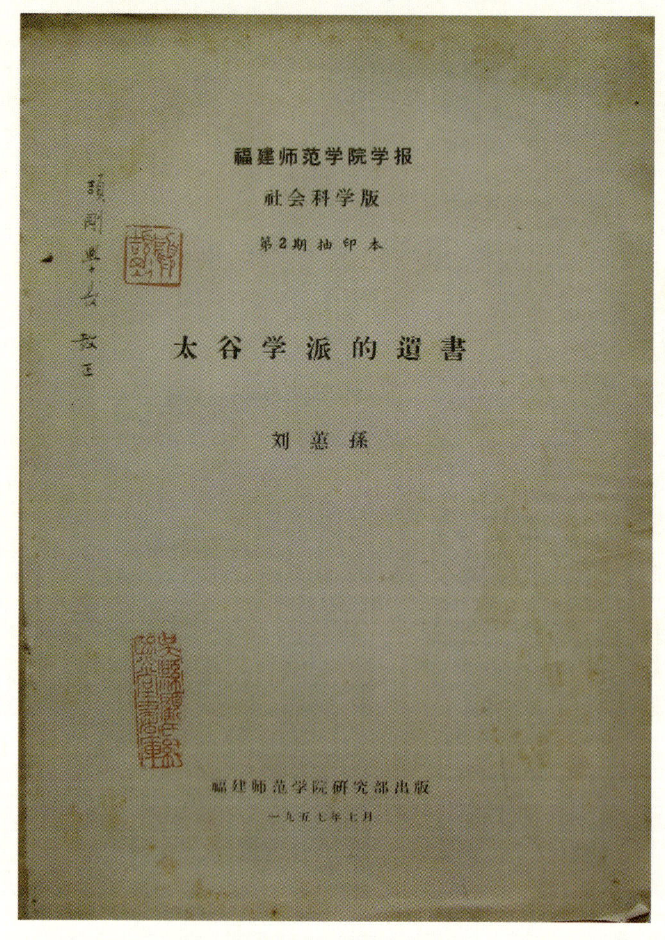

頡剛學長 教正

福建师范学院学报

社会科学版

第2期抽印本

太谷学派的遺書

刘蕙孫

福建师范学院研究部出版

一九五七年七月

太谷學派的遺書

劉蕙孫

載《福建師範學院學報（社會科學版）》第二期，1957年7月

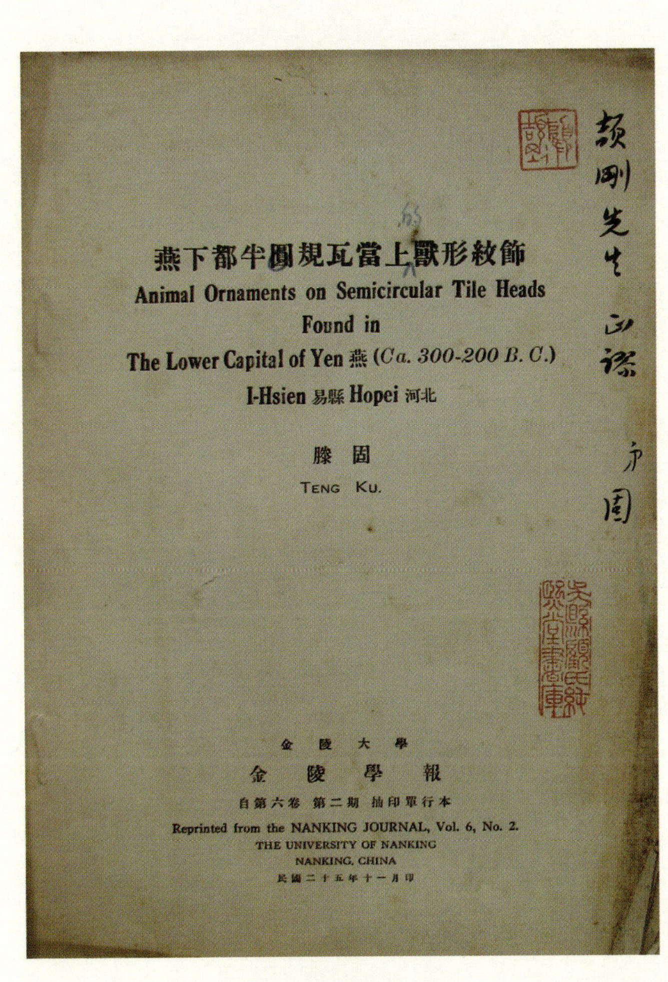
燕下都半圓規瓦當上獸形紋飾
Animal Ornaments on Semicircular Tile Heads
Found in
The Lower Capital of Yen 燕 (*Ca. 300-200 B. C.*)
I-Hsien 易縣 Hopei 河北

滕固
TENG KU.

金陵大學
金陵學報
自第六卷 第二期 抽印單行本
Reprinted from the NANKING JOURNAL, Vol. 6, No. 2.
THE UNIVERSITY OF NANKING
NANKING, CHINA
民國二十五年十一月印

燕下都半規瓦當上的獸形紋飾

滕固

載《金陵學報》第六卷第二期，1936年11月

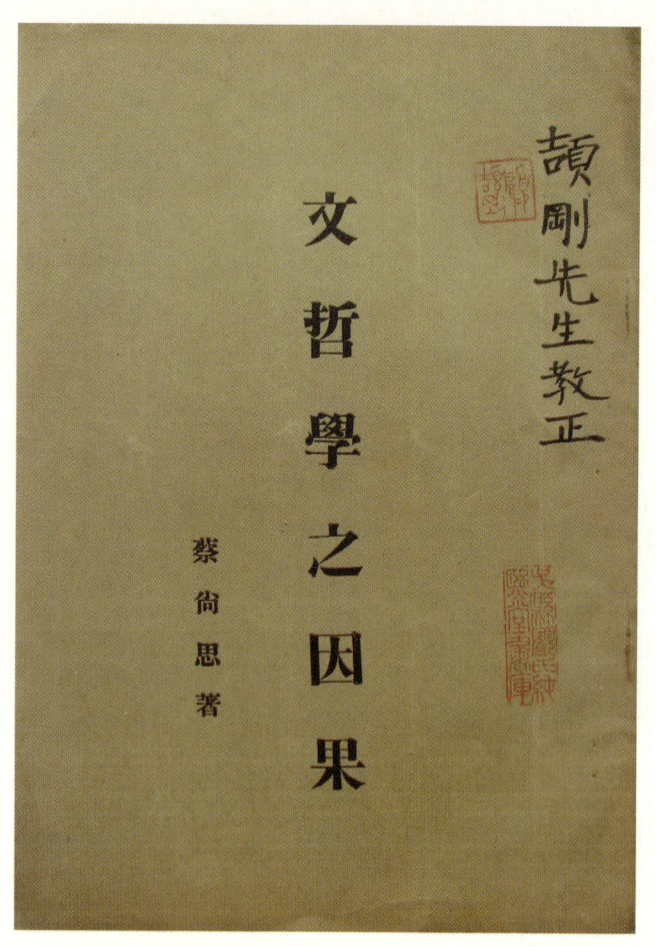

文哲學之因果

蔡尚思

刊載、時間不詳

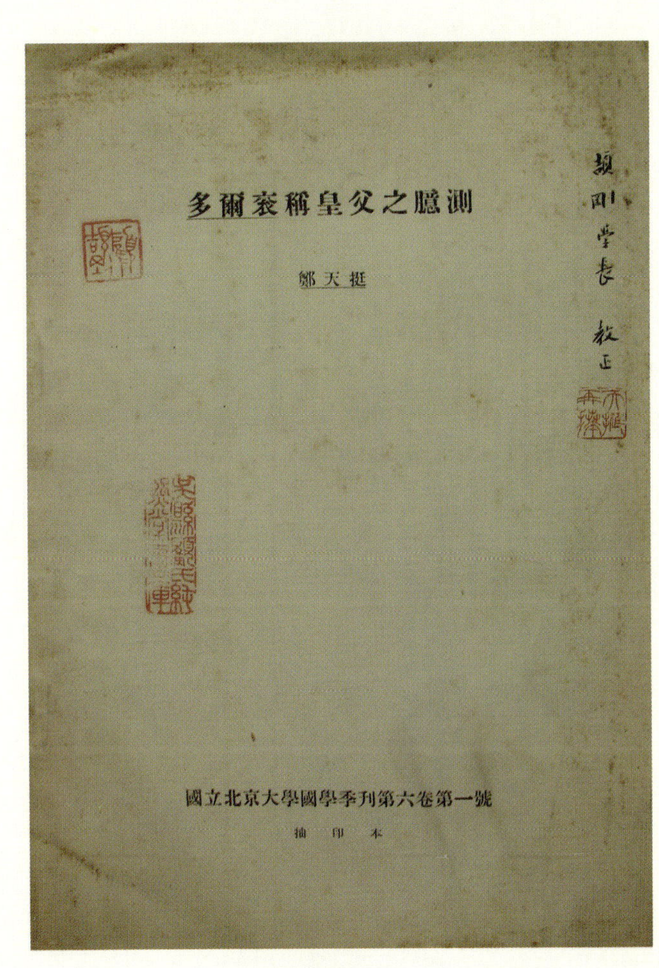

多爾袞稱皇父之臆測

鄭天挺

載《北京大學國學季刊》第六卷第一號，1936年

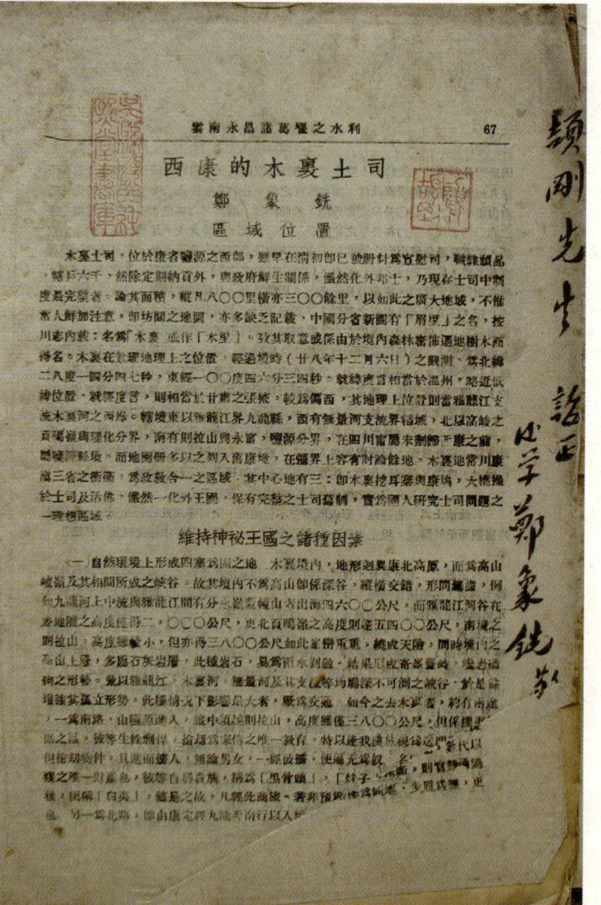

雲南永昌諸葛堰之水利　67

西康的木裏土司

鄭象銑

區域位置

木裏土司，位於康省鹽源之西部，遠早在清初即已欽册封爲宣慰司，職隸頭品，轄戶六千，然除定期納貢外，與政府鮮生關係，儼然化外邦土，乃現存土司中制度最完整者。論其面積，縱凡八〇〇里橫亦三〇〇餘里，以如此之廣大地域，不惟常人鮮加注意，即坊間之地圖，亦多缺乏記載，中國分省新圖有「屑里」之名，按川志內載：名爲「木裏」或作「木里」。致其取意或係由於境內森林密佈遍地樹木而得名。木裏在地理上之位置，經過境時（廿八年十二月六日）之觀測，爲北緯二八度一四分四七秒，東經一〇〇度四六分三四秒。就緯度言相當於溫州，略近低緯位置，就經度言，則相當於甘肅之張掖，較爲偏西，其地理上位置則當雅礱江支流木裏河之兩岸。轄境東以雅礱江界九龍縣，西有無量河支流界稻城，北以高峻之貢嘎嶺與理化分界，南有則拉山與永寧，鹽源分界，在四川當局未劃歸西康之前，屬鹽源縣境。而地圖尚多以之列入雲康境，在疆界上容有討論餘地。木裏地當川康滇三省之衝衢，爲政教合一之區域。其中心地有三：即木裏拉耳寨與康塢，大權操於土司及活佛。儼然一化外王國，保有完整之土司舊制，實爲國人研究土司問題之一理想區域。

維持神秘王國之諸種因素

（一）自然環境上形成四塞爲固之勢　木裏境內，地形過渡康北高原，而爲高山峻嶺及其相間所成之峽谷。故其境內不爲高山即係深谷，縱橫交錯，形同[illegible]，例如九龍河上中流與雅礱江間有分水嶺[illegible]山者出海四六〇〇公尺，而雅礱江河谷在麥地龍之高度僅得二，〇〇〇公尺，東北貢嘎嶺之高度則達五四〇〇公尺，南境之則拉山，高度雖較小，但亦得三八〇〇公尺如此峰巒重疊，構成天險，同時境內之高山上層，多係石灰岩層，此種岩石，易爲雨水剝蝕，結果形成奇峰聳峙，[illegible]之形勢。更以雅礱江，木裏河，無量河及其支流等均爲深不可測之峽谷，於是益增強其孤立形勢。此種情況下影響最大者，厥爲交通。如今之去木裏者，約有兩途，一爲南路，由鹽源進入，途中須經則拉山，高度雖僅三八〇〇公尺，但係[illegible]之區，彼等生性剽悍，搶[illegible]爲家傳之唯一教育，[illegible]以搶劫物件，且進而擄人，無論男女，一經被擄，便淪爲奴隸[illegible]，則[illegible]之唯一財產也，彼等自居貴族，稱爲「黑骨頭」，「娃子」[illegible]，稱爲「白骨」，[illegible]之故，凡經此商旅，若非預[illegible]，[illegible]。另一爲北路，即由康定經九龍者南行以入[illegible]

西康的木裏土司

鄭象銑

載《地理》1941年第一期

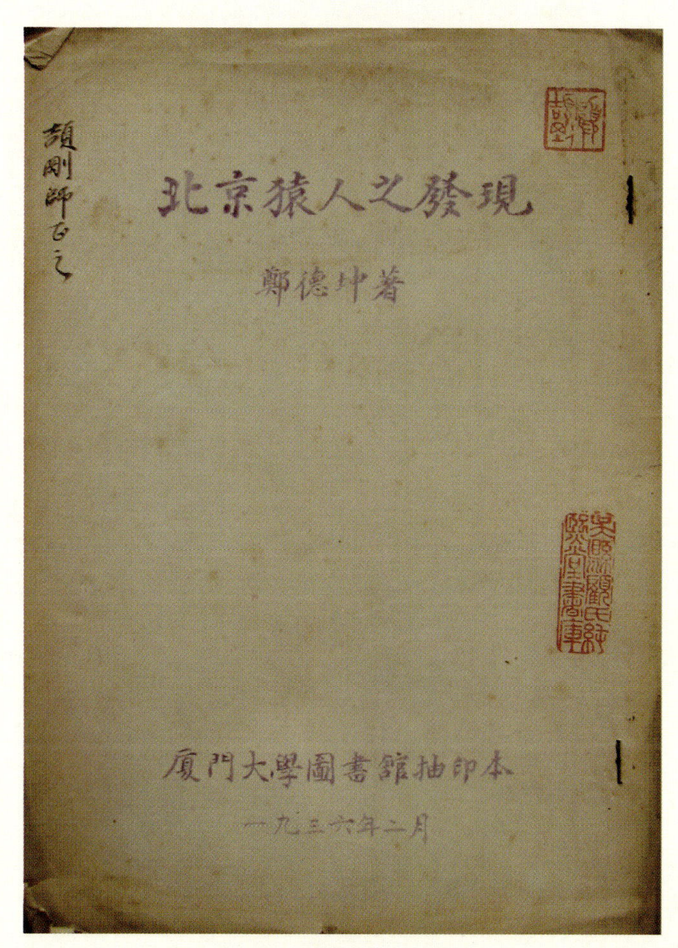

北京猿人之發現

鄭德坤著

厦門大學圖書館，1936年2月

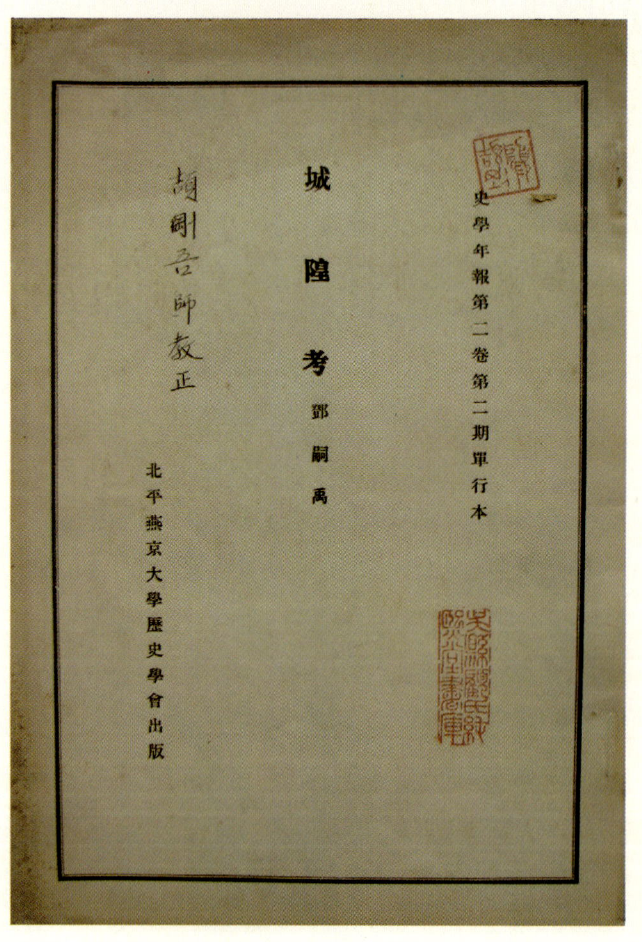

史學年報第二卷第二期單行本

城隍考

鄧嗣禹

頡剛吾師教正

北平燕京大學歷史學會出版

城隍考

鄧嗣禹

載《史學年報》第二卷第二期，1935年9月

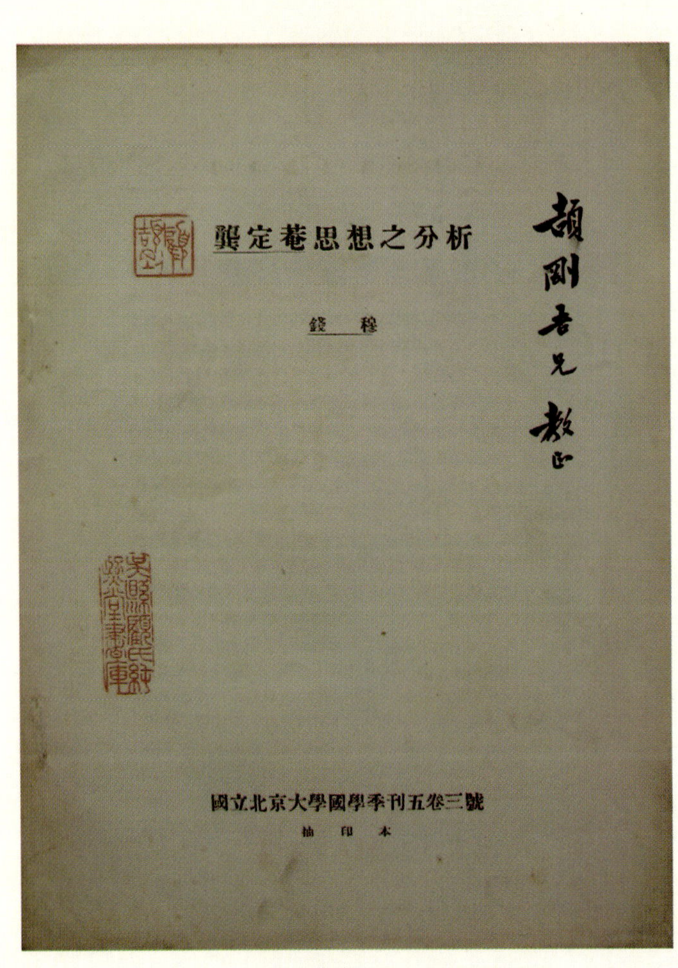

龔定庵思想之分析

錢穆

載《北京大學國學季刊》第五卷第三號，1935年

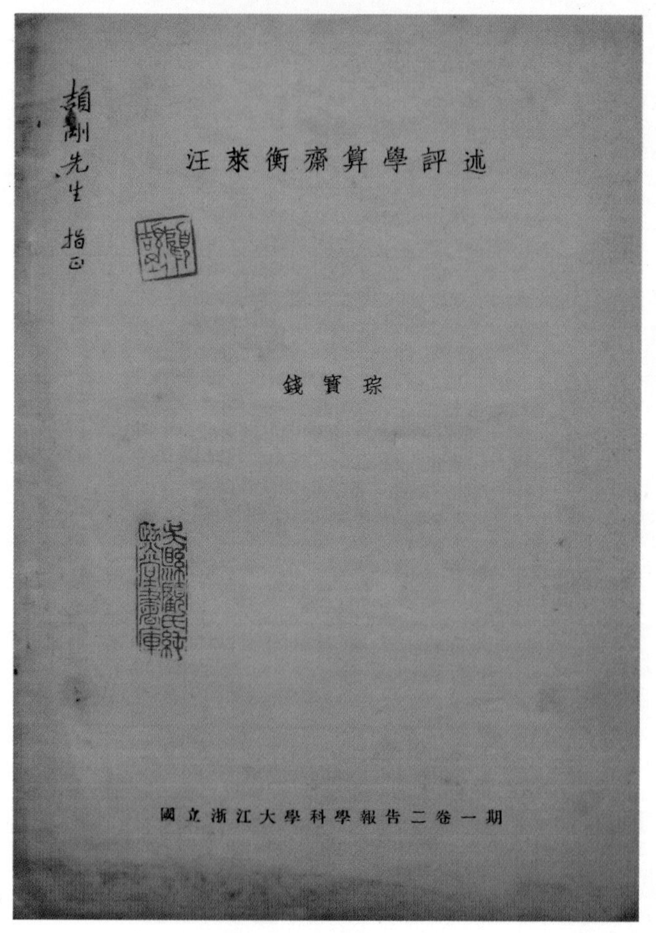

頡剛先生 指正

汪萊衡齋算學評述

錢寶琮

國立浙江大學科學報告二卷一期

汪萊衡齋算學評述

錢寶琮

載《浙江大學科學報告》第二卷第一期，1936年

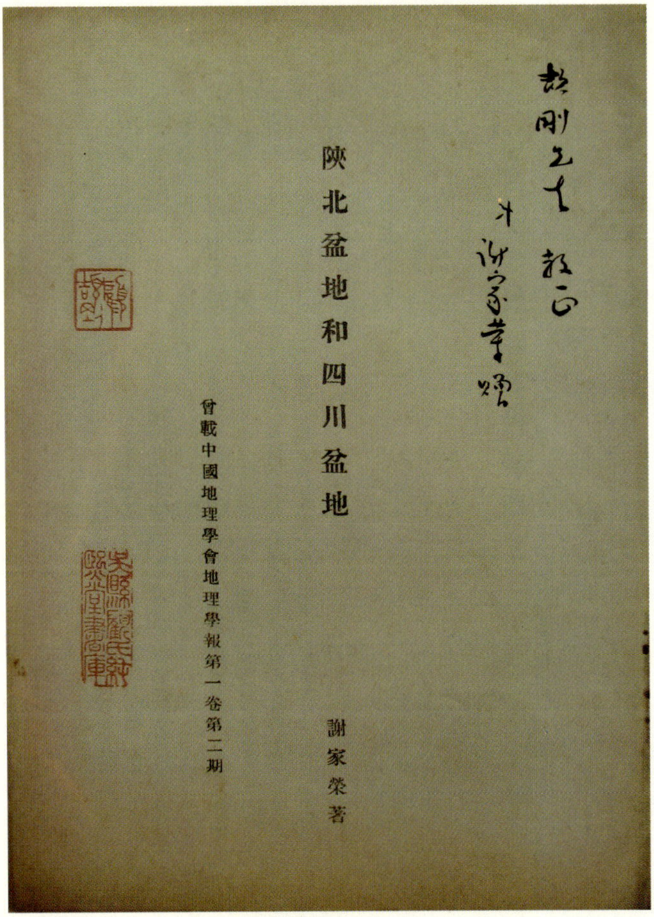

陝北盆地和四川盆地

謝家榮著

曾載中國地理學會地理學報第一卷第二期

陝北盆地和四川盆地

謝家榮

載《地理學報》第一卷第二期，1934年

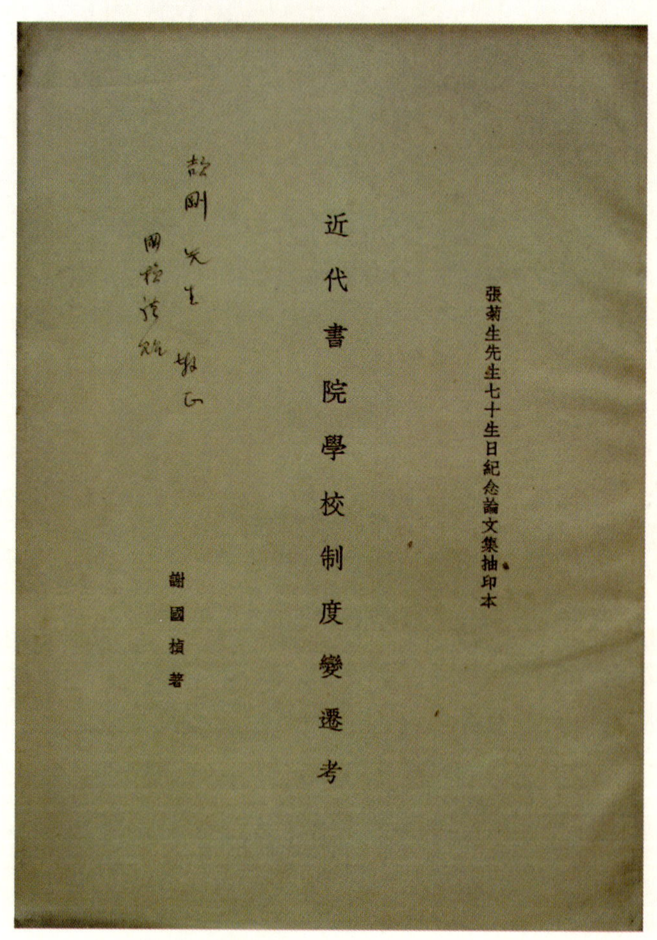
張菊生先生七十生日紀念論文集抽印本

近代書院學校制度變遷考

謝國楨著

頡剛先生教正

國楨謹贈

近代書院學校制度變遷考

謝國楨

載《張菊生先生七十生日紀念論文集》，1936年

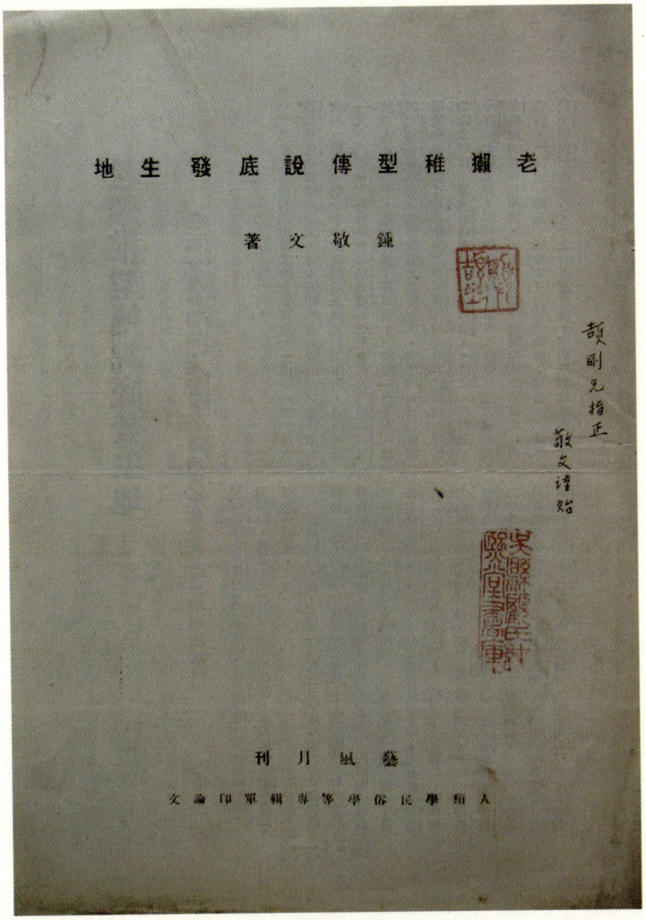

老獺稚型傳說底發生地

鍾敬文著

頡剛兄指正

敬文謹贈

藝風月刊

人類學民俗學等專輯單印論文

老獺稚型傳說底發生地

鍾敬文

載《藝風》第二卷第十二期，1934年

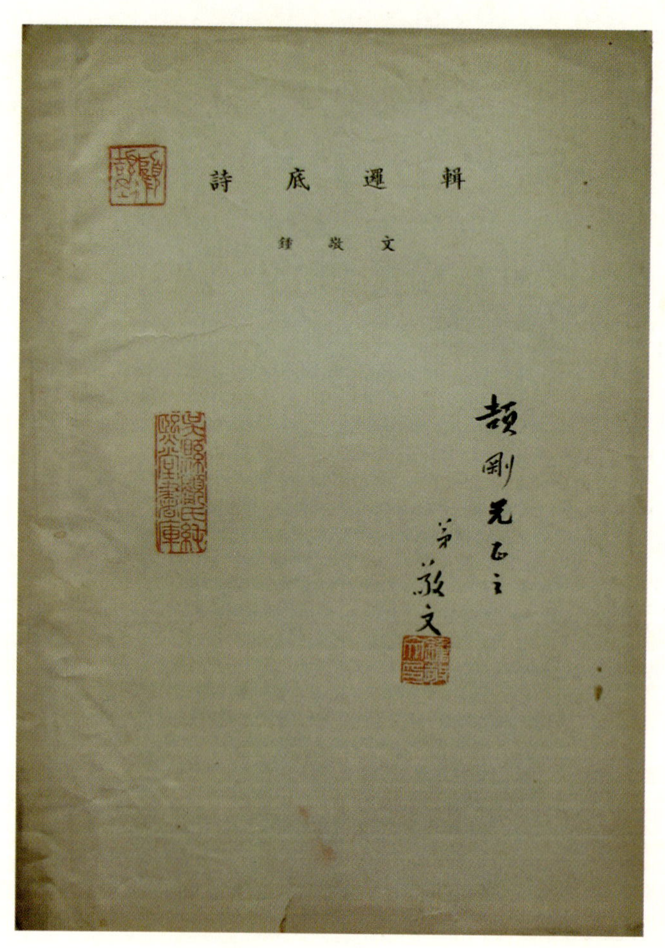

詩底邏輯

鍾敬文

載《嶺南學報》第七卷第一期，1947年1月

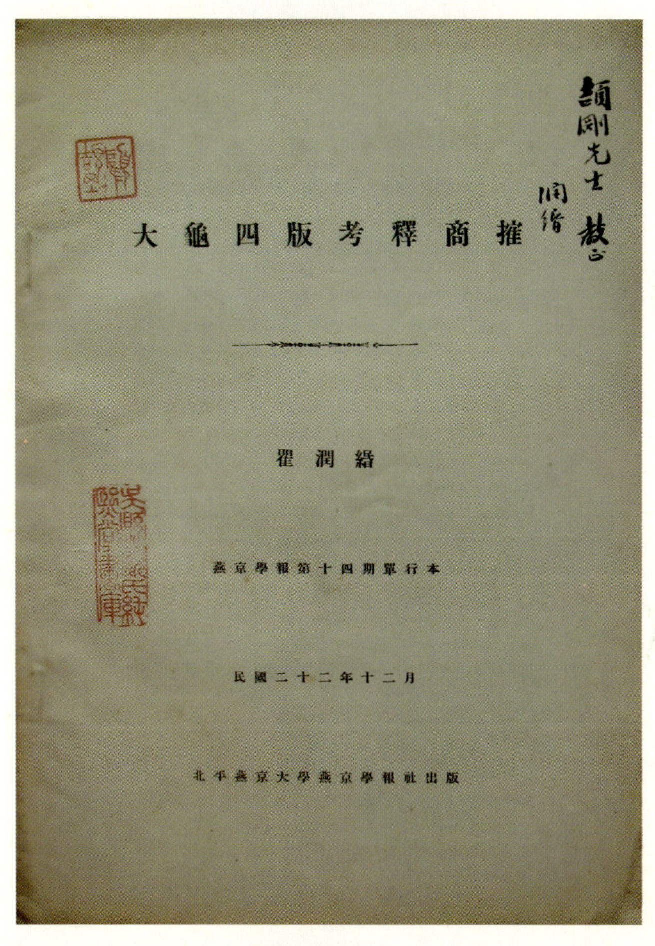

大龜四版考釋商榷

瞿潤緡

載《燕京學報》第十四期，1933年12月

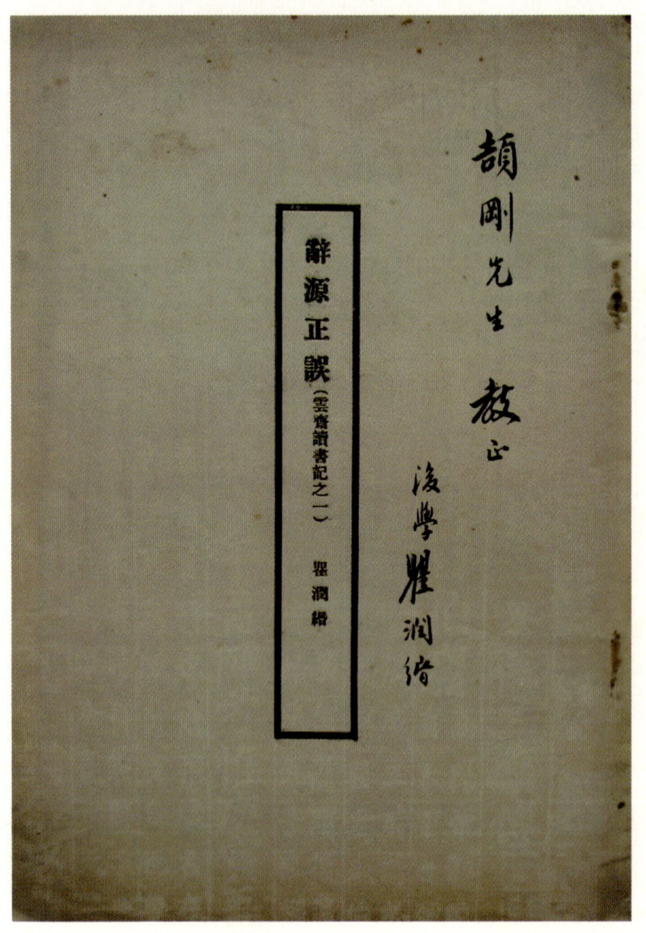

辭源正誤

瞿潤緡

載《文學年報》第六期，1940年

『歷史研究』一九五六年第四期抽印本

論民族的定義及民族的實質

魏　明　經

科　學　出　版　社

論民族的定義及民族的實質

魏明經

載《歷史研究》1956年第四期

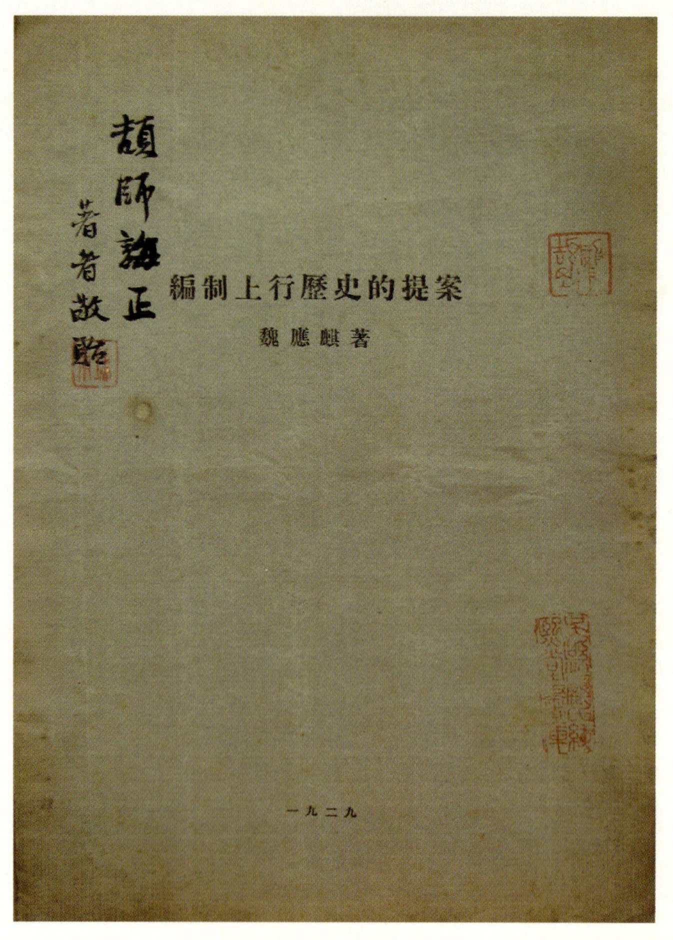

編制上行歷史的提案

魏應麒

刊載不詳，1929年

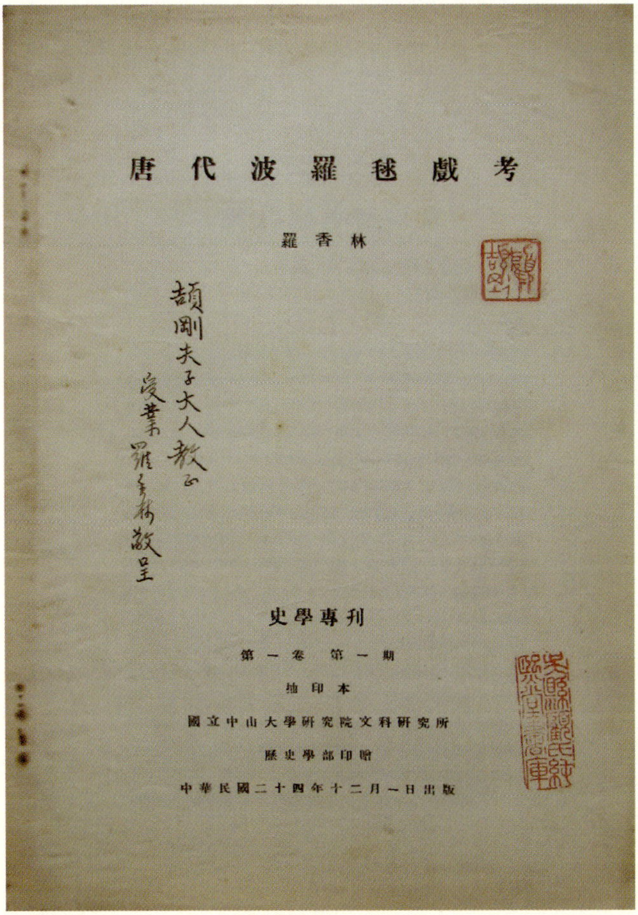

唐代波羅毬戲考

羅香林

頡剛夫子大人教正
後業羅香林敬呈

史學專刊

第一卷　第一期

抽印本

國立中山大學研究院文科研究所

歷史學部印贈

中華民國二十四年十二月一日出版

唐代波羅毬戲考

羅香林

載《史學專刊》第一卷第一期，1935年12月

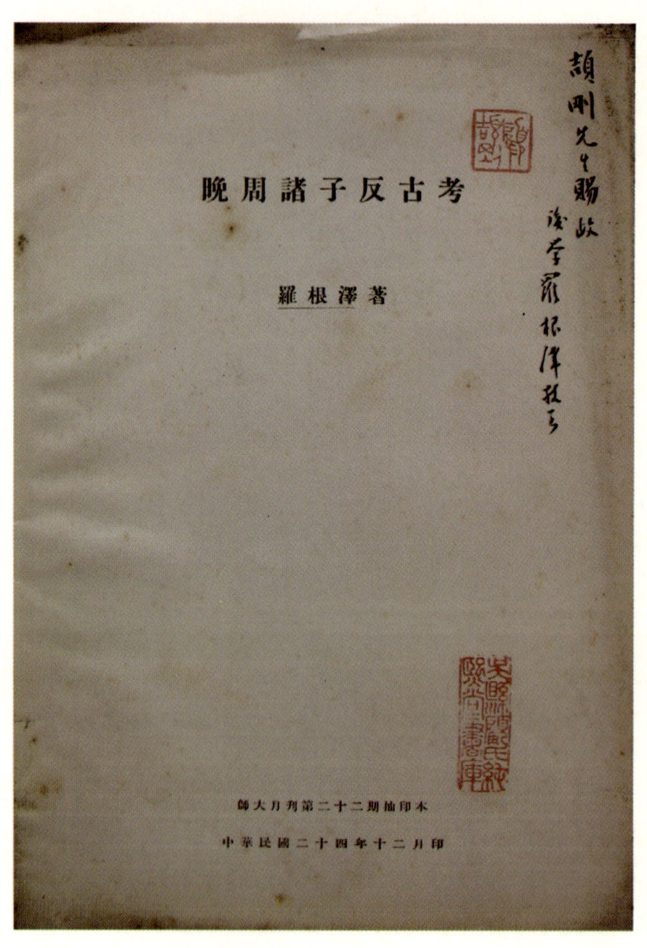

頡剛先生賜政

後學羅根澤敬上

晚周諸子反古考

羅根澤著

師大月刊第二十二期抽印本

中華民國二十四年十二月印

晚周諸子反古考

羅根澤

載《師大月刊》第二十二期，1935年12月

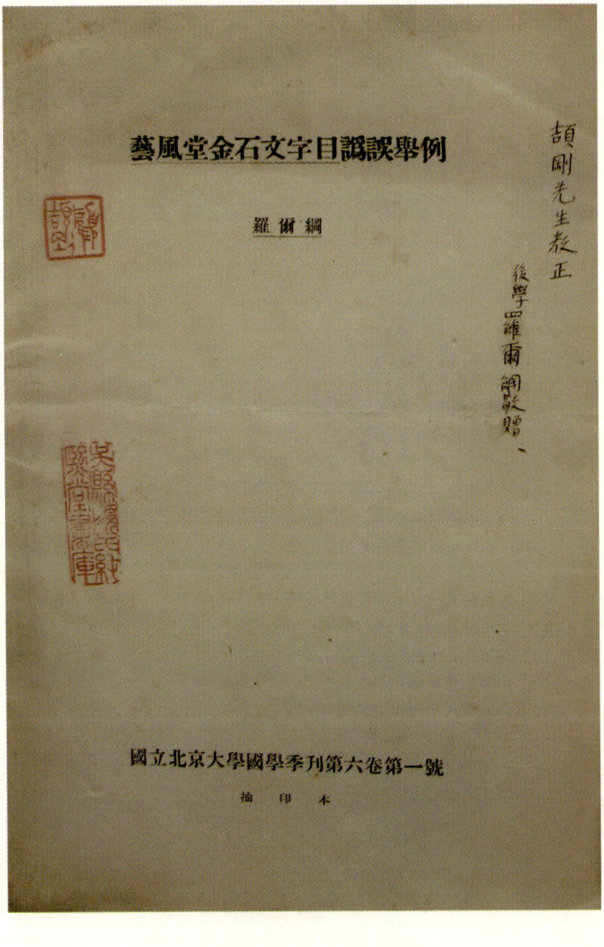

藝風堂金石文字目譌誤舉例

羅爾綱

頡剛先生教正

後學羅爾綱敬贈

國立北京大學國學季刊第六卷第一號

抽印本

藝風堂金石文字目譌誤舉例

羅爾綱

載《北京大學國學季刊》第六卷第一號，1936年

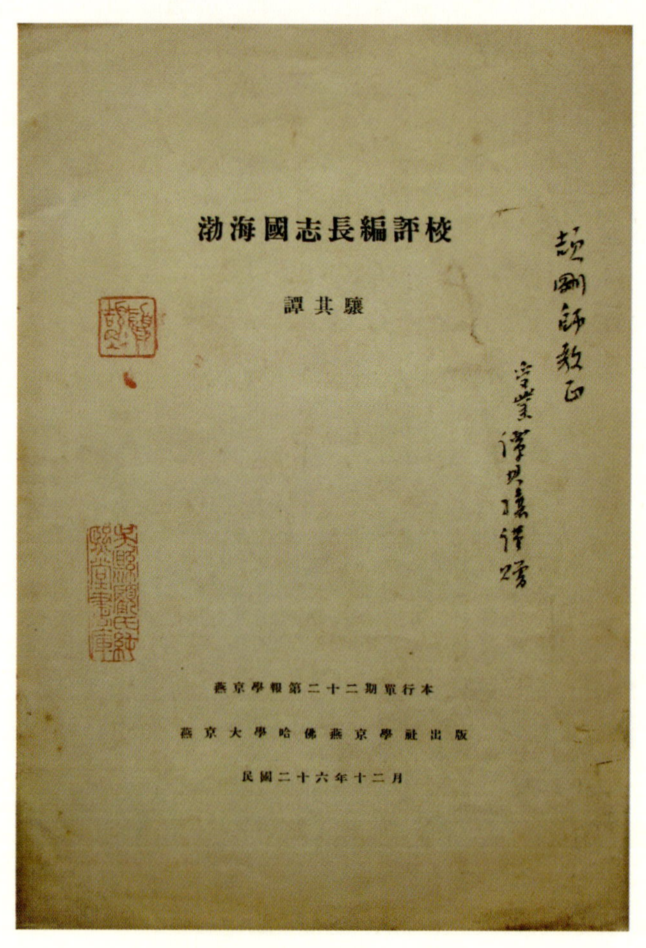

渤海國志長編評校

譚其驤

載《燕京學報》第二十二期，1937年12月

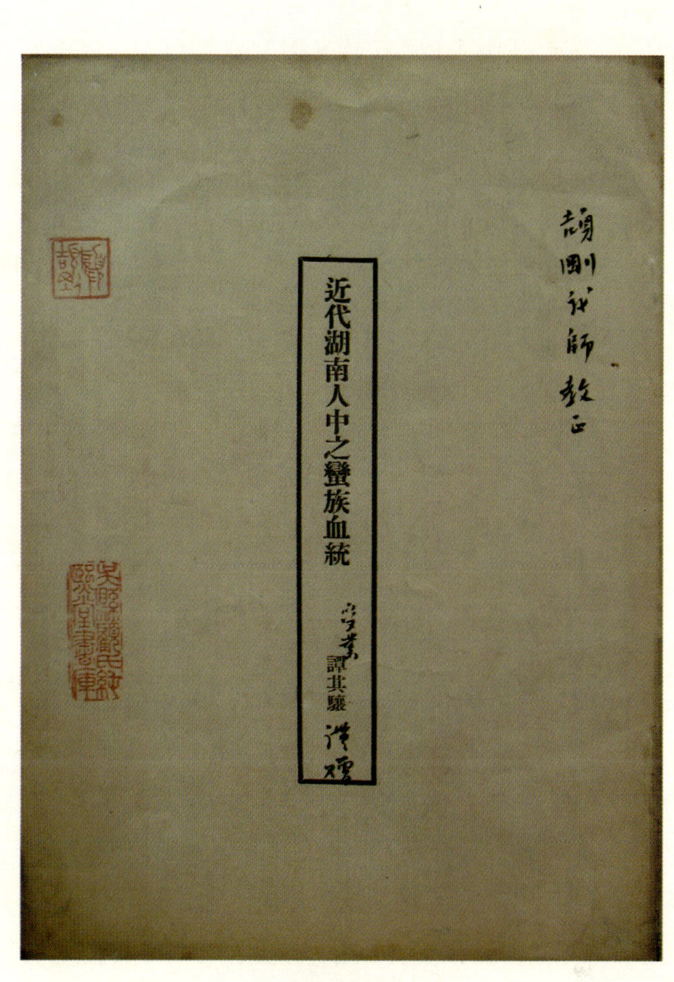

近代湖南人中之蠻族血統

譚其驤

載《史學年報》第二卷第五期，1939年

頡剛師誨正
受業其驤謹呈

論丁文江所謂徐霞客地理上之重要發見　譚其驤

四十二

徐霞客晚年，為西南萬里之遊，經苗猓異族之鄉，極人所不堪之苦，遇盜者再，絕糧者三，百折不回至死無悔。丁文江為霞客撰年譜，嘗論及所以使之然之故，結論曰：「然則先生之遊，非徒遊也，欲窮江河之淵源，山脈之經絡也。此種求知之精神，乃近百年來歐美人之特色，而不謂先生已得之於二百八十年前。故凡論先生者，或僅愛其文章，或徒驚其遊迹，皆非真能知先生者也。」誠哉斯言。然霞客作萬里遐征之志雖在乎此，而霞客之成就卻不在乎此。丁氏知其一而不知其二，竟謂霞客於西南地理上多所重要發現，一一揭示而舉揚之。其言差謬，貽誤後學不淺。是丁氏亦非真知霞客者也。蓋霞客之成就，仍在其遊迹文章，霞客能到人所不能到，寫人所不能寫，此霞客之所以為「千古奇人」，遊記之所以為「千古奇書」（並錢謙益語）也。至其論江河之淵源、山脈之經絡，則於小處如辨枯柯河之入潞江而不入瀾滄，碧溪江之即漾濞河下流，雖間有所獲，於大處如以南盤為右江上流，大金沙為龍川江別名，反多疏失。於身所未歷目所未擊者，往往誤前人之所不誤，如謂北盤導源於尋甸楊林之水，龍川大盈會流於入緬之前是也。於所身歷目擊處，僅足以訂正一二大明一統志之誤耳。如言瀾滄之獨流南下而不東合禮社於元江、今雲化南北盤之東下都流而不南注右江是也。而明統志一書，實為古來輿地書中之紕謬最甚者（顧亭林嘗論之，日知錄卷三一），本不足以代表明以前國人之地理知識。以霞客所見，較之明統志則霞客誠勝矣，若以校之古人，則尤且不及，無論有過。丁氏不加考索，遽以此等處皆目為霞客之創獲，夫豈不貽誤後學，豈為真正了解霞客者哉。吾儕今日紀念霞客，首須真正了解霞客，余故不憚煩而為之辨焉。

丁氏所謂霞客地理上之重要發見凡五：南北盤江之源流，一也；瀾滄江潞江之出路，二也；枯柯河

論丁文江所謂徐霞客地理上之重要發見

譚其驤

油印本，1941年

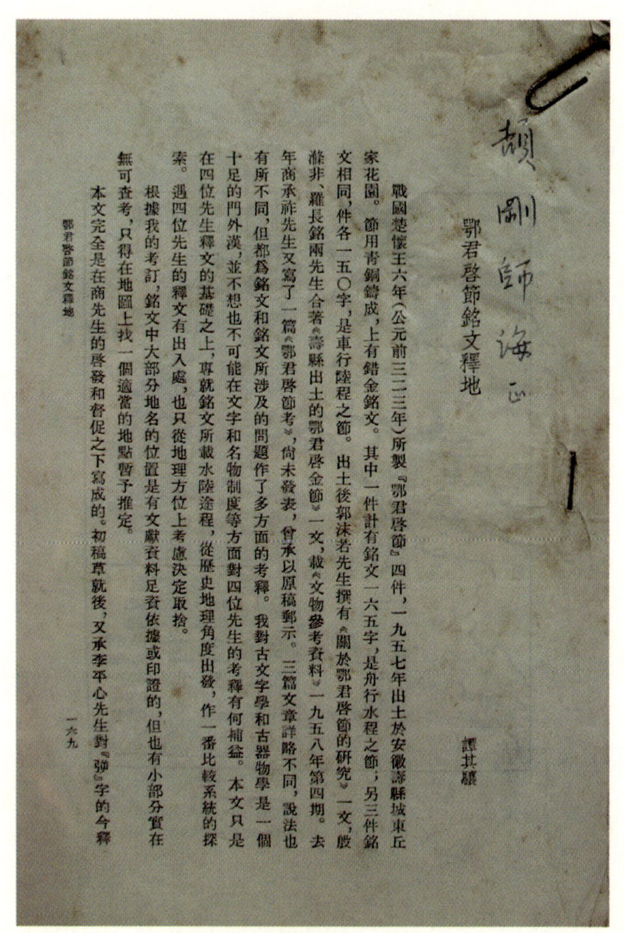

鄂君啓節銘文釋地

譚其驤

戰國楚懷王六年（公元前三二三年）所製『鄂君啓節』四件，一九五七年出土於安徽壽縣城東丘家花園。節用青銅鑄成，上有錯金銘文。其中一件計有銘文一六五字，是舟行水程之節；另三件銘文相同，件各一五〇字，是車行陸程之節。出土後郭沫若先生撰有《關於鄂君啓節的研究》一文，殷滌非、羅長銘兩先生合著《壽縣出土的鄂君啓金節》一文，載《文物參考資料》一九五八年第四期。去年商承祚先生又寫了一篇《鄂君啓節考》，尚未發表，曾承以原稿郵示。三篇文章詳略不同，說法也有所不同，但都爲銘文和銘文所涉及的問題作了多方面的考釋。我對古文字學和古器物學是一個十足的門外漢，並不想也不可能在文字和名物制度等方面對四位先生的考釋有何補益。本文只是在四位先生釋文的基礎之上，專就銘文所載水陸途程，從歷史地理角度出發，作一番比較系統的探索。遇四位先生的釋文有出入處，也只從地理方位上考慮決定取捨。

根據我的考訂，銘文中大部分地名的位置是有文獻資料足資依據或印證的，但也有小部分實在無可查考，只得在地圖上找一個適當的地點暫予推定。

本文完全是在商先生的啓發和督促之下寫成的。初稿草就後，又承李平心先生對『弜』字的今釋

鄂君啓節銘文釋地　　一六九

鄂君啟節銘文釋地

譚其驤

載《中華文史論叢》第二輯，1979年

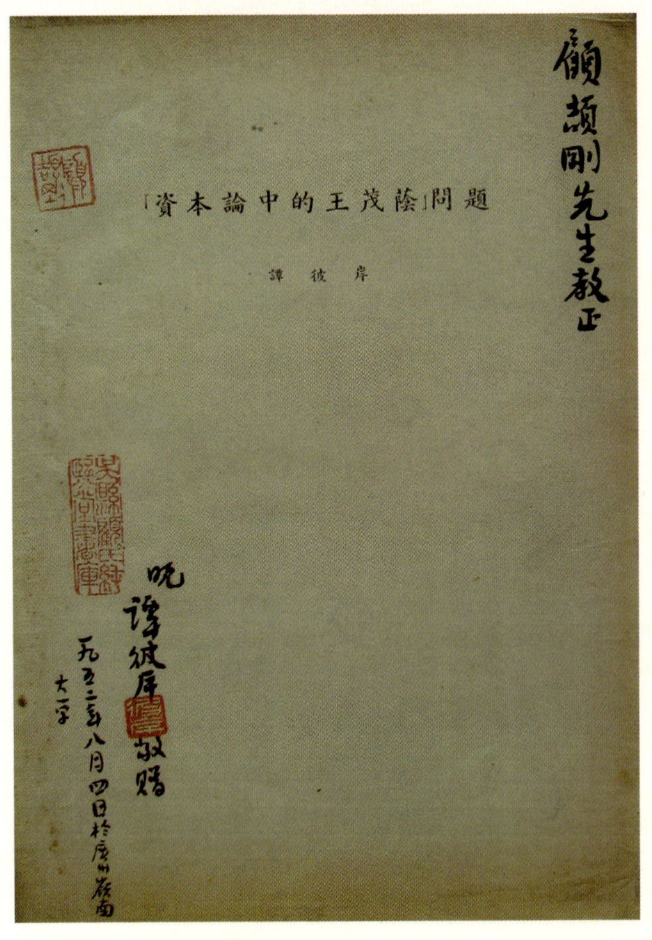

“資本論中的王茂蔭”問題

譚彼岸

載《嶺南學報》第十二卷第一期，1938年

遼文學　一

顧敦鍒

(一)歷史的背景

遼就是契丹。契丹是其本名,有鑌鐵或刀劍之意。遼是契丹與漢化接觸之後改用的名號,是因水得名的。本文所講,大體是契丹稱遼以後的漢文學,故稱遼文學。契丹稱遼,始於太宗之時。會同十年(後漢高祖天福十二年,公元九四七年。按二十史朔閏表作丁未晉少帝開運四年,誤。契丹于開運三年十二月已滅晉,故今從遼史紀事本末紀年表。黃任恆遼痕五種遼代年表亦誤。)正月,太宗法駕入汴;二月,建號大遼,改元大同。以後聖宗又一度改號契丹。但因:(一)遼為漢化的名號,(二)道宗以後仍復號為遼,(三)遼亦有漢族的文人,(四)又專論漢字的文學,故不稱契丹文學或契丹的漢文學,而以概稱遼文學為宜。

遼以前的歷史,周書文帝本紀說:'其先出自炎帝。炎帝為黃帝所滅,子孫遁居朔野'。(卷一)遼史地理誌又說:

> '相傳有神人乘白馬,自馬盂山浮土河而東;有天女駕青牛,由平地松林泛潢河而下,至木葉山,二水合流相遇,為配偶,生八子。其後族屬漸盛,分為八部'。(卷三十七,永州條)

這些自然都是神話。遼古難考,且與文學無關,姑存而不論可也。

其實,'契丹本東胡種'。(新唐書卷二一九。按他書稱契丹為東夷,誤。蓋東胡,或鮮卑,或契丹,為一族,屬先秦狄種;肅慎,或女真,或滿族,又另為一族,屬東夷種。二者區別至明,不可相混。)後來的變化,遼史世表說:'為冒頓可汗所襲,保鮮卑山以居,號鮮卑氏。'(卷六三)再以後,乃為宇

頡剛先生　指正

敦鍒敬贈

遼文學

顧敦鍒

載《之江學報》第一卷第三期,1934年

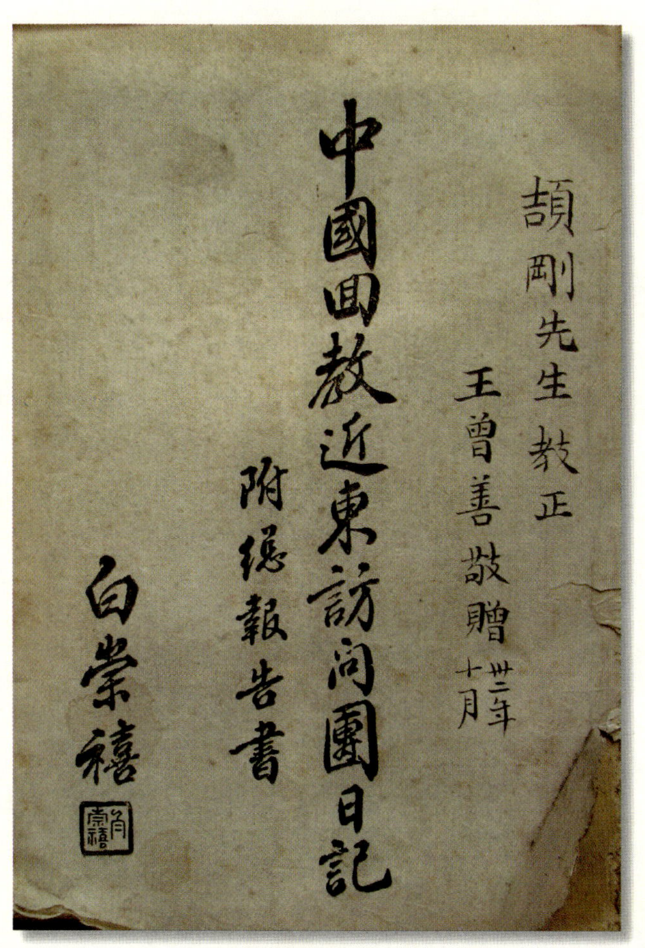

中國回教近東訪問團日記

中國回教近東訪問團編

中國文化服務社，1943年

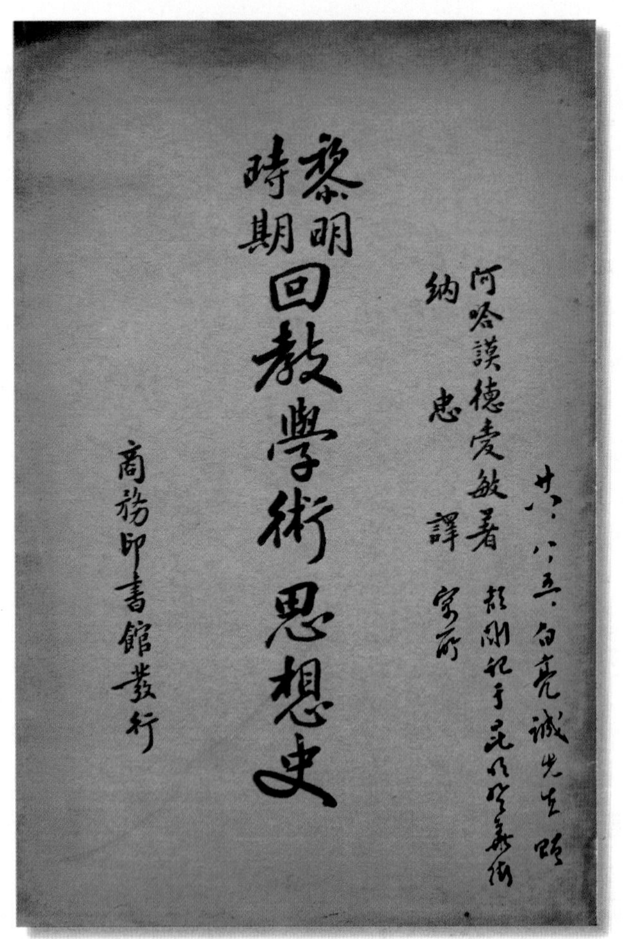

黎明時期回教學術思想史 △

(埃及)阿哈謨德愛敏著，納忠譯

商務印書館，1939年

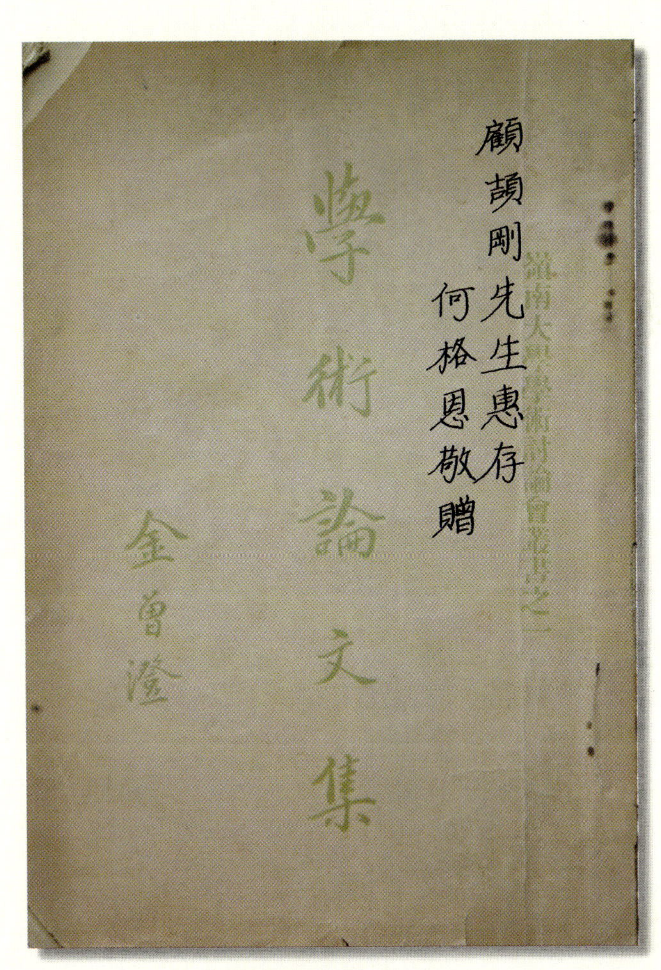

學術論文集 △

嶺南大學學術談論會編

廣州思想學社，1929年

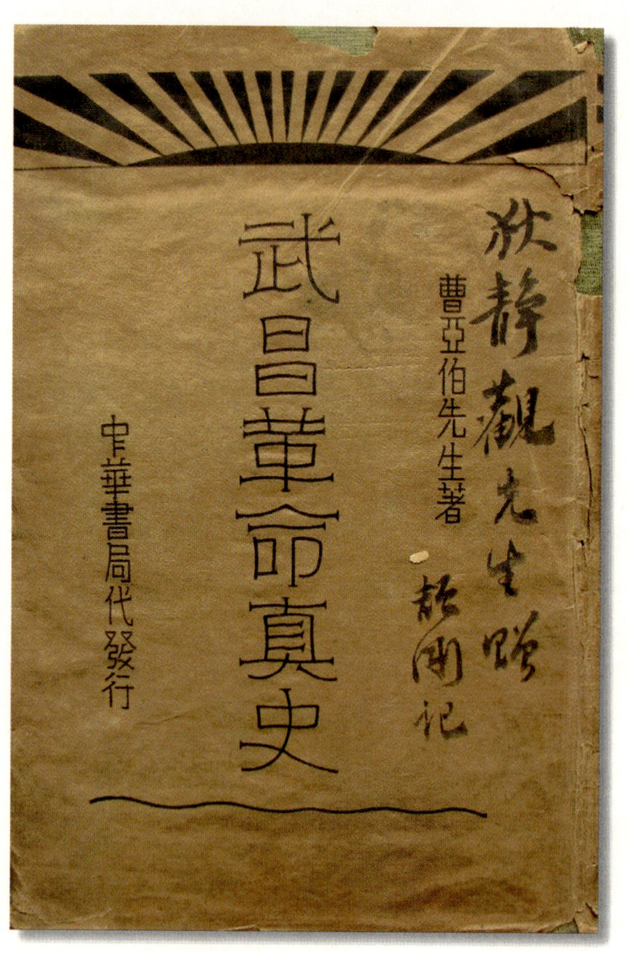

武昌革命真史

曹亞伯著

中華書局，1930年

此書方經印行即為前日
國民政府所禁流傳稀
少以是顯示足可徵信亟奉
頡剛史家莞存
農曆甲午夏季　溧陽狄詠棠敬贈

賽金花故事編年 △

瑜壽著

亦報社，1951年

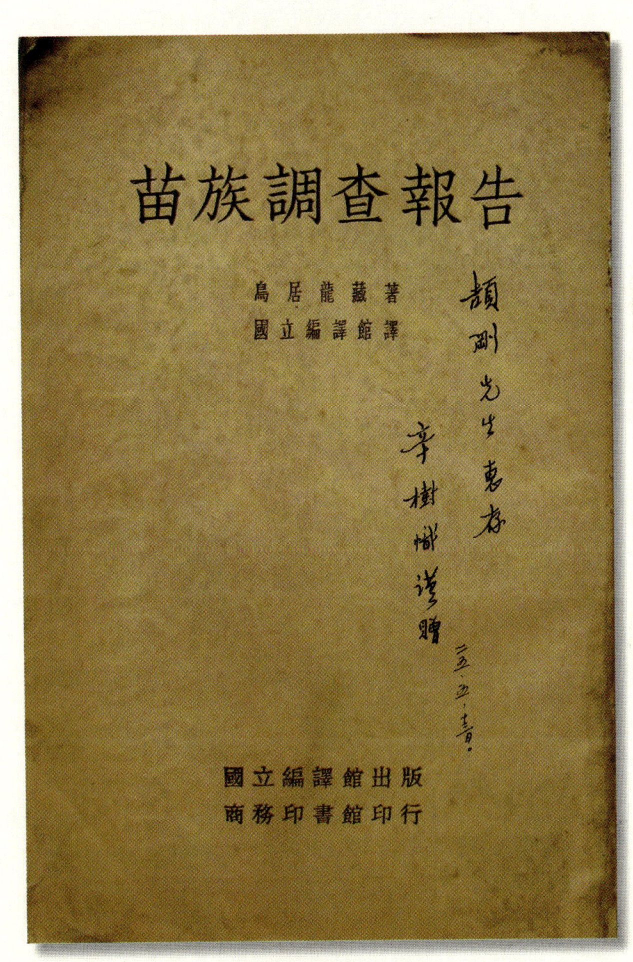

苗族調查報告 △

(日)鳥居龍藏著，國立編譯館譯

商務印書館，1936年

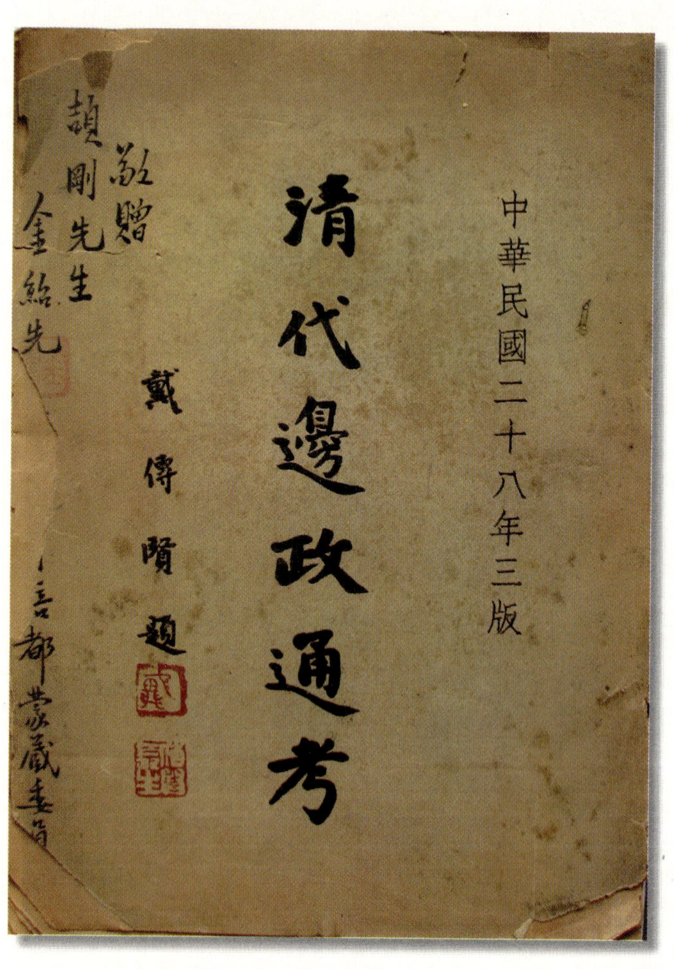

清代邊政通考

邊疆政教制度研究會編

1939年第三版

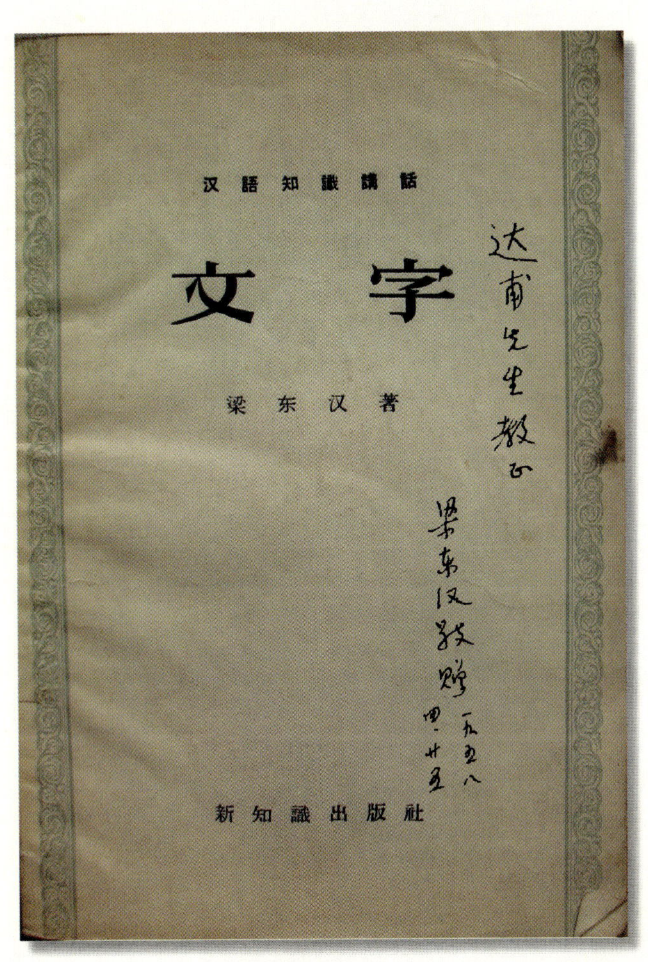

文字 △

梁東漢著

新知識出版社，1958年

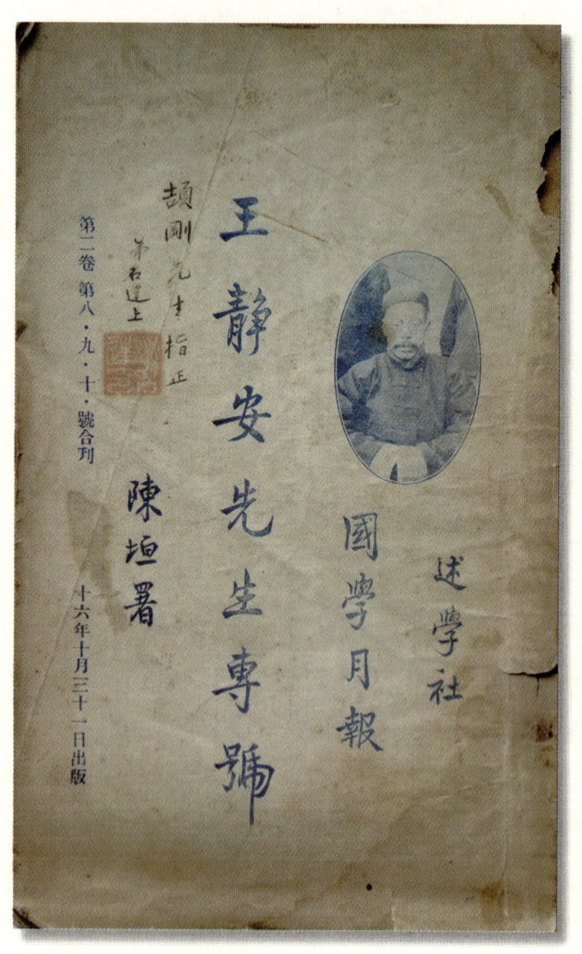

王静安先生專號（國學月報第二卷第八、九、十號合刊）

述學社編

1927年10月31日

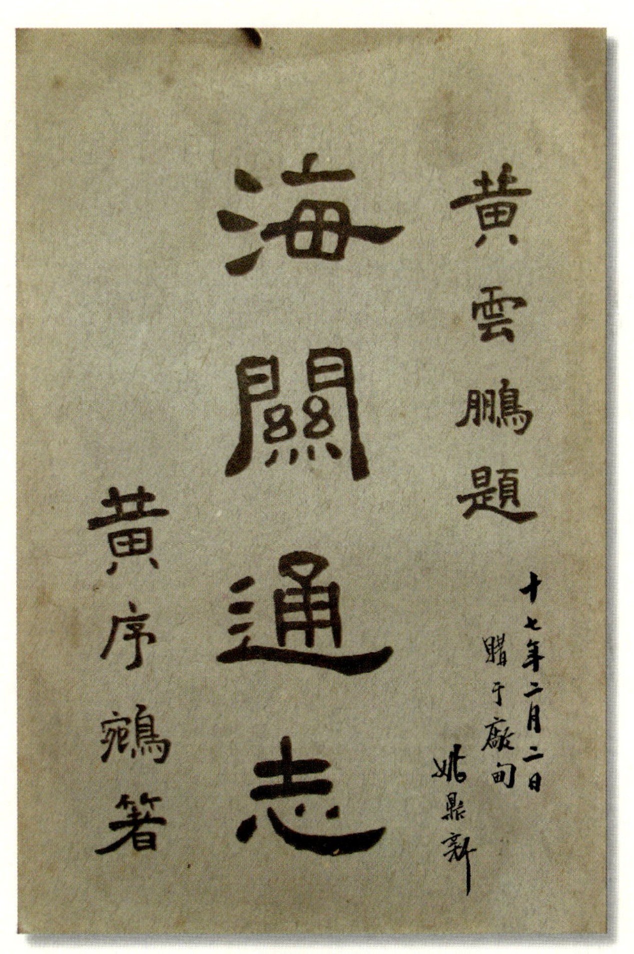

海關通志 △

黃序鵷著

商務印書館，1915年

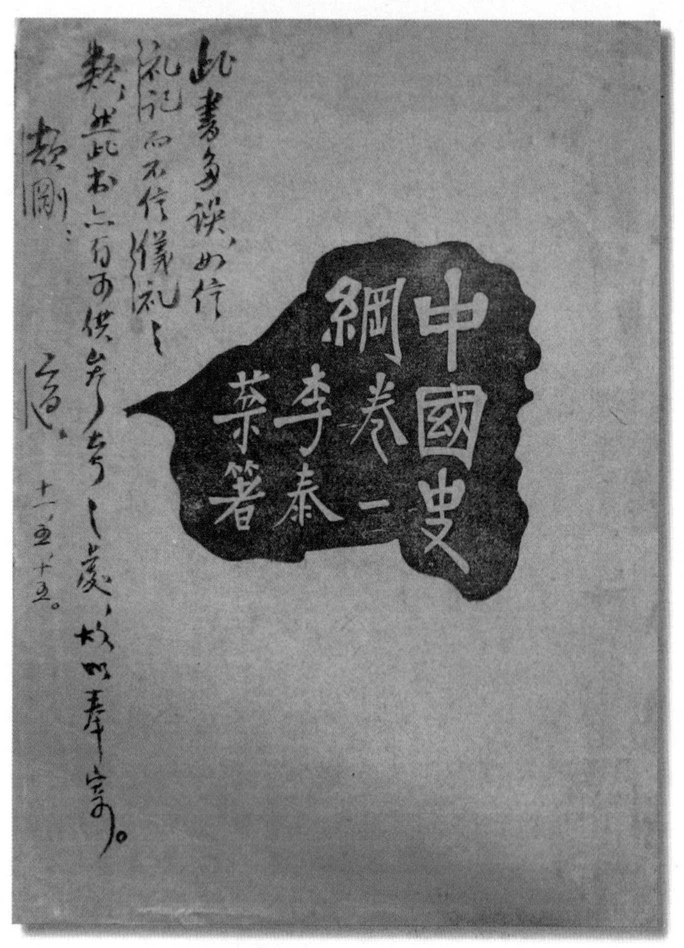

中國史綱

李泰棻著

武學書館，1924年

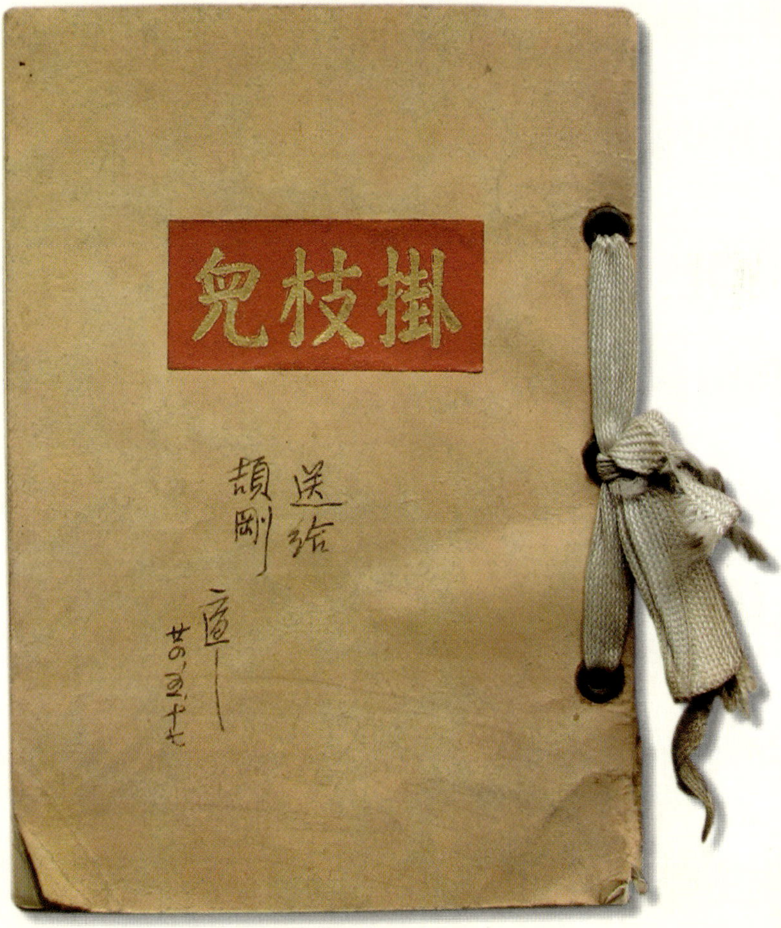

掛枝兒

志遠編

華通書局，1929年

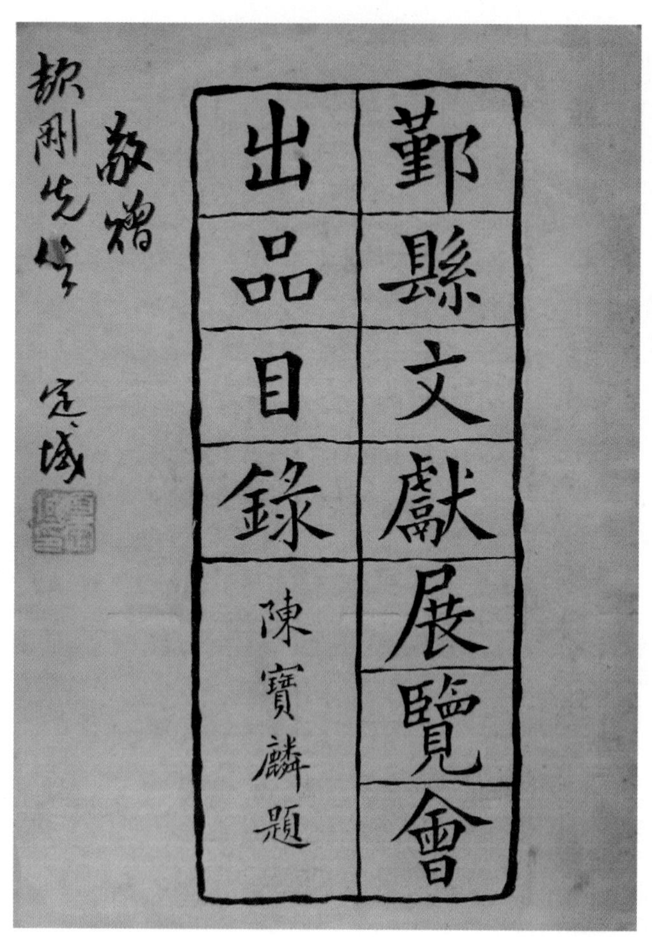

鄞縣文獻展覽會出品目録

鄞縣文獻展覽會編印

1936年

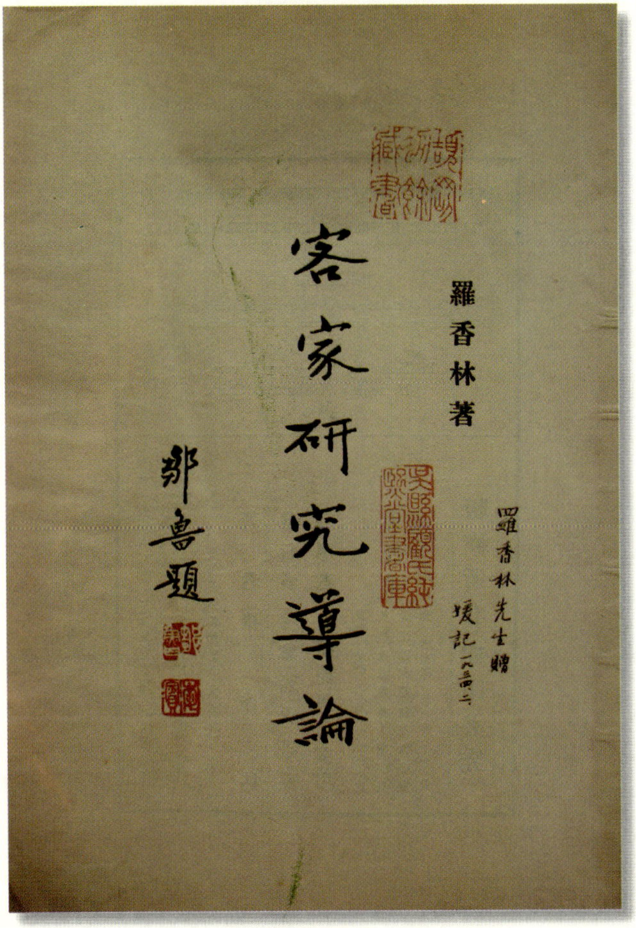

客家研究導論

羅香林著

興寧希山書藏，1933年

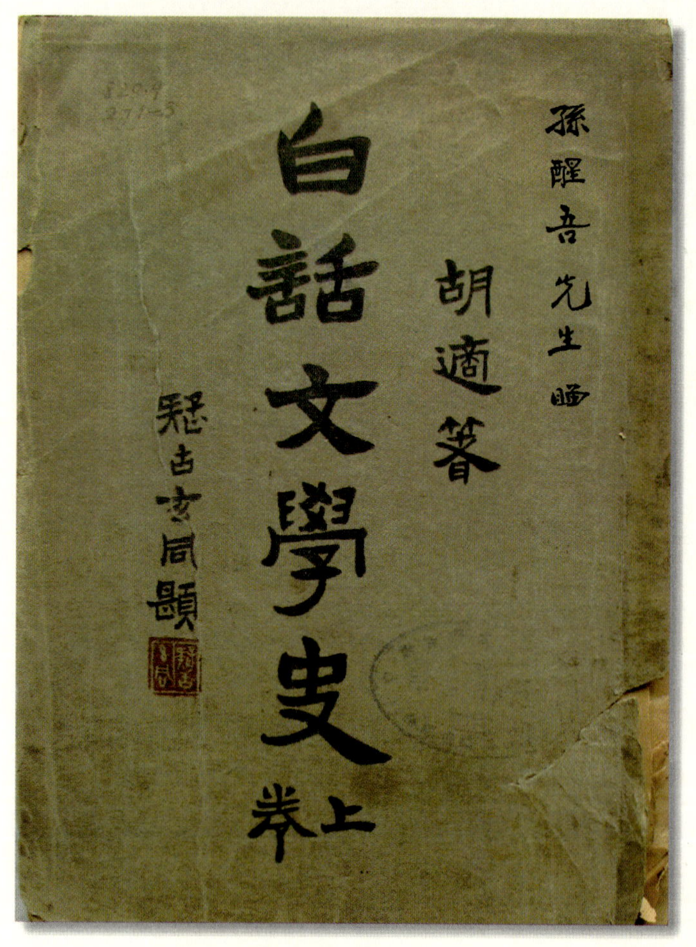

白話文學史（上卷）△

胡適著

新月書店，1929年三版

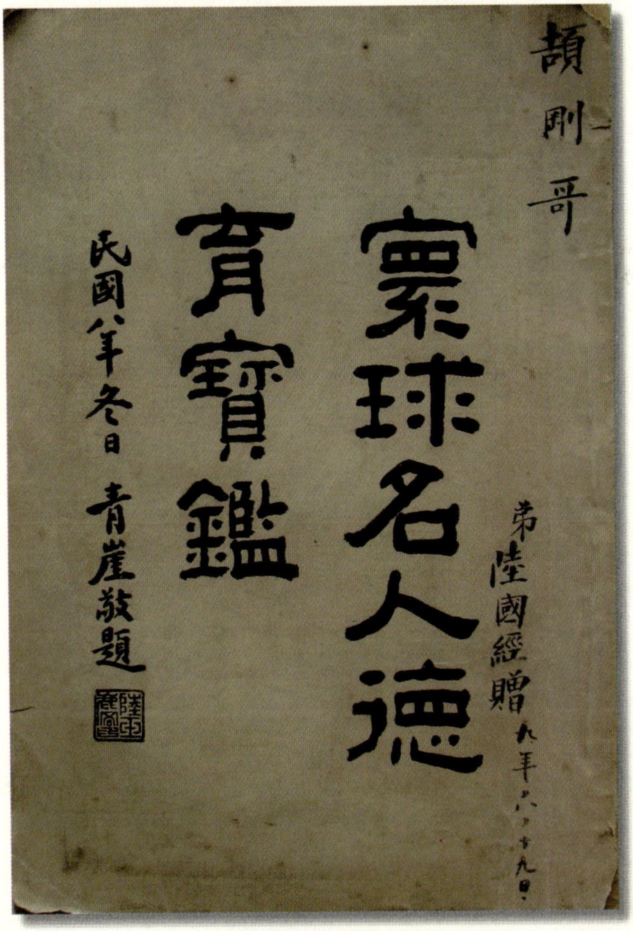

寰球名人德育寶鑑

楊鍾鈺輯

中華書局，1919年

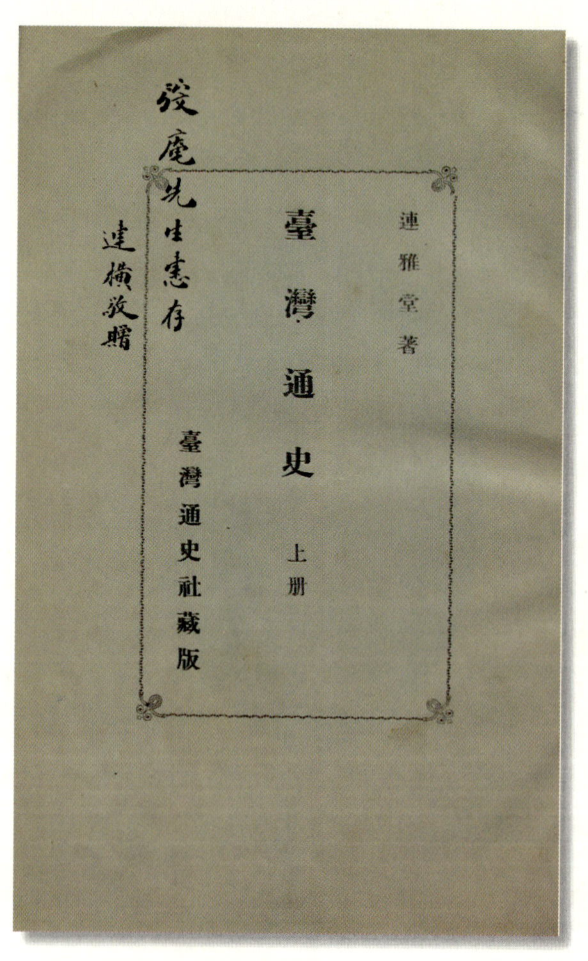

臺灣通史 △

連横著

臺灣通史社，1920年

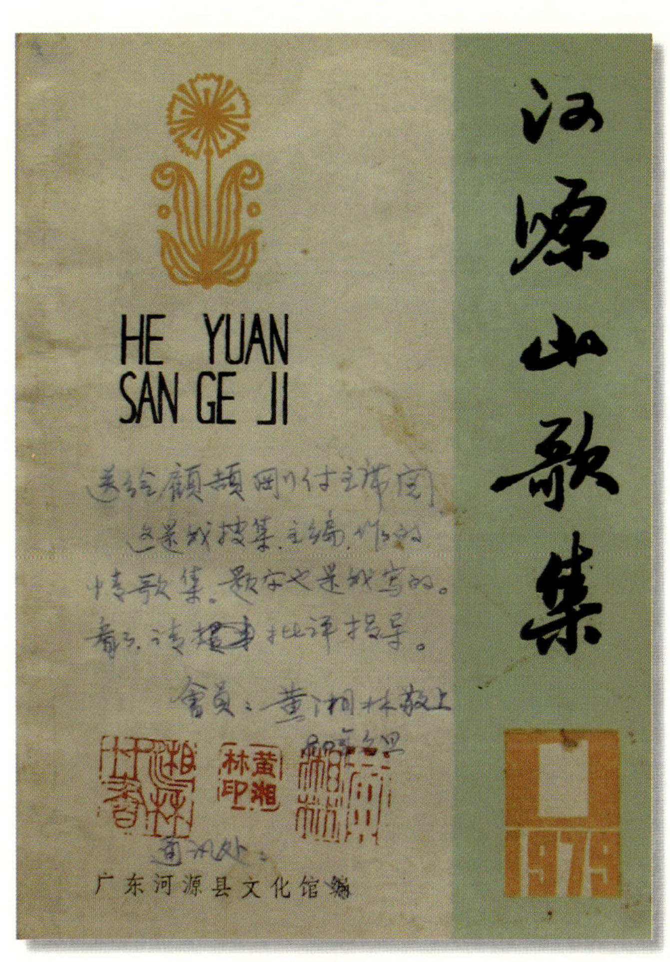

河源山歌集

廣東河源縣文化館編

1979年

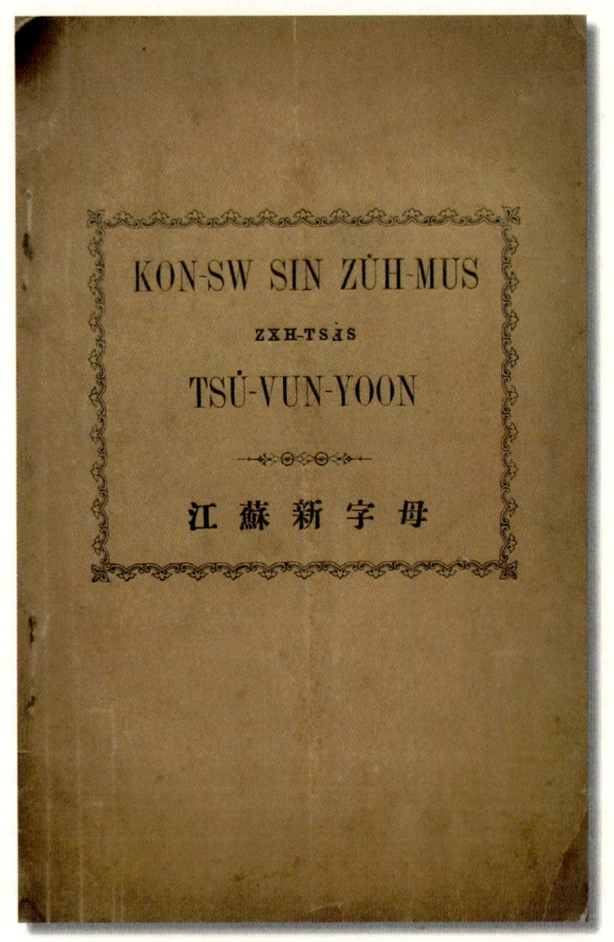

江蘇新字母

朱文熊著

1906年

斯年先生大鑒　頃讀新
潮第三期
大著所論意見與十四年
前拙著略同不揣固陋
擬引為同志茲寄上拙
著一本即請
著安
弟朱文熊上言
四月十二日
信上弟因不知　台甫故即呼
名為罪諒之弟字造五住石
駙大街十號

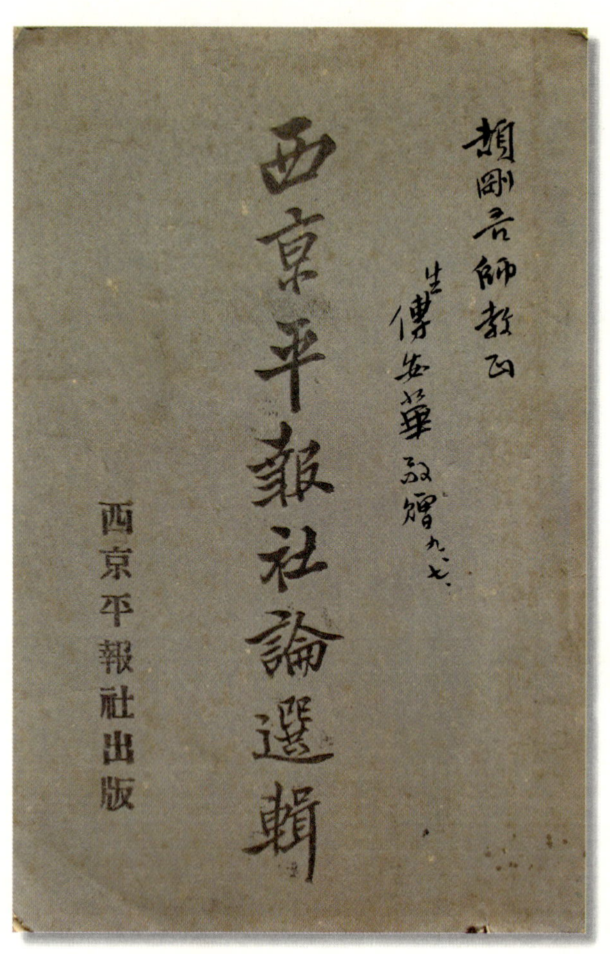

西京平報社論選輯 △

西京平報社編輯部編

西京平報社，1938年

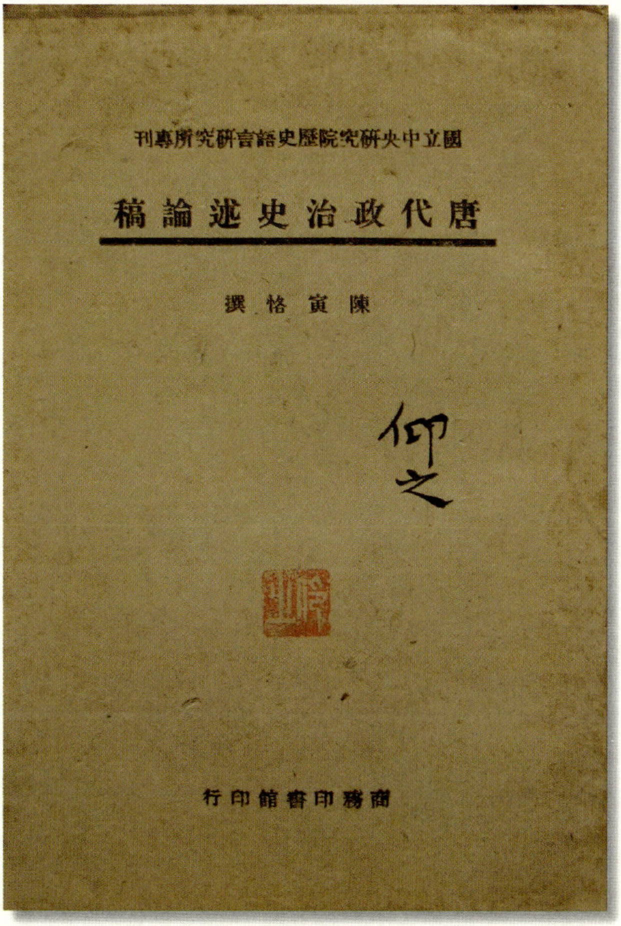

國立中央研究院歷史語言研究所專刊

唐代政治史述論稿

陳寅恪撰

仰之

商務印書館印行

唐代政治史述論稿

陳寅恪著

商務印書館，1943年

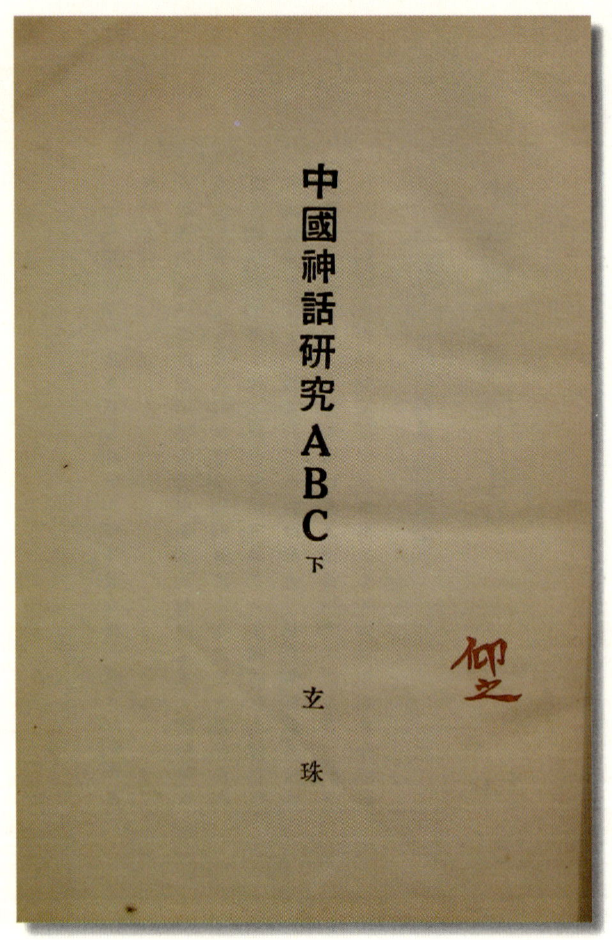

中國神話研究ABC（下）

玄珠著

ABC叢書社，1929年

六朝時代之藝術

（日）梅澤和軒著

アルス，1926年

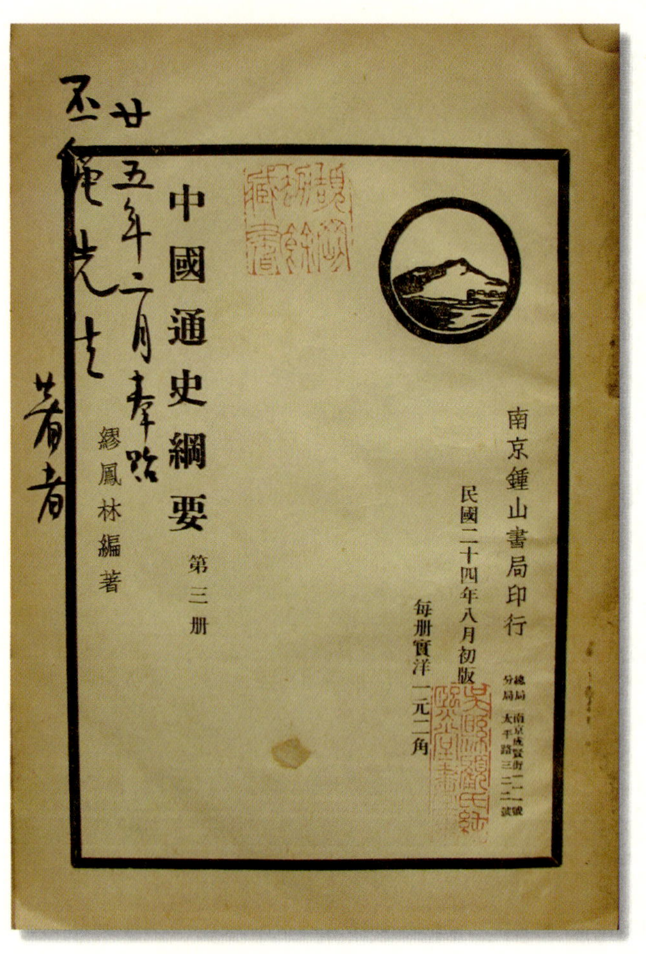

中國通史綱要

繆鳳林編著

鍾山書局，1935年

花籃瑶社會組織

王同惠著（費孝通燙金贈本）

廣西省政府特約研究專刊，1936年

元代雜劇全目 △

傅惜華著

作家出版社，1957年

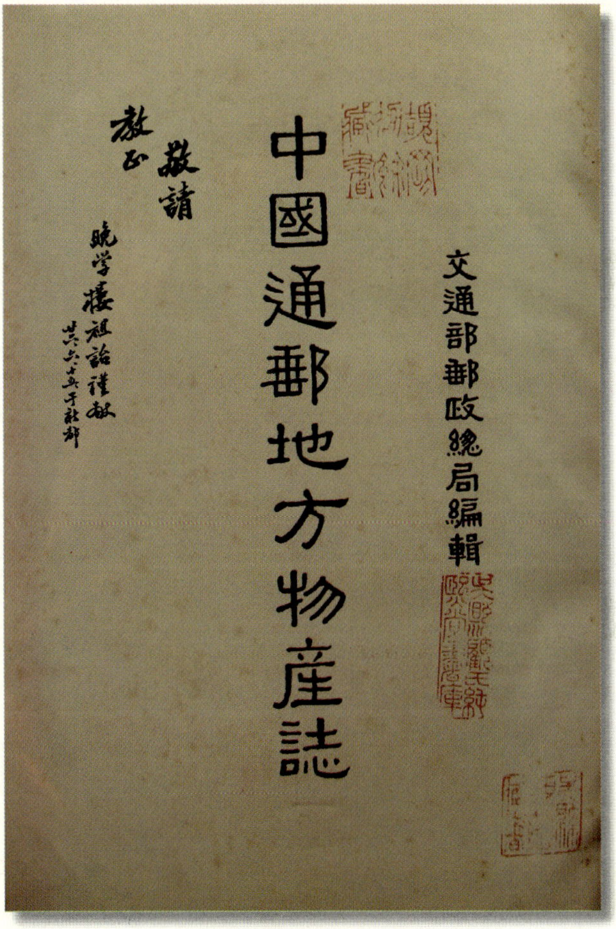

中國通郵地方物産誌 △

交通部郵政總局編輯

1936年

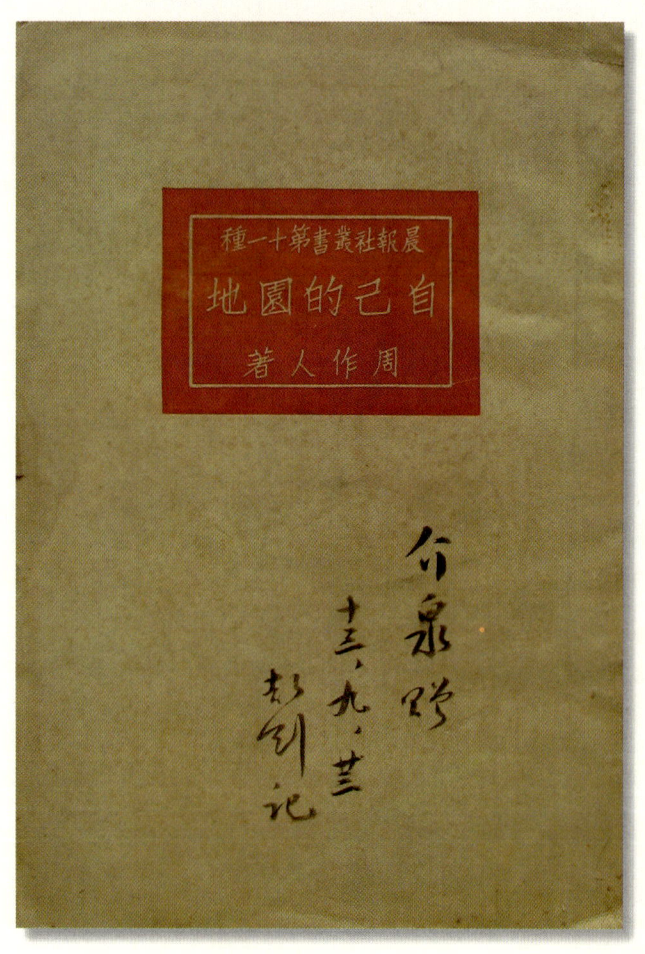

自己的園地

周作人著

晨報社，1923年

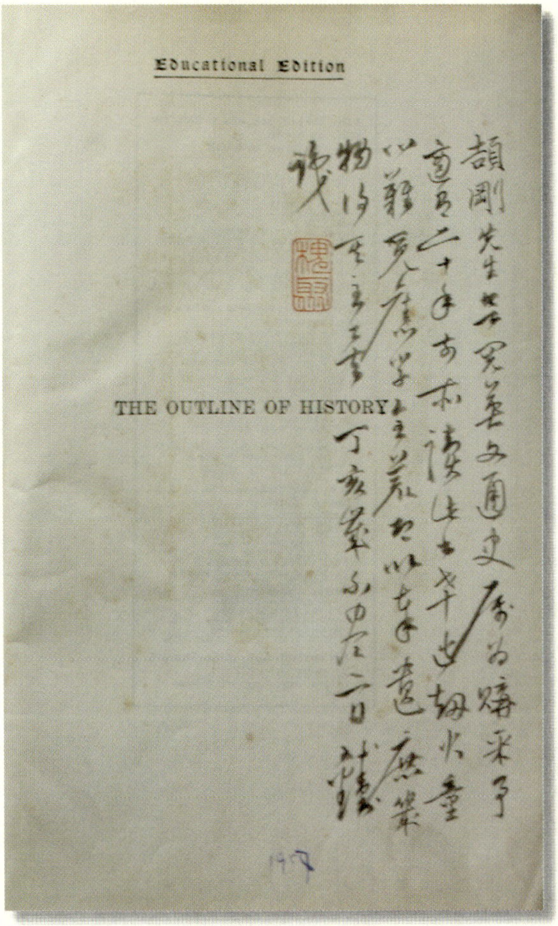

Educational Edition

THE OUTLINE OF HISTORY

世界史綱

（英）韋爾斯著

英國麥克米倫出版公司，1924年

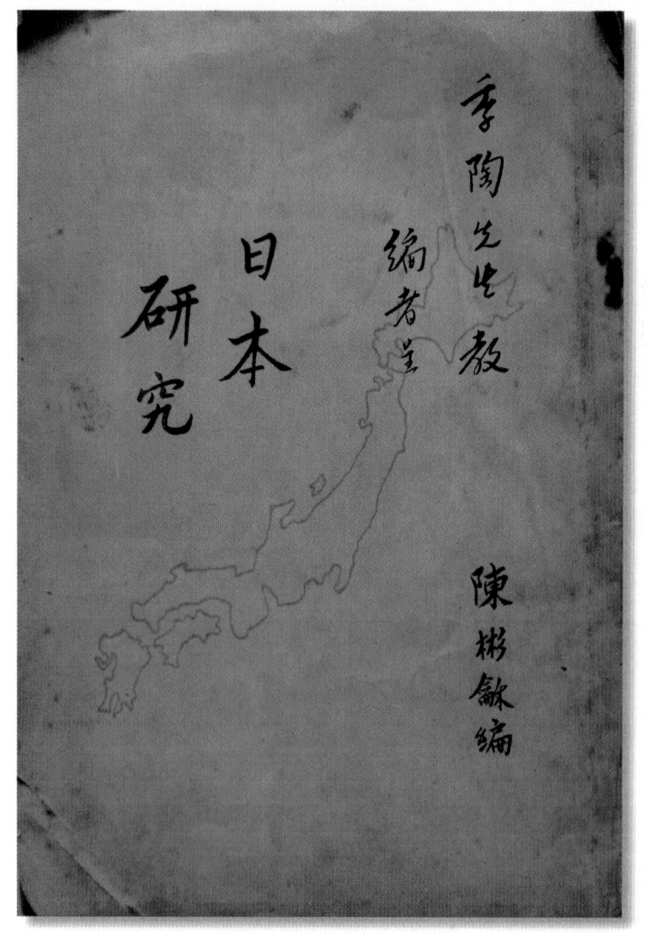

日本研究 △

陳彬龢著

上海基督徒濟案後援會發行，1928年

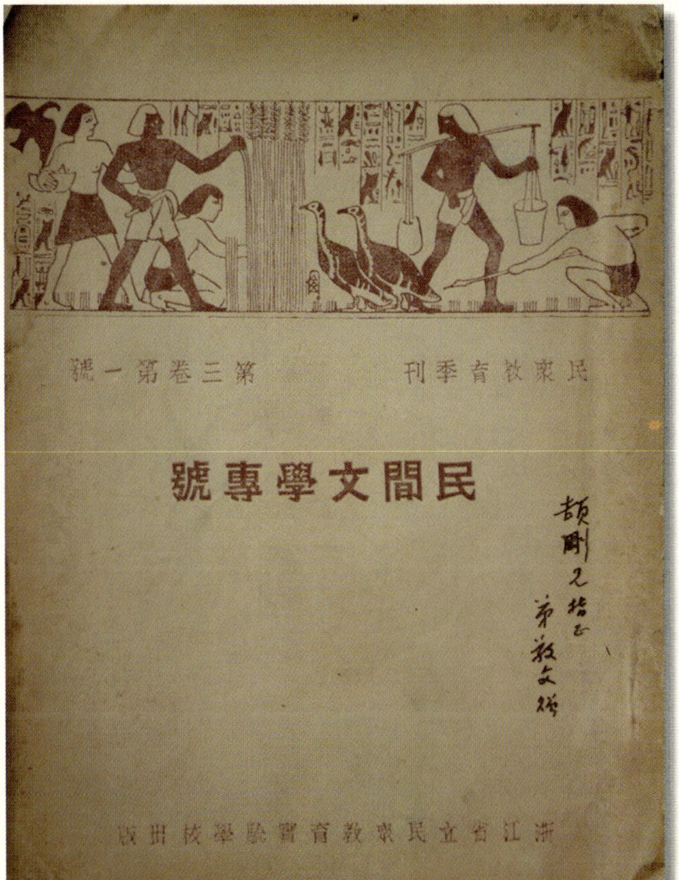

民間文學專號（民衆教育季刊第三卷第一號）

民衆教育季刊社編

浙江省立民衆教育實驗學校出版，1933年

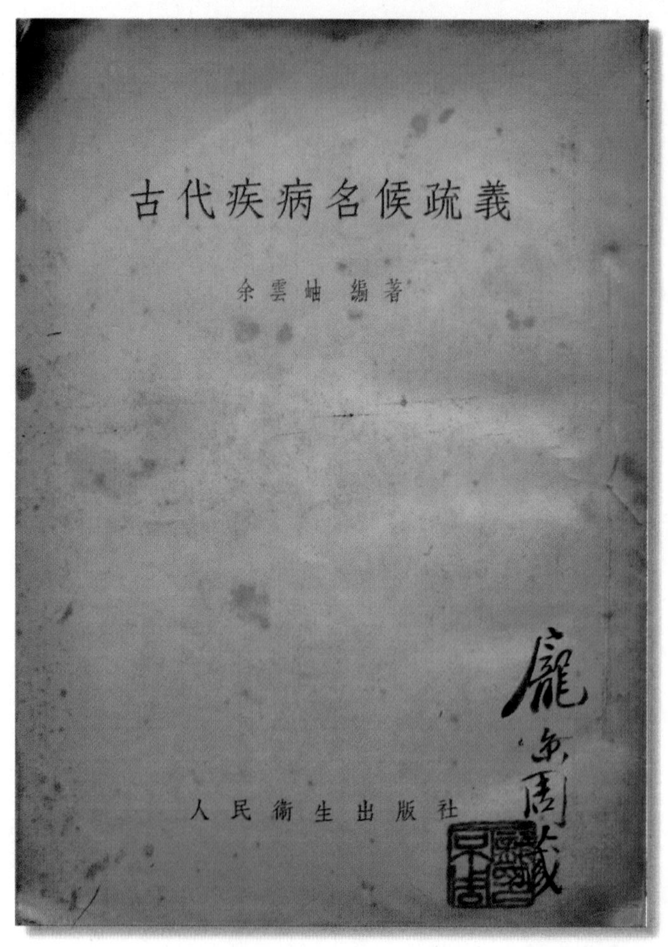

古代疾病名候疏義

余雲岫編著

人民衛生出版社，1953年

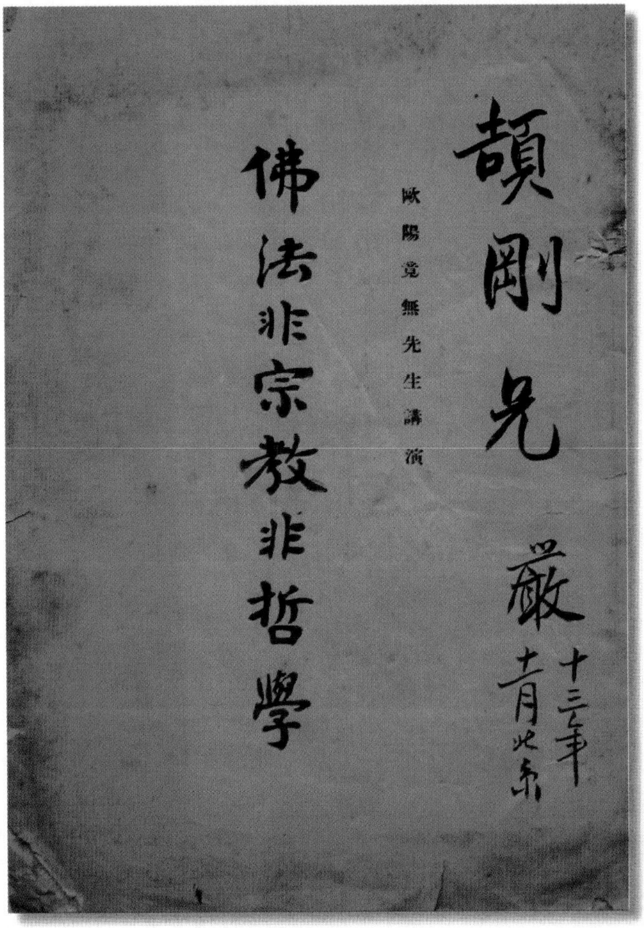

佛法非宗教非哲學

歐陽竟無先生講演

佛法非宗教非哲學

歐陽競無講演，王恩洋筆記

即廬，1922年

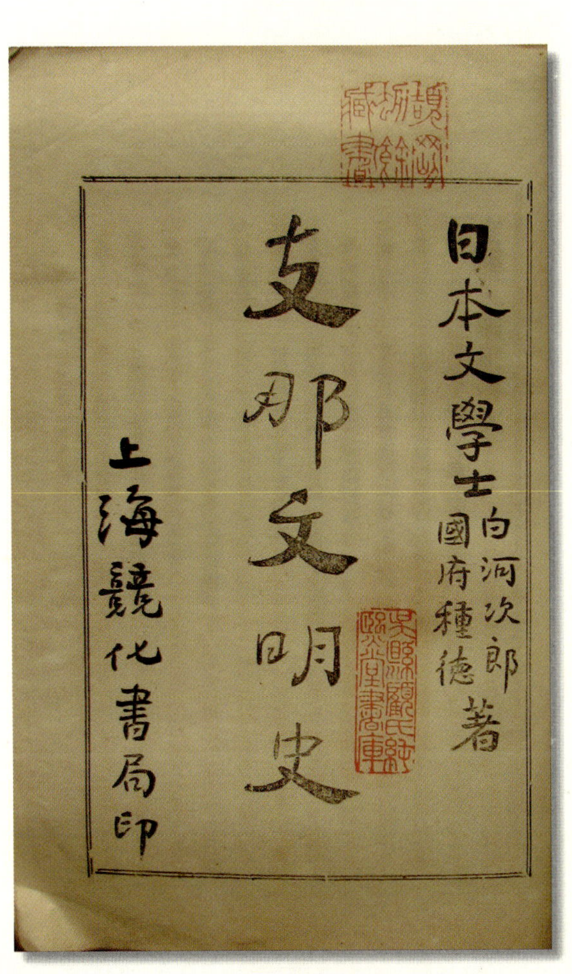

此書頗有名論亦甚瑣屑無足記者要為新學書籍中佳構耳

支那文明史

（日）白河次郎、國府種德著

競化書局，清光緒二十九年五月六日

此予平生購書之第一册也。予生光緒十九年，此書爲二十九年出版，是時予虛歲十一。此書爲蘇州護龍街靈鷲橋北國民學社所發行，大約譯者與印者並蘇州人。予憶是時蘇州觀前街東首開有东来書社，想係是时譯書大抵日籍，故有此名，此書即購於彼社者也。彼社未幾时即停歇，予少長即買新書於小說林矣。曾幾何时，予年已老，翻展此册，不勝感慨係之矣。予第一次買書即買歷史書，我生所致力於歷史，第以此書定價二角，當可打一折扣，囊中之錢爲之付耳。一九五四年十月廿四日，顧頡剛記於北京乾麵胡同卅八號科學院宿舍，时正理平生所購書也。

此書面紅藍色印係予幼年以彩筆所塗上。

西洋文明史要

何普編譯

大同印書局印刷，清光緒二十九年九月

民國四年四月頡剛購于東安市場

此書淺薄無謂而留學界已視爲異常重寶又速歎及于物競天擇之說其志可稱其從今殊弗定道

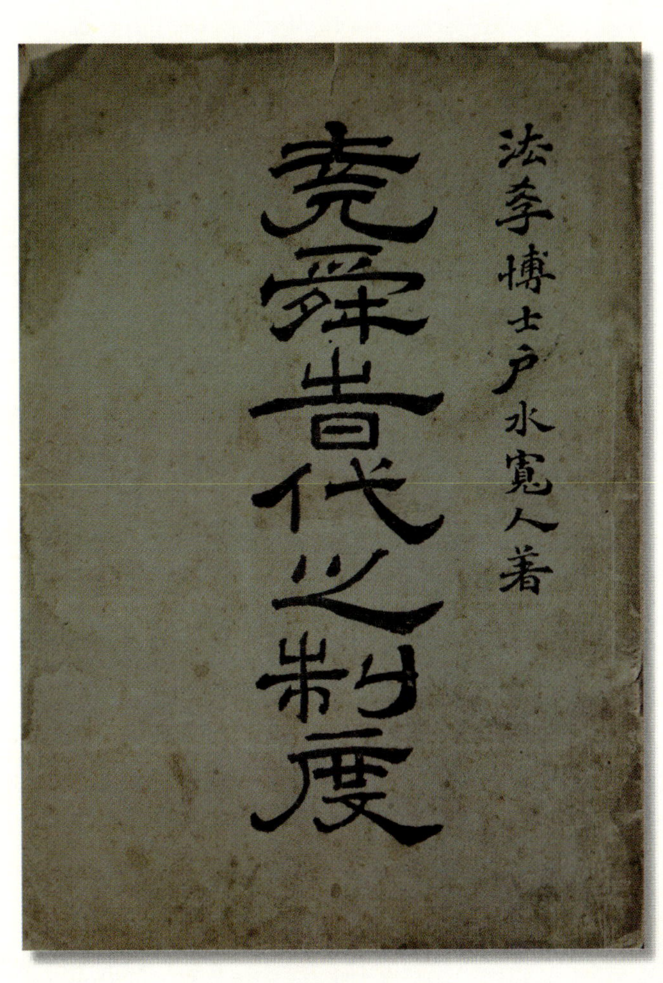

堯舜時代之制度

（日）户水寬人著，吴人達譯

東京並木活版所印刷，清國留學生會館發行，清光緒三十一年四月二十日此一小册，記清初一些史話，不署名，但知其為一村塾師所筆免於難者。清末民族主義盛張，有得其稿者，為刊入「野史八種」中，以分裝故，其他七種為何已不復記憶矣。數十年中，時代劇變過甚，余所藏書亦隨地散失，「國粹叢書」三集散佚逾大半，而此册仍留篋中，豈有意於我流連之耶？

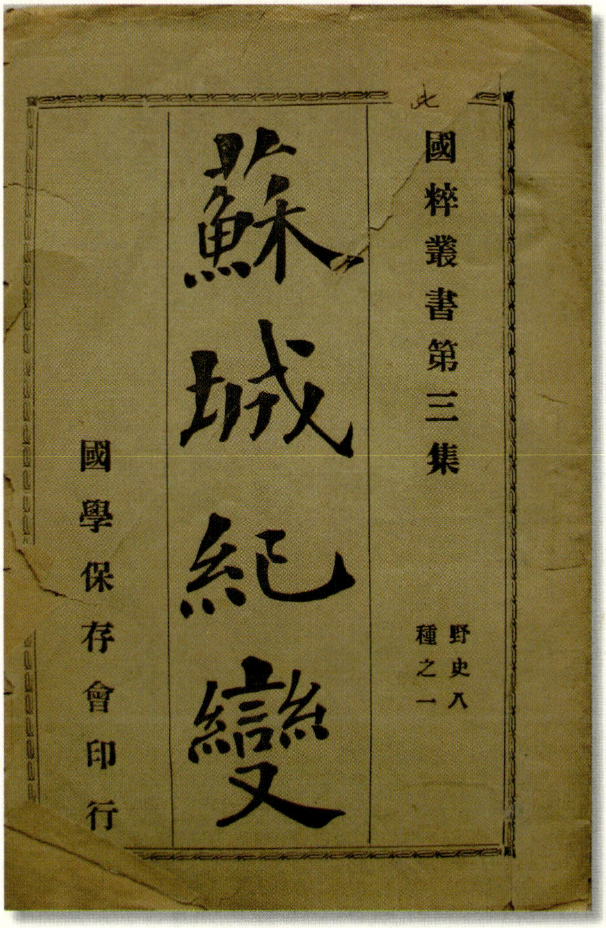

蘇城紀變

佚名著

國學保存會，清光緒二十九年

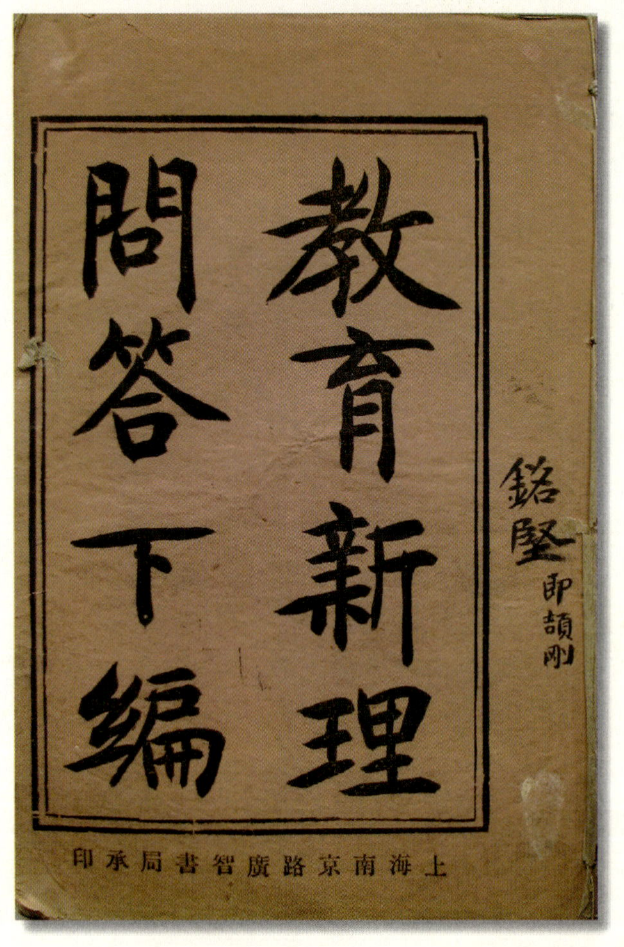

教育新理問答下編

廣智書局，時間不詳

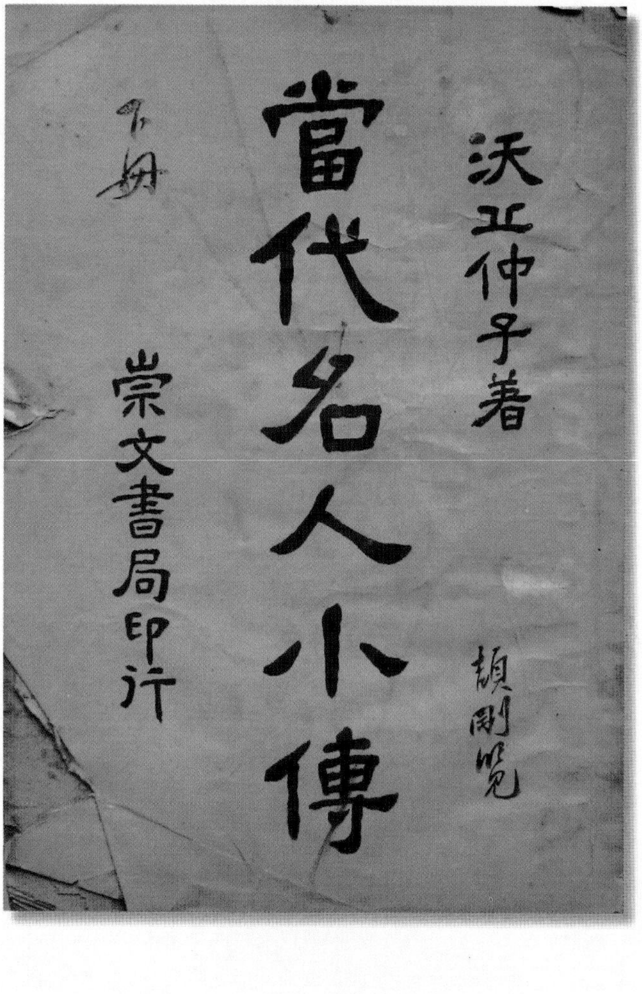

當代名人小傳

沃丘仲子著

崇文書局，1919年

中國人信苟以無事為福對于刻板之事業以外無思無
慮醉生夢死而已故二千年不能進步而患神經病者
亦稀少
而人人皆自心本不誠正而不可救藥者在此

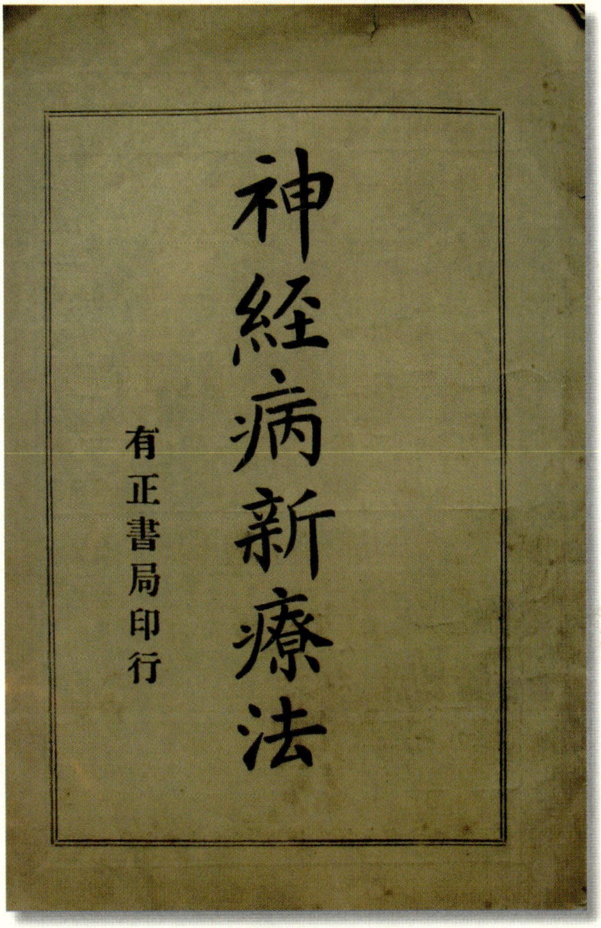

神經病新療法

有正書局印行

神經病新療法

知新琴仲編譯

有正書局，1917年

此書予幼時曾覽數回，故於清代學故略有所知。二十以後，未嘗一讀，而書亦失於傳流中矣。前日返蘇，在臨頓路一小書攤中得此本，因得重溫一過。清代文網密，學人咸無敢記前代事者，幸有賴據此書，得存其事些許也。一九五四年二月，頡剛記。

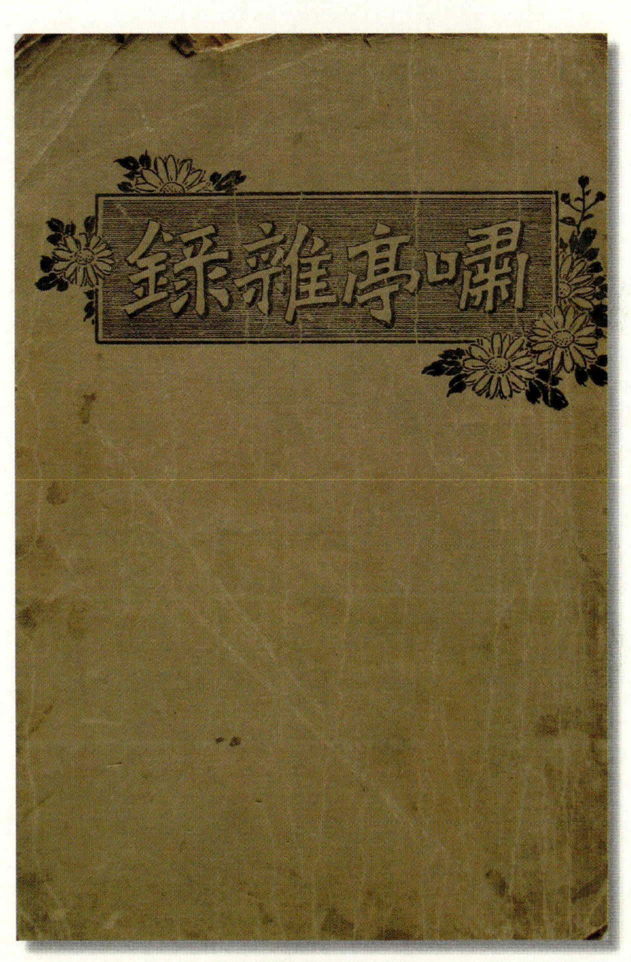

嘯亭雜録

〔清〕昭槤撰

商務印書館，時間不詳

此书予幼时熟读，因以养成反抗清室统治的观念。长成後失去，久将求之不得。一九五四年到蘇州，得之旧书肆中，宛似良友之重逢，为之喜躍。顾颉刚记。

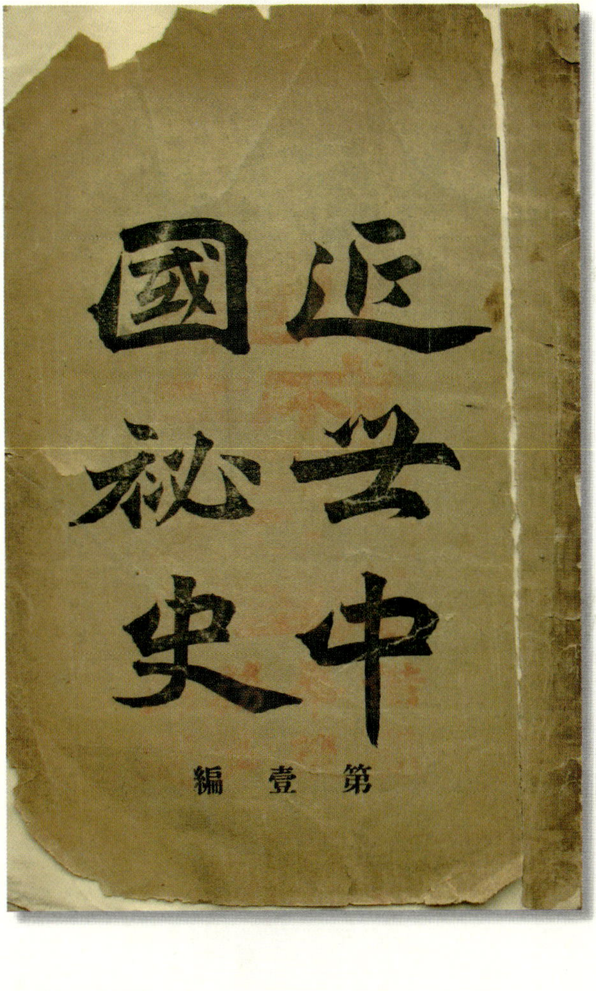

近世中國秘史

捫蝨談虎客著　按：捫蝨談虎客，韓文舉筆名。

廣智書局，清光緒三十年

予十一二歲時讀書此衖姚氏，見此書甚愛讀之，予之好游覽自此始也。廿五年夏月在杭州復初齋見有此書，即予幼年所見之版，如覩舊友，快甚，即購歸藏之。頡剛記

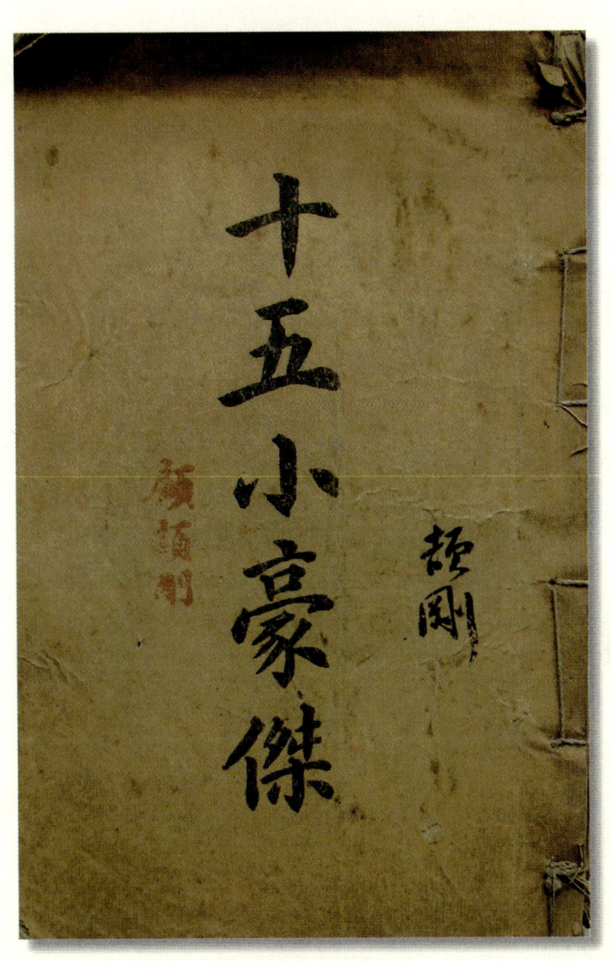

十五小豪傑

（法）凡爾納著，梁啟超、羅孝高譯

廣智書局，1907年

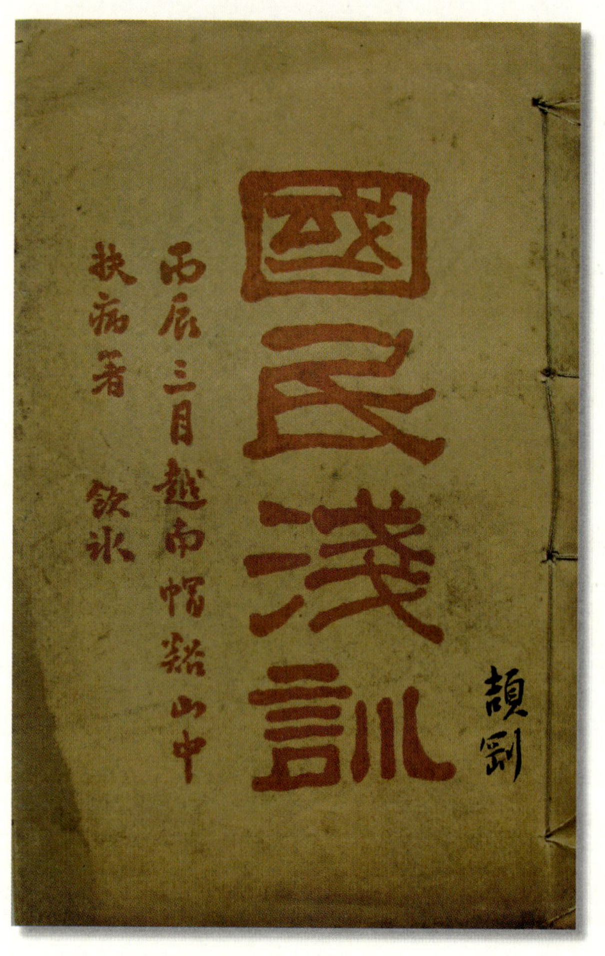

國民淺訓 △

梁啟超著

商務印書館，1916年

余以從軍于役邕桂取道越南時諜騎四布乃自匿於山中旬日更圖間道潛赴同行七人皆星散各自覓路進取余子身寄一牧莊相伴者惟他邦傭保非特無可與語即語亦不解也行篋中挾書數卷亦既讀盡無以自娛中間復嬰熱病委頓二日幾瀕於死病既起念此閑寂之歲月在今百忙中殊不易得不可負乃奮興草此書閱三日夜得十三章草成遂行計更換騎走山谷間十日乃達所指之地也書旨期普及故以俚文行之甚見笑於大方之家矣且信筆所至不及凝思意所欲言未盡百一也國人知其爲播越顛沛中扶病疾書之作矜此微誠垂賜卒讀而或得一二受用處則著者

國民淺訓　序　一

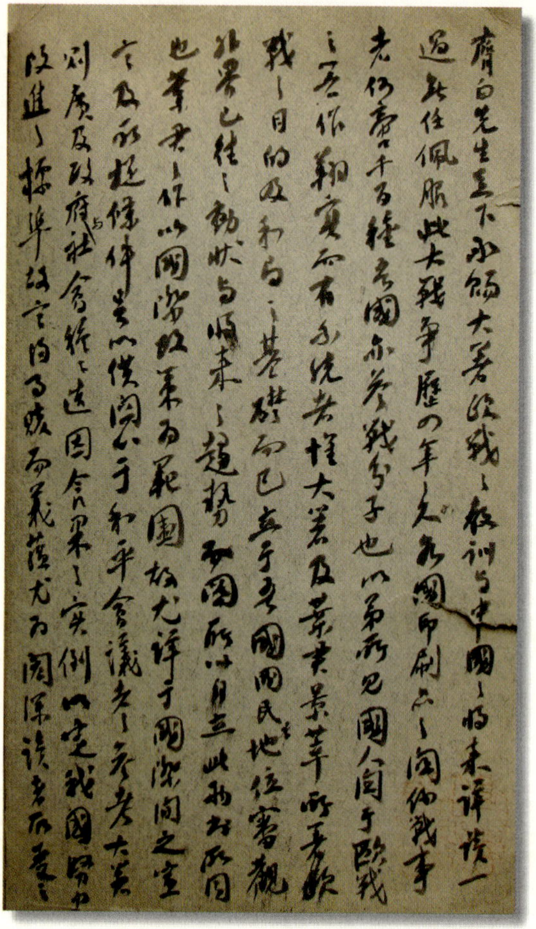

齊白先生足下：承饋大著《歐戰之教訓與中國之將來》，詳讀一
過，欽佩欽佩。此大戰爭歷四年之久，各國印刷品之關於戰事
者何啻千百種。吾國亦參戰分子也，以弟所見，國人關於歐戰
之著作翔實而有系統者，推大著及葉君景莘所著《歐
戰之目的及和局之基礎》而已。至于吾國國民地位，審觀
外界已往之動狀與將來之趨勢，而圖所以自立，此兩書所同
也。葉君之作以國際政策爲範圍，故尤詳于國際間之空
言及形式條件，若以借鑑于和平會議者之參考；大著
則廣及政府與社會，繼之遠因今果之實例，以定我國將
改進之標準，故竊以爲較爲義蘊尤爲閎深。讀者[illegible]

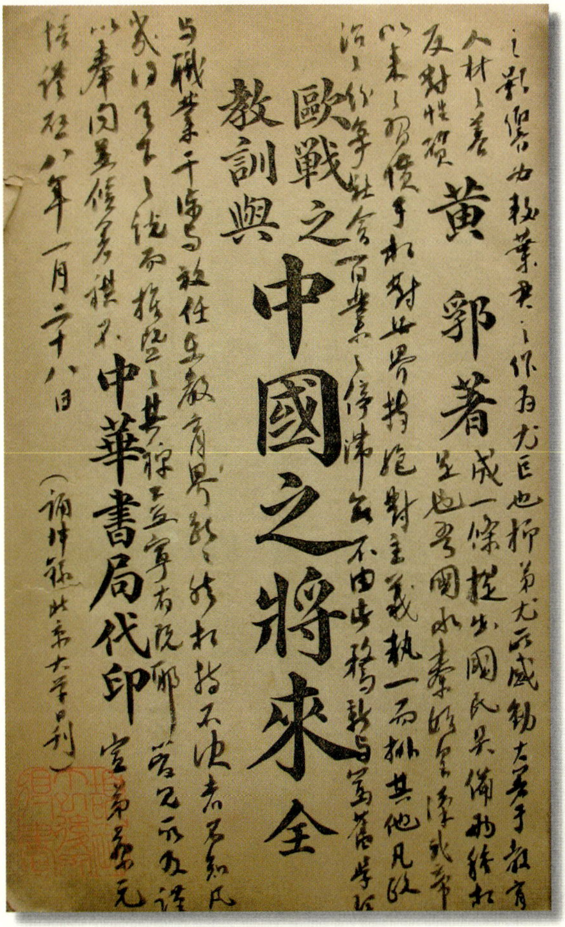

歐戰之教訓與中國之將來

黄郛著

中華書局代印，1918年

此書清末曾禁用因以蘇
先生之序也
民國七年十月頡剛獲于
地肆

民國八年三月初讀一過

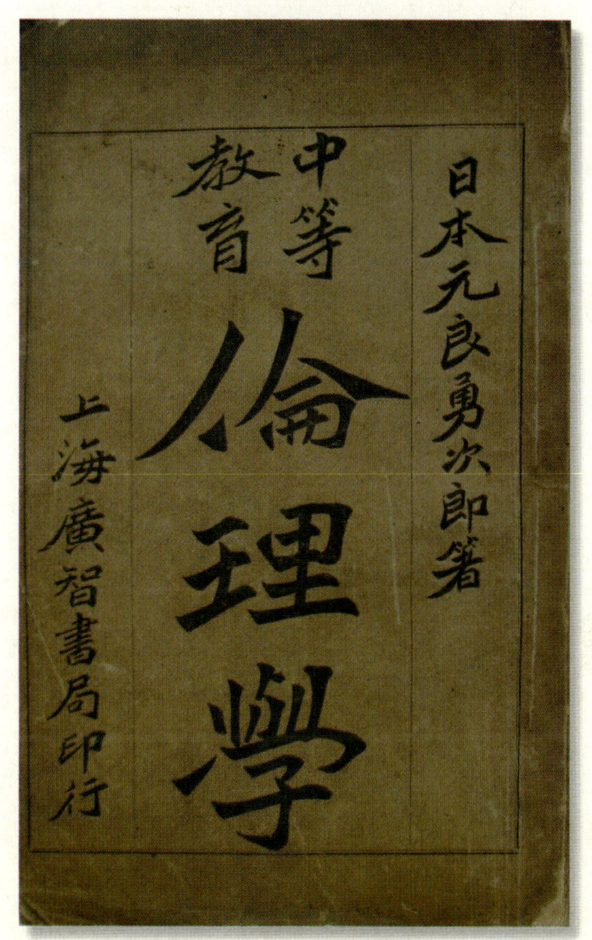

倫理學

（日）元良勇次郎著，麥鼎華譯

廣智書局，清光緒二十八年九月二十五日

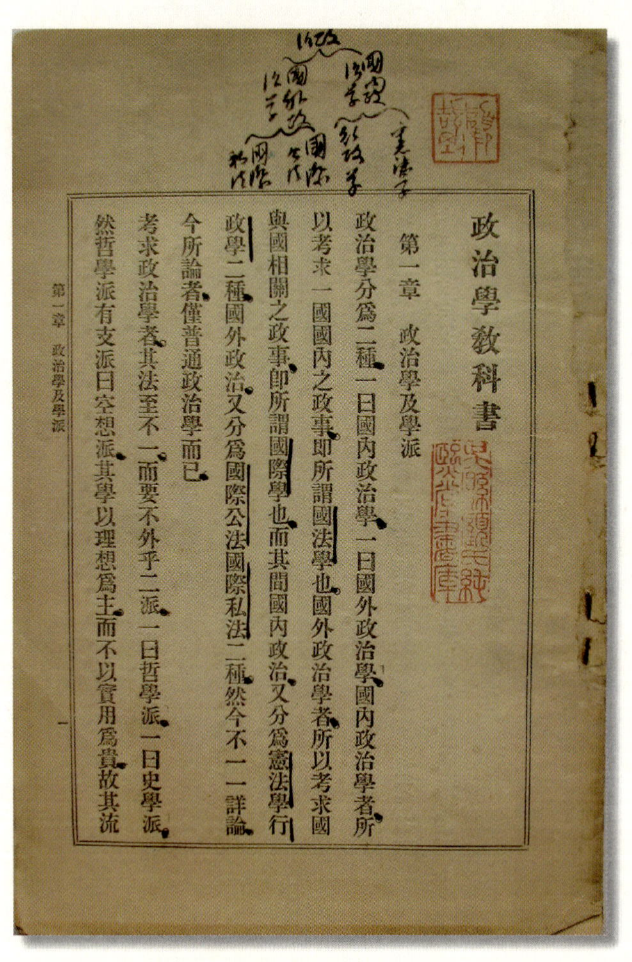

政治學教科書

第一章　政治學及學派

政治學分爲二種一曰國內政治學一曰國外政治學國內政治學者所以考求一國國內之政事即所謂國法學也國外政治學者所以考求國與國相關之政事即所謂國際學也而其間國內政治又分爲憲法學行政學二種國外政治又分爲國際公法國際私法二種然今不一一詳論今所論者僅普通政治學而已

考求政治學者其法至不一而要不外乎二派一曰哲學派一曰史學派然哲學派有支派曰空想派其學以理想爲主而不以實用爲貴故其流

第一章　政治學及學派　一

政治學教科書

楊廷棟著

作新社，清光緒二十九年再版

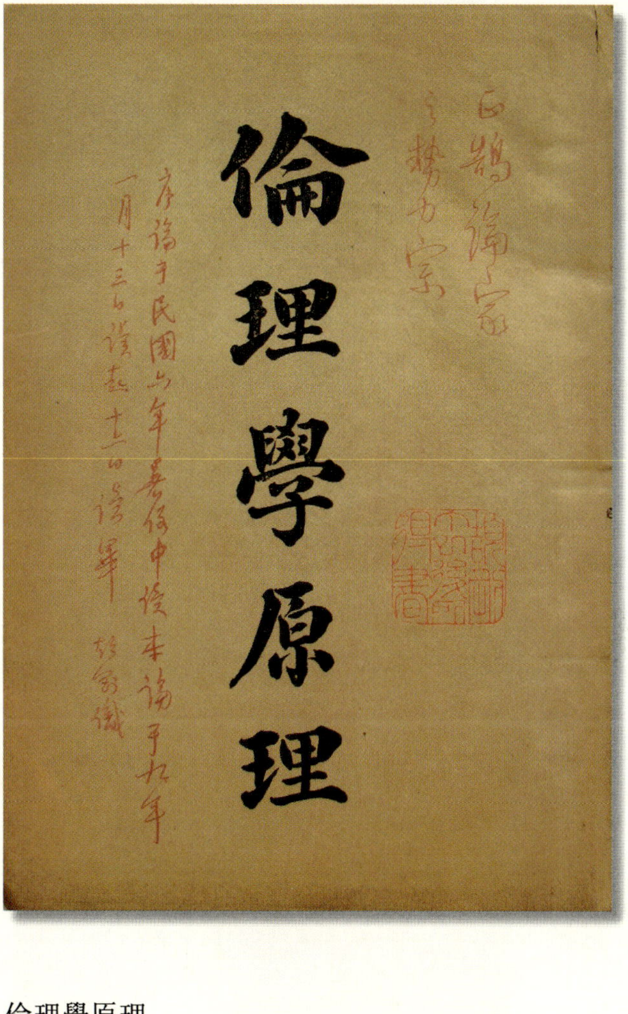

倫理學原理

（德）泡企生原著，（日）蟹江義丸譯，蔡元培重譯

商務印書館，1915年第四版

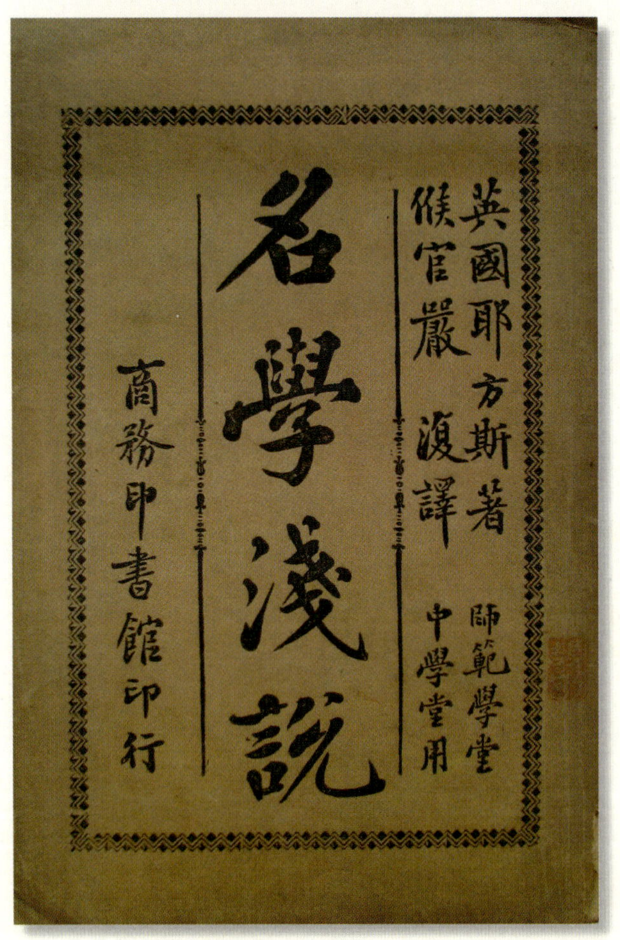

名學淺説

（英）耶方斯著，嚴復譯

商務印書館，1913年六版

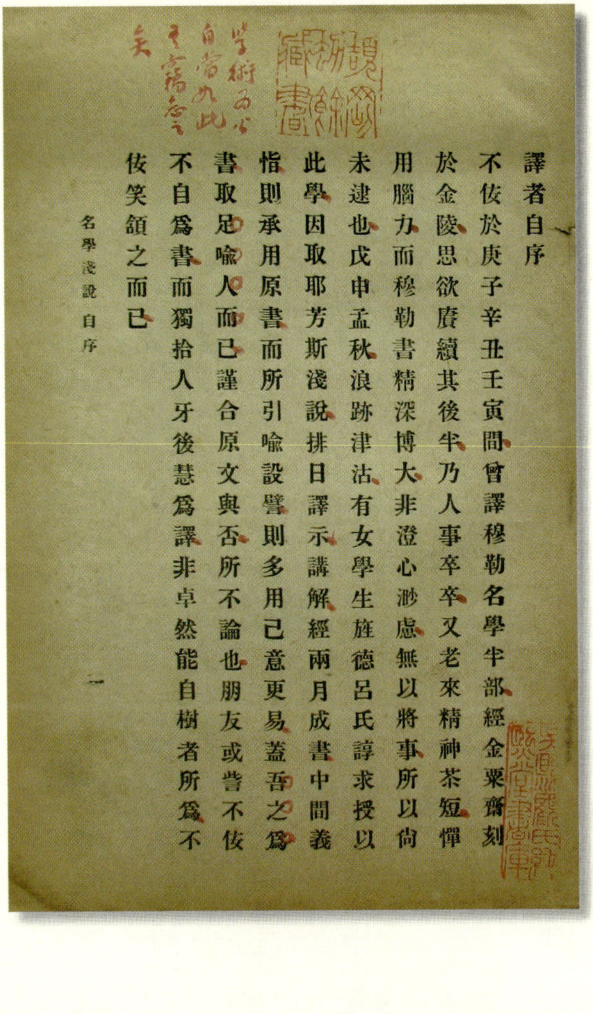

譯者自序

不佞於庚子辛丑壬寅間曾譯穆勒名學半部經金粟齋刻於金陵思欲賡續其後半乃人事卒卒又老來精神茶短憚用腦力而穆勒書精深博大非澄心渺慮無以將事所以尚未逮也戊申孟秋浪跡津沽有女學生旌德呂氏諄求授以此學因取耶芳斯淺說排日譯示講解經兩月成書中間義恉則承用原書而所引喻設譬則多用已意更易蓋吾之爲書取足喻人而已謹合原文與否所不論也朋友或訾不佞不自爲書而獨拾人牙後慧爲譯非卓然能自樹者所爲不佞笑頷之而已

名學淺說　自序　一

此書為 John R. Hykes 牧師所著

而未知為誰譯

最末紀載舍于至一九一五年

止即民國四年也

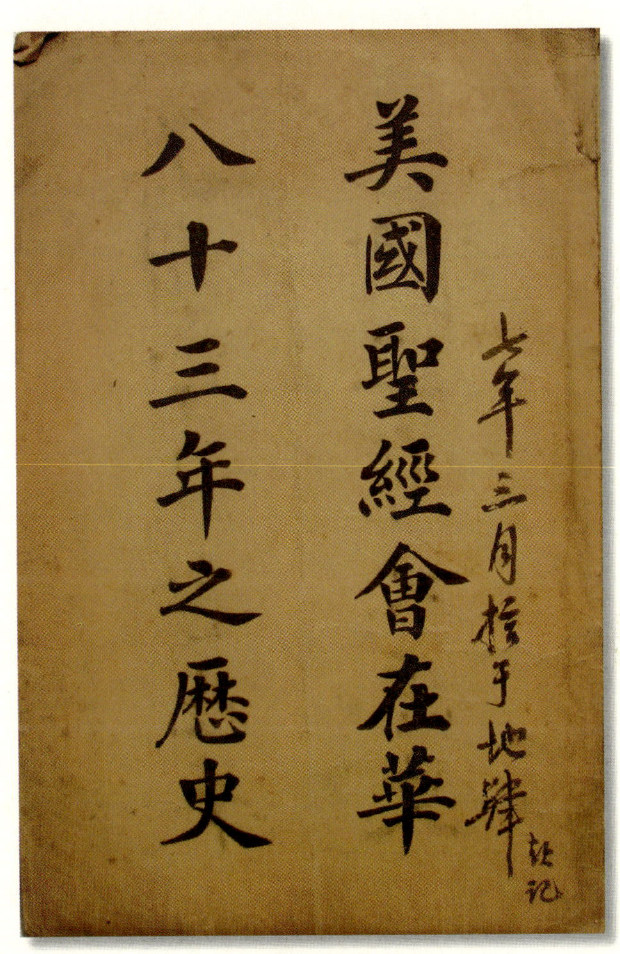

美國聖經會在華八十三年之歷史

（美）JOHN R. HYKES著

1916年

久聞古史譜本兩東伯兄，昨黄永年君覓
得見借，爲甚快意。此本斷一過，亦共於日
本兄利、玉揚擇刪削，又將拙論一篇改
爲序文，而書民國二十七年，亦見中尾氏
謹慎之態，然序不失實也。
一九五一年七月，頡剛記于武康特寓
余、

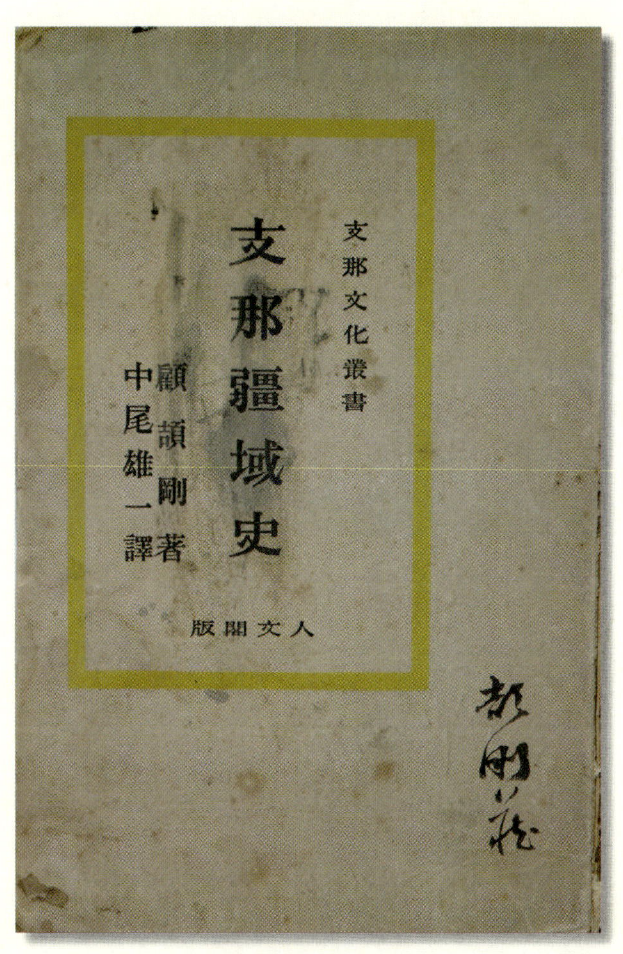

支那疆域史

顧頡剛著，(日)中尾雄一譯

人文閣，1943年

此書于抗日戰爭中出版，其時予在隴蜀，不但未見，亦未知之。今日閱書于中國書店得之，知其用力甚深，而仍不詳石君為何如人也。世之學者湮沒不彰者何限，而我輩以居都市之故，遂易欺世盜名，書此志愧！

顧頡剛記，一九五八，十，八

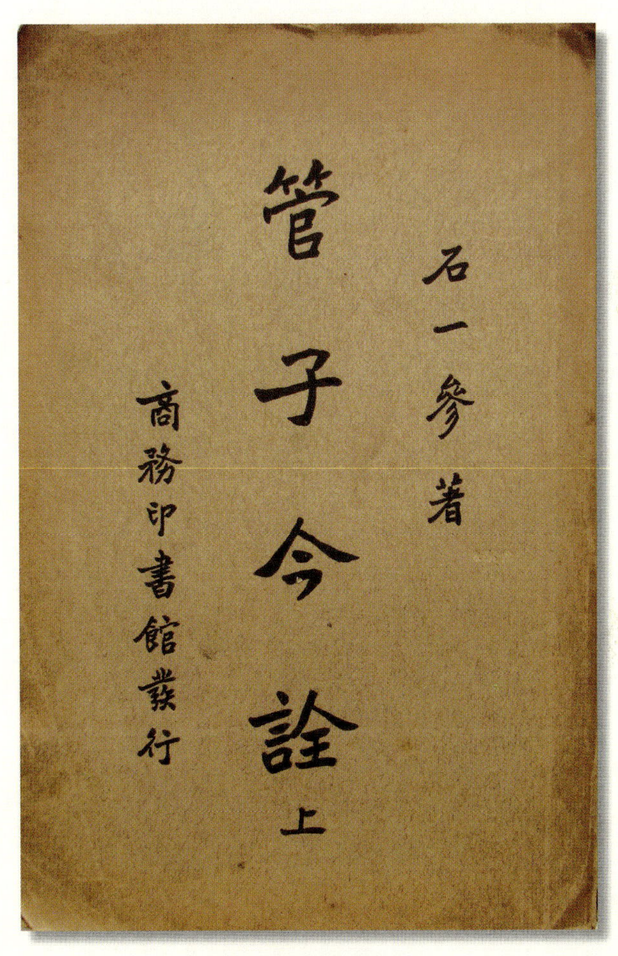

管子今詮

石一參著

商務印書館，1938年

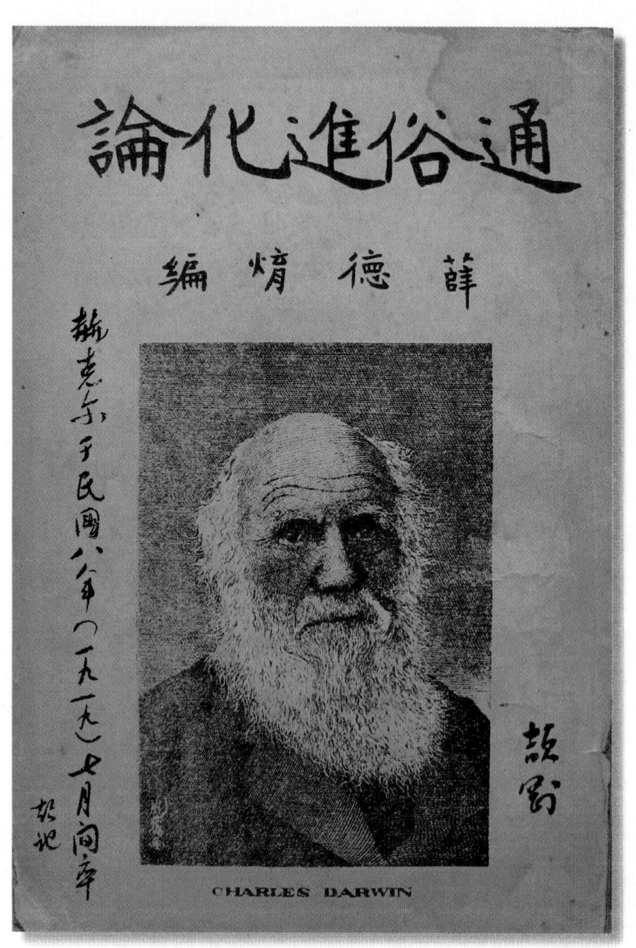

通俗進化論 △

薛德焴編

江陰輔廷學校藏版，1916年

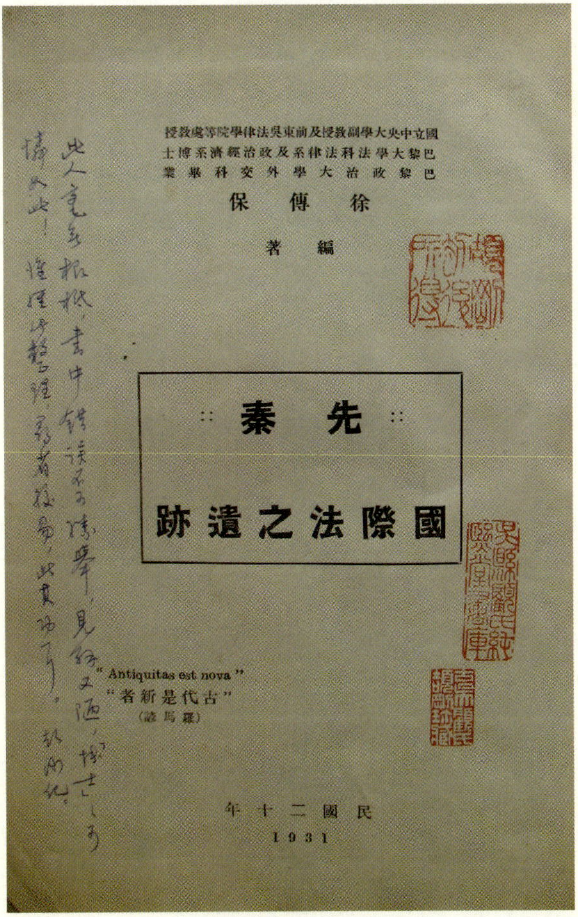

國立中央大學教授及前東吳法律學院等處教授
巴黎大學法科法律系及政治經濟系博士
巴黎政治大學外交科畢業
徐傳保
編著

先秦
國際法之遺跡

"Antiquitas est nova"
"古代是新者"
（羅馬諺）

民國二十年
1931

先秦國際法之遺跡

徐傳保編著

中國科學公司，1931年

此書初出，予即買之。三四月後，抗日戰爭起，予跋涉西陲，北京藏書遂不可問。勝利後，予久欲覓蹤跡，經十年竟未能再得。今日與誠兩同志觀書于國子監中國書店，忽見架上有是，急買歸，益以一書如此其不易也。誠之先生逝世六載矣，遺稿則已粗識並出今，札記一種擬送唐長孺、楊寬兩君任之。他日全書告成，此冊又將作筌蹄、棄矣。

一九六二年十一月十八日燈下，顧頡剛記。

此冊為廣東人民圖書館舊藏，不審如何流入京肆。又記。

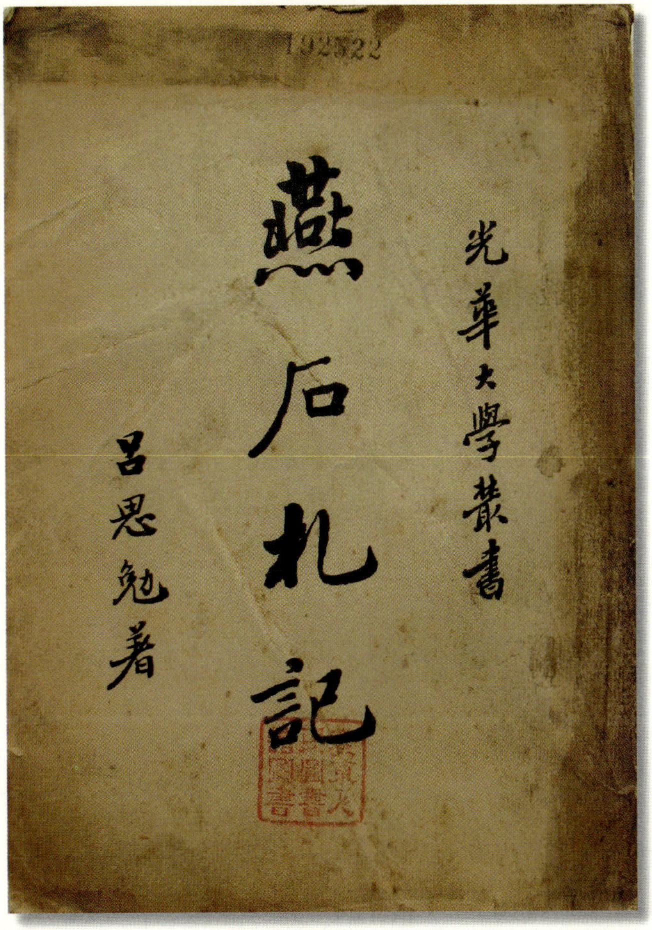

燕石札記

吕思勉著

商務印書館，1937年

呂氏一生寫作甚多，而身後竟無人提議為編一全集者，並其著述目録亦不可見，慨已！

一九六五，五，廿三，頡剛讀一過。

章句論

呂思勉著

商務印書館，1934年

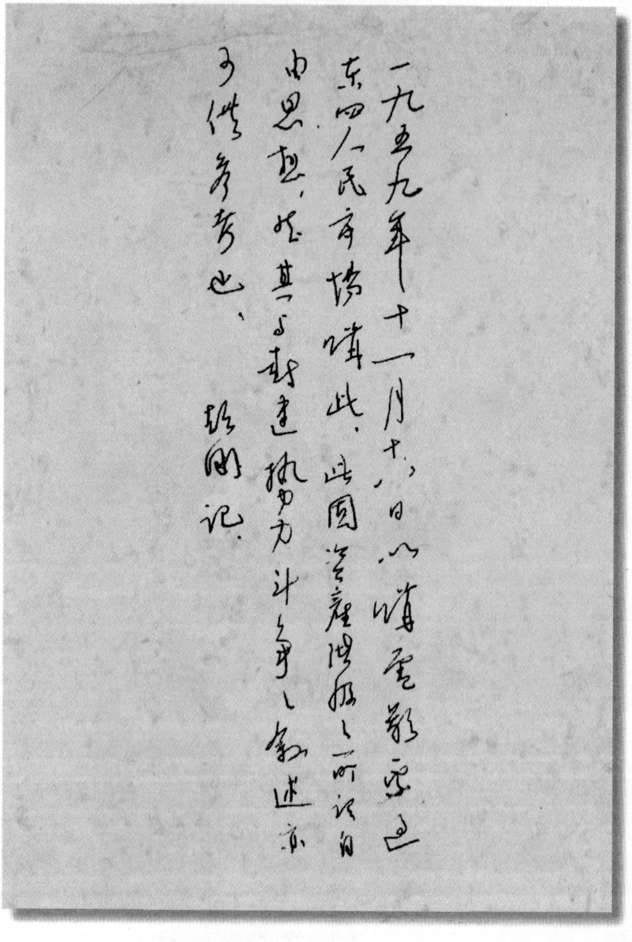

一九五九年十一月十八日以購電影票过
东四人民市場購此。此固資產階級之所謂自
由思想，然其與封建勢力斗爭之叙述亦
可備參考也。
頡剛记。

思想解放史話

房龍著，宋桂煌譯

商務印書館，1936年

一九五八年七月廿六日購于東安市場，頡剛記。

此書頗駁正鄭玄誤說。當代有此人而未知，足徵讀書不廣者多矣。頡剛再記。

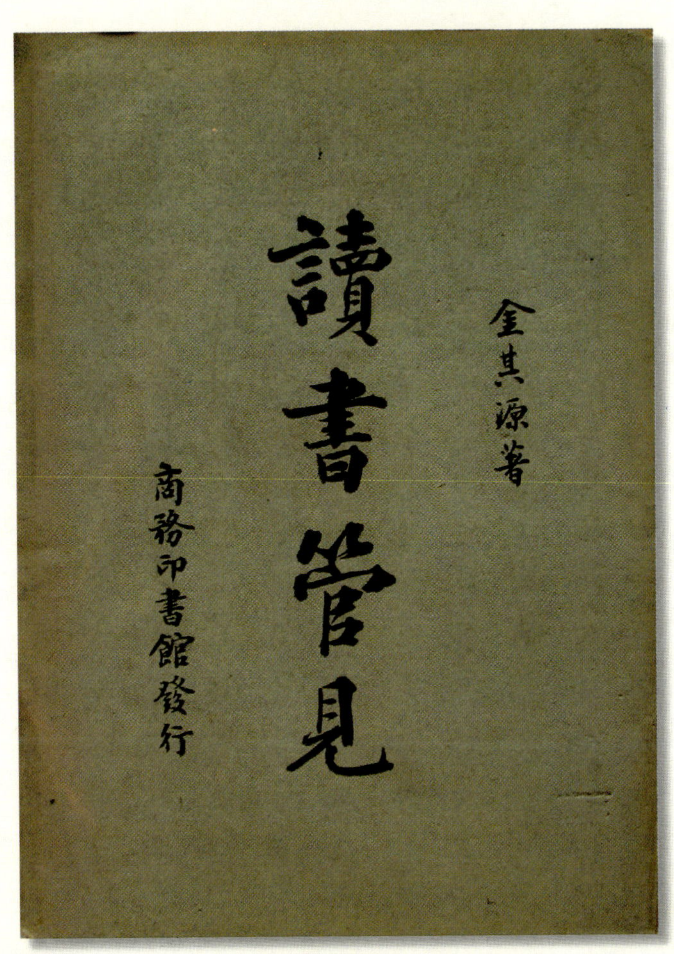

讀書管見

金其源著

商務印書館，1948年

錢杏邨,筆名阿英,畢生
搜羅近代小說,爲之提要,以彰
社會之變化,實與史學有裨。
近世搜羅小說者有馬隅卿、鄭
西諦諸人,皆偏重版本,不如
此書之有歷史價值也。
一九七二年七月顧頡附記

小説閒談

阿英著

良友圖書印刷公司，1936年

記錄

此書出版後，即一翻覽，未遑讀也。日來編輯東壁遺書，懷其中當有材料，乃取此本，囑歷史家來，讀一日而畢。其中頗有精論，將來可摘出。

廿一年三月廿四，頡剛記。

198

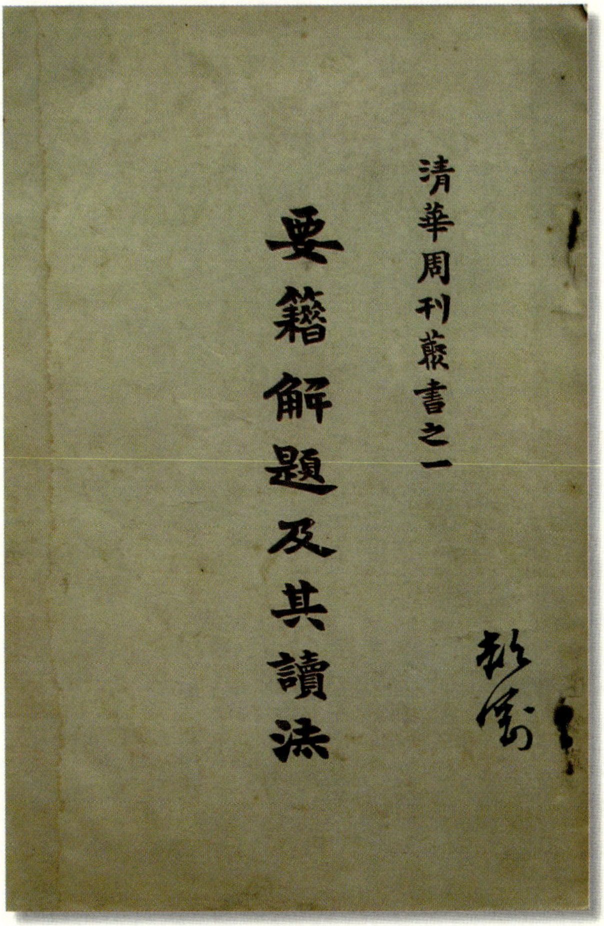

要籍解題及其讀法

梁啟超著

清華周刊叢書社，1930年再版

目録學發微

余嘉錫著

排印本，時間不詳

毛澤東自傳

（美）斯諾記録，翰青、黄峰譯

光明書局，1937年11月3日發行

楊遇夫先生漢書窺管之初稿也。先生以數十年之力治班史，宜其鉤新奪道，超越先進。閱市得此，亟奉為模楷焉。

一九五六年四月頡剛附記

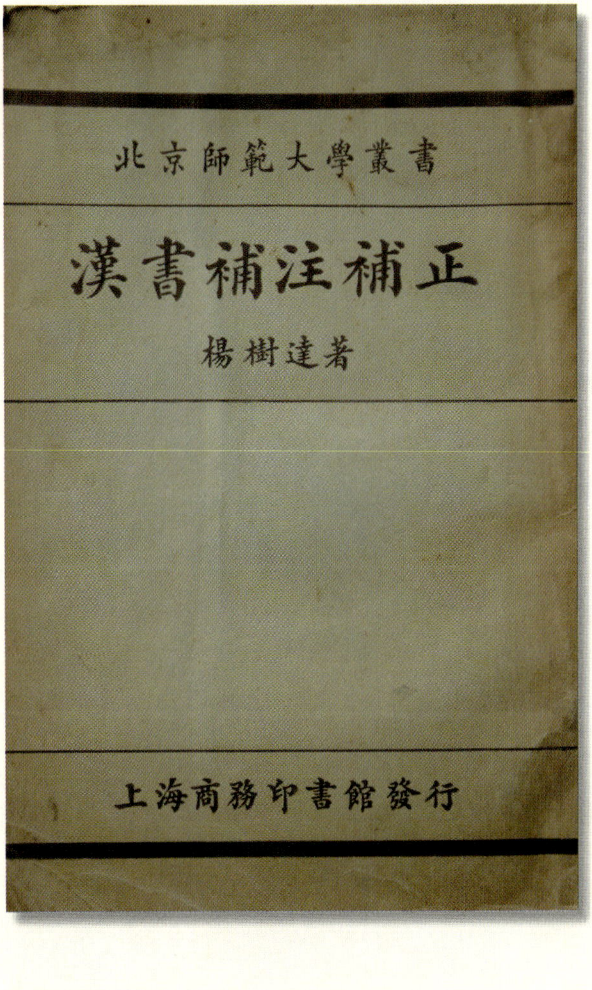

漢書補注補正

楊樹達著

商務印書館，1925年

德菱雖有諛辭在殊未能離婦
人之見觀其對德宗亦予勸太后
造殿用西式即指為新政之一端
誠可笑也

頡剛記

清宫二年記

德菱女士著，陳貽先、陳冷汰譯

商務印書館，1937年

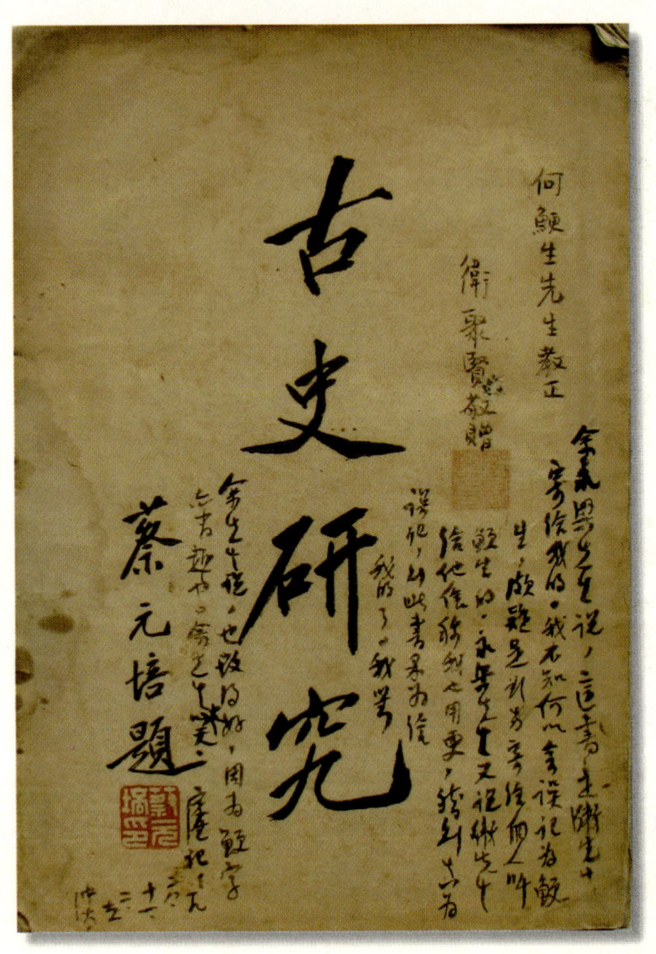

古史研究

衛聚賢著

新月書店，1928年

古史研究叙

在我的朋友中，衛懷彬先生可算個比較特異的人。他生在個以農商爲主要職業的家庭，十八歲時方離開商人的生活進高等小學由是而師範，而專門學校，而研究院，十年的工夫，居然對於古代史有不少的貢獻。這與一般世家子弟自幼便薰陶在學術空氣中，因而有所成就者，自不可一概而論。

古史研究共分三部分：春秋研究，左傳研究，國語研究是。這是衛先生年來鑽研古史的心得。這部書多發前人所未發，而衛先生自信爲最精彩的部分，當推國語的作期，左傳的作者兩段考證。衛先生考定古籍的方法是很精審的，例如關於國語作期的考定，除了用左傳管子諸書和國語作文體上事跡上的比較外，又比較國語各篇的文體和所記事實的性質；關於左傳作者的考定，則就書中所表現的著者的學識環境等加以推斷，而尤其特異的，便是多用統計圖表。據衛先生說，所以能採用

用統計法，老早已和我暗合了。

（1）

戢君此書與雲南遊記皆予所舊
有而失於抗日戰中，卅年以來，時時
思之。今日至隆福寺市場，在書攤上
並得此二書，喜為題記。明年往新
疆視察，亦備得遊天山者其儔等
也。一九五六年七月顧頡剛記

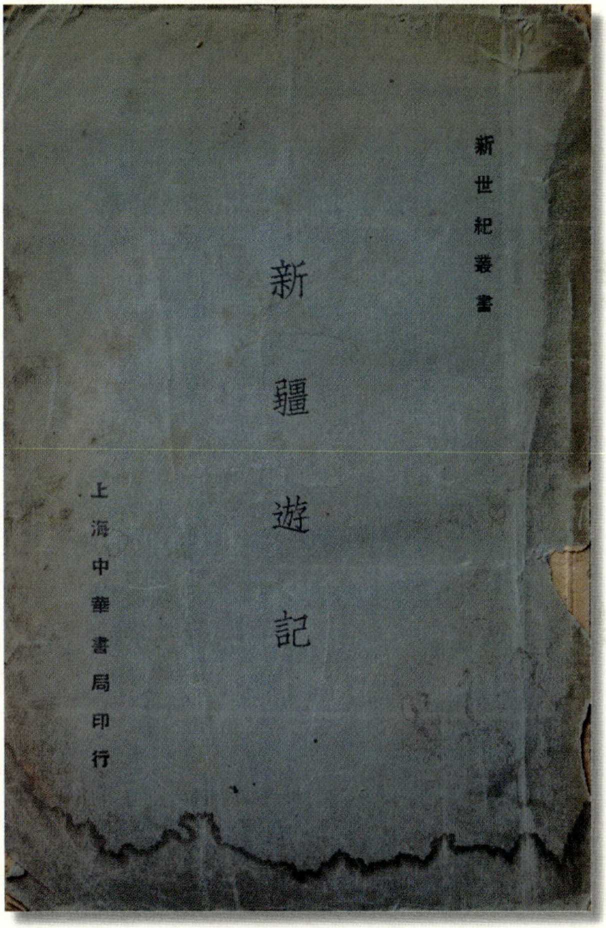

新疆遊記

謝彬著

中華書局，1927年六版

民國卄年買百壽外六百華牀來過獲
龍衛藝苑見寄聞置書賈處許其未閱
而稿數選搭未能下筆一視如昔類寄稍
因循購取價不過一角耳 頡剛記

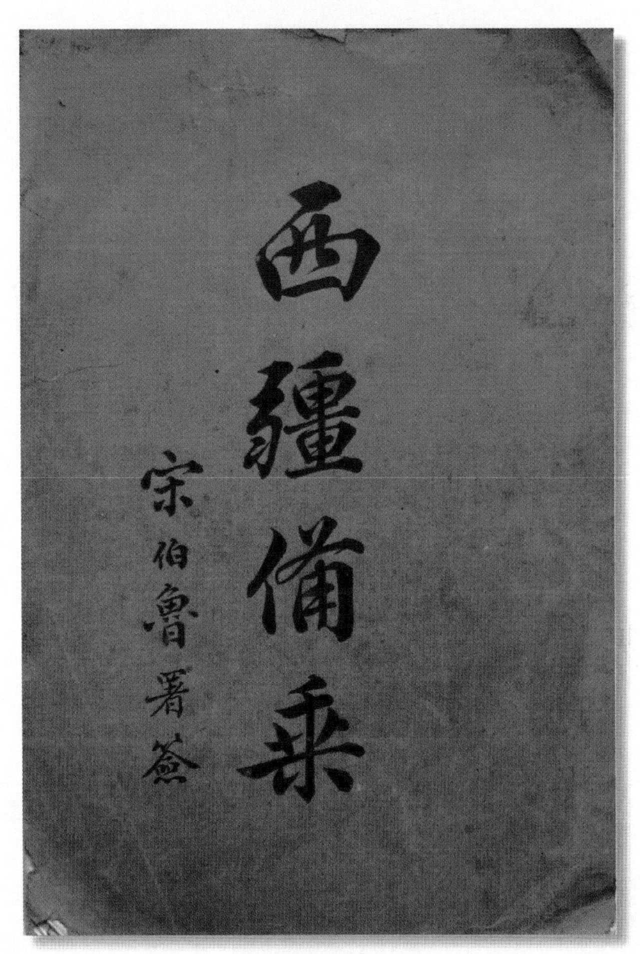

西疆備乘

鍾廣生著

自印本，1914年

李亚农同志于一九六二年九月二日逝世，此集出版，彼已不及见矣，伤哉！　颉刚记。

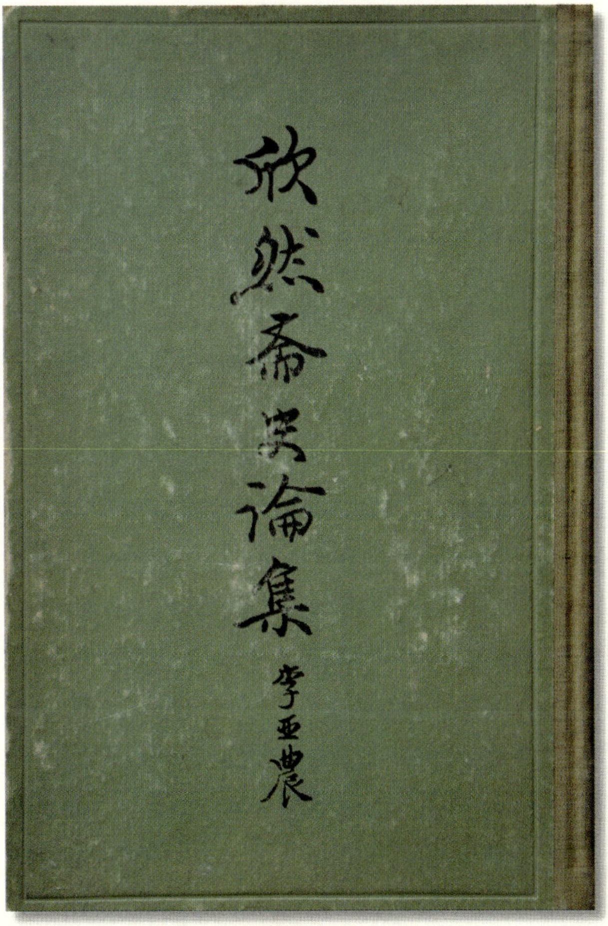

欣然齋史論集

李亞農著

上海人民出版社，1962年9月

蒲留仙、雲亭兄均山東人，可能作鼓詞，能由李閲兄閲后見示耶？

頡剛記，一九五八、十、八。

一笑散

〔明〕李開先撰

版本不詳

一九六〇年八月　頡剛購於廬山新華書店

予於一九六〇年八月十日到廬山，翌日即到新華書店購此書，至九月十三日讀畢。此書以社會發展史觀雜以小說筆法寫印度史，並將八千年中印度民族的歷程繪出一輪廓，予嘗讀之，亟欲對于中國史重寫撰作一備覽。此書乃將，當再讀數過。譯者國直指同志，周谷城同志之子也，一九五一年嘗與予同讀書於蘇海光圖書館。　顧頡剛記。

印度史話

（印度）羅浮洛·桑克利迪耶那著，周進楷譯

中華書局，1958年

一九五七年四月廿八日，
頡剛購於小湯山新華
書店流動車，時正排日
收購者過於三國演
義也。同購者為丁瓚、
陳育講、林永康諸同志，
皆休養於衛生部直屬
療養院者。

怎樣閱讀“三國演義”

孫昌熙著

山東人民出版社，1957年

予于一九五六年到青島，与黃雲眉先生比屋而居，其人沈潛篤實，心儀之。今來唐山，道出武漢，于新華書店購得此書讀之，如對其人，洵為浙東學派之殿矣。一九六〇年八月十日，頡剛識于唐山療養院中四樓二五八號。

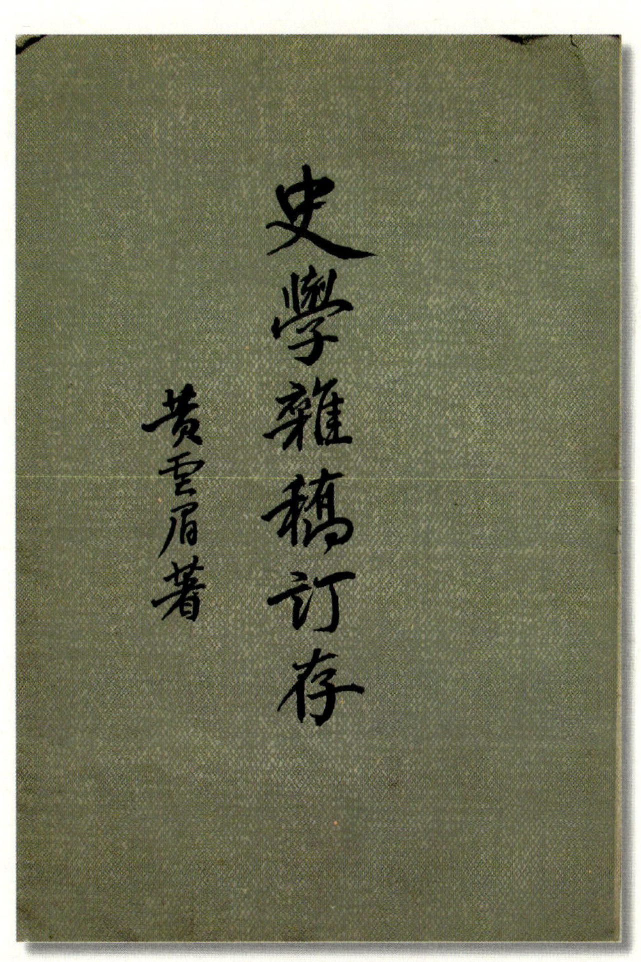

史學雜稿訂存

黄雲眉著

山東人民出版社，1960年

此書為近日所載北京晚報，予逐日讀之，喜其寫舊社會生活面之諸現象而為今改造，為清少寫續計。舊報紙為家出，以之不謹。今來青島，以此冊同來，以老友之重視也。一九六四年九月五日，頡剛記于居庸關路九號。

從前北京人家吃米飯，先須揀去石子。聞糧商人派石工到圓明園遺址鑿白石成小粒，摻入米中，以欺顧客。如不小心，則誤吞下去可成盲腸炎。米商之黑心，至于如是，惜此未寫入也。

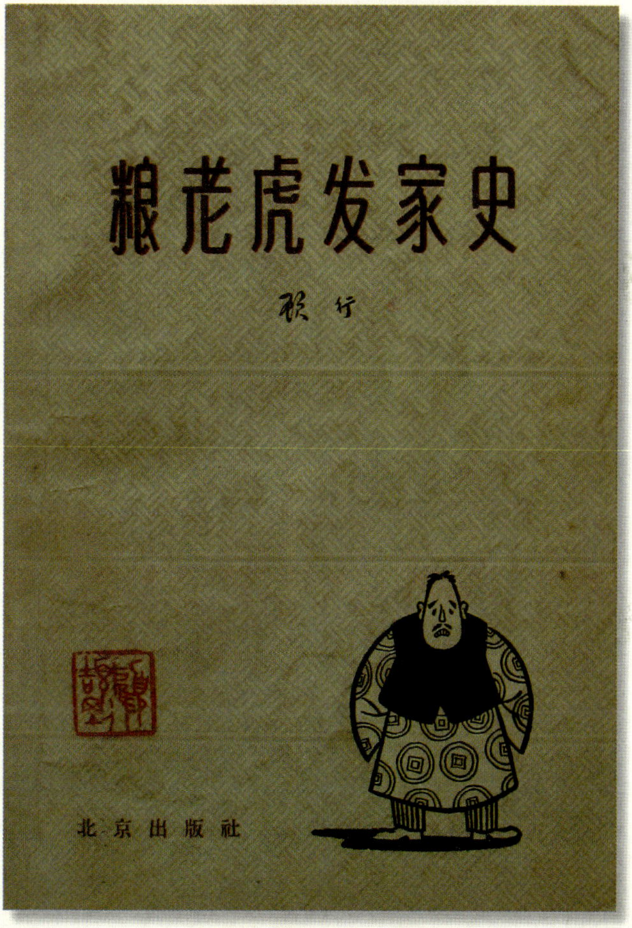

糧老虎發家史

顧行著

北京出版社，1964年

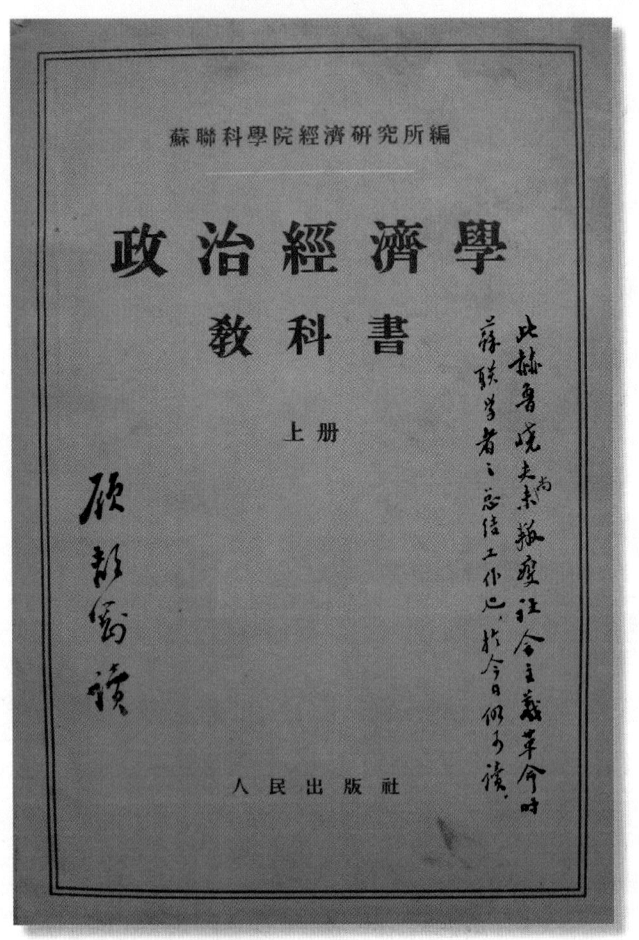

政治經濟學教科書 △

蘇聯科學院經濟研究所編

人民出版社，1955年

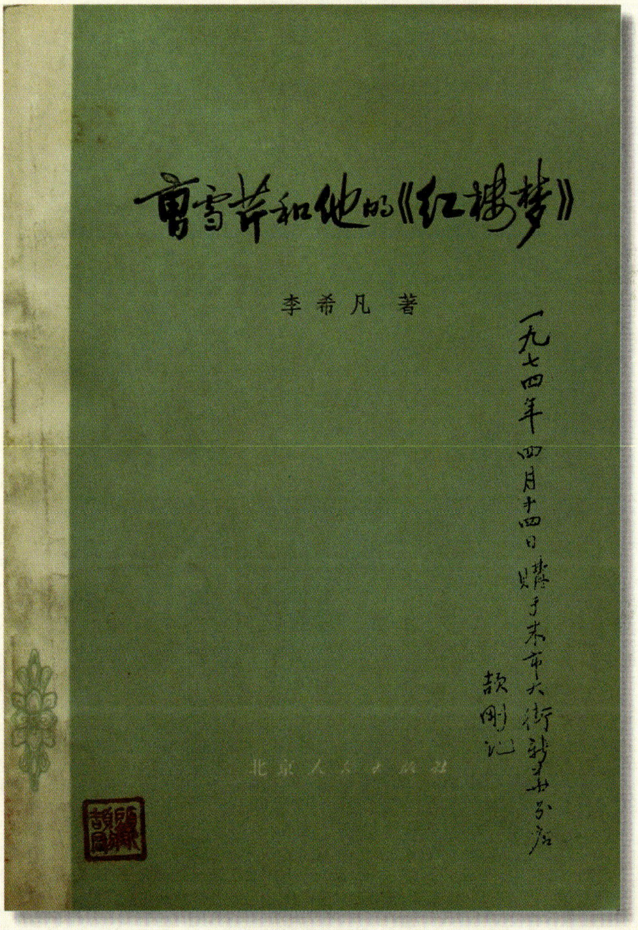

曹雪芹和他的《紅樓夢》 △

李希凡著

北京人民出版社，1973年

顧頡剛藏書記

顧洪

顧頡剛先生於一九八〇年十二月逝世，家屬根據其「藏書不要分散，以便後人利用」的遺願，將其藏書捐獻給中國社會科學院，一九八一年先由歷史研究所代管，一九八八年由文獻信息中心（當時稱文獻情報中心）正式接收，成立「顧頡剛文庫」。内存綫裝書約六千部，三萬六千餘册；平裝書約二千六百種，萬餘册，共計四萬六千餘册。現已將綫裝書的編目工作完成，整理編輯爲《顧頡剛文庫古籍書目》，其中屬於珍善本古籍、鈔本、稿本約占十分之一。先生生前考慮編輯自己全集的同時，多次提到要把藏書整理編目，出一本目録。一九五七年計劃編纂「緩齋藏書記」，歸入全集「生活類」。他説：「予一生好藏書，其中艱苦非他人所知，且得到若干孤本，必當自定一目録，並略爲記叙，庶不埋没一生苦心。」（一九五七年七月末日記）可惜没有及身作成。我們僅就多年在文庫的工作，簡要介紹先生藏書的經歷和文庫的特點。

一

先生一生藏書大概可分爲五個時期：（一）初始期，即從幼年到一九一六年。（二）成長期，即一九一七到一九二六年。他有一方藏章爲「頡剛丁巳後所得書」，丁巳爲一九一七年，這年蔡元培任北大校長，也是先生始聽胡適講《中國哲學史》的一年，可以説是他一生致力於疑古辨僞事業的開始。（三）鼎盛期，即一九二七到一九三七年。另有一方藏章爲「民國十六年後顧頡剛所得書籍」，也很耐人尋味，一九二七年四月他作爲中山大學教授，被派往江浙一帶爲圖書館購書，這時他寫了《國立廣州中山大學購求中國圖書計劃書》（簡稱《計劃書》），一九八一年重印於《文獻》第八輯），圖書館專家杜定友認爲其中所「擬的十六大類，已經把所有的材料，包括殆盡，更不容有所添減」，因而被圖書文獻專家稱爲「對圖書館工作有指導意義」的文章（見顧廷龍文，詳後説明，下同），説明此時他的藏書宗旨完全符合現代學術發展的要求。這一時期主要在燕京大學講學和作研究，生活相對安定，收入較豐，藏書達到十萬册之多。（四）離散期，即一九三七到一九四五年，在抗日戰爭中藏書損失巨大。（五）重建期，從一九四六年到逝世。下面依次説明。

（一）初始期

先生出生於蘇州的一個讀書世家，自幼酷愛讀書，很早就出入玄妙觀書肆，把長輩給的壓歲錢、零花錢積攢下來買書。生平所買的第一册書爲《西洋文明史要》，現在還保存着，當時只有十歲。文庫現存數種光緒三十四年（一九〇八）所購書，如江湜《伏敔堂詩録》，題「光緒戊申，銘堅以小洋角半得之於舊書鋪」；陳宏謀輯《五種遺規》，題「光緒戊申，銘堅以小洋三角五分購於觀中覺民社」；俞樾《群經平議》，題「戊申夏日銘堅以小洋角半得於覺民社」；袁枚《小倉山房文集》，題「戊申夏以銀元三個購於大成山房」；《司空圖詩品》，題「光緒戊申，銘堅以銅元四枚託彭君英標購於臨頓之敬業書坊」；《唐六如畫譜》，題「光緒戊申，銘堅以青蚨七十枚購於觀中書鋪」等等。它們多是清末坊刻本或石印本。這一年他十五歲。長輩對書籍的慎重與愛惜，也給了他很深的影響。在《咫進齋叢書》本鄭珍《説文新附考》前，有他一九六五年題識，謂此書光緒五年出版時，祖父即得之，而缺卷四第七頁及卷六第九頁，於是借他人藏本補鈔。「當光宣之交，予愛游書肆，歸來輒有所挾，吾祖訓之曰：『購書亦不易，先須檢查有無缺頁，然後可讀。』六十年來，言猶在耳，而我貪多務博，得書雖多，終無暇檢也。李貽德《左傳賈服注》一書，吾祖得之而缺一册，即手鈔一册，尤爲予小子所望塵莫及者。」

他的祖父喜愛金石和小學，父親喜愛文學，叔父喜愛史學。同學中，王伯祥喜愛史地書，葉聖陶喜愛詩詞文集。先生興趣廣泛，又受他們的影響，四部書無所不收，並把購來的《四庫提要》、《彙刻書目》、《書目答問》等定爲專業課本，長日瀏覽，目録版本之學由此益熟。明清人書刻於何時何地，一見即可知其大概，「是時雖在青年，亦宛然有藏書家鑒賞之風度矣」（見《〈書巢〉後記》）。有一年，爲買書負債竟至二百元，不敢向家裏要，就在同學中借。那時並不想將來如何還債，只要帶回家，撫弄一番，也就心滿意足。故有許多書，年底結帳時拿不出錢來，依舊還給書鋪完事。進了中學，託人到上海買了前三年全份的《國粹學報》，在校翻讀竟忘記了考試，被監學先生斥責一頓。十六歲時，在書肆看到《惜陰軒叢書》，歸檢《書目答問》，發現其中多應讀之書，急與書賈侃價，至銀元十八枚不能再降，由於手頭錢不够，每天纏着祖母，「盡許平時所不肯應之督責以求之，而是書遂燦然列於架上」，這是他平生所購叢書之始。而後再看顧修《彙刻書目》，知道叢書的内容更多，「坊肆間有所見，往往可以不翻其書而指數其目，雖都未能享有，亦聊以之自慰焉」（見《叢書子目類編序》），心情比之於初見《惜陰軒叢書》時，平靜多了。

辛亥革命後北上求學，眼界大開。京中書肆集中在琉璃廠、隆福寺，名著佳刻連屋累棟，凡以前聞其名而求之不可得者，現皆具備，只是身爲窮學生，無力購買。因而時時光顧地安門、東華門及宣武門内地攤。去年發現一九一五年他編的《京舍書目》（簡稱《京舍》），記録了一九〇三年至一九一五年的藏書。其中一九一三至一九一五三年間所購戲曲小説雜誌，大約多是在地攤上買的。下面依據此書目，對他的藏書情況作具體的分析。

這一時期藏書的特點是博。從《京舍》的著録可知，他在一九〇七年購有光緒末年出版的日本人編著或印刷的《東洋史》、《西洋史年表》、《東洋史年表》、《地文學》等新書。一九〇八年入蘇州公立第一學堂，買夏曾佑的《最新中學教科書中國歷史二編》。一九〇九年所收多爲筆記小説，如《浮生六記》、《陶庵夢憶》等。一九一〇年買了數十種江蘇師範學校講義，有《易》、《詩》、《書》、《禮》、《辨學》、《心理學》、《中國歷史》等，有幾種現存於文庫，可以窺見清末民初新式學堂的教材建設。一九一一年購買英文外國文學書和歷史書較多，大都是中學課本，自然科學方面以算學類課本最多。現存文庫還有一兩種，絶大部分在建國前後都捐給上海合衆圖書館。一九一二年從中學借得《東洋歷史地圖》，非常羨慕日本人編制地圖的成績，「獨恨中國猶無能依據摹仿之人耳」（見《京舍》），這恐怕是日後發起禹貢學會、繪製歷史地圖的最初動力。一九一三年進北大預科，經常出入戲場，買了不少劇本及舊小説，還有齊如山的《説戲》等研究和介紹戲劇之作。一九一四、一九一五兩年買書最多，反映他所謂「予甲寅（一九一四）秋冬，刻志勵學」（筆記《餘師録弁言》）的情景。購有《史通通釋》、《文史通義》等「平議」類書及《老》、《莊》、《列》、《荀》、《韓非》等子部書籍。章太炎的《莊子解故》，是他十分敬重的預科同學毛子水出資排印的，共印五百部，止行於學校。還有各種中外雜誌、西方哲學類教科書、佛教書籍以及新舊約《聖經》等，反映了他欲打通佛、耶、先秦諸子，尋求對「何者爲學」、「今日之學當如何」等問題的思索。買康有爲《新學僞經考》，開始瞭解今文經學。這裏特別應提到光緒三十一年（一九〇五）出版的吴人達翻譯、日本東京帝國大學法科教授户水寬人的講稿《堯舜時代之制度》，此書被他保存下來，在原書和《京舍》中都寫下内容大致相同的批語，《京舍》中寫道：「著者本非經學家，故不能責其詳備，而留學界已驚若重寶，急爲譯出，而於數百年中完備之經學反若無睹。徒持物競天擇之説，騰而狂趭，其志雖可稱，其學則弗足道矣。」預示着日後對古代傳説的研究與日本一些學者不同的治學道路。

由《京舍》還可知他的祖、父、叔的一些藏書被他帶到北京，值得一提的是他父親的讀書範圍已相當廣泛，像日本人的《哲學要領》、《東洋史要》、《歐亞大地圖》、嚴復譯的《天演論》、紀昀評的《史通削繁》及《文心雕龍》、明孫穀的《古微書》等，他都很重視，有些還在往返於北京蘇州時隨身携帶。此時他對緯書已很留意，感到「雜糅無謂之書，莫過於緯矣」（筆記《乙舍讀書續記》）。三十年代任北大教授，欲整理緯書，當時歷史系學生張福慶（季善）有志於此，他便將自己搜集的緯書資料交給張，指點張去做。因此他從父親那裏引起的關注，絶不可小視。如果把《京舍》著録的現存於文庫的六十多部書統計一下，屬於「祖父訓讀」、「父書」、「父讀」、「叔書」、「叔讀」的十多種，其中屬父親的最多，占九部。可見「積三代人搜藏而成」（即祖父顧之義——廉軍公；父親顧柏年——子虬公），並不僅是簡單的時間先後的疊加，而是從一開始就有機地聯繫在一起的。

《京舍書目》作成之後，他給同宿舍的朱孔平看，並不無得意地説：全校一千多學生的藏書，「雜莫甚於我矣。蓋我所携之書，舊學中無類無之，雖小説戲詞，均所不棄。即最厭之類書、字彙亦有。西學雖不全，亦十得五六，雖不能讀之算學理化，其書亦多」（《乙舍讀書續記》）。他認爲對於學問，「寧其不精，不可不博。精，他日學成之事也；博，今日始學之事也」（筆記《乙舍讀書記》）。在《京舍》最後一頁他還記道：「擬刻一印曰：書之寶玉，戲之九方皋。」這裏當指《紅樓夢》中的賈寶玉和《淮南子》等書中善於相馬之九方皋，很形象生動地表達了先生讀書、藏書所追求的境界。

（二）成長期

由於後來先生再没有專門編訂像《京舍書目》那樣綜合的藏書目，因而無法詳細的記述這一時期每年的情況。但從各種記載中，仍可得見他的藏書建設。

一九一八年八月，吴夫人病逝；九月，由葉聖陶、王伯祥介紹續娶殷夫人。滯留蘇州半年中買書一千五百册，約值二百元，在悲傷的心境中以翻書求得樂趣。「内先妻的遺産七十元，儲蓄會獎四十元，月費二十元，開賬二十元，欠賬四十元。如今年底近了，不知如何還債，大是窘人！現在兩星期竟未到書肆」（一九一八年十二月十三日與王伯祥信；《年譜》頁四六）。清末存古學堂的史學助教沈修（綏成）病逝，身後藏書亟待處理。一九二一年七月十六日他的中學老師、曾任存古學堂經學助教的孫宗弼（伯南）邀往可園選購，買了三十餘種，俞正燮《癸巳類稿》即爲其中一種（見《癸巳類稿》一九七三年題識）。對書的價格，「以帶有贍濟性質，故不忍抑價也」（《筆記》卷一頁二一八）。一九二二年在蘇州編雜誌目録，「所有雜誌約一百五十種，全份者約十五種，册數恐在二千以上」（《年譜》頁七四）。

上大學時，京師圖書館是常去的地方，它取清内閣大庫所存殘書爲基礎；加之本校藏書，「遂得見宋、元槧本，唐、宋以下古寫本暨各名家點校本，凡予所不得償於大書肆者，咸可摩挲撫弄於閲覽室中」。北大畢業後，留校任圖書館職，有了薪金，經常出入東安市場，選購必備之參考鉅帙，當時軍閥内戰隨年而起，文化教育經費不足，從一九二一至一九二六年六年中「欠薪纍纍，至斥賣先妻釵釧以供生存，然猶積書盈三室」（見《〈書巢〉後記》）。日記記載一九二三年八月三十一日，在青雲閣買了楊守敬《歷代輿地圖》、羅振玉《殷虚書契考釋》，「蓄意購之數年，今日大膽買之，快甚」（《年譜》頁八六）。

這一時期，他跟隨胡適整理國故，開始搜集歷代學者的辨僞著作。一九二二年在滬買到宋人王柏的《詩疑》，次年春校點完畢。在北京吴虞處借得清人姚際恒的《詩經通論》，一九二二年十二月，在蘇州鈔出一本。此前胡適在藏書最富之北平久尋不得此書，後吴氏北上，行篋中携有韓城王氏刻本，遂轉告先生而借到。他鈔後「施以標點，欲重刊之而未能也」（《年譜》頁七五）。這年秋，還找到南京江蘇省立圖書館所藏姚氏《好古堂書目》鈔本，並託人代爲鈔出。此本現藏文庫，先生在封面題：「民國十二年九月囑南京省立第一圖書館員代鈔」，封裏有鈐「江蘇省立第一圖書館」朱印的六行字：「好古堂書目壹册計字二萬一千八百個合洋肆元叁角陸分　墊購紙洋壹角　郵費貳角　三共洋肆元陸角陸分　除前收大洋叁元　應找洋壹元陸角陸分　九月三日。」以後十年，一直在努力搜求姚氏著作，其中《詩經通論》終於在三十多年後的一九五八年由中華書局排印出版。從一九二一年到一九二三年，標點姚際恒《古今僞書考》、胡應麟《四部正訛》、宋濂《諸子辨》，輯録鄭樵《詩辨妄》，標點《崔東壁遺書》、《詩經通論》，研究《詩經》的性質、研究孟姜女故事的轉變，都是作考辨僞古史的工作，所以到這時筆記幾乎成了「古史清一色」了（《年譜》頁八四）。藏書的重點自然傾向到這一方面。

據《古史辨第一册自序》記載，至民國十三年接眷到京之前，已有藏書二萬册。以前分散在京、蘇兩處，自民國十一年爲商務印書館編中學教科書來到上海，又分作三處，使用起來十分不便，由是下決心一起搬往北京。一九二三年底，理蘇、滬兩處書籍盡數裝箱運京，但因寓舍未定，遷移了幾回，每搬動一回，就要做十幾天的整理。一九二四年八月終將存放幾處的書運歸一處，他説：「這十三年中，我的書從不曾統一過，這次竟統一了。」（《年譜》頁九七）

（三）鼎盛期

先生在一九二七年四月撰寫的《計劃書》中説，以前人看圖書是載聖人之道的，所以藏書目的是勸人取其作道德和文章的；現在人目的是增進知識和進行專門研究，根本宗旨的改變，就使憮憮無生氣、與民衆不發生關係的圖書館面貌大變，就會把記載自然界和社會的材料一起收來。他把要收集的圖書資料分成：經史子集叢、檔案、方誌、家族志、社會事件和個人生活的記載、帳簿、少數民族文籍、教會出版物和譯本書、宗教及迷信書、民衆文學書、舊藝術書、古存簡籍、著述稿本、實物圖像等十六類，對各類所包括的内容及搜集的必要性均作了説明。這篇文章把通常重視的經史子集與向來鄙視的俗陋猥瑣之書以及新發現的簡帛文書、甲骨石經放在平等的位置上，説明他已具備了現代藏書理念。而此時他個人的藏書情況，與前兩個階段相比，也有天壤之别。《〈書巢〉後記》中有很生動地描述：「及備位教授，菽水之資十倍於前，則琉璃廠、隆福寺諸大賈咸揣摩其所好，排日送書，惴惴然惟恐不當予意，昔之過門而趑趄者，今乃得恣意評隲而去取之，貧兒暴富，儼若蘇季子佩六國相印以歸洛陽焉。是時予雖仍懸參考書籍爲求書之標的，而凡古本、稿本及鮮見之書亦往往遇之，書庫擴充至十室。」曾有文章回憶在舊書店工作幾十年的雷夢水先生，謂雷氏在三十年代「爲胡適、林語堂、顧頡剛、錢玄同、鄭振鐸等人配書找書」（《團結報》一九九〇年十二月五日《古書先生》），可補充他的回憶。一九二九年六月下旬，他將書籍由景山之西、瓊島之東的大石作胡同寓所，運至西郊的燕京大學（《年譜》頁一七五）；一九三〇年九月下旬，遷家至燕大東門外成府之蔣家胡同三號（《年譜》頁一八八），從此「書居正屋而人住廂房，欲查一事，取之即得」（《年譜》頁二四五）。「凡研究先秦及兩漢經子及漢以前之中國史者，頡剛所藏縱不能謂毫無缺遺，實已大體完備，等於一個專科圖書館」（《呈教育部信》）。同時城裏也有一部分藏書。

這一時期重要所得有：從一九二二年起整理《崔東壁遺書》，至一九三六年正式出版。其間一九二七年夏天在杭州爲中山大學購書，在書坊見《東壁先生書鈔》，爲嘉慶二年本而未經重刻抽換者，於崔著諸本中爲最早，「其中視定本差異者在四種中爲最夥。大喜欲狂，持之以歸，幾疑崔氏神靈默護，以報我搜集之勤也」（《年譜》頁一四二）；一九三五年二月，得廣平張文炳寄來崔述之弟崔邁遺書四種，鈔點，入《崔東壁遺書》，並先將其中有關《禹貢》者輯出，加按語，刊於《禹貢半月刊》（《年譜》頁二三一）。從一九二二年起搜集姚際恒著作，至一九三〇年二月四日，致錢玄同信，因彼來信告姚氏「《春秋通論》鈔本竟爲倫哲如買到，大快」，遂借鈔之（《年譜》頁一八一）；一九三二年春，在杭州爲燕大圖書館購書，於已故藏書家崔永安家發現所藏姚氏《儀禮通論》鈔本一部，「大以爲快，即向其借出鈔之」，並費兩星期工夫校對（《年譜》頁二〇一）。此書二十世紀五十年代被歷史研究所購得，先生當年的親筆題籤、未寫完的題記、整理手跡、校畢識語等，皆完好無損（見《儀禮通論》「點校説明」）。一九三三年八月在滬期間，「訪得王綬珊藏有方志千數百種，因請介紹，徵得《九峰舊廬方志目》一册，珍本秘籍，洵可寶也」（《年譜》頁二一一）。一九三五年五月，伯希和來平，託彼帶信與時在法國的王重民，請搜集歐洲所藏《尚書》敦煌本（《年譜》頁二三三）。這年夏，爲燕大圖書館訪購圖書，得明本《方輿勝覽》一部，其中有利瑪竇的《山海輿地全圖》，爲「三百年來見者絶鮮」，「間有説解，至足寶貴」，因校之（《年譜》頁二三四）。這年秋，爲馮夢龍《山歌》作序，稱此書爲蘇州歌謡的大總集，「雖全部是情歌，而範圍之廣，形式之多，内容之複雜，皆遠非《吴歌甲、乙集》或其他歌謡輯本所能及。自從收集歌謡以來，這部書可算是最重大的發見」（《年譜》頁二三七）。

這段時間，他協助其父子虬公搜集家刻本書甚多。一九三〇年八月十五日日記中記：「迂客公（顧嗣協）所作《依園集》，前歲得之杭州；所刻《岡州遺稿》，父大人去歲得之上海。今日援庵先生又以新得《玉臺集》寫本見贈。」一九三二年五月三十一日日記中記：「此次到杭，搜得吾家文獻如左：一、迂客公校刻《白沙集》；二、俠君公（顧嗣立）《桂林集》（初印）；三、配全《元詩選》初集；四、俠君公手批《文選》殘本；五、《江左十五子詩選》；六、有兑書印之《温飛卿集》，到滬又得一種；七、《元詩選》二集（初印）。」幸運的是，歷經劫難，這批珍貴圖書都完好地保存至今。有關文庫所藏家刻本的情況，詳見下文。

從一九三四年創立《禹貢半月刊》以來，他爲禹貢學會的藏書建設也出了不少力。一九三五年十二月，贈書與禹貢學會，共十三種三十九册；一九三六年一至六月，贈書三十五種四十三册；一九三六年十一月十日，與沈兼士合贈故宫博物院文獻館出版之圖書三十餘種；一九三七年三至四月，捐贈圖書八種九册（分見《年譜》頁二四四、二四七、二六二、二七〇）。一九三六年六月，得知某紙商手中有大批清代檔案，即請趙泉澄前往爲學會選購。七月，購得四千多斤，三四萬卷，以清代光、宣兩朝之檔案爲大宗。隨後學會設專人整理。十月五日，改趙泉澄代作之《禹貢學會的清季檔案》，送《故宫文獻論叢》（分見《年譜》頁二五四、二五九）。他計劃出版《禹貢叢書》，認爲自己收藏的《奉使朝鮮行程記》和《奉使俄羅斯行程記》，是今日研究東北地理最好的資料，擬考訂付刊，但最終只有由顧廷龍、吴豐培等人編輯的《邊疆叢書》甲集、續編，包括《西域遺聞》、《哈密志》、《西行日記》等十三部書出版。

一九四五年十二月他寫給教育部追查散失圖書信中，對這一時期的藏書情況作了詳盡的記述，現摘録於下：

（一）經學子學書：大部圖書計有《古經解彙函》，《唐石經》，明監本、粵刻、贛刻《十三經注疏》，《經苑》，《通志堂經解》，《四書五經大全》，《清經解》正續編，《石經彙函》，《玉函山房輯佚書》，《漢學堂叢書》，《經義考》，《經籍纂詁》，《諸子彙函》，《百子全書》等等。零種書中，其家刻初印本有《禹貢合注》，《禹貢錐指》，《洪範正論》，《詩經世本古義》，《三家詩遺説考》，《儀禮釋宫》，《三禮圖》，《五禮通考》，《讀禮通考》，《春秋大事表》，《左通補釋》，《群經補義》，《唐石經校文》等；又日本刻本有《左氏會箋》，《七經孟子考文》等，皆精善。擬對於漢代讖緯書作一集録，故此類書蒐求最全（有的爲雇工鈔寫），自《古微書》以下，若趙氏《七緯》，喬氏《緯攟》，殷氏《正緯》，及蔣氏《緯學興廢源流考》等，凡得七種，其後得明鈔本緯書，似爲天一閣中故物。至清末今文家啟迪思想甚深，故關於廖季平、康長素、夏惠卿、崔觶甫諸先生之著述，無論宏篇鉅著或片紙隻字無不收集。瞻顧各圖書館所藏，似尚無對於中國古代文籍之研究作如此系統之收集者。

（二）文字學書：先祖廉君公研究《許氏説文》功力甚深，家藏文字學書最多，清代所刻《爾雅》、《廣雅》、《方言》、《釋名》、《玉篇》、《廣韻》、《繫傳》諸種本子幾盡備，段玉裁、桂馥、朱駿聲、鈕樹玉、王筠、鄭珍之著述亦悉具。其自著有《説文通俗》十四卷，《説文叢稿》若干篇，手鈎有天一閣原藏《宋拓石鼓文》（今存文庫），手鈔有《汗簡》、《六書略》等，家叔（顧廷龍）有過録清代金石家七人所評《積古齋鐘鼎款識》等書（今存本院文學所善本庫）。

（三）史學書：大部書如明監本《十七史》，清殿本《二十四史》（上兩種尚未配全），蜀大字本《史記》，百衲本《史記》，《漢書補注》，《後漢書集解》，《新舊唐書合鈔》，彭元瑞《五代史注》，正續《宏簡録》，《元史新編》，《新元史》，《明史稿》，《九通》，正續《通鑑》，《通鑑綱目》（宋刻明印），歷代紀事本末，歷代會要，明清《會典》，明清《一統志》，十一朝《東華録》，廣雅書局所刻史學書，《太平寰宇記》，《輿地紀勝》，《讀史方輿紀要》，《小方壺齋輿地叢鈔》，汪士鐸《水經注圖》，楊守敬《歷代地理圖》、《水經注圖》，及各種省府縣志約二十種。零種有甚珍貴者，如張穆（石舟）《顧亭林先生年譜》手稿，先祖手寫吴中掌故叢編，及東壁先生書鈔最早本。歷代文物圖像搜羅亦衆，有《博古圖録》，《西清古鑒》，《寧壽鑒古》，《金石萃編》，《金石索》，《懷米山房吉金圖》，《愙齋集古録》，《鐵雲藏龜》、《藏陶》，《殷虚書契》，《殷文存》，《龜甲獸骨文字》，《古玉圖考》，《權度量衡實驗考》，《金文叢考》，《世界美術全集》等。當時海外學人如伯希和、高本漢、戴聞達、桑原隲藏、新城新藏、白鳥庫吉等，及本國各史家著作，無論整書單篇，集有六七百種。至地質調查所、中央研究院歷史語言研究所、故宮博物院、南京國學圖書館、中國營造學社、西北科學考查團、北京大學、中山大學、燕京大學等機關之出版物，凡關於歷史者均有其全分。

（四）文集及筆記：此類書附帶搜集，時遇佳本，如明刻本之《鳥鼠山人集》，稿本之亢樹滋手寫詩文集，批校本之清代某家精批《文選》，鈔本之《王靜安先生筆記》（未收入其全集）等皆是。其大部者，有《全上古三代秦漢六朝文》，《全唐文》，《全唐詩》，《唐人五十家小集》，《宋文鑒》，《南宋文範》，《宋詩鈔》，《遼文萃》，《元文類》，《元詩選》，《元曲選》，《明詩綜》，《小檀欒室閨秀百家詞》，《碑傳集》正續編，《太平廣記》，《明人百家小説》等書。

（五）叢書及工具書：爲治學之方便計，此類書籍亦儘量收集。計明刻本有《玉海》（三朝本），程何兩刻《漢魏叢書》，《藝文類聚》等。清及民國初年刻本，有抱經堂、經訓堂、士禮居、二酉堂、知不足齋、平津館、岱南閣、惜陰軒、湖海樓、功順堂、滂喜齋、咫進齋、靈鶼閣、花雨樓、式訓堂、鐵華館、怡蘭堂、訓纂堂、問影樓、峭帆樓、又滿樓、吉石厰、曼陀羅華館、海山仙館、集虚草堂、廣倉學宭諸家所刻叢書，及《漢魏遺書鈔》，《漢晉地理書鈔》，《佚存叢書》，《古逸叢書》，《國粹叢書》，《湖北叢書》，《安徽叢書》等。其一人所著之叢書，又有楊慎、王夫之、黄宗羲、毛奇齡、錢大昕、洪亮吉、焦循、袁枚、俞樾、沈家本、丁謙、章炳麟、王國維諸家。類書有《太平御覽》，《淵鑒類函》，《佩文韻府》，《圖書集成》等。至工具書方面，若年代表、地圖、字典、辭書、書籍索引，均一見即收。尤以書目一項，自《天禄》、《四庫》以至各圖書館、各藏書家、各書肆，凡有可求，無不羅致，求而不得即雇工借鈔，故幾於齊全也。

（六）報紙雜誌及近代史料：近百年爲中國蜕變之期，政治文化皆呈新舊交替之色彩，基於觀變之好奇心，一紙不肯輕棄，以是所積彌多。官報如《諭折彙存》，《政府公報》，政治性之雜誌如《時務報》，《清議報》，《新民叢報》，《國風報》，《庸言報》，《大中華》，《甲寅雜誌》，文化性之雜誌如《湘學報》，《譯書彙編》，《東方雜誌》，《國粹學報》，《中國學報》，《新青年》，《新潮》，《科學》，《學衡》，均係全帙。此外清末雜誌，足以表見革新之精神者，如《大陸》，《浙江潮》，《江蘇》、《雲南》、《四川》、《杭州白話報》等，雖未完整，亦皆備有。報紙自民國十年後，凡訂閲之《申報》，《晨報》，《時事新報》，均按月裝訂保存。近代史料，以故都爲昔日政令之所自出，各方政論之所萃，出版物特多，而時過境遷，人家不存，書肆不售，都當作廢紙，散列地攤。住平二十年，每有瞥見，恒檢拾以歸，分類裝入書套，分爲維新、革命、立憲、帝制、復辟、五四運動、國民革命、九一八事變等部門。其中如日本人之《支那分割之運命》，辛亥革命時之告示，袁世凱排斥國民黨之小册及其《居仁日覽》，古德諾楊度等之《國體論》，皖系軍閥之《三國還魂記》，是尤爲可貴之直接史料。至於清末政治論文，若各種《經世文編》，《盛世危言》，《變法平議》，歷次公車上書記，及王韜之各項著作。文化方面之撰述，若《格致古微》，《地球韻言》，蒙學課本，文明書局出版之教科書全份（在商務印書館編輯教科書之前），及廣學會、作新社、廣智書局、江南製造局等處之新學書籍，亦皆搜羅。他處圖書館中，似未見有此齊全之中國近代史料也。

（七）社會史料及家庭史料：因注意近代社會之變遷，凡耳目接觸之材料而爲其所有者，雖無實用，具不毀廢。先祖先父所遺之科舉材料，如童生舉子之試卷、硃卷、窗稿、書院試卷、八股文、試帖詩、律賦等選本，詩韻，類書。兒童讀本，如《幼學》，《鑑略》，《增廣賢文》，《聖諭廣訓》，《女四書》，《女孝經》，各種詩古文選。社會流行者，如舊小説，劇本，彈詞，唱本，故事書，宣卷，勸善書（每至一地，即訪當地小書肆，將其所出小册購一整套，以蘇浙閩粤冀五省爲最多）。家庭積存材料，如家譜，家用帳簿，禮簿，奩目，訃聞，壽啟：均一一保存，爲研究社會史之直接材料。此等材料佔有四架之多。

大致算來，共有明刻約一百種，清代精刻約二百種，日本舊刻約六十種，鈔本批校本約五十種，稿本約七十種，其中絶版書及孤本書甚多。

去年我們發現了一批不同時期先生的藏書目，除了《京舍書目》爲他親自編訂外，比較重要的還有兩本，爲殷夫人（履安，卒於一九四三年）鈔録。其中一册（今稱《成府藏書目》），記載了二十一箱、四厨、三架圖書，全爲四部古籍，約八百種九千册，很多明刻本及清代精刻本、原刻本、家刻本，有許多是批校本，推斷爲一九三七年以前在成府的藏書，大約是「書庫擴充至十室」中的一部分，於鼎盛期的情況可見一斑，因此我們將其作爲文庫書目的附録。另一册寫明爲裝箱待運之書，先生在册後寫了約三百字的題識（今稱《待運書目》）。它應當是一九三八年殷夫人赴雲南前所成，大概由於時間倉促，只記書名和册數，其中有「原擬賣與學會之書，仍裝箱存成府」一項，共一百九十七種，書八百二十三册、圖二百二十七張。學會即禹貢學會。最終没有賣成，有些現還在文庫中，如八十册《蘇州府志》、六册《周莊鎮志》（這部書的得失情況詳見後）等。

（四）離散期

作爲一名學者兼藏書家，這是經歷中最爲慘痛的一個時期。

一九三七年七月二十一日，他隻身離平赴綏遠，「至於家屬，暫留北平，如予必不能回平，再全家南遷，書籍什物則分存成府、禹貢學會兩處」（《年譜》頁二七七）。當時禹貢學會在城裏西四附近。十月十七日，在蘭州始識張維（鴻汀），對其所修《甘肅通志》甚贊之（《年譜》頁二七九）。文庫現存張維編撰的《甘肅通志凡例》、《甘肅人物志》，都鈐有張氏印章，應爲當時張氏所贈。一九三八年九月二日，與梅貽寶同訪西北耆舊慕壽祺，彼著之《甘青寧歷代大事記》「凡文籍所載與見聞所接莫不搜録」，「求文獻於隴右，必數三君焉，曰慕先生少堂、張先生鴻汀、鄧先生德輿」（《年譜》頁二八八），文庫所藏有關西北文獻如《襄武人物志》，爲一九三八年四月二十七日趙心柏所贈；《創修渭源縣志》，爲邑人周生若所贈；《西寧府新志》，爲馬霄石、姚鈞所贈；《西寧府續志》，爲一九三八年八月二十四日青海省政府所贈。一九三九年任雲南大學教授，元旦，遷家至昆明郊外浪口村。由於携書絶少，爲應付功課，不得不購。兩個月來，「撙節薪金，得法幣四百元，持入市，買縮印本《十三經注疏》、《資治通鑑》於世界書局，買《二十五史》及其《補編》於開明書店，買《四部備要》零種於中華書局，買《國學基本叢書》於商務印書館，居然盈兩架」（《年譜》頁二九二）。於此也可見雖在戰爭時期，生活秩序被打亂，但書局印書、書店賣書、學校教授，文化生活仍在易地艱難地進行。本年七月六日在昆明登華街見到錢穆，得其見貽雷學淇《竹書紀年義證》，據顧廷龍先生言，此爲錢氏出資排印，印數極少。八月二十二日，又於此地得陳槃（槃厂）、王崇武（之屏）兩君所贈之四部備要本《經義述聞》。縱觀他在西北西南得書，多爲普通排印本古籍以及鄉邦文獻。據方詩銘回憶，勝利後文通書局編輯所設在蘇州（即在顧家花園先生寓所，由白壽彝主持日常編輯事務），先生慨然將藏書「提供給編輯所，同人們可以自由使用。這裏有百衲本《二十四史》、《四部叢刊》、《叢書集成》等大部頭的叢書。還有大量的古籍（應主要爲子虬公的藏書——撰者注）」。後來，「在重慶的藏書也運到了，這一類書更有獨具的特色，抗戰期間西南出版的讀物十分豐富，期刊也不少」（見方詩銘文）。

一九四一年十二月，太平洋戰爭爆發，日本人接收燕大，他預感「予存校書籍、稿件、什物，恐將不可問」（《年譜》頁三〇八）。一九四六年五月十五日，他在上海見到《待運書目》，題記道：「予書在平，自民國二十四年後分兩部：一在城一在郊。此在城者也，以史學書爲多。二十六年盧溝變起，予倉促離平，履安爲予裝箱寄存同鄉汪孟舒君處，即此目所載者是。其在燕京大學者，由起潛叔存入司徒校務長所居之臨湖軒。自日美宣戰，燕京一部遂不可問，而孟舒已遷寓，予書改存李延增君處。今年二月到平，入李君室，見予書裝箱，封識宛然而履安已渺，爲之雪涕。……兹來滬上，起潛叔出此册，是履安交之保管者也。越八年而至予手，悲哉悲哉！」册中所録共計十五箱，約一千三百多部萬餘册書。另有一項爲「成府裝箱目録」，計有四百五十五部，四千三百多册，經過我們編目，發現大部分都在，其中有大部頭書《通志堂經解》（著録四百十七册，現存四百八十册，數目相去不遠）。這批「成府裝箱」之書保存下來很是難得，有可能是七七事變前已運進城裏而幸免於難。由於沒有任何文字材料留下，當事人又都已離世，故只能是推測。城裏之書雖損失較小，亦有散出者，如《峭帆樓叢書序目》一册，是一九九六年春由鍾敬文先生的學生從舊書店買到的，看到書裏先生的藏章，託鍾先生送給我們，在此書「叢刻總目」頁上還有先生的批語。

現存文庫的申報館排印本《曾侯日記》，書背印有一「史」字圓章，書脊粘有編目號一紙，「是知日寇佔領燕大後，予書一部分曾入其圖書館，抗戰結束，乃爲馮世五君清出者」（見一九七四年六月該書題識）。這是日寇劫餘的證據。先生後來推測這部分書的大致去向爲：一部分到了日本人所辦的近代科學圖書館；一部分流散於民間，又流向北京各古舊書肆（詳見下一段）。在《待運書目》的題識上，他估計「已失三之二矣」，這是一九四六年的估計，經過以後數年的尋找，又得到一些，但損失二分之一，應該不是夸大的數字，其中善本書損失更大。由於《待運書目》一般無版本著録，故不能準確地計算出損失的情況。參照他五十年代初購書目的記載，於損失情況略可窺見一二。如《皇清經解》三百二十一册、《續經解》三百二十册，皆散失，現存爲一九五一年從北京來薰閣重購；董增齡的《國語正義》亦重購於此；日本元禄本《大戴禮記》、《顧亭林先生年譜》手稿等，都已不復存在。廉軍公手寫《吴地記》、《吴風録》及東壁先生書鈔最早本現存文庫。

（五）重建期

重建期的活動，可用四個字概括，即：尋、捐、買、賣。

日本投降後，廷龍先生即函告藏書下落。據一九四五年九月一日、十八日、十月十三日、十八日、十二月一日、一九四六年二月一日六封信的記述，大體情況爲：第一批包括書籍、講義、文稿等（主要是講義文稿），由廷龍先生經手裝入木箱，有些箱上貼了「顧某寄存」簽條，有些本身就是刻字（「顧某藏書」）的書箱，得侯仁之先生通融，存入司徒雷登在燕大的住宅——臨湖軒，倉促之中未有目，大致唱本全部及所有信札均在内，張石舟撰《亭林年譜》稿本亦在其中；第二批裝四箱，有簡目，存圖書館儲藏室。書架、桌椅則存燕大男生宿舍一號樓四層（聯帶部分藏書。又四層，往往稱作「四樓」）。而助其理書的誦詩（廷龍長子）以及相商如何處置的子虬公、履安夫人皆已作古，「不禁爲之泫然」。又託故交章元群，以稿件較整齊者代寄中國銀行倉庫，曾被日本軍部拍賣，由章氏贖回，即請葉揆初先生託人存入天津浙江興業銀行倉庫。信中還從聶崇岐處打聽到：「存臨湖軒者在華北綜合研究所未成立前已爲倭賊盜運一空，存四樓者尚有一部分保存。」推測在臨湖軒的書當整個存北平，未必携回日本。帶着這些綫索，先生於一九四六年二、三月間赴天津接收存於浙興銀行的稿件。之前於二月七日，囑人刻印二方：「頡剛劫後所得」、「晚成堂劫餘書」。實際還有一方「頡剛劫餘藏書」，款式大小與前一方相似，不知刻於何時；而後一方鈐印較少。當木箱打開，日記、筆記、游記、信稿皆「一一呈於目前，熱泪奪眶，若獲亡子」（《年譜》頁三二四）。

一九四六年二月上旬，他到北平尋書及舊稿，根據日記，所到之處有：東廠胡同教部特派員辦事處（主要是零散書及普通書）；禹貢學會（「塵封四年，往整理時，如入埃及古墓，書稿爲鼠嚙者亦多」）；中法銀行（履安檢理之稿件信札）；王碩輔姨丈家（從天津運回的日記等）；隆福寺修綆堂書肆，東安市場的中原書店、五洲書局（零散書）；燕大化學樓（殘存書）；天津浙江興業銀行（稿件、日記）。由此他分析，在郊外的書分存臨湖軒地窖和四樓兩處，前者爲日軍一八二一部隊經理部劫去，時間大約在一九四二年春，今不知何在。後者被華北綜合調查研究所取去，一九四五年春間散出，去向主要有三：燕大圖書館、日本大使館（被教部特派員接收，存東廠）、爲日本人中國人所盗（流入書肆）。

二月二十一日，由謝國楨陪同，在修綆堂找到《古玉圖考》、《鐵雲藏龜》等二十餘套書，店主人謂是去年春收得，「知爲予書，故未售出，其意甚可感也」。三月十日，到東安市場訪書，「得予舊藏《諸子平議》一部」。三月六日，到中法研究所參觀圖書館，「亦見有予《痴華鬘》等，謂去年於西單購到者。所君欲還予，予不受，以其已出錢也」。淡淡幾筆，記下了與書賈及買書人之間平和、誠懇的關係。最近發現他在「文革」期間的思想匯報《自省録（二）》，文中回憶道：「散在圖書館的可以憑我的印章、題簽、批校等證據而收回，其散在各書店的則不得不備價贖回，而我帶錢不多，因此就託吴豐培向中法實業銀行接頭，請他們鑿開抽屜，取出金飾，换成貨幣，重買我失去了的書。」這裏金飾當爲殷氏夫人所存，足見其尋書的艱難以及不惜一切代價找回的決心。

在尋書同時，仍不忘買書和收集資料。二月十一日，「在（東安）市場中見日文書甚夥，日人所編詞典甚大，所印書畫甚精，惜予無錢，不敢買也。然今日收此類書實是一機會，蓋文化界人多未歸，價不能遽漲也」。二月十六日住禹貢學會，馮世五來談，「日本各機關文件，燒去固多，散出亦不少。馮世五前爲何其鞏收購，今日來爲予道之，予囑其亦爲我收些，亦看其調查統計工作及組織方法」（以上引文均見日記）。後捐給上海合衆圖書館的書裏有不少此類資料，應是此後所購。

尋找回來的書還有：《孔子改制考》，三十年代被丁文江（在君）借去，丁君死後，不知流落何所，自己也忘記了。戰後政府整理敵寇劫掠之書，一九四六年八月在南京中央圖書館找到，由修綆堂主人代爲取回。明代鈔本《禮緯含文嘉》，一九四六年得之於東方圖書館，「以所置之櫃有頡剛藏書字，猶得璧返」（均見該書題識）。

一九四六年五月中旬回蘇州故里，子虬公的圖書古物被毁亦慘不忍睹。汲古閣《十七史》（六十年代初賣掉，詳見後）、《唐昭仁寺碑》、《建炎以來繫年要録》、正續《弘簡録》等均被白蟻咬壞，「倘予再不歸來，父大人遺物將不可收拾矣」。而《清儀閣金文》、《攟古録》、《西清古鑒》等，均有匣無書，懷疑被盗。子虬公所藏《詩人玉屑》、《詞苑叢談》、《苕溪漁隱叢話》、《本事詩》、《隨庵徐氏叢書》、《金石聚》、《金石文鈔》、《恒軒所見所藏吉金録》、《嘯堂集古録》、《歷代鐘鼎彝器款識法帖》等集部和金石書現都存文庫，而所失之《攟古録》、《金石圖》、《金石索》、《西清古鑒》等，於五、六十年代重購，在很大程度上滿足了他的懷舊情結。一九四七年三月二日，在蘇州沈勤廬處看書，「則我父舊藏之程敦《秦漢瓦當文存》在焉，渠得之於秦川書社，價萬二千元。又予贈健常（譚惕吾——撰者注）之英譯《古史辨自序》亦在，得之於皮市街書肆，價數千元耳」（以上引文均見日記）。證實了有人偷盗的推測。《秦漢瓦當文存》，一九五〇年重購於修綆堂。

一九四六年夏整理子虬公在蘇藏書。一九四六至一九四八年，他的藏書陸續從重慶運回蘇州，從北京運回上海。隨即請人晾曬、進行編目、重新上架。原有之《十國春秋》，不是全本，由蘇州書賈楊福堂幫助配齊；一九四八年，北京劫餘書籍海運至上海，因屋小不能容，置於堆棧，「四九年夏，黄浦江水大漲，若干箱書没於水中，此書亦在淹中，故有水漬云」（見該書題識），稱「此又一厄運」（一九四九年七月二十六日日記）。這年八月理書時，念及其藏書遭受兵災、水災，兼以盗竊、郵寄遺失、白螞蟻蛀食，損失甚多，感嘆道：「『多藏厚亡』，此之謂也！」（一九四九年八月十——十一日日記）

一九四九年春，在滬理書的同時，考慮到一是房屋容不下，一是年近六十，工作戰綫應當縮短，遂將有史料性者捐入葉揆初等人創辦的、顧廷龍經管的合衆圖書館。其中確有許多孤本，「皆彼館所未備，喜得其所。予自幼過書攤必拾得一些歸，而不知正爲合衆積也」（一九四九年四月五日日記）。一九五二年底到一九五三年初日記裏數次記載王煦華等人到蘇州家裏整理圖書、報刊、碑帖，備捐。王煦華回憶道：一九五二年十一月，顧先生「和我去蘇州老家整理藏書一個星期，將抗戰時期出版的圖書、期刊、報紙都捐贈給合衆圖書館。在此之前顧先生捐贈給合衆的書，曾編印過一本油印的《顧頡剛先生藏書目録》，但這次捐贈的書刊報紙，只有我開的清單，遺憾的是以後没有單獨編印成書本目録」（見顧永新文）。文庫現保存着這本油印本書目，共計約書八百六十種二千四百餘册、圖若干幅。其中許多近代史料，即爲上引致教部信中所記；另外清末民初之章程、報告、概況、傳記及河工、海防等工料、薪糧、公費清册都是有價值的資料。此外抗戰時期内地出版物及期刊也有若干。還有一九三八年毛澤東寄贈之《論持久戰》，一直跟隨他輾轉西北西南，這次加以題跋，送與該館（見顧廷龍文）。又王煦華先生面告：「還有少數合衆所缺的古籍，亦應廷龍先生之請，而捐給合衆，如油印目録中之《續禮記集説》。一九七九年先生爲了從中輯出姚際恒的《禮記通論》，就命我向上海圖書館借來輯録了。還有，他對學生的治學極爲關注，知我治《方言》及搜集國民黨禁書史料，一九五四年北遷前，即以錢繹的《方言箋疏》和《中央取締社會科學反動書刊一覽》（一九二九—一九三五）（此書現存上圖特藏部）賜贈。」

舉家遷往北京後，一九五八年春，在籌備全國民間文學工作者大會時，將所有之通俗讀物編刊社出版物檢齊一份，約一百數十册，贈與民間文藝研究會（《年譜》頁三六二）。

這一時期所買之書，有失而復得者。《周莊鎮志》爲民國初年友人所贈，携至北平，與方志書放在一架，戰中失散，一九四七年冬，吴玉年（豐培）在書肆中得到，「審爲予舊藏，購以郵予。此一書也，得而失，失而復得，可謂大有因緣，不可不記」（見該書題識）。一九四七年買大部頭書有《玉函山房輯佚書》一部，價一百萬元（一萬元等於後來的一元）、《漢學堂叢書》一部，價一百四十萬元、《古經解鉤沉》一部，價十萬元。

一九五〇年，到上海甘家（未記人名，大約是一收藏家）看矢王彝、蜀大字本《史記》、瓷器等，謂蜀大字本《史記》「即在待焚中救出者也。至今日，則善堂雖無收買之力而紙廠興，收作還魂紙，南北書籍之毁於紙漿者已不知其幾何矣」（五月二十二日日記）。五十年代初，收購古籍論斤賣，李拔可（宣龔）、曹元弼（叔彦）等人身後之書都没逃出這個命運。李爲光緒舉人，曾助張菊生主持商務印書館，任經理多年，一九五二年歿後處理藏書，其中明刻本四十四種，逐部標價，共約八百七十五萬元，但須覓受主；普通本只可論斤，整部書每百市斤二十萬元，零星書每百市斤十二萬元，約計十擔左右，即一千斤。又《四部叢刊》初編至三編全套，如可由中國圖書發行公司購進，大約有八、九百萬元可售。又百衲本《二十四史》可售一百萬元，其書箱亦可售一百萬元。柚木書橱四架，估價一百萬元。對此，他的評價只兩個字——「慘矣」（見《筆記》第四卷頁二六八六）！曹曾主江蘇存古學堂，被他稱爲「一代經師」，然一九五三年秋去世後，蘇州文管會中人謂其：「絶無好書，只可作廢紙論價，全部價值僅二百萬元。」（見《筆記》第五卷頁三七〇五）

一九五四年春，他與陳子展、胡厚宣、馬長壽、范祥雍、章巽同到蘇州曹元弼家買書，曹家藏書苦不得售主，因此邀諸友往觀。「予宣言於衆：曹家書，諸君要的我即不要，諸君不要的都歸予。蓋慮予如不要，又將賣與紙廠作紙漿也。如此，予得書可五千册」（一九五四年三月二十二日日記）。現文庫中鈐有「曹元弼校藏經籍印記」之書，應爲此次所得。又曹氏晚年以目疾，必讀之書皆令人寫大字，他認爲：「此甚適予晚年讀書，故予選者獨多。」（一九五四年三月二十一日日記）文庫現存此類書二百七十餘册，以經部書爲多。

在古籍書源充沛的背景下，買到不少好書。《水經注》四十卷，乾隆十八年新安黃晟槐蔭草堂刻本，一九五二年得於蘇州。據文學山房的江澄波回憶：「建國初期，常熟丁祖蔭淑照堂藏書散出，我曾收得善本數十種，其中有一部《水經注》是乾隆時天都黃晟刻本，原襯訂二十册，曾經桐城姚元之用硃筆校注，並有印記。顧老看到後，愛不釋手地要求買回去。但又提出能否分兩次付款。我們同意了，他感到很高興。」（見江澄波文）一九五三年同樣得於蘇州文學山房的還有《麟經指月》十二卷，爲馮夢龍所撰，明泰昌元年麻城開美堂刻本，爲「吴中罕見」，「此書討論《春秋》制義作法，雖今無用，亦見科舉時代之風尚」（見該書題識）。鈔本《史記疏證》，一九五四年以十八萬元得於上海修文堂書肆，「苑峰（張政烺）見此，謂是宿遷王氏故物」（見該書題識）。由於是孤本，爲日本《史記》研究專家水澤利忠所重視，一九九一年從文庫照相複製一部。一九五四年還購到鈔本《漢書疏證》一部，「取校日本昭和十四年吉田幸次郎等縮印本，筆跡校若畫一，知出一人之手；而挑逗長短、筆畫繁簡又略有異，知爲一人前後所書也。此書不著撰人名氏，而當時北京人文科學研究所及劉先生（廬江劉晦之，此原爲其所藏）同時得兩本，洵顯晦有時矣」（見該書題識）。清人顧禄的《題畫絶句》，爲道光時茶磨山館自刻本，在他一九一五年二月自訂的《藏書草目》裏有記載，是爲幼年所得。一九五四年又從來青閣買到顧氏的《桐橋倚棹録》，亦爲道光本，「蓋刻版十餘年後即遭兵燹，流傳至寡也」（見該書題識）。此書先由來青閣主人楊壽祺在一九五三年送到江蘇文物管理委員會，因索高價，會中無力購買。第二年「蘇州諸友知予好搜羅鄉邦文獻，慫恿予購之」（見《題畫絶句》題識）。一九七五年前後，友人助之送琉璃廠，將兩書同以金鑲玉之式樣裝裱，合成一函。還有得之於蘇州的道光本《吴趨訪古録》、得之於北京的嘉慶石研齋本盧重元注《列子》，都是較爲少見的本子。所以在一九六三年他有感而道：「初以爲予家書籍，抗戰前所購爲多，近日理書，乃知實以戰後所得，質、量兩方俱高於戰前。」（一九六三年三月二十五日日記）古籍之外，還買了許多現代理論書。一九四八年在上海大中國圖書局門市部買書，「滬上所出唯物史觀各書，予向少觀覽。今以教中國社會史課，不得不觀，且甚願以此醞釀一部通史，故亦樂爲之。今日在局購書五十六萬元，皆此類也」（一九四八年一月五日日記）。

這一時期，他與書商之間是信任和互助的關係。文學山房得到好書，他介紹給上海圖書館或者專家購藏（見上引江文）；文學山房江氏父子積累明刻殘篇一百六十種，分别部居，裝成三十餘帙，他爲之寫序（文庫即藏一部）。而書賈則將手中一些零散珍本書送給他，一九五一年文學山房贈給他顧嗣立《閭丘詩鈔》、顧禄《頤素堂詩鈔》，一册殘本四庫原鈔本《備急千金要方》，在今天就更顯珍貴。一九五四年六、七月間，他準備北行，整理書籍裝箱，請江澄波代理包書運物工作，「予之書籍向無統計，兹合滬蘇兩方凡二百二十五箱，……平均以四百册計，已九萬册矣。如在抗戰時不損失，勝利後不捐贈，則十二萬册矣」（一九五四年七月二十日日記）。

我們將一九五一至一九五三年自訂的《頡剛所購書目録》也附於後，其中著録書名、簡單的版本和書價，它對於研究古書業的發展和社會經濟史，也都是很有用的資料。到北京以後雖然時常到東安市場、隆福寺等處買書，但已不如建國前後的數量大了，而且多有出賣。

由於家中人口多，支出過大，一九五五年將楊守敬《歷代輿地圖》一部以一百八十元之價賣出，似爲賣書之始（見一九五五年八月二十四日日記）。三年困難時期，家用更加入不敷出，一九六〇年一月開始整批售書。第一批賣給中國書店的書有：《李氏藏書》正續，三十二册，一百五十元；《廣雅叢書》四百二十册，四百元；《歷代詩餘》四十册，一百元；《藝文類聚》三十六册，七十元；《每周評論》一册，七十二元（見一九六〇年一月四日日記）。並記道：「予一生想做藏書家，積書至十萬册以上，並想獨立經營一圖書館，使永不散失。今其事已不可能矣。……值兹勞動力極端缺乏之際，我一人之力亦不能維護並檢取此五萬餘册書，故決取不需要者售出。」「此種書隨我三四十年，臨別時亦不無戀戀之情也。但祝物得其所，使用率加强，於學術界有裨益耳。」同月二十三日，理出複本書百餘部，汲古閣《十七史》零種每册僅合二角，「可見綫裝書價今日尚不高。予爲騰出空箱，俾存書易於整理，只得接受」（當天日記）。這年春，陸續理書出售。四月二十七日日記寫道：「靜秋捐出大書架一、書櫃一於本胡同人民公社，招孔繁山（中國書店職員——撰者注）來，將若干大部書如《新元史》、《新舊唐書合鈔》、《晉書斠注》等書出售。」「此次賣出書籍，得五百元，欲買進一電視機，尚不足也」（一九六〇年四月三十日日記）。一部康熙版《御選唐詩》，開化紙套版印，十五厚册僅定十五元，「真足使藏書者短氣」（一九六〇年五月七日日記）！這年十月，售書二百二十七種，作價八百二十元，「比售進之價差得多了」（一九六〇年十月二十四日日記）。應允中國書店「將集部出脱，然吾父愛文學，集部佳板皆吾父所購，今聽擲諸不可知之地，頗爲傷痛」（一九六〇年十月二十二日日記）。不知什麽原因，最終没有全部出脱，今存文庫的集部珍本，在全部珍善本中大約是最多的。一部《四庫珍本初集》千餘册賣五百元（一九六〇年十二月一日日記）；一部五局刻本《宋史》，一百册、初印，只賣八元（一九六一年三月五日日記）。那時，以個人經營書業者不多，「蕭新祺是其一，時有舊版可意書送來，予以他書易之。今木版書已停售，渠已派至鄉間勞動，聽孔繁山言，回來後亦將禁止其營業矣」（一九六一年三月五日日記）。一九六一年一月三日蕭新祺來家，「觀其所送莊有可《慕良雜纂》及閻若璩《潛邱札記》」（當天日記），今文庫所存，當是與其易書所得。然而這種便通的方式很快也不復存在了。一九六一年秋售書所得爲三百零四元三角。這年十二月二十六日日記記載：「本月二十日收中國書店書價三百十九元，到今一個星期，爲了買物（鷄蛋每個六角）、醫病、請客、訂報、寄錢（三姨處四十元），到今天已用完了，不得不再賣書。」生活的窘迫可見一斑。一九六二年七月五日，將一九五四年在蘇州買得方苞女婿王金範乾隆三十二年所刻、乾隆五十年郁文堂重刻本《聊齋志異摘鈔》（有王芑孫的評點），賣與文學研究所，得二百元（見當天日記）。十一月十一日賣出重本雜誌後，到東安市場將上月見到的、書價八元而囊中羞澀没買的、民國十五年排印本《堅瓠集》「急買來，幸尚未爲人捷足先得也，此書中甚多蘇州掌故」（當天日記）。可見當時他還在買書，大都爲普通本子，并且是與自己的研究相關的書。

一九六二年秋，考慮將藏書整個賣與中華書局。十月底，擬《賣書與中華之願望》八百字。以後多次與姚紹華談賣書事；此前檢出壽山石三方，託孟默聞刻藏書章，「請刻先祖先父及予藏書圖記，以資區別，亦爲百年收藏之紀念。縱不能終保，亦以告之後人，知我三代積累之辛苦也」（一九六一年九月二十五日日記）。最終大概由孟轉請羅福頤刻印三方：「先祖廉君公收藏書籍頡剛記」、「先父子虬公收藏書籍頡剛記」、「吴縣顧氏純熙堂書庫」（見《印選》）。一九六三年上半年，先由他分别祖、父、自己三代所藏，然後請人逐册蓋章；並請人編出一目。一九六四年夏，把《禹貢半月刊》紙型交給中國書店，「果能翻印數百部，供民族史及疆域沿革史者之參考，亦一佳事」（一九六四年六月八日日記）。一九六五年秋，在做結腸息肉手術前，立遺囑道：「我家三代藏書，經歷抗日戰爭的損失和解放後的捐獻，尚存五萬餘册。……我的意思，這批書由中華書局購下最爲合用。如中華不能全購，也希望由他們先行挑選，再求他主，最好不要分得太零碎，泯滅我家祖孫三代積存的苦心。」大約以後不久，賣書事被歷史所領導制止。「文革」初期，家中書庫被歷史所紅衛兵封，以防他處來抄。「在運動終止前，予遂不得隨意看書寫稿」（一九六六年八月二十二日日記）。一九六九年十月下旬，「爲備戰，所中人來書庫檢善本及地圖若干去」。一九七〇年夏，歷史所將取去的書送還一部分（見《年譜》頁三八八）。一九七一年春，周恩來批示由先生主持標點「二十四史」，書庫隨之開封。這一年讀古籍，略理書庫中書（《年譜》頁三八九）。一九七三年，向歷史所索還一九六八年取去之筆記稿件，「加以檢點，頗有缺失」（《年譜》頁三九〇）。大量閲讀古籍，作題跋，從上海圖書館所編《歷史文獻》第一至四輯連載的《緩齋藏書題記》中，可見許多是這一年題寫的。一九九五年春，軍事科學院的常富春同志告知，一九七二、一九七三年間在中國書店買到先生的《古代地理叢考》的鈔件，由此可知「文革」期間仍有書稿散出。

以上按時間粗略叙述了他的藏書經歷。一生積書，聚而散，散而復聚，看似紛亂，其實聚散有時。這並不是宿命論，正説明文化的興衰、個人的沉浮，無不受制於社會的政治、經濟的變化。像他這樣的學者兼藏書家，在現代恐怕只有陳垣、鄭振鐸等爲數不多的幾個人。因時代所限，作爲學者，大量購書不但經濟不允許，亦無此必要。因此，他認爲葉昌熾《藏書紀事詩》，自五代至於清末，記載了大量藏書家，若有續寫之人，「倘將以我輩殿一軍耶」（《〈書巢〉後記》）？隨着時代的變遷，現在又出現不少新藏書家，但有些人只在自己的研究領域内廣爲搜求；有些人出於對古籍的喜好，專門收集稀見珍本。像先生那樣的學者型、又經三代積累而成的藏書家確實鮮見了。

二

余嘉錫先生藏書極多，「但只有明清刻本，而没有宋元珍本。因爲他是爲讀書而買書，……所藏的書凡是四部有用的書和叢書大都具備，與藏書家收藏古本不同。……他是目録學家，善於辨别版本的優劣。所藏的書，雖然普通，卻是精選的刻本」（周祖謨、余淑宜文）。先生的藏書大體和余先生一樣，但又有自己的特點。下面分兩部分論述。

（一）珍善本書

三代人積累而成，是文庫一大特點，雖屢遭破壞，仍留下不少珍貴古籍。

其祖父喜治小學，故存有不少有關《説文》的書。如明末胡氏石竹齋刻本《説文字原》、清同治中碧螺山館補刻《段氏説文注訂》附《説文新附考》，都是較好的本子。光緒元年手鈔諸可寶撰《説文部首音讀本附切字芻言》，並有此年臘月作者手校，先生幼時在封面上題：「先祖廉君公手鈔諸遲菊先生《説文部首音讀本切字芻言》，孫誦坤謹署。」廉君公游鄂時，曾與諸可寶（遲菊）、柯逢時（遜庵）商榷許學，搜輯逸字一百餘文，其中有以新附字及《字林》爲《説文》者，因而對此疑信參半。光緒十二年手鈔鄭珍《説文逸字》，並輯《偏旁逸》，謂：「去冬幕游來黔，見同事李伯昆兄案頭有友人所贈《説文逸字》一書，翻閲一過，知其搜羅甚廣，證據甚精，不謂鄭君竟先得我心者。其附録三百餘字，尤爲卓識，本非許君舊文，而爲前人誤偁《説文》，此所以於逸字外嚴爲剖別也，後之人並不得議其疏漏，其有功於許書豈淺鮮哉。嗣因遍購是書不得，遂假書鈔録，惟將偏旁逸字三十七文另編一類，名之曰《説文偏旁逸》，使閲者知許書已有其文，鄭君所謂有子無母者是也。」此書的珍貴由是可見。雖已受潮，仍很清晰，並可確定爲抗戰後從北京運回上海者。

其父子虬公喜文學，集部善本多爲其搜集。其中有：明萬曆新安汪氏刻《蔡中郎集》，清初吴郡寶翰樓刻《徐孝穆全集》，鈐有陸隴其「三魚堂」印的明嘉靖本《楊炯集》、《駱賓王集》、《陳伯玉集》，鈐有張金吾「愛日精廬藏書」印的明刻本《六臣注文選》（殘，存二卷，亦經秀野草堂顧氏收藏），清康熙吴孟舉刻《瀛奎律髓》，清康熙王士禛輯刻《唐人萬首絶句選》，普定姚大榮所藏、康熙林佶寫刻本《堯峰文鈔》，康熙崑山徐氏刻《李義山文集》，康熙新會何氏刻《白沙子全集》，康熙宋犖輯刻《江左十五子詩選》，康熙婁東施天駅木活字本《吴都文粹》，康熙刻《吴風》等。

這裏應特別提到子虬公苦心搜求的家刻本、鈔藏本。從一九二八至一九三二年，陸續蒐得八世從祖俠君公顧嗣立（先生的九世從祖）輯録及續注的、康熙秀野草堂刻本《詩林韶濩》、《温飛卿詩集箋注》，迂客公顧嗣協康熙依園刻本《石湖居士詩集》，顧嗣立輯、康熙秀野草堂刻本《元詩選》初二三集，顧嗣協輯、康熙新會緑屏書屋刻本《岡州遺稿》，顧予咸（嗣協嗣立之父）順治山陰刻本、温庭筠之《八叉集》（子虬公稱此本爲「吾家版刻之嚆矢」），顧嗣立刪補並刻《昌黎先生詩集注》，顧嗣立撰、康熙秀野草堂刻本《閭邱詩集》、《桂林集》，顧嗣協撰、康熙秀野草堂刻本《依園詩集》、《楞伽山人詩集》，民國十九年陳垣勵耘書屋鈔本《顧迂客玉臺新刻詩》。秀野公（即俠君）藏本有康熙嘉定陸氏刻本《三易集》、康熙吴郡朱氏刻本《樂圃先生餘稿》、文徵明六世孫刻本《莆田集》。道光中顧元凱（先生的五世從祖）在潯州郡署刻了一大批族人著述，子虬公陸續收集到的有：《秀野草堂詩集》、《寒廳詩話》（嗣立撰）、《秀野草堂合編》（予咸撰、嗣立嗣協附）、《玉臺新刻》、《古岡初政録》（嗣協輯撰）、《秀野公自訂年譜》、《滌齋公自訂年譜》、《通奉公年譜》、《吴郡名賢圖傳贊》、《瀾溪贈詠》、《閑餘吟稿》（廉君公之祖顧瑛撰）等，在搜集過程中得到先生、顧廷龍、陳乃乾、陳垣等人的熱心幫助。這一部分應另撰專文，以表彰子虬公鍥而不舍的精神。

金石書籍亦大部爲其所藏，其中不少佳品，如四個版本的《宣和博古圖録》，其中元刻明印本殘存二册四十九頁、明嘉靖刻本殘存四册八十九頁，爲版本學留下了珍貴的實物資料；明萬曆刻本爲全帙；清刻本不分卷，有手摹篆文，書根題爲「吴大澂手摹」。刻本較精者還有乾隆本《重定金石契》，《石刻鋪叙》等。鈔本中，不分卷的《天下金石志》，書口下題：「虞山周氏鴿峰草堂鈔藏」，並鈐有「鴿峰草堂」印，爲民國元年常熟周大輔精鈔。

先生自己也得到不少珍善本圖書。

一九二六年十一月，胡適在倫敦書鋪中買到一册明代高麗刻本《五倫行實圖》第三卷，用漢朝兩種文字記載了從春秋至明代的「烈女」，並配有圖畫。書用桑皮紙印，目録頁下方鈐印被剜。書皮的右上角寫着「内賜」，書名下寫着「利」字。由此推斷，可能爲内府本，按「元亨利貞」的順序，當爲四卷四册。書前有胡適一九三〇年六月三日題識，寫道：「因爲中有殖妻哭夫故事，也許於頡剛的孟姜女研究有點用處，故買了回來，送給他。」

前面提到孤本《桐橋倚棹録》，在「蘇州五老」之一王伯祥之子湜華的熱心串聯下，一九七五年前後由葉聖陶題寫篆字書名：「顧藏桐橋倚棹録」；俞平伯題寫絶句十八首，並爲函套題簽；謝國楨、夏承燾、吴世昌、陳中輔等當時學界耆舊紛紛題識，或辨析版本源流，或考證書中記載的民俗，直可爲《書林清話》再續佳話。

上面説到一九五四年在曹元弼家挑書，先生的所得可謂「撿剩」，然而仍有佳本。如：戴震校訂不分卷《水經注》，雖乾隆刻本而傳世極鮮，原爲汪閬源舊藏，後歸王大綸及曹元弼，「最後歸於余，不可不寶也」（該書題記）。又《六書音韻表》五卷，爲乾隆時段玉裁自刻於富順官廨，是陳奐過録戴震點本。又乾隆曲阜孔氏刻《爾雅》三卷，是陳奐過録段玉裁校訂本。

文庫現存兩部嘉慶刻本《通藝録》。一部鈐有「希□韓氏家藏」、「桐城柏堂方氏家藏」印；後一部先生一九五一年秋題識道：「此本先父所購也。書賈以其不全，挖去目録卷數，復裝訂失其次第，如《周髀用矩述》一文也，而分置二册，爲原刊絶少見，一時不易知其所闕若干。聞《安徽叢書》已將此録重印，當訪求之。」據《販書偶記》可知嘉慶八年刊本爲此書初印本，又由《安徽叢書》第二期影印本知，初刻初印本頁末有「惟初太始，道立於乙，造分天地，化成萬物」十六字（《販書偶記》只記後八字）；原刻包括正目（十九篇）、附録（二篇）、未成書三部分，皆不分卷。文庫所存兩部亦不分卷，後一部存十三篇，並有三十一頁標有「萬」字，而《安徽叢書》所用底本没有「萬」字頁，可見後一部確爲初刻初印本。

另外，刻本中的明末刻不分卷本《九邊考》，康熙五十四年遼海劉氏刻四卷本《在園雜志》，嘉慶二年刻不分卷本《經義述聞》（先生題識：「王引之刻此書時，均逐篇分刻，不相銜接。及全書刊訖，乃依經文次第，排比而聯接之。今所見者均重刊本也。此初刻本極鮮見，……至可寶貴。」），曾經元和栩緣老人王同愈（勝之）收藏的禦兒吕氏寶誥堂據白鹿洞原本重刻的《儀禮經傳通解》二十三卷、《續》二十九卷、《集傳集注》十四卷；鈔本中據二老閣進呈明刻本影鈔之《絳守居園池記》一卷，清鈔本《書經集解》六卷（卷一下題：「義門何手録」，並鈐有「義門」章一方），以及前面提到的鈐有「王氏信芳閣藏書印」的清鈔本《史記》、《漢書》兩《疏證》；拓本中民國何遂（叙父）所輯《瓦當存腋》等，都是值得一提的重要善本。

（二）可供研究之書

先生在一九六五年立的遺囑中寫道：「我的藏書，雖無值大錢的古本，卻有許多名著的原刻本，許多書現在已買不到。又有一種書而搜羅了許多版本，足供校勘之需。」且不説隨着時代的變遷，「不值大錢的古本」有了變化；且不説許多名著有了排印本，不難買到；值得一提的是一種書的許多版本和研究某一方面的許多專著，不但可供校勘之需，也爲後來的研究者省去了不少搜尋的麻煩。上一部分所述並非不可供研究之用，只是此處記述的不但有善本，而更多的是普通版本、並與先生的學問關係更密切的書。像《詩經》、《尚書》、《左傳》、《水經注》等書，是他一生研究工作所必備的。從書目裏可見它們的各種版本以及相關專著收集得很齊備。如明梅鷟撰、清汪景龍鈔本《尚書譜》，一九五〇年冬由上海孫鑒家散出，他從修文堂得到，疑明代即無刻本，而傳鈔又稀，殆爲海内孤本；清人戴鈞衡的《書傳補商》，因太平天國事起，社會動盪，故流傳不廣（均見該書題記）。清人方玉潤《詩經原始》爲民國十三年錢玄同代購，是民國初年雲南叢書處刻本，他指出其好處爲：「在能以後世之詩詞歌謡與三百篇相比較，故頗能見其真意義。」（該書題識）桐城張承華撰、同治本《三頌備説》，各家書目中少有著録，但因其有歷史眼光，研究方法有突破，故收集之。有關三家詩的著作也很多。對於《春秋》三傳的題識批語多達十數部，足見其對《左傳》的重視。他「宿志將《水經注》手寫一過，分析經文、注文及校正訛字，評其錯失」，「爲全、趙、戴、楊之總結工作」（見乾隆新安黃晟刻《水經注》題識），因此各種版本搜羅較全。

文庫存有先生精讀之書，如《春秋左傳讀本》（同治八年江蘇書局刻本）、《莊子》（民國九年浙江圖書館翻刻本）、《吕氏春秋》（光緒元年浙江書局刻本）、《淮南子》（光緒二年浙江書局刻本）等，都有許多眉批評點，雖然版本普通，但值得後人作深入的研究。他服膺章學誠的學問，收集有多種版本的《章氏遺書》。他還在《漢魏遺書鈔》所收的張霸《百兩篇》、《廣倉學宭叢書》所收的《古本竹書紀年輯校》、《國立北平圖書館善本叢書第一集》所收的《朝鮮史略》等書上，留下重要批語。

讖緯書的搜集，在「鼎盛期」已有介紹。其中天一閣故物，即一九三〇年在北平得到的明代青絲欄鈔本《禮緯含文嘉》，爲《讀書敏求記》所著録，十分珍貴，戰後復得之於東方圖書館，「以所置之櫃有頡剛藏書字，猶得璧返」（該書題識）。他在嘉慶秀水章氏勤業堂刻本《考正古微書》上題道：「予嘗欲綜明清兩代所輯緯書爲《讖緯集録》一書，着意求之，因得此本及殷元正《集緯》寫本等。方將編寫而日寇侵華，北京不可復居，棄藏書而西行，此志不獲實現。亂定歸來，所藏已殘損，而章殷兩家書尚存，喜而題之，不知此生尚能從事否也？」此本在各家目録書中較少著録，亦是珍本。其他現存文庫的緯書，如嘉慶本《古微書》、趙氏《七緯》、光緒本喬氏《緯攟》、勤業堂《易緯八種》等，都應是戰後重購。

由於早年熟悉目録學，又編《清代著述考》，瞭解清代各種學派及師承關係，故對於清人的集子十分留意。認爲學術記載除正史通鑑外，尚需旁求於各家文集筆記中。謂：「予既治考據之學，對於經史諸家之文集筆記，每有所見，不忍不購，雖囊槖空乏，猶不得之不安也。」（黄承吉《夢陔堂文集》題識）因此文庫藏有各代文集，尤以清代爲多，其中亦多佳品，這裏略舉一二。如楊椿《孟鄰堂文集》，謂其人「於經史並有研究，而不自附於古代家派，此則清初學風使然」（民國影印本，該書題識）。又李遇孫之祖李集的《願學齋文鈔》，「此集頗罕，觀王重民君編《清代文集篇目索引》亦未及知，北京圖書館未有也」（嘉慶本，該書題識）。又蕭穆《敬孚類稿》，「此書好處，在能將社會情形照直寫出，不加掩飾，頗能見社會真狀」（光緒本，該書題識）。又顧家相《勴堂文集日記類鈔》，謂其「承清代考據之學，甚有識別裁斷之力」（民國排印本，該書題識）。又裘可桴《可桴文存》，「此人雖於學問鑽研不深，而頗能提出問題，亦二十世紀初葉之有心人也」（民國無錫排印本，該書題識）。又許巽行《文選筆記》，謂此人「一生研究《文選》，至於十校，成《校正文選》六十卷，《文選筆記》八卷，及身未付剞劂。……

解放後，予移居北京，得此於中國書店，而在江浙則未曾見之，流傳至少可知矣」（光緒刻本，該書題識）。

一九六二年他曾總結自己的治學特點爲：「由目録而入史學，所有裨於史者，聚各種資料而比較之耳；至於聲音、文字之微，則未曾入門。」（《讀書筆記》第八卷頁六一〇三）他的藏書自然也帶有這個特點，能够打破「正統派的氣息」（參見《年譜》頁一六五），廣爲收集有史料價值的圖書。如明代林時對的《荷鍤叢談》，即一九二七年夏在杭州書肆所購，中山大學語言歷史學研究所以世間絶少刊本，因刊入《史料叢刊》中（見該書馬太玄後記）。一册鈔本《聽講隨録》，應爲五六十年代得於舊書肆。他在封面題道：「此爲清季貴胄學堂學生之聽講筆記，而書籤有『順承王』一印。考《清史稿·皇子世表二》，太祖第二子代善爲禮親王，代善第三子薩哈璘追封穎親王，薩哈璘第二子勒克德渾，順治五年以功封順承郡王，九傳至訥勒赫，光緒七年襲封，記此者殆爲訥勒赫之子乎？」雖然將一大批近代史料捐給合衆圖書館，但文庫中還存有一些，如清末鈔本《蘇藩政要》、清末民初排印本《東三省移民開墾意見書》以及抗戰時後方用土紙所印《四川工商社會苛捐雜税概録》、《四川農村崩潰實録》、《彝族調查報告》等，其中還有一些戰前禹貢學會的藏書。先生愛旅游，故收藏了很多游記，從中可知各地風土人情、地理經濟、文化、方言等等。民俗方面有《吴歈百絶》、《吴風》、《挂枝兒》、《集杭諺詩》等。《吴歈百絶》題識謂：「此書爲蘇雅卿重刻於同治十一年者，……以其下開顧禄之《清嘉録》，記蘇州舊時風俗醰醰有味，故檢付湜華同志複寫一本。」（該書題識）

先生治歷史地理學，又以故里在江蘇，多年來收集到不少江蘇省府州縣志書，僅鄉鎮志書就有《同里》、《光福》、《周莊》、《黄埭》、《相城》、《平望》、《法華》、《梅里》、《黎里》等十數種之多。

文庫中還存有清末民初翻譯、介紹西學的書籍，包括他用過的課本和幼時的讀物。其中最早的藏書包括鈐有「蘇學分會」之印的《泰西新史攬要》（光緒刻本）。戊戌變法前後，江蘇成立了「蘇學會」，蘇州即有分會，子虬公是分會會員（見《年譜》頁八），可能此書爲學會解散時分得。同類還有《萬國史記》、《列國變通興盛記》、《泰西名家傳略》等，並有子虬公的批評之語。另外，法國人的《哲學論綱》，日本人的《哲學要領》、《理學鈎玄》、《穆勒名學》、《群己權界論》、《天演論》、《原富》以及介紹西方科學技術的《西學書目表》、《西學書録》、《西學輯存》、《西學大成》、《西學啟蒙》等，這些光緒末年出版的書，其内容現已無大用處，但作爲研究清末民初西學東漸的歷史，還有價值，並且已不大好找尋了。

以上介紹了先生的藏書經歷和特點，應該説它是一個學術的寶庫。現在，把它整理編目，成《顧頡剛文庫古籍書目》一書，是開發利用的前提，也是我們爲弘揚傳統文化作的一件實事。

前言中引文使用簡稱者，説明如下：

《年譜》：顧潮編著《顧頡剛年譜》，中國社會科學出版社，一九九三年；

《筆記》：顧洪編《顧頡剛讀書筆記》，臺灣聯經出版公司，一九九〇年；

顧廷龍文：介紹顧頡剛先生撰《購求中國圖書計劃書》——兼述他對圖書館事業的貢獻，《文獻》第八輯，一九八一年六月；

《〈書巢〉後記》：《王伯祥先生〈書巢圖卷〉後記》，同上；

《叢書子目類編序》：《東方雜誌》第三十九卷第五號，一九四三年五月十五日；

《京舍書目》：《歷史文獻》第五輯；

《儀禮通論》「點校説明」：陳祖武撰，中國社會科學出版社，一九九八年十月；

《呈教育部信》：呈爲個人所藏圖書文物掃數被敵人劫掠請求追償事，一九四五年十二月；

方詩銘文：抗戰勝利後顧頡剛先生在蘇州的二三事，《蘇州史志資料選輯》第二輯，一九八四年九月；

顧永新文：薪盡火傳力肩斯道——訪王煦華先生，《中國典籍與文化》一九九八年三月；

江澄波文：顧頡剛先生訪書，《人民日報》一九八九年五月一日副刊；

《印選》：紀宏章編《羅福頤印選》，文物出版社，一九八六年；

周祖謨、余淑宜文：余嘉錫先生學行憶往，《中國文化》一九九六年，春季號。

二〇〇一年四月初稿　二〇〇一年六月改定

原載《文獻》二〇〇二年第一、二期

顧頡剛與中華書局之交往

个厂

顧頡剛先生是現代學術史上開宗立派的大師，而一九四九年以前他個人的著作卻没有一本是在中華書局出版的。根據現存檔案，顧先生最初是以一個出版者的身份與中華書局聯繫合作事宜的，而且後來還因印行中小學教科書事成了競爭對手，甚至呈文當時的國民政府主席。

顧先生于一九五四年八月二十二日奉命到京，任中國科學院歷史所研究員。當顧先生將工作計畫並歷年積稿交給歷史所所長尹達時，尹達却評之爲「大而無當」，這在顧先生心中激起了某種「被征服者」的屈辱感。

就在顧先生進京的第二天，中華書局編輯部姚紹華即登門拜訪，商談《史記三家注》點校事；可以説自此之後，顧先生業務上的每一件事，都與中華書局休戚與共。

一九五五年六月十一日，民進中央主席馬叙倫邀請顧先生參加民進，第二年顧先生即當選爲民進中央委員。

二十世紀六十年代初，中華書局總經理金燦然曾與歷史所所長尹達、民進中央秘書長徐伯昕商定：「顧頡剛的學習由民進領導，業務由中華負責，工資歸歷史所發給。」像顧先生這樣以學術爲終身的學者而言，業務是其生命存在的意義，可見顧先生與中華書局關係之深厚。一九六五年十月二十六日，顧先生因結腸手術，在《預立遺囑》裏表示：「我一生寫作，應悉交中華書局，請他們組織委員會整理。」四十五年之後暨顧先生逝世三十周年之際，中華書局出版了《顧頡剛全集》，完成了顧先生的遺願，錢行了一個學術文化出版機構的使命。

以下分五部分，簡述顧先生與中華書局交往之大概。

初次的碰壁與《文史雜誌》之合作

一九三六年，顧先生在北京主持通俗讀物編刊社，爲喚醒民衆的進步，希望成爲「中國民族解放運動中的一個新動力」，同時編輯出版《民衆週報》。但是由於當時在北京印刷，不僅紙張低劣，而且銷售不廣，爲求得上海各書店能够承印並廣爲推銷，遂致函中華書局，謂「素仰貴書店熱心文化運動」，「望能雙方合作，爲大衆文化而努力」，並開列合作條件。時任中華書局編輯所所長舒新城批示：「照現在紙價，誰都不能辦。恐怕是紙無辦法，不是印刷問題。……決退還。」第一次謀求合作，顧先生碰壁而返。

一九四一年六月五日，顧先生抵重慶，任《文史雜誌》社副社長、主編。該雜誌之前一直由商務印書館印行，但一九四三年自商務港廠淪陷後，「出版極遲，常隔三四月始出一期」，至有「愆期達一年之久」者，顧先生「爲各方罵得要命」，十月八日日記：「王雲五頻要社中增加補助，直欲將社中經費完全榨取而後已，迫得我與之决裂，今日雙方毁約矣。」十日，顧先生訪時任中華書局編輯所副所長金兆梓，「談《文史雜誌》交印事」，未幾，訂立印行該刊之合約。

一九四四年一月十一日，《文史雜誌》第三卷一、二期出版，發行七千餘份，「譽聲載道」，顧先生非常高興，感謝中華書局「改善之力」。後來還編有「古代史專號」、「唐代文化專號」、「社會史專號」、「佛教專號」、「戲劇專號」、「民俗專號」、「朱逷先先生（希祖）紀念專號」等專號。《文史雜誌》本來是國民黨中央黨部所辦，但在顧先生主編、中華書局印行下，成爲抗戰期間後方非常重要的大型學術期刊。

進京後第一任務：總校《資治通鑑》

一九五四年九月，第一次全國人民代表大會召開，毛澤東向吴晗説起標點《資治通鑑》事，要范文瀾組織專家在一兩年内整理出版；另要將楊守敬《歷代疆域圖》用新方法改繪。根據顧先生日記，十一月二日成立「標點《資治通鑑》及改繪楊守敬地圖工作委員會」，以范文瀾、吴晗、黄松齡、董純才、翦伯贊、侯外廬、向達、顧頡剛、尹達、黎澍、劉大年、金燦然、王崇武爲委員，以范文瀾、吴晗爲召集人。

在標點《資治通鑑》小組中，范文瀾曾敦請顧先生主持標點工作，因爲顧先生年事最長，且曾從事過《史記》白文點校。顧先生表示，此事非范老親自主持不可，自己則可校閲書稿。後以王崇武爲召集人，顧先生任總校對，標點者有：聶崇岐、齊思和、張政烺、周一良、鄧廣銘、賀昌群、容肇祖、何兹全。十一月八日，召開標點《資治通鑑》第一次討論會。

之後，樣稿陸續交來，顧先生開始審閲，這在日記中多有記載。一九五四年十一月十五日：「看王之屏所點《通鑑》兩卷。……之屏所點《通鑑》頗多誤處。料想他人，亦必如此，蓋大家任務太多太忙，必不能細細研究才下筆也。予任總校，要在十個月内整理出二百九十四卷之書，一一改正他人之誤點，其不遑喘息可知也。」二十九日，召開《資治通鑑》標點第二次討論會，顧先生提出，以委員會所定十個月完成之期限，「就我一個人的總校言，則絶對不可能」，希望延長時間或添請校對人員。於是商定由王崇武、聶崇岐、容肇祖與顧先生分任校閲工作，改變總校對制，組成四人校閲小組，分工復校其它參加者的點標稿。

一九五五年二月十七日，召開「標點《資治通鑑》及改編楊守敬地圖委員會及工作人員全體會議」。二十四日，與王崇武、聶崇岐、容肇祖「商談《通鑑》標點事，開復校小組會」。四月二十一日，「聶筱珊來，共商標點疑問。徐調孚來，同討論《通鑑》排印事」，下午又與徐調孚、王崇武、聶崇岐、容肇祖會，議定：「《通鑑》至六月底，交廿册與古籍出版社，此後每月廿册，至十月底完畢。明年六月，古籍社全部印出。」

那麽，《資治通鑑》爲什麽要如此迅速地出版呢？一九五六年二月五日，顧先生到懷仁堂應宴，日記記載：「毛主席、周總理均慰問予去年之病，謂《資治通鑑》不必這樣趕。予答云：『領導上説，已報告毛主席，時間不能改變。』」不管怎麽説，《資治通鑑》還是按期完成了出版任務，開創了應用一九五一年新聞出版總署公佈的新式標點符號標點大部頭史籍的先河，同時也推動了古籍整理事業的蓬勃開展。

《資治通鑑》第一版的出版者是古籍出版社，但由於一九五七年初該社的業務、人員、辦公樓等都併入中華書局，以及後來圖書的修訂再版都是由中華書局完成的，所以原古籍出版社出版的圖書都成爲了中華書局的出版品種。

整理《史記》及「二十四史」總其成

一九五四年八月二十三日，即顧先生抵京後的次日，中華書局編輯部姚紹華登門拜訪，約請整理《史記三家注》。顧先生「大喜過望」，因爲顧先生「發願整理《史記》已歷三十年」。九月一日，到中華書局，商談《史記》標點事宜。十月五日，擬《整理史記計畫》交姚紹華。由於當時顧先生承擔了《資治通鑑》的校對任務，所以顧先生就請北大同學賀次君到北圖校勘《史記》的不同版本，並從中華書局預支的稿費中供給他生活費。

《資治通鑑》出版後，顧先生即着手《史記》的點校。因爲在顧先生的心目中，《史記》整理要分四個步驟：「第一步出標點的『金陵本』，略加改正，並附索引；第二步出『史記及三家注校證』；第三步出『史記三家注定本』；第四步出『史記新注』。」由於顧先生「一因事忙，二因多病，三則過於求細」，所以推延了出書計畫，遲至一九五八年八月才將《標點史記凡例（稿本）》交到中華書局。

一九五八年九月，毛澤東指示吴晗，要求標點前四史。十三日，吴晗、范文瀾、尹達、金燦然、張思俊等召開標點前四史工作會議。會議決定：除前四史之外，「其他二十史及《清史稿》的標點工作，亦即着手組織人力，由中華書局訂出規劃」。後將此報告送呈毛澤東，毛批示曰：「計畫很好，望照此實行。」

九月十五日，宋雲彬以「待罪」之身（一九六二年前還没有摘帽）到中華書局上班。十月，開始審閱顧先生標點本《史記》，發現有不少點錯或標錯的地方。十一月六日，在金燦然的召集下，顧先生「到中華書局，開會，討論《史記》標點事」，會議決定：由宋雲彬另覓一金陵本，並在顧先生標點本的基礎上重新加工，完工後連同顧先生的標點本送聶崇岐看一遍，作爲定稿發排。該書於一九五九年九月出版，作爲向國慶十周年獻禮之書。十月二日，顧先生到中華書局訪副總編輯傅彬然，「看新出版標點本《史記三家注》」，傅告之曰：「中華書局出版標點本《史記三家注》，國慶獻禮，毛主席打三次電話索取，覽後表示滿意。」顧先生感慨道：「斯我輩多人之積年辛勤之收穫也。」

這期間，其他各史也逐漸展開，但進度緩慢。爲了提高各史的整理水准，決定外地院校承擔的各史由分散點校改爲在北京集中點校。中華書局向周揚報告，要求把承擔點校的有關同志借調到中華書局工作，得到支持。一九六三年，中宣部與高教部聯合發函給有關高校，借調唐長儒、陳仲安、王仲犖、張維華、盧振華、劉節、羅繼祖、鄭天挺、王永興等到翠微路中華書局工作，原北京的陳垣、劉迺和、鄧廣銘、翁獨健、馮家昇、傅樂煥則仍在家工作，每周一次業務會，討論點校過程中出現的問題。這段時間，史稱「翠微校史歲月」——至一九六六年五月結束。此時，前四史已全部出版。

一九七一年四月七日，由當時國務院辦公室負責人吴慶彤與原學部留守組軍代表、出版口及中華書局有關同志，共同到乾麵胡同顧先生家，向顧先生傳達周總理的批示：「『二十四史』中除已有標點者外，再加《清史稿》，都請中華書局負責加以組織，請人標點，由顧頡剛先生總其成。」是夜，顧先生「未成眠，計畫工作人員名單」，後作《整理國史計畫書》。二十九日，召開討論「二十四史」及《清史稿》標點事。出席會議的有吴慶彤、宋雲彬、徐調孚、高亨、白壽彝、許大齡等二十餘人。顧先生又作《標點「二十四史」及〈清史稿〉應注意的問題》、《「二十四史」標點工作我所望於中華書局者》等文。

但是顧先生因爲身體狀況所限，此項工作實際由白壽彝負責。到一九七七年底，《清史稿》出版；一九七八年春，最後一種《宋史》出版（版權頁作一九七七年十一月）。至此，點校出版工作全部完成。

雖然説這套整理本是現今最爲通行的版本，但是顧先生從出版之初就表示還要重新點校，對很多史的校勘記被删除非常不滿，指出：「只要用事實説話，不多説空話，就不能説是繁瑣考證。」顧先生曾説：「凡是一件有價值的工作，必須經過長期的努力。一個人的生命不過數十寒暑，固然可以有所創獲，但必不能有全部的成功。所以在學術事業發展的長路上，自己必須在前人的基礎上邁進一步，同時也應該推動後人更比自己邁進一步。」二〇〇五年，中華書局啟動了點校本「二十四史」及《清史稿》修訂工程，並採用了對每一史另做「校勘長編」的方式，説明存在的問題以及處理的理由，不僅吸取了顧先生的意見，同時也是對顧先生最好的紀念。

龐大的《尚書》整理計畫

翻譯《尚書》爲現代語，是顧先生「五四運動」後所發之宏願，幾十年從未忘卻，只因生活動盪始終沒有正式進行。一九五八年年底，《史記》標點完成。自一九五九年始，歷史所派給顧先生的工作任務就是整理《尚書》，而領導任務則由中華書局副總編輯蕭項平主持。一月三十一日，中華書局要求顧先生停止所有其他圖書的整理，務必將《尚書今譯》于九月交稿，爲的是十月出版，可以向國慶日獻禮。

六月二十五日，顧先生就《尚書今譯》的具體工作計畫，給金燦然、蕭項平等寫了一封四千多字的長信，詳細説明了《尚書》整理的困難以及《尚書今譯》書稿完成的具體計畫，並希望中華書局可以配給自己兩個人：一個是高級助手，可以代爲搜集材料，整理材料；一個是低級助手，代爲抄録資料、謄抄稿件以及繕寫鋼板蠟紙。信末附録爲整理《尚書》擬聯繫之四十六位專家名單，涉及研究版本、聲韻、文字、訓詁、語法、歷史、地理、天文、經學、子學各領域。因爲在顧先生設想中，早已有一龐大的《尚書》整理計畫，即「《尚書》學十書」：①《尚書》校文、②《尚書》文字合編、③《尚書》集説、④《尚書今譯》、⑤《僞古文尚書》集證、⑥《尚書》學史、⑦《尚書》通檢、⑧《尚書》學論文選、⑨《尚書》簡注、⑩《尚書》學書録，做出來的目的是「此後整理古籍者有繩准矣」。當然，這樣做的目的還有其他原因，那就是對於中華書局而言，希望顧先生「作出最詳盡的解釋和最妥當的翻譯」，所以不厭其煩的提出問題，要求修改；對於顧先生而言，也「喜歡把材料搜得多，問題鑽得深」，因爲「外國人研究中國學問也有鑽得很深的，尤其是日本，對中國經書設有專室研究，我若輕易下筆，則帝國主義、資本主義的國家的學者冷眼看着，如有差錯落在他們的眼中，將立刻受到不容情的批判，勢必有損於中華人民共和國的聲譽」，所以「不得不十分小心，以期不辜負黨的厚望」（一九六四年九月七日與陳慧、徐伯昕函）。這也就是後來中華書局給文化部函中所提出的：「考慮到顧在國内外有相當影響，他的助手問題似仍不能不加考慮。」

一九五九年七月八日，中華書局金燦然、姚紹華親自到顧先生家商談《尚書今譯》事，顧先生日記記曰：「今日金燦然同志來，態度甚好，允配給助手二人，説明抄寫，搜集資料及學習整理工作，此殊解決我心事。」從這一天開始，顧先生恢復了循序漸進的《尚書》整理工作。十一月，中華書局派尹受幫助顧先生任抄寫，尹受工作努力，學習刻苦，顧先生十分滿意。後又派編輯孟默聞協助顧先生整理《尚書》。

是年七月，顧先生至青島療養，偶遇劉起釪，劉表示願意追隨顧先生進行《尚書》研究。顧先生遂向中華書局提議，希望調劉來京爲高級助手。爲此，中華書局金燦然向周揚、齊燕銘等領導人以及中宣部、文化部、中國科學院近代史所南京史料整理處等部門頻繁申請、聯繫，商調劉起釪事。一九六〇年的商調，因劉原單位不同意而未果。爲此，一九六一年上半年，金燦然與南京史料整理處主任王可風面談。十二月一日，又致函文化部幹部司商調劉來京，並附「請調幹部登記表」一份，表中「擬調至何單位任何職務」一欄所填爲「中華書局作社外編輯顧頡剛先生的助手」。

一九六二年一月十六日，文化部幹部司同意調劉來京。一月二十四日，中華書局致函南京史料整理處，告知文化部已經批准中華書局調劉來京工作事。三月十六日，又致函南京史料整理處，詢問劉來京報到日期；二十三日，南京史料整理處致函中華書局，告劉暫緩來京並要求寄回檔案材料。四月三十日，金燦然致函王可風，詢問劉不能到京的原因。五月七日，王可風復函金燦然，詢問編制及進京户口問題；十二日，劉致函顧先生，謂得組織上正式通知，可調往中華書局。六月十一日，金燦然致函文化部齊燕銘、徐光霄，請求解决顧先生助手問題，徐批示謂「目前自外地調人有困難」；十九日，中華書局致函顧先生，告調劉進京事最近已向有關部門打了報告；二十五日，顧先生致函金燦然，謂劉來函，並催辦調京。七月八日，金燦然致函齊燕銘，催辦調劉進京；二十日，康生辦公室致函齊燕銘，送上劉致顧先生信，齊燕銘八月一日批示：「此事已解决」。八月六日，金燦然致函齊燕銘並轉文化部人事司，附與王可風信擬稿；同日，金燦然致函王可風，通知劉自己先行來京；七日，文化部徐光霄辦公室致金燦然函，退回齊燕銘批示；九日，金燦然致函王可風，通知劉可先行來京；十七日，中華書局致函文化部幹部司要求解決劉進京户口問題；二十一日，金燦然致函王可風，通知劉先行來京準備，户口問題已報有關部門。九月七日，金燦然致函齊燕銘，關於劉來京户口問題，幹部司仍未上報；三十日，金燦然致函王可風，要求見信後即請辦理劉調職手續。十月五日，王可風致函金燦然，謂南京史料整理處人員編制在科學院近代史所，已報北京所中，一經批示，即可辦理調出手續；八日，金燦然致函王可風，劉幹部簡歷表收到，要求轉來劉政治歷史問題和審查結論等材料；同日，中華書局致函近代史所劉大年，希望得到支持，以便儘快解決，並電話聯繫，獲同意；二十日，金燦然致電王可風，謂調劉函近代史所已發出。十一月四日，劉致函金燦然，報告緩期到京；六日，金燦然致函王可風，詢問劉爲何遲遲不來京，要求劉來京日期車次確定後先行電告，以便派人去車站迎接；十日，南京史料整理處致函金燦然，謂劉本月十五號前到京；二十二日，劉來京報到。顧先生日記：「劉起釪君今日到京矣，此事接洽四年而成，可見北京添進一幹部之難，蓋市人委、文化部、宣傳部各關都須打通之故。」可見當時調一人之難，亦可見中華書局爲顧先生配助手事之重視。

是年九月，中華書局特設一間辦公室，爲顧先生專力從事《尚書》工作之用。自劉起釪來後，金燦然又先後致函南開大學鄭天挺、鄭州大學嵇文甫，借調青年學者李民進入中華書局，與劉起釪一起協助顧先生整理《尚書》。直至「文革」起，此項工作被迫停頓，幸好所有資料未有散失。

一九七五年九月二十日，顧先生日記：「起釪言，中華書局所擬出版計畫，本定四年，送至毛主席處審閲，主席言：中華專出古書，而古書有極難解者，如《尚書》非有十年時間不可。因令重擬。爲此，這個工作又將落到我身上，但我體已衰，只能幫起釪找些資料，由他作主幹。」十月二十一日，顧先生改劉起釪《尚書今譯》計畫書。至此，《尚書》研究工作，開始逐漸恢復。

一九八〇年十二月二十五日，顧先生逝世。劉起釪獨立擔負《尚書》整理工作，中華書局編輯部曾告誡劉：「應該完全摒棄一切外力邀請寫的東西，消除干擾，杜絶一切外騖，全心全力整理《尚書》。」中華書局編審楊伯峻生前給劉最後一信，也勉勵其務必完成，「不可使千秋萬代有所責望」！劉起釪積三十年之心力，耗二十年焚膏繼晷之功，至一九九九年十月終於完成了《尚書校釋譯論》這部煌煌巨帙，並於二〇〇五年四月由中華書局正式出版，實現了顧先生「最後才下手去作」的「《尚書》全書的考定」工作。

從《史林雜識初編》到《顧頡剛全集》

一九五五年，顧先生應上海人民出版社之約，整理《浪口村隨筆》。並得于鶴年等人相助，於一九六一年二月編定《史林雜識初編》。後因出版社分工，該書轉由中華書局出版，一九六四年一月二十四日顧先生見到樣書，日記記載：「《史林雜識》今日始見到，中華印刷，清楚悦目。……此爲中華書局出版予寫作之嚆矢。」顧先生自認爲該書優點有二：「隨時隨地可以提出問題，亦隨時隨地可以解決問題，牖啟青年治學興趣，一也。文辭雅而能俗，謹而能肆，莊而能諧，開文言文之一派，二也。」首印二千二百册，兩星期即售罄。後編《史林雜識續編》，可惜未成。

一九六一年八月，中華書局金燦然、蕭項平向顧先生建議，除出版其《尚書今譯》和《史林雜識》外，更應將其一生著述編爲文集，由中華書局出版。顧先生日記一九六二年六月七日記載，本年需向中華書局交稿中有「古史論文集（地理）」一種。是年十一月，中華書局與顧先生簽訂《尚書今譯》、《古代地名彙考》和《近三百年著述考》三書約稿合同，顧先生回信中説：「承你局好意，允許接受我這三部稿件，真是我極大的光榮。」可惜都未成。

一九七八年九月，中國社會科學院請顧先生作《工作規劃》，其中就有「修訂已發表的論文和未發表的文稿，編成分類文集」的規劃。後中華書局又重申前議，顧先生即請助手王煦華擬編《古史論文集》目録（擬編六册）；並於一九八〇年五、六月間，親自編定《古史論文集》第一册。中華書局于一九八八年出版《古史論文集》第一、二册，一九九六年出版第三册。

自顧先生逝世後，顧先生的助手王煦華與顧先生的女兒顧潮、顧洪三人負責顧先生《全集》的收集整理工作。至二十世紀九十年代中期，《全集》整理初具規模，由於受當時條件所限，中華書局未能接手。《全集》遂落户江蘇某出版社，該出版社經過數年排校，面對巨大的人、財、物的投入，以及出版的遥遥無期，選擇了中途退出。

顧先生在一九七九年四月十三日的日記中提到：「予之心事有三部書當表章：一、吴燕紹《清代蒙回藏典彙》，二、孟森《明元清系通紀》，三、錢海岳《南明史稿》。」二〇〇三年七月起，中華書局先後將此三書納入出版計畫，並分别於二〇〇五年（《清代蒙回藏典彙》）、二〇〇六年（《南明史》、《明元清系通紀》）先後出版。

其時，中華書局聽聞顧先生《全集》將由山東某出版社出版之後，非常遺憾。二〇〇五年一月二十一日，當聽聞該出版社已放棄了出版顧先生《全集》計畫時，中華書局及時與顧潮老師取得電話聯繫，始知是山東兩家出版社將聯合承擔此項目，而此時這兩家出版社的負責人正在趕往她家——簽顧先生《全集》出版合同——的路上。中華書局再一次重申了前議，表達了願望，得到了難以形容的理解與支持！顧潮老師説：「多少年來，就是想讓你們出，你們就是不要。」三天後，中華書局與顧潮簽署了《全集》的出版合同。

經過六年編輯、校訂，在顧先生逝世三十周年的紀念日，中華書局出版了《顧頡剛全集》。這一切，冥冥中似乎有天意！

原載《中華讀書報》二〇一一年一月二十日